J.B.METZLER

T0349190

Ergänzende Unterlagen zum Buch bieten wir Ihnen unter **www.metzlerverlag.de/webcode**
zum Download an.
Für den Zugriff auf die Daten verwenden Sie bitte Ihre E-Mail-Adresse und Ihren persönlichen
Webcode. Bitte achten Sie bei der Eingabe des Webcodes auf eine korrekte Groß- und Klein-
schreibung.

Ihr persönlicher Webcode: **02283-vYYD5**

Ralph Köhnen (Hg.)

Einführung in die Deutschdidaktik

Verlag J. B. Metzler Stuttgart · Weimar

Der Herausgeber

Ralph Köhnen, geb. 1961, 2006 Habilitation, ist Oberstudienrat im Hochschuldienst am Institut für Germanistik der Ruhr-Universität Bochum.

Mit Beiträgen von Petra Hüttis-Graff (Hamburg), Ralph Köhnen (Bochum), Thomas Lischeid (Weingarten), Gerhard Rupp (Bochum) und Sabine Walper (München).

Bibliografische Information Der Deutschen Nationalbibliothek
Die Deutsche Nationalbibliothek verzeichnet diese Publikation in der Deutschen Nationalbibliografie; detaillierte bibliografische Daten sind im Internet über <http://dnb.d-nb.de> abrufbar.

Gedruckt auf säure- und chlorfreiem, alterungsbeständigem Papier

ISBN 978-3-476-02283-7

© 2011 J.B. Metzler'sche Verlagsbuchhandlung
und Carl Ernst Poeschel Verlag GmbH in Stuttgart
www.metzlerverlag.de
info@metzlerverlag.de

Umschlaggestaltung und Layout: Ingrid Gnoth | www.gd90.de
Satz: DTP + TEXT Eva Burri, Stuttgart · www.dtp-text.de
Druck und Bindung: C.H. Beck, Nördlingen
Printed in Germany
April 2011

Verlag J.B. Metzler Stuttgart · Weimar

Inhaltsverzeichnis

Vorwort:
Perspektiven der Deutschdidaktik

Dass Schulbehörden und Wissenschaft dem Deutschunterricht reichlich viel aufbürden, hat eine Tradition, die schon im frühen 19. Jahrhundert begann, als das Fach im Rahmen der Modernisierung des Schulwesens in Preußen zur Staatsangelegenheit wurde. Sprachlich-stilistisches Lernen, aber auch die Bildung eines ›ganzen Menschen‹ erhoffte sich Wilhelm von Humboldt, der für eine Professionalisierung der Lehrerbildung eintrat: 1810 ließ er die Lehramtsprüfung in Preußen einführen und machte kurz darauf in der neuen Abiturordnung das Fach Deutsch erstmals zum Bestandteil der Prüfung. Und so ließe sich der Deutschunterricht in der langen **Geschichte seiner Funktionen** darstellen: Spracherziehung, Bildung, Lebenshilfe, kritische Emanzipation, kommunikative Orientierung, Handlungspragmatik, Medienerziehung, Kompetenzentwicklung und Standarderfüllung haben die Didaktik geprägt. Diese Leitbegriffe verdeutlichen, dass die Inhalte und Methoden des Faches sich historisch gewandelt und immer wieder zu neuen Konstellationen verbunden haben. Dies ist nicht zuletzt dadurch erklärbar, dass man vom Deutschunterricht eine allgemeine Bildung ebenso wie Spezialwissen und Berufsorientierung erwartete – und ihn damit zu einem Hybridgebilde machte, das vielfältige Potenziale hat, aber auch Zerreißproben, (Stoff-)Verteilungs- und Ressourcenproblemen ausgesetzt ist. Dies zeigt auch ein Blick auf die aktuellen schulpolitischen Rahmenbedingungen.

Die **Verkürzung der Gymnasialzeit** auf acht Sekundarstufenjahre (G8) führte zu Verunsicherungen innerhalb der jeweiligen Länderpolitik (in NRW bieten Gesamtschulen den Abiturabschluss nach 13 Jahren, Gymnasien nach 12 Jahren – dort werden die Bestimmungen 2013 wirksam, in Bayern schon 2011). **Zentrale Abituraufgaben** haben sich weitgehend durchgesetzt, werden aber im Detail unterschiedlich geregelt – was eine Revision der Unterrichtsstoffe, die Forderung nach ›Entrümpelung‹ und gleichzeitig das Bemühen um Bestandssicherungen mit sich gebracht hat, dies stets mit der Gefahr überlasteter Stundenpläne.

Institutionelle Bedingungen

Auch in der **Lehramtsausbildung** sind Vereinheitlichungen weder landes- noch bundesweit absehbar. Zu unterschiedlich sind die Ausbildungsgänge von Pädagogischen Hochschulen oder Universitäten, erst recht des alten Staatsexamens und der neuen **gestuften Studiengänge**: Einerseits der ›Bachelor of Education‹ mit seiner grundständigen fachwissenschaftlichen bzw. stärker fachdidaktischen Ausbildung und andererseits der ›Bachelor of Arts‹ mit anschließendem ›Master of Education‹, wo zwischen einer ersten rein fachwissenschaftlichen und einer stärker didaktisch orientierten zweiten Phase getrennt wird (›Polyvalenz‹-Modell). Hinzukommt, dass länderübergreifend in den nächsten Jahren das **Praxissemester** eingeführt wird, das bereits in der ersten Phase der Lehramtsausbildung einen deutlicheren Schulbezug ermöglichen soll (dadurch wird ein halbes Jahr der zweiten Ausbildungsphase gespart bzw. sollen schon früh Ressourcen für bedarfsdeckenden Unterricht freigesetzt werden).

Dabei wird ein neueres Problem offenkundig: Die **Kluft zwischen Fachwissenschaften und Unterrichtsinhalten** ist rasant gewachsen, und die Zunahme wissenschaftlicher Erkenntnis lässt sich im Unterricht nicht mehr abbilden. Aus dem hohen Anspruch, neuere Forschung einzubeziehen, und der Aussichtslosigkeit, im Rahmen von G8 noch Wissenschaftspropädeutik zu betreiben, ergibt sich für die Fachdidaktiken insgesamt eine Spagatsituation, die ein gutes Augenmaß für die zu vermittelnden Inhalte und auch die Bereitschaft zu deren kritischer Revision erfordert. Die einzeldidaktischen Darstellungen in diesem Band knüpfen daher an die Fachwissenschaften an und thematisieren deren Inhalte, schlagen aber auch konkrete Methoden und Strategien zu ihrer Vermittlung vor.

Zu den großen Herausforderungen unseres Bildungssystems gehört schließlich der **Aufbau von Ganztagsschulen**, der erst sporadisch erfolgt und chronisch unterfinanziert ist. Angesichts höchst unterschiedlicher sozialer Bedingungen, aber auch Einstellungen, die die Elternhäuser der Schule als Institution gegenüber vertreten, wird Bildungsvermittlung auch für die versiertesten Lehrer/innen problematisch. Das Fach Deutsch könnte auch im Nachmittagsbereich eine Schlüsselrolle bekommen: Mit einer Vielzahl möglicher AGs – vor allem im theaterpädagogischen Bereich –, mit Outdoor- und Projekt-Tätigkeiten, die sich in der Ganztagsschule institutionell besser verankern ließen, können Umgangs- und Sozialformen erweitert werden.

Von der **Lehrerausbildung** sollte man nicht fertig geschnürte und im Unterricht sofort anwendbare Pakete erwarten, vielmehr müssen die Unterrichtsinhalte exemplarisch und problemorientiert konzipiert werden. Zwar gibt es einen rasant wachsenden Markt, den Schulbuchverlage mit Unterrichtsmaterialien bedienen – und diese sind auch im Einzelfall durchaus instruktiv und meist mit passablen Text- und Bildquellen angereichert. Doch werden Lehrer/innen, die sich nur darauf stützen, hieraus kaum einen Überblick entwickeln und im Einzelfall auch nicht improvisieren können. Denn den Material- und Methodenkoffern fehlt meistens eine Dimension: der allgemeinere Begründungsrahmen auf didaktischer und methodischer Ebene sowie eine Reflexion, die es erst ermöglicht, Verknüpfungen herzustellen und aus eigenem Urteil heraus Unterrichtsreihen zusammenzustellen.

Allgemeine Relevanz: Dass das Fach Deutsch nutzlose Dinge treibe, entweder trocken (Grammatik) oder orchideenhaft (Literatur) sei und dass man insgesamt dort nur fruchtlose Debatten führe, gehört zu den mehr oder weniger offen geäußerten Urteilen der Kritiker. Da aber Sprache über die bloße Verständigung in einer konkreten Situation hinausgeht, muss Deutschunterricht mehr leisten als Sprachlehre, grammatische Übung oder nur strategische Textarbeit – auch wenn Bildungspolitik nach dem PISA-›Schock‹ diesen Eindruck vermittelt, fungiert das Fach nicht bloß als simples Werkzeug zur Formatierung oder Standardisierung von abprüfbarem Schülerwissen.

Sprache befähigt zu Distanznahme, aber auch zum Denken in Möglichkeitsräumen, zur Verständigung mit Symbolen und Modellen. Hier kommen kulturelle Dimensionen ins Spiel, die wiederum Lehraufgaben erweitern. Auch wenn das Plädoyer für **Allgemeinbildung** und ganzheitliche Erziehung nicht zum Alibi für unterlassene **Spezialbildung** werden darf, ließe sich der Deutschunterricht zu den Fächern zählen, deren Gegenstände und Methoden vielfältige Denk- und Erfahrungswelten eröffnen können. Damit lassen sich – in Fortführung von Klafkis Bildungsprogramm und Verbindung mit neueren Konzeptionen – folgende Ebenen ins Spiel bringen:

- **Materiale Bildung** bezieht sich auf Inhalte, Sach- und Themenkenntnisse, aber auch (Fremd-)Sprachfertigkeiten;
- **formale Bildung** dient zur Ausprägung von prozeduralem Wissen über Vorgänge bzw. Tätigkeiten und kann als Strategie zur Problembewältigung genutzt werden;
- **politisch-pragmatische Bildung** vermittelt ethische Grundsätze und befähigt zur emanzipierten, kritischen Teilhabe an gesellschaftlichen Prozessen;
- **ästhetische Bildung** kann in den verschiedenen Zeichenformen von Sprache Erfahrungen artikulieren helfen, sie kommunizierbar und aushandelbar machen und ›neues Sehen‹ ermöglichen;
- **personale Bildung** entsteht aus der individuellen Möglichkeit, durch Sprache eigene Wahrnehmungs- und Lebensformen zu prüfen und durch neu gewonnene Perspektiven die eigene **Identität** zu erweitern oder allererst zu erwerben;
- **ethisch-moralische Bildung** bedeutet die Ausprägung einer eigenen, mit sprachlich-ästhetischen Mitteln begründeten Urteilskraft, die eine Verständigung über Werte ermöglicht (ohne zwanghaften Konsens, aber mit Willen zur Kommunikation);
- **kulturelle Bildung** bzw. Teilhabe am sozialen Raum vollzieht sich durch Kommunikation in Zeichen und deren Vernetzung zu Sinnkomplexen – und diese Partizipation soll durch Sprachreflexion, Umgang mit Literatur und mit Medien Emanzipation ermöglichen. Dies betrifft nicht nur die Gegenwart, d.h. unterschiedliche Künste und andere Aussagesysteme (Politik, Recht, Ethik, Philosophie etc.), sondern auch die Beobachtung von Traditionsbildungen bzw. deren Relativierungen und die Arbeit an einem **kulturellen Gedächtnis**.
- **Interkulturelle Bildung**: Kulturelle Praxis ist ohne interkulturelle Vergleiche, Bezugsnetze und Anbindungen nicht mehr denkbar. Interkulturelle Bildung soll das Erkennen und Anerkennen von Differenz fördern, aber auch transnationale Verständigungswege zeigen, um Abschottungen zu vermeiden und so insgesamt **interkulturelle Kompetenz** zu ermöglichen.

Kernkompetenzen wie Schreiben, Sprechen, Lesen, Textverstehen und Medienkenntnisse sind Voraussetzungen dafür, am gesellschaftlichen Le-

Dimensionen
von Bildung im
Deutschunterricht

ben teilnehmen zu können. Doch werden die umfassenderen, ethisch und sozial ausgerichteten Bildungsfunktionen durch Sprachreflexion und Literatur entscheidend erweitert: Der Deutschunterricht bietet Proberäume der Wahrnehmung und Möglichkeiten zur Reflexion, die andere Fächer in diesem Ausmaß nicht bieten können. Man bringt Sprache und Literatur um ihre Möglichkeiten, wenn man sie zum Trainingsgelände für Strategien und Operationen degradiert – Deutschunterricht darf sich nicht im Ausfüllen von Arbeitsbögen und im *Teaching-to-the-test* erschöpfen.

Zu diesem Band: Die **integrative Konzeption** dieses Bandes soll eine Überschau und den Bezug der Einzeldisziplinen auf das Ganze ermöglichen, insofern die durch die **Lernbereiche** künstlich getrennten Sparten von Literatur, Medienkunde, Sprachgebrauch und Sprachreflexion zusammengebracht, Themen auch parallel verfolgt oder durch Querverweise verbunden werden. Methoden (seien sie analytisch, handlungs- oder produktionsorientiert) werden bereichsspezifisch behandelt und mit entsprechender Methodik auch altersspezifisch reflektiert. Das Kapitel zur **Entwicklungspsychologie** zeigt, dass Lernen nicht in einsamen Gehirnen und ›black boxes‹ als ›Input‹ und ›Output‹ stattfindet, sondern sich in einem psychisch-sozialen Rahmen und in einer familiären Einbettung vollzieht. Da Aspekte des Schriftspracherwerbs, des Leseverstehens oder der mündlichen Kommunikation kontinuierlich zu behandeln sind und nicht abrupt mit der Primarstufe enden oder mit Sekundarstufe beginnen (die je nach Bundesland im fünften oder siebten Schuljahr anfängt), macht das Kapitel zur **Primarstufendidaktik** die Voraussetzungen deutlich, vor deren Hintergrund sich das Lernen in der Sekundarstufe vollzieht.

Am Ende jedes Kapitels ist wichtige Einführungsliteratur genannt, am Ende des Bandes findet sich ein Gesamtverzeichnis aller zitierten bzw. verwendeten Literatur sowie ein Sachregister. Stundenentwürfe und Arbeitsmaterialien, die die Nutzung des Bandes begleiten können, sind auf der Homepage des Verlages zu finden (vgl. die URL auf der ersten Seite des Bandes).

Im Januar 2011   Ralph Köhnen

1. Perspektiven der Entwicklungspsychologie

1.1 | Einleitung

Wenn Kinder zum ersten Mal die Schule betreten, haben sie schon beträchtliche Entwicklungen vollzogen:

- Sie haben – ausgestattet mit entsprechenden Dispositionen, aber auch mit tatkräftiger Unterstützung ihrer Eltern – im Säuglingsalter erste Fähigkeiten zur Selbstregulation erworben;
- im Verlauf des ersten Lebensjahres sind sie ihre ersten Bindungsbeziehungen zu den primären Betreuungspersonen – in aller Regel sind dies die Eltern – eingegangen, die im Idealfall als »sichere Basis« für die Exploration ihrer Umwelt dienen;
- sie haben ihre motorischen, kognitiven, sprachlichen, sozialen und emotionalen Fähigkeiten geschult und hierbei ihr eigenes Selbst entdeckt;
- schon früh, meist in der Mitte des zweiten Lebensjahres, haben sie begonnen, um ihren eigenen Willen und ihre Eigenständigkeit zu kämpfen, und haben dabei zunehmend die erzieherische Einflussnahme ihrer Bezugspersonen auf den Plan gerufen.

Frühkindliche Entwicklung

Nicht nur im Zuge dieser Auseinandersetzungen, sondern auch durch Beobachtung ihrer Umwelt haben sie Erfahrungen damit gesammelt, welches Verhalten erwünscht und welches unerwünscht ist, welches erfolgversprechend erscheint und welches nicht. So haben sie mehr oder minder gelernt, ihr Verhalten nicht nur den eigenen Wünschen, sondern auch den äußeren Anforderungen und der jeweiligen Situation anzupassen. Im günstigen Fall haben sie die Fähigkeit erworben, auf eine rasch verfügbare kleine Belohnung zu verzichten, um später die größere Belohnung zu erlangen. Sie haben gelernt, mit Gleichaltrigen auszukommen, zu teilen und zu helfen. Damit und weit darüber hinaus haben sie zahlreiche Vorläuferfertigkeiten im Gepäck, die ihren weiteren Entwicklungsverlauf im schulischen Kontext bestimmen. Dies betrifft nicht nur ihre Bildungskarriere, sondern auch ihre soziale Karriere im »sozialen Biotop« der Schulklasse, wie Helmut Fend (1998) es nannte.

Zum Begriff

> Ein wesentliches Interesse der → Entwicklungspsychologie ist es, die übergeordnete Logik von Entwicklungsverläufen zu erkennen, also Regelhaftigkeiten in den altersgradierten Veränderungen auszumachen, die bei Kindern und Jugendlichen beobachtet werden können. Im Zuge dieser wissenschaftlichen Bemühungen wurden unterschiedliche Theorien entwickelt, um diese Regelhaftigkeiten zu beschreiben und zu erklären.

Vielfach fokussieren diese Theorien auf unterschiedliche Verhaltensbereiche wie den Erwerb kognitiver oder sozialer Kompetenzen. Nicht zuletzt unterscheiden sie sich auch darin, ob sie den Motor für Entwicklungsveränderungen mehr in einem internen Bauplan und internen Kräften des sich entwickelnden Subjekts suchen oder eher in der Umwelt (Montada 2008a). Allerdings hat sich mittlerweile eine Perspektive durchgesetzt, die beiden Einflüssen Geltung verschafft und sich darum bemüht, sie zusammenzudenken: Kontextbedingungen schaffen Erfahrungsangebote, die vor dem Hintergrund je individueller Wahrnehmungs-, Verständnis- und Handlungsmöglichkeiten aufgegriffen werden können, und umgekehrt wirken Kinder und Jugendliche wie auch Erwachsene auf ihre Umwelt ein, indem sie sie auswählen, interpretieren und gestalten. Klaus Hurrelmann (2002) hat dies in seiner Konzeption des »**produktiv realitätsverarbeitenden Subjekts**« hervorgehoben und damit eine Perspektive auf Sozialisation nahegelegt, die auf die **wechselseitigen Bezüge** zwischen dem sich entwickelnden Individuum und seiner sich verändernden sozialen und objektbezogenen Umwelt abhebt.

Im Folgenden sollen zentrale theoretische Perspektiven erläutert werden, die als entwicklungspsychologische ›Brille‹ dienen können, um relevante Entwicklungen von Kindern und Jugendlichen auch im Schulalter zu verstehen. Um diese Darstellung möglichst anschaulich zu halten, wird versucht, die grundlegenden theoretischen Gedanken anhand einzelner Bereiche der Entwicklung oder ausgewählter Kontextfaktoren exemplarisch zu illustrieren. Diese anwendungsorientierte Engführung der theoretischen Positionen soll nicht suggerieren, dass sich die Theorien nur auf die ausgewählten Inhaltsbereiche beziehen. Vielmehr soll sie verdeutlichen, dass Theorien durchaus praxisbezogen sind.

1.2 | Kinder und Jugendliche im Kontext bedeutsamer Beziehungen: Die Perspektive der Bindungstheorie

Die Bindungstheorie hat in den vergangenen Jahrzehnten eindrücklich den Blick auf die Bedeutung und Funktion enger Beziehungen für die Entwicklung von Kindern, aber auch weit über das Kindesalter hinaus gelenkt. Sie ist aus der Zusammenarbeit von John Bowlby und Mary Ainsworth entstanden und wurde international wie auch in Deutschland intensiv aufgegriffen (Grossmann/Grossmann 2004).

> Der grundlegende Gedanke der → Bindungstheorie besteht darin, dass Kinder mit einer evolutionär begründeten Bereitschaft auf die Welt kommen, im Verlauf des ersten Lebensjahres eine (oder auch mehrere) Bindungsbeziehungen zu jener Person bzw. jenen Personen einzugehen, die sie primär versorgen und ihnen Schutz und Sicherheit bei Gefahren und Überlastung bieten. Da Mütter in aller Regel die Versorgung des Säuglings übernehmen, sind sie zunächst die primären Bezugs- und Bindungspersonen. Aber auch Väter, Erzieher/innen, Geschwister, die Großeltern oder später Partner können die Rolle von (weiteren) Bindungspersonen einnehmen. Oft gibt es hierbei eine Hierarchie oder Rangfolge in den Bindungsbeziehungen. Vor allem aber können sich Bindungen qualitativ unterscheiden.

Zum Begriff

Bindungstypen: Wenngleich die Entwicklung von Bindungen biologisch verankert ist, variiert doch die Qualität von Bindungsbeziehungen, wobei die spezifischen Erfahrungen hierin eine entscheidende Rolle spielen. Als besonders bedeutsam hat sich die mütterliche Feinfühligkeit erwiesen, d. h. ihre Fähigkeit, die Signale des Säuglings zu registrieren, richtig zu interpretieren sowie prompt und angemessen zu reagieren. Aber auch das Temperament des Kindes und Umweltfaktoren spielen eine Rolle. Drei Typen der Bindungsqualität lassen sich unterscheiden, die man an kindlichen Strategien der Nähe-Distanz-Regulation und der Emotionsregulation festmacht:

- Ein **sicherer Bindungsstil** ist dadurch charakterisiert, dass das Kind in belastenden Situationen die Nähe zur Mutter (bzw. Bindungsperson) sucht, seinen Kummer offen ausdrückt und sich mit Hilfe der Mutter (meist mit kurzem Kuschelkontakt) relativ rasch wieder beruhigen kann (Bindungstyp B).

Drei Typen der Bindungsqualität

Hohe Feinfühligkeit gegenüber den Bedürfnissen des Kindes begünstigt eher eine sichere Bindung. Demgegenüber entwickelt sich bei mangelnder Feinfühligkeit mit höherer Wahrscheinlichkeit eine unsichere Bindung, die zwei Formen annehmen kann, je nachdem, ob die Kinder dauerhaft wenig Fürsorge und Zuwendung erfahren haben, oder ob das Verhalten der Mutter wechselhaft war.

- Ein **unsicher-vermeidender Bindungsstil** ist vor allem durch vermeidendes Verhalten des Kindes gekennzeichnet, das äußerlich »cool« und relativ selbständig wirkt, da die Kinder in Belastungssituationen wenig Emotionen zeigen und sich nicht der Mutter zuwenden (Bindungstyp A). Allerdings wird die äußere »Selbständigkeit« der Kinder durch ein hohes internes (physiologisches) Stressniveau erkauft.

- Bei einem **ambivalent-unsicheren Bindungsstil** reagieren die Kinder sehr emotional auf Stresssituationen und zeigen ihren Kummer lautstark; sie wirken »untröstlich« und ihre Reaktionen auf die Tröstungsversuche der Mutter sind ambivalent (Bindungstyp C). Einerseits suchen sie den Kontakt, andererseits widersetzen sie sich den Interaktionsversuchen, so als ob Annäherungs- und Vermeidungstendenzen im Widerspruch stünden.

Bei diesen drei Bindungsstilen handelt es sich nicht nur um Unterschiede im Verhalten, sondern auch in der Emotionsregulation. Beide Arten unsicher gebundener Kinder sind hierbei im Nachteil. Bei einer Trennung von der Mutter zeigt sich dies etwa in einem erhöhten und länger anhaltenden Spiegel von Stresshormonen bei unsicher gebundenen Kindern. Als besonders belastet erweisen sich Kinder mit **desorganisierter Bindung**, denen angemessene Strategien in bindungsrelevanten Situationen – typischerweise nach einer Trennung von der Mutter – fehlen. Diese Unterschiede lassen sich schon am Ende des ersten Lebensjahres (anhand standardisierter Trennungs- und Wiedervereinigungs-Situationen im sogenannten »Fremde-Situations-Test«) beobachten. Da Väter vielfach spielerische Interaktionen mit ihren Kindern bevorzugen, ist bei ihnen eher die auf das Spiel bezogene Feinfühligkeit für die Entwicklung der Kinder maßgeblich (Kindler 2002).

Diese frühen Interaktions- und Beziehungserfahrungen von Kindern sind nach Befunden der Bindungsforschung auch für spätere Interaktionen – etwa mit Gleichaltrigen – maßgeblich, die im Hinblick auf das soziale Auskommen der Kinder von einer sicheren Bindung profitieren. Laut Bindungstheorie finden frühe Bindungserfahrungen ihren Niederschlag in mentalen Repräsentationen, sogenannten **inneren Arbeitsmodellen von Beziehungen** (»internal working models«), Sie beeinflussen, auf welche Aspekte der Interaktionssituation die Aufmerksamkeit gelenkt wird, wie die Informationen verarbeitet werden und welche Verhaltensweisen auf dieser Basis ausgewählt werden. Ab dem Jugendalter lassen sich diese Bindungsrepräsentationen mit dem Adult Attachment Interview (AAI; vgl. Gloger-Tippelt/Hofmann 1997) erfassen, das sich auf die frühere und gegenwärtige Beziehung zu den Eltern bezieht. Maßgeblich ist, wie die Befragten die Bindungsbeziehung bewerten und wie offen und kohärent ihre Schilderungen sind. Mangelnder Zugang zu bindungsrelevanten Gefühlen und widersprüchliche Schilderungen gelten als Hinweise auf eine unsichere Bindung, während negative Erfahrungen in der Kindheit dies per se noch nicht sind. Solche **Bindungsrepräsentationen** bzw. internalen

Arbeitsmodelle gelten als **stabilisierender Faktor,** der für die Kontinuität von Bindungsbeziehungen über die Zeit und über verschiedene Beziehungskontexte hinweg ausschlaggebend ist. Sie unterliegen jedoch auch erfahrungsbedingten Veränderungen, etwa wenn Krisensituationen im Familiensystem auftreten und die Beziehungen belasten oder umgekehrt, wenn Belastungen sich verringern und Probleme in der Eltern-Kind-Interaktion überwunden werden.

Eine sichere Bindung wird als zentrale Ressource der Kinder für den **Umgang mit Stress und Belastungssituationen** gesehen. Sie begünstigt aufgeschlossenes und konstruktives Sozialverhalten, erleichtert den Zugang zu eigenen Gefühlen und eine realistische Selbstsicht. So zeigte eine Untersuchung bei Jugendlichen, dass Jugendliche mit unsicherer Bindung ihr eigenes Sozialverhalten als durchaus positiv einstuften, während ihre Freunde sie deutlich skeptischer einschätzten und mehr Feindseligkeit berichteten (Zimmermann/Gliwitzki/Becker-Stoll 1996). Demnach kann gerade bei unsicherer Bindung die Selbstsicht »geschönt« sein, und auch die eigene Beziehung zu den Eltern mag idealisiert sein.

Bindung und Exploration: Auch im **Lernkontext** sind Bindungserfahrungen relevant. Zum einen betrifft dies die Kinder: Wie die Bindungstheorie hervorhebt, besteht eine **Balance-Relation zwischen Bindung und Exploration,** wobei eine Aktivierung von Bindungsbedürfnissen (etwa bei Unsicherheit, Stress und fehlender Unterstützung) der kindlichen Explorationsneigung entgegensteht. Erst wenn die Bindungsbedürfnisse befriedigt sind, können Kinder sich darauf einlassen, ihre Umwelt mit Interesse und »Tiefgang« zu erkunden. So scheint die Bindungsqualität auch einen Einfluss auf die sprachliche und kognitive Entwicklung der Kinder zu haben (Korntheuer/Lissmann/Lohaus 2007). Zum anderen haben sich auch Bindungserfahrungen von Lehrkräften für die Beziehung zu ihren Schüler/innen und die Unterrichtsgestaltung als relevant erwiesen: Lehrkräfte, die ihre eigenen Bindungspersonen in der Kindheit als »sichere Basis« erlebt haben, sind im Unterricht stärker schülerorientiert, geben angemessenere didaktische Unterstützung und zeigen ein besseres Klassenmanagement (Milatz/Ahnert 2009). Offenkundig erleichtert es die eigene emotionale Sicherheit den Lehrkräften, stärker auf die (Lern-)Bedürfnisse der Schüler/innen einzugehen, ohne hierbei ihre Unterrichtsziele aus dem Blick zu verlieren.

Insgesamt hat die Bindungsforschung einen wesentlichen Beitrag geleistet, um die zentrale Funktion tragfähiger, verlässlicher Beziehungen für die Selbstregulation, die Orientierung in sozialen Beziehungen, das Selbstbild und Nutzung wie auch Gestaltung von Lernerfahrungen herauszustellen. Sie lenkt den Blick vor allem auf die Beziehungserfahrungen, mit denen Kinder in die Schule kommen und die ihr Verhalten gegenüber Gleichaltrigen, Lehrkräften und Lernstoff beeinflussen. Lehrkräfte werden selbst wohl nur in seltenen Fällen die Rolle einer Bindungsperson einnehmen. Aber sie können den Umgang der Schüler/innen mit emotional anspruchsvollen Situationen erleichtern, wenn sie die Bedürfnisse der Schüler/innen erkennen und ihnen einfühlsam und respektvoll Rech-

1.3

Perspektiven der Entwicklungspsychologie

Kinder als Forscher
und die Besonder-
heiten ihres Denkens

nung tragen – auch mit einer angemessenen Strukturierung des Lernstoffes. So können auch Lehrkräfte Sicherheit vermitteln.

1.3 | Kinder als Forscher und die Besonderheiten ihres Denkens

1.3.1 | Die Entwicklung logischen Denkens nach Jean Piaget

Während die kognitive Entwicklung von Kindern und Jugendlichen im Rahmen der Bindungsforschung nur selten thematisiert wurde, steht sie im Zentrum jener Forschungsarbeiten, die von Jean Piaget vorgelegt und in seiner Tradition weitergeführt wurden (Piaget 1967; vgl. auch Sodian 2008). Sein wesentliches Interesse galt den Besonderheiten des kindlichen Denkens, die er durch detaillierte Beobachtungen und intensive Interviews erkundet hat. Vor allem wollte er die **Eigenarten des kindlichen Denkens in einzelnen Entwicklungsphasen** aufzeigen und herausarbeiten, welcher Logik die Entwicklung der Kinder folgt. Grundlegend für seinen Ansatz sind die Begriffe der **Struktur** und des **Schemas**, mit denen er die ganzheitliche Natur und inneren Zusammenhänge entwicklungstypischer kognitiver Leistungen von Kindern hervorhob.

Zum Begriff

> → **Piagets Stufentheorie** beschreibt die **Genese kognitiver Strukturen** (strukturgenetische Theorie): Sie geht davon aus, dass die kognitive Entwicklung nicht als quantitative Veränderung des Wissens zu beschreiben ist, sondern als qualitative Entwicklung der inneren Organisation von Denkprozessen. Hierbei interessiert ihn eine breite Palette von Erkenntnisprozessen, die von der Wahrnehmung über die Entwicklung der Kategorien von Raum und Zeit, Fragen der Begriffsbildung, der Entwicklung von Mengen- und Zahlkonzepten bis hin zu logischen Verknüpfungen und Ableitungen reichen.

Aus dieser Sicht erweisen sich Eigenarten des kindlichen Denkens weniger als Defizit gegenüber der Erwachsenenlogik, sondern vielmehr als eine in sich schlüssige Integrationsleistung, die innere Schemata des Denkens in einen spezifischen Zusammenhang bringt.

Assimilation und Akkomodation: Den Ausgangspunkt für die kognitive Entwicklung sieht Piaget in den kindlichen Reflexen, die einen ersten »Zugriff« auf die Umwelt ermöglichen und im Zuge der sensumotorischen Entwicklung differenziert und zunehmend integriert werden. Auf dem Weg der **Assimilation** (bzw. der Einpassung) von Objekten an die verfügbaren Handlungs- und Denkschemata sowie der **Akkomodation** (bzw. Anpassung) dieser Schemata an die Objekte entsteht die Welt innerer Vorstellungen oder Repräsentationen.

Die Entwicklung
logischen Denkens
nach Jean Piaget

Stufensequenz: Hierbei folgt der ersten sensumotorischen Phase als zweites die Phase des präoperationalen anschaulichen Denkens, die – ungefähr bei Eintritt ins Grundschulalter – von der Phase konkreter Operationen und dann, ab dem Eintritt ins Jugendalter, von der Phase der formalen Operationen abgelöst wird (siehe die Tabelle unten zu den Besonderheiten jeder Stufe). Damit gibt es für Piaget eine klare Stufensequenz, die er als irreversibel sieht: Sobald ein höheres Niveau kognitiver Operationen erreicht wird, erscheinen die früheren Denkweisen als unpassend und verschwinden aus dem Repertoire. Gleichzeitig kann keine Stufe übersprungen werden, sondern die Entwicklungssequenz ist universell, vollzieht sich also bei allen Kindern in gleicher Abfolge, wenngleich das Entwicklungstempo durchaus variieren kann.

Sensumotorisches Stadium (Geburt bis 2 Jahre)	▪ Einfache Reflexe und elementare Wahrnehmungsmöglichkeiten als Grundlage für den Aufbau des Denkens; ▪ Erkenntnismöglichkeiten sind an die augenblickliche Interaktion mit der Umwelt gebunden; ▪ 6 Unterstadien, in deren Verlauf elementare Handlungen zu größeren Verhaltenseinheiten verbunden werden und Mittel-Ziel-Relationen erkannt werden bis hin zum beginnenden Symbolgebrauch
Präoperatorisches Stadium (2–7 Jahre)	▪ Bildung stabiler mentaler Repräsentationen ▪ Einschränkung des Denkens durch das Fehlen logischer Operationen ▪ Zentrierung der Aufmerksamkeit auf einzelne, augenfällige Aspekte eines Ereignisses ▪ Unfähigkeit, Handlungen in der Vorstellung rückgängig zu machen (Reversibilität) ▪ Animistisches Denken ▪ Kindlicher Egozentrismus
Konkret-operatorisches Stadium (7–12 Jahre)	▪ Erwerb grundlegender Begriffe wie Zeit, Zahl, Kausalität ▪ Zunehmende Reversibilität des Denkens ▪ Erwerb einfacher logischer Operationen (z. B. Negation, Kompensation) ▪ Anwendung der Operationen auf konkrete Objekte und Ereignisse
Formal-logisches Stadium (ab 12 Jahren)	▪ Systematische Hypothesenprüfung mit kontrollierten Experimenten ▪ Abstrakte Problemrepräsentation ▪ Theoretische Herangehensweise ▪ Problematisierung des Erkenntnisprozesses

Entwicklungsstufen nach Piaget

Eigenaktivität: Für Piaget liegt der entscheidende Motor der Entwicklung in der Eigenaktivität des Kindes, in seinen Konstruktionsleistungen bei der Erschließung der Welt durch seine Denkleistungen. Äußere Anregungen, die komplexere Denkvorgänge voraussetzen, als sie dem Kind gemäß seines Entwicklungsstandes verfügbar sind, können nur bedingt genutzt werden. Sie werden allenfalls entwicklungsrelevant, wenn das Kind einen **kognitiven Konflikt** erfährt, d.h. selbst registriert, dass sein bisheriger Zugang zur Lösung des jeweiligen Problems unzureichend ist oder wenn

Kinder als Forscher
und die Besonder-
heiten ihres Denkens

– abstrakter gefasst – die Assimilations- und Akkomodationsprozesse nicht mehr im Gleichgewicht sind.

Probleme des anschaulichen Denkens: Ein klassisches Beispiel ist die Umfüll-Aufgabe, bei der eine Flüssigkeit aus einem Gefäß in ein anderes, z. B. schmaleres Gefäß geschüttet wird. In der Phase des anschaulichen Denkens antworten Kinder auf die Frage, ob dies nun mehr oder weniger oder genauso viel Flüssigkeit sei wie zuvor, entweder mit »mehr«, weil der Flüssigkeitspegel nun höher liegt, oder »weniger«, weil das Gefäß schmaler ist. Sie zentrieren auf nur eine Dimension und vernachlässigen die Transformation (d. h. das Umschütten), die zu dem neuen Zustand geführt hat. Ihre Erklärungen wirken für Erwachsene als zirkulär. Versucht man den Kindern zu erklären, dass dies doch noch die gleiche Flüssigkeit sei wie zuvor, so wird das die Kinder jedoch nicht ohne Weiteres dazu bringen, dies auch zu verstehen.

Kindlicher Egozentrismus: Als zentrales Merkmal der frühkindlichen Entwicklungsphase hat Piaget den kindlichen **Egozentrismus** beschrieben. Hiermit meint er nicht das Eigeninteresse von Kindern, sondern die starke Fokussierung der Kinder auf ihre eigene Perspektive und ihre eigene Wirkungsmächtigkeit. In dieser Phase erleben Kinder sich vielfach als Ursache für Ereignisse, die in ihrer Umwelt geschehen. So können Kinder sich unzutreffend als Ursache elterlicher Streitigkeiten sehen und belastende Schuldgefühle entwickeln, obwohl die Auseinandersetzungen zwischen den Eltern ganz andere Ursachen haben. Erst die zunehmende Perspektivendifferenzierung im Zuge der Entwicklung konkreter und formaler Operationen erlaubt die nötige Dezentrierung von der eigenen Person. Seine Beobachtungen haben die Forschung zur sozial-kognitiven und moralischen Entwicklung von Kindern stark inspiriert (siehe Kap. 1.3.2).

Entdeckendes Lernen: Es ist kein Zufall, dass die Pädagogik in Piagets Tradition starkes Gewicht auf das entdeckende Lernen gelegt hat. Piaget selbst hat darauf hingewiesen, dass vor allem die **Interaktion unter Gleichaltrigen** geeignet ist, aktive Exploration zu begünstigen: Die Kinder übernehmen weniger gutgläubig eine vorgeschlagene Lösung, wenn der Vorschlag von einem Gleichaltrigen statt einem Erwachsenen kommt, da dem Erwachsenen oftmals unhinterfragt ein Kompetenzvorsprung unterstellt wird. Insofern werden gerade die Verhandlungen unter Gleichaltrigen als jener Kontext gesehen, in dem die eigene Sichtweise kritisch ausgetestet und damit auch begründet revidiert werden kann. Im Hinblick auf die Unterrichtsgestaltung hat Piagets Theorie zahlreiche Implikationen (Aebli 2003). Dies betrifft nicht nur die Nutzung von Gruppenarbeit, sondern auch das aktive Erkunden und Experimentieren im handlungsorientierten Unterricht. Die Prinzipien der konstruktivistischen Didaktik sind sehr gut mit Piagets konstruktivistischer Entwicklungstheorie zu vereinbaren.

Kritische Würdigung Piagets: Mittlerweile wurden die Thesen Jean Piagets in zahlreichen Forschungsarbeiten kritisch überprüft (vgl. Sodian 2008). Hierbei wurden zahlreiche Kompetenzen kleiner Kinder entdeckt und die diagnostische Bedeutung der Aufgaben, die Piaget in seinen Studien verwendet hatte, in Frage gestellt. Einfachere Aufgaben erbrachten schon in deutlich früherem Alter Fähigkeiten der Kinder, die Piaget ihnen erst in späteren Entwicklungsphasen zuschrieb. So sind etwa Vorschulkinder nicht generell außer Stande, mehrere Dimensionen eines Ereignisses zu berücksichtigen. Auch das kausale Denken von Kindern erweist sich dem der Erwachsenen bei einfachen Aufgaben als weitgehend ähnlich, und insofern ist auch Piagets Annahme einer linearen bzw. gestuften Entwicklung umstritten. Alternative theoretische Ansätze beziehen sich eher auf Fragen der Informationsverarbeitung bei Kindern. Insgesamt hat sich die Forschung stark ausdifferenziert und nimmt einzelne Fähigkeiten wie Problemlösen, deduktives Denken oder auch das wissenschaftliche Denken von Kindern intensiv in den Blick. Stufentheorien werden heute eher als zu restriktiv eingeordnet: Sie werden der Komplexität und prinzipiellen Offenheit von Entwicklungsverläufen nicht gerecht (Montada 2008a).

1.3.2 | Sozial-kognitive und moralische Entwicklung

Das Phänomen des kindlichen Egozentrismus, wie Piaget es beschrieb, ist im Zuge der Forschung zur **sozial-kognitiven Entwicklung** von Kindern insbesondere von Robert Selman (1980) aufgegriffen worden, der die Bezüge zwischen kognitiver Entwicklung und der Entwicklung sozial-kognitiver Kompetenzen herausgearbeitet hat. Hierbei steht die Frage im Vordergrund, wie Kinder in die Lage versetzt werden, die Komplexität sozialer Perspektiven und Beziehungen zu erschließen. Auch Selman geht von einem **Stufenmodell des interpersonellen Verstehens** aus, das über die Differenzierung unterschiedlicher Perspektiven zur Möglichkeit führt, Konflikte aus einer dritten ›Schiedsrichter‹-Perspektive zu sehen, bis hin zum Verständnis sozialer Systeme.

Perspektivwechsel: In jüngerer Vergangenheit wurde diese Forschungsrichtung als Frage nach dem kindlichen Verständnis mentaler Prozesse (»theory of mind«) fortgeführt. Hierbei zeigte sich, dass Kinder etwa ab dem Alter von vier Jahren in der Lage sind, die Perspektive einer anderen Person einzunehmen und deren situationsspezifisches Wissen in Rechnung zu stellen, wenn dies von den eigenen Informationen abweicht (Sodian 2003). Mittlerweile werden die Ursprünge dieser Fähigkeiten bis ins Säuglingsalter rückverfolgt.

Entwicklung des moralischen Denkens: Stark von Piaget beeinflusst war auch Lawrence Kohlberg, der ebenfalls eine Stufentheorie, allerdings bezogen auf die Entwicklung des moralischen Denkens, vorgelegt hat (Kohlberg 1996). Er nimmt hierfür sechs Stufen an, die sich drei Niveaus zuordnen lassen:

1. Auf dem **präkonventionellen Niveau** wird kein Bezug auf soziale Übereinkünfte oder geteilte Regeln genommen, sondern Entscheidungen über moralische Konfliktsituationen werden an Fragen der drohenden Strafe (Stufe 1) oder des instrumentellen Nutzens bzw. der Reziprozität im Sinne eines direkten Ausgleichs (Stufe 2) festgemacht.

Drei Niveaus
der Entwicklung
des moralischen
Denkens

Kinder als Forscher
und die Besonder-
heiten ihres Denkens

2. Auf dem **konventionellen Niveau** wird zunächst auf Regeln des individuellen Wohlverhaltens in konkreten Beziehungen rekurriert (»good
   boy, nice girl«: Stufe 3) oder dann später – auf Stufe 4 – auf Recht und
   Gesetz Bezug genommen.
3. Auf dem **postkonventionellen Niveau** werden soziale Regeln als
   (veränderbarer) Gesellschaftsvertrag gesehen (Stufe 5) oder es wird
   schließlich nach Maximen des Kant'schen Kategorischen Imperativs
   argumentiert (Stufe 6). Auch Kohlberg geht davon aus, dass die von
   ihm postulierte Stufensequenz universell und irreversibel ist, wobei
   allerdings nur eine Minderheit das höchste Niveau moralischen Denkens erreicht.

Die genannten Stufentheorien sind intensiv diskutiert und häufig kritisch
hinterfragt worden. Die Fokussierung auf universelle Entwicklungsverläufe vernachlässigt notwendigerweise **andere Entwicklungsrichtungen**,
wie sie etwa Carol Gilligan in einer eher an Fürsorge statt Gerechtigkeit
orientierten weiblichen Moral sieht (Gilligan 1987). Auch kulturelle Unterschiede erscheinen hier allenfalls als Unterschiede im durchschnittlich
erreichten Niveau moralischen Denkens, ohne den weitreichenderen Besonderheiten Rechnung zu tragen, wie sie sich etwa im Vergleich von stärker kollektivistisch statt individualistisch orientierten Kulturen zeigen.
Nicht zuletzt die Frage, wie (un)einheitlich sich die Entwicklung etwa des
kognitiven Denkens oder des moralischen Urteils in verschiedenen Bereichen vollzieht, wurde intensiv aufgeworfen. So sprechen auch empirische
Befunde dafür, dass in verschiedenen Lebensbereichen unterschiedliche
moralische Regeln und Maximen dominieren, denen in der Urteilsbildung
Rechnung getragen wird (vgl. Montada 2008b).

Gleichwohl haben die genannten Ansätze wichtige pädagogische Akzente für die Förderung der Sozialentwicklung gesetzt, indem sie auf die
Komplexität sozialen Verstehens, die wichtige Funktion wechselseitiger
Verständigung im Diskurs und die **Rolle der selbstgesteuerten Entwicklung** verwiesen haben. Die kognitive, sozialkognitive und moralische
Entwicklung wird hier als ein aktiver Konstruktionsprozess herausgestellt, der nicht durch einfache Instruktion voranzutreiben ist. Kohlberg
hat selbst ein Schulmodell erprobt, das die Prinzipien des demokratischen
Aushandelns in den Mittelpunkt stellt (vgl. Lind 1987). Auch experimentelle Studien haben gezeigt, dass die moralische Entwicklung von Jugendlichen von der diskursiven Auseinandersetzung mit einem Gegenüber
profitiert, wenn dessen Argumente im strukturellen Niveau nur eine Stufe
vom Argumentationsniveau des Jugendlichen abweichen. Insofern lassen
sich hier durchaus praktische Anregungen für die pädagogische Praxis
ableiten (Lind 2003).

Allerdings ist im Blick zu behalten, dass diese Impulse noch nicht
moralisches Handeln gewährleisten. So gehören zur moralischen Sozialisation noch andere Aspekte: vorrangig – im Hinblick auf moralisches
Handeln – ist die Vermittlung einer moralischen Motivation und moralischer Überzeugungen, die auch gegen egoistische Interessen, mögliche
Ängste oder sozialen Druck verteidigt und realisiert werden (vgl. Montada

2008b). Eine entsprechende Internalisierung von Handlungsnormen lässt sich als Lernprozess verstehen, auf dessen mögliche Facetten der folgende Abschnitt zu Lerntheorien eingeht.

1.4 | Lernprozesse als Motor für Veränderung

1.4.1 | Ansätze im Überblick

Oftmals als Gegenposition zu der konstruktivistischen Position Piagets werden die Lerntheorien gesehen, die den Fokus stärker auf die Rolle extern induzierter Erfahrungen richten. Sie umfassen ein breites Spektrum von Theorien, zu denen die **verhaltenstheoretisch fundierten Ansätze** wie auch die **kognitiven Ansätze** bis hin zum Problemlösen gehören (Edelmann 2000). Sie sind im pädagogischen Kontext in vielerlei Hinsicht relevant, weil sie nicht nur Fragen des Wissenserwerbs behandeln, sondern weitaus allgemeiner der Frage nachgehen, wie Verhaltensdispositionen erworben und verändert werden.

> → **Lernen** wird als Erfahrungsprozess aufgefasst, der zu einer relativ überdauernden Änderung der Bereitschaft führt, sich unter mehr oder minder spezifischen Bedingungen in bestimmter Weise zu verhalten. Hierbei geht es nicht nur um beobachtbares Verhalten, sondern auch um verdeckte psychomotorische, kognitive, affektive und vegetative Verhaltensweisen (Bodenmann/Perrez/Schär 2004). Allerdings sollten diese Veränderungen nicht auf temporäre äußere Umstände, Reifung, angeborene Reaktionstendenzen, Ermüdung, Alterung, Verletzungen oder Einwirkungen von Pharmaka etc. zurückführbar sein.

Zum Begriff

Lernen durch Konditionierung: Der erfahrungsbasierte Erwerb bzw. die Veränderung von Verhaltensdispositionen lässt sich zum einen als Lernen durch Konditionierung, zum anderen als kognitives Lernen beschreiben. Verhaltenstheoretiker bzw. Behavioristen haben sich mit dem Lernen durch Konditionierung befasst und hierbei stark auf das beobachtbare Verhalten fokussiert. Intrapsychische Prozesse wurden dabei zunächst ausgeklammert und der ›Black Box‹ des nicht Beobachtbaren zugewiesen. Bekannte Konzeptionen dieser Richtung sind die Klassische Konditionierung (Pawlow) und die Operante Konditionierung (Skinner). Seit den 1970er Jahren wurde jedoch der Begriff des Verhaltens erweitert, um auch den kognitiven, emotionalen und physiologischen Aspekten von Verhalten Rechnung zu tragen.

Kognitives Lernen: Solche intrapsychischen Vorgänge sind wesentlicher Gegenstand der Forschung zum kognitiven Lernen. Dort interessieren sie als vermittelnde Prozesse zwischen äußeren Stimuli und gezeigtem Verhalten. Ein bekanntes Beispiel ist die sozial-kognitive Lerntheorie von Albert Bandura (Lernen am Modell, vgl. Bandura 1979). Die drei genannten Beispiele sollen hier exemplarisch erläutert werden. Allerdings sei darauf hingewiesen, dass es auch wichtige integrative Ansätze gibt, auf die hier nicht näher eingegangen werden kann (vgl. Bodenmann u. a. 2004).

1.4.2 | Das Reiz-Reaktionslernen: Klassische Konditionierung

Die Theorie der klassischen Konditionierung ist nach wie vor relevant, wenn man verstehen will, wie eigentlich irrelevante Reize zum Auslöser motorischer, emotionaler und sogar vegetativer Reaktionstendenzen werden (Reiz-Reaktions-Lernen). Demnach können biologisch verankerte Reaktionen (Reflexe), die ursprünglich an bestimmte unkonditionierte Reize gebunden sind, durch Lernprozesse auch an neutrale Reize gekoppelt werden, wenn diese in raum-zeitlicher Nähe (Kontiguität) zum unkonditionierten Reiz auftreten. Diese raum-zeitliche Nachbarschaft von unkonditioniertem und zunächst neutralem Stimulus ist eine wichtige Lernbedingung, um den neutralen Stimulus mit der entsprechenden Signalwirkung auszustatten, d. h. ihn in Folge des Lernprozesses zu einem konditionierten Auslöser der Reaktion zu machen. Das Besondere dieses Lernprozesses ist, dass er oft kaum der willkürlichen Kontrolle zugänglich ist.

Typische Beispiele sind **aversive Reaktionen wie Angst**, die zunächst an einen unkonditionierten Auslöser wie eine manifeste Bedrohung oder Misshandlung gekoppelt sind. Durch Lernen können sie jedoch auch auf irrelevante situative Merkmale übertragen werden. So mag schon beim Geruch des Linoleums im Schulgebäude Unwohlsein aufkommen können, wenn in diesem Kontext oftmals angstauslösende Situationen erlebt wurden. Opfer von Folterungen reagieren oft mit extremer Angst, wenn sie Uniformierte sehen. Hierbei reichen mitunter einmalige Erfahrungen, um zu einer dauerhaften Verknüpfung von Reiz und Reaktion zu führen. Wer sich einmal eine Lebensmittelvergiftung mit verdorbenen Muscheln zugezogen hat, wird nur mit geringer Wahrscheinlichkeit beim nächsten Essen wieder zu Muscheln greifen. Auch Angst vor Schlangen und Spinnen kann sehr leicht gelernt werden, weil wir – wie bei der Antipathie gegen bestimmte Speisen – in besonderer Weise darauf vorbereitet sind, auf solche Erfahrungen zu achten (»preparedness«). Führt dies zu einem **Vermeidungsverhalten**, so können auch keine gegenteiligen Erfahrungen gemacht werden, die zu einem Verlernen (Löschung) beitragen würden. Dabei stabilisiert sich die Reiz-Reaktions-Verknüpfung, auch wenn es keine neuen Lernerfahrungen mehr gibt.

Umgekehrt lässt sich dieser Ansatz auch nutzen, um unerwünschte Angst-Reaktionen wieder zu verlernen. Hierbei muss der angstauslösende Reiz mit einem stärkeren positiven Reiz gekoppelt werden, um eine konkurrierende Reaktion zu begünstigen. Im Rahmen der **systematischen**

Desensibilisierung macht man dies mit Hilfe sogenannter Angsthierarchien, d. h. zunächst wird erkundet, in welcher Form der angstauslösende Reiz am ehesten erträglich erscheint. Entsprechend wird er durch die Art der Präsentation minimiert und damit soweit ›in Schach‹ gehalten, dass die positive Reaktion (z. B. Entspannung) die Oberhand gewinnen kann. Gezielte Entspannungsübungen sind hierbei besonders hilfreich, um der Angstreaktion möglichst direkt entgegenzuwirken. Auf diesem Weg wird das bisherige (kognitiv-emotionale, psychomotorische und physiologische) Reaktionsmuster der Angst verlernt.

Klassische Konditionierung bezieht sich allerdings nicht nur auf Angst-Reaktionen. Schon das bekannte Experiment mit dem »Pawlowschen Hund« hat gezeigt, dass auch Appetenz-Verhalten auf diesem Weg konditionierbar ist. (In seinem berühmten Lern-Experiment hatte Pawlow einen Hund soweit konditioniert, dass dem Hund beim Erklingen eines akustischen Signals das Wasser im Mund zusammenlief. Das akustische Signal als konditionierter Reiz wurde hierbei gekoppelt mit einer Spucke-anregenden Säure, die als unkonditionierter Reiz dem Hund in den Mund geleitet wurde). Auch im schulischen Kontext ist dies relevant, denn Fragen der Lernmotivation für einzelne Fächer lassen sich so betrachten: Ein zunächst neutrales oder sogar wenig attraktives Schulfach kann deutlich an Attraktivität gewinnen, wenn die Lehrkraft den Unterricht interessant und abwechslungsreich gestaltet und so positive Gefühle auslöst, die in der Folge an das Unterrichtsfach gekoppelt werden.

1.4.3 | Lernen am Erfolg: Operante Konditionierung

Demgegenüber befasst sich das **Lernen am Erfolg** bzw. **instrumentelle Lernen** mit den Konsequenzen des eigenen Verhaltens und deren Auswirkungen darauf, ob das Verhalten zukünftig mit größerer oder geringerer Wahrscheinlichkeit wieder gezeigt wird.

→ Operante Konditionierung, wie Skinner sie erforschte, bezieht sich auf diese Lernart, die sich am Wirkreaktionsprozess festmachen lässt. Es geht darum, wie die Auftretenswahrscheinlichkeit von Verhalten durch die hierauf folgenden (positiven oder negativen) Konsequenzen verändert wird. Während sich die Wahrscheinlichkeit des Verhaltens bei Verstärkung erhöht, wird sie bei Bestrafung oder Löschung verringert.

Zum Begriff

Hierbei wird zwischen zwei Arten der Verstärkung unterschieden: Während positive Verstärkung darin besteht, dass eine positive Konsequenz einsetzt, wird bei negativer Verstärkung ein negativer Stimulus entfernt. **Negative Verstärkung** ist meist weniger augenfällig, aber gleichwohl sehr wirksam. So lässt sich erklären, warum Eltern ihren quengeligen Kindern gegenüber zunehmend nachgiebig werden können: Sie machen die Erfahrung, dass das Quengeln (zumindest kurzfristig) aufhört, wenn die Kinder ihren Willen bekommen, werden also negativ verstärkt, wenn sie sich nachgiebig verhalten.

Operante Konditionierung wurde intensiv experimentell erforscht und kommt nicht nur in der Dressur von Tieren, sondern auch in der Therapie von Verhaltensproblemen erfolgreich zum Einsatz. In der pädagogischen Praxis von Eltern, Erzieherinnen und Lehrkräften wird diese Art der Verhaltensmodifikation jedoch vielfach abgelehnt, weil sie als manipulativ erlebt wird. Dennoch kommt sie oft unbewusst zum Einsatz, denn Verstärker sind nicht nur Süßigkeiten oder Leistungspunkte, sondern auch ein anerkennendes Nicken oder ein Lächeln. Letztere zählen sogar zu den primären Verstärkern, die nicht erst als positives Ereignis gelernt werden müssen (im Gegensatz etwa zu materiellen Verstärkern).

Aspekte der Bestrafung: Stark diskutiert wird in diesem Kontext die Rolle der Bestrafung. Sie kann zum einen darin bestehen, dass dem (unerwünschten) Verhalten eine negative Konsequenz folgt, zum anderen auch darin, dass ein Privileg oder Gegenstand entzogen wird. Diese beiden Arten der Bestrafung lassen sich allerdings nur schwer auseinanderhalten. Aus Sicht der Lerntheorie gilt die Bestrafung im Vergleich zur **Löschung** als der weniger günstige Weg, wenn man ein unerwünschtes Verhalten reduzieren will. Während Bestrafung ungünstige Nebenfolgen hat und lediglich zur Unterdrückung des Verhaltens führt, entfällt bei Löschung der Anreiz für das jeweilige Verhalten: Da keine Konsequenz folgt, erweist es sich als ›wirkungslos‹ und wird entsprechend weniger gezeigt. Allerdings haben manche negative Handlungen auch einen intrinsischen Belohnungswert (weil sie Spaß machen) und werden nicht nur aufgrund externer Konsequenzen ausgeführt. Oder sie werden von anderen verstärkt, die sich nur schwer kontrollieren lassen.

Probleme des Strafens
Stellen wir uns zum Beispiel ein Kind vor, das im Schulunterricht häufig stört und dafür die anerkennende Zustimmung seiner Freunde bekommt. In solchen Fällen ist eine Verhaltensänderung des Kindes durch Ignorieren der Lehrkraft (als versuchte Löschung) kaum möglich, denn die eigentliche Verstärkung geht von den Freunden aus. Insofern mag es hier naheliegen, sich für eine Bestrafung zu entscheiden. Allerdings können auch Strafen durch die Lehrkraft (z. B. ein Verweis) wie eine Verstärkung wirken, wenn dies seitens des Kindes als Auszeichnung (für mutigen Widerstand gegen die Obrigkeit) und als Bestätigung seines ›Erfolges‹ (die Lehrkraft zu ärgern) wahrgenommen wird. Ob man sich nun für Löschung oder Bestrafung entscheidet: In beiden Fällen ist entscheidend, den Abbau des unerwünschten Verhaltens durch den gezielten Aufbau von erwünschtem Verhalten zu flankieren, d. h. gewünschtes Verhalten positiv zu verstärken. Solches positives Verhalten

Aus Erfahrungen
anderer klug werden:
Das Modelllernen

bei einem ›Störenfried‹ zu erkennen, ist gerade bei eingespielten negativen Erwartungen eine schwierige Aufgabe, stellt aber die zentrale
Herausforderung an die pädagogische Wachsamkeit dar.

1.4.4 | Aus Erfahrungen anderer klug werden: Das Modelllernen

Der **soziale Kontext von Lernprozessen** spielt in der Theorie Albert Banduras (1979) eine zentrale Rolle. Gemeinsam mit seinen Mitarbeiter/in-
nen hat er in zahlreichen Experimenten gezeigt, dass für das Lernen nicht
nur die Konsequenzen des eigenen Verhaltens relevant sind, sondern auch
das, was man als Konsequenz des Verhaltens anderer wahrnimmt. Wer
etwa sieht, dass ein anderes Kind mit Lästereien gegenüber einem unbe-
liebten Kind bei der Lehrkraft ›durchkommt‹ und sogar zustimmendes La-
chen der anderen erntet, wird solches Verhalten mit größerer Wahrscheinlichkeit bei passender Gelegenheit auch selbst zeigen, als wenn er/sie das
nicht beobachtet hätte.

Dieses **Lernen am Modell** basiert auf dem Mechanismus der **stellver-
tretenden Verstärkung**, die andere Akteure erfahren und die man an ihnen beobachtet. Hierbei kann sich das Lernen auf zwei unterschiedliche
Aspekte beziehen: auf die Aneignung eines bislang noch unbekannten
Verhaltens in das eigene Repertoire oder auf die Motivation, ein schon
verfügbares Verhalten auszuführen.

Wie Bandura hervorhebt, ist das Beobachtungslernen ein stark kognitiver Prozess. Vier Teilprozesse werden unterschieden, die sich zwei Phasen
zuordnen lassen:

1. **Aneignungsphase**
- **Aufmerksamkeitsprozesse** dienen der Aufmerksamkeitslenkung auf
das zu beobachtende Ereignis. Hierbei fallen sowohl Merkmale des Ereignisses bzw. des Stimulus ins Gewicht (z. B. affektive Valenz oder
Komplexität der beobachteten Szene) als auch Merkmale des Beobach-
ters (z. B. Wahrnehmungskapazität, Erregungsniveau).
- **Behaltensprozesse** dienen dazu, das beobachtete Geschehen zu verstehen, einzuordnen und im Gedächtnis verfügbar zu halten (u. a.: symbolische Kodierung, kognitive Organisation des Wahrgenommenen).

2. **Ausführungsphase**
- **Motorische Reproduktionsprozesse** beeinflussen, ob und wie das Beobachtete ausgeführt wird (z. B. je nach physischen Fähigkeiten und je
nach Verfügbarkeit der Teilreaktionen).
- **Motivationsprozesse** entscheiden schließlich darüber, ob bzw. mit
welcher Wahrscheinlichkeit die Handlung ausgeführt wird (z. B. je
nach stellvertretender Verstärkung).

Gewaltdarstellungen in Medien: Eine große Rolle hat das Konzept des
Modelllernens in der Forschung zur Wirkung von Gewaltdarstellungen in

Vier Teilprozesse
des kognitiven
Lernens

Lernprozesse
als Motor
für Veränderung

den Medien gespielt. Bandura hat mit seinem Team selbst Untersuchungen hierzu durchgeführt und gezeigt, dass nicht nur die Beobachtung eines realen Modells, sondern auch Gewaltdarstellungen im Film, selbst in Comic-Filmen, zu mehr aggressivem Verhalten von Kindern beitragen (jeweils im Vergleich zu Kindern, die kein aggressives Modell beobachteten; vgl. Bandura/Ross/Ross 1963). Als ausschlaggebend haben sich auch hier die Konsequenzen des Verhaltens erwiesen: Wurde das Verhalten bestraft, so trat es danach bei den Beobachtern weitaus seltener auf, als wenn es belohnt wurde. Folgte keine Konsequenz, so lag die Häufigkeit aggressiven Verhaltens seitens der Beobachter zwischen diesen beiden Werten. Mittlerweile gibt es hierzu eine äußerst differenzierte Diskussion unterschiedlicher Wirkmechanismen (z. B. auch die Stimulationshypothese und die Hypothese des verzerrten Weltbildes; vgl. Lukesch 2008).

Im Hinblick auf die Motivationsprozesse sind nicht nur die stellvertretende Verstärkung des Modells oder dann auch die äußere Bekräftigung der eigenen Nachahmungsversuche relevant. Wie Bandura hervorhebt, spielt auch die **Selbstbekräftigung** eine wesentliche Rolle. Im Verlauf ihrer Entwicklung und Sozialisation eignen sich Kinder durch Lernprozesse Verhaltensnormen an, die wiederum in ihre Selbstbewertung einfließen. Steht das eigene Verhalten im Einklang mit diesen Normen, so wird dies als positiv erlebt. Damit erhalten Kinder im Entwicklungsverlauf zunehmend die Möglichkeit, sich selbst zu loben und auf diesem Wege »autonom« gegenüber äußerer Bekräftigung zu werden.

Selbstwirksamkeit: Diesen Selbstbewertungsprozessen – insbesondere im Hinblick auf die eigenen Problemlöse- und Handlungsmöglichkeiten – hat Bandura im Verlauf seiner Arbeiten große Aufmerksamkeit geschenkt. Im Mittelpunkt steht die **Selbstwirksamkeit**, d. h. das Erleben, durch eigene Handlungen wirksame Veränderungen herbeiführen zu können. Diese Einschätzung, auch unter widrigen Umständen eine Lösung für anstehende Probleme finden zu können, hat sich als wichtiger Aspekt des Selbstkonzepts erwiesen, der eng mit dem Selbstwertgefühl verbunden ist. Ein hohes Selbstwirksamkeitsgefühl liefert die motivationale Basis, sich auch schwierigen Herausforderungen zu stellen, und geht generell mit einem besseren Wohlbefinden einher. Vermutlich fallen vielfältige Erfahrungen wie auch individuelle Dispositionen bei Entwicklung der Selbstwirksamkeit ins Gewicht. Wie in fast allen Bereichen ist auch hier die positive Unterstützung und Autonomieförderung in der Familie als primärem Sozialisationskontext maßgeblich – ein Einfluss, der auch über lange Zeit im Entwicklungsverlauf nachwirkt (Schneewind/Ruppert 1995).

Einschätzung der Theoriebildung: Während die strukturgenetische Theorie (Piaget) vor allem eine Theorie von Entwicklungsprozessen in Kindheit und Jugendalter ist, machen die hier dargestellten Lerntheorien kaum spezifische Annahmen zu einzelnen Entwicklungsphasen. Sie beanspruchen allgemeine Gültigkeit, die weitgehend unabhängig vom Alter der Lernenden ist. Im Rahmen der sozial-kognitiven Lerntheorie Banduras wird zwar indirekt auch altersabhängigen Unterschieden z. B.

in der Beobachtungs- und Gedächtnisleistung Rechnung getragen, aber diese Alters- bzw. Entwicklungsunterschiede sind nicht ein besonderer Gegenstand der Theoriebildung. Es gibt jedoch auch Ansätze, die die gesamte Lebensspanne in den Blick nehmen. Diese kommen im nächsten Abschnitt zur Sprache.

1.5 | Der breite Blick über die Lebensspanne

1.5.1 | Entwicklungsphasen über die Lebensspanne nach Erik H. Erikson

Der berühmteste Vertreter einer Entwicklungstheorie der Lebensspanne ist Erik H. Erikson (1988). Ähnlich wie Piaget geht er davon aus, dass es distinkte Entwicklungsphasen gibt, die sich qualitativ voneinander unterscheiden. Sein Augenmerk richtet sich jedoch nicht auf die kognitive, sondern die sozial-emotionale Entwicklung, deren Abschluss er letztlich erst im höheren Alter sieht. Anders als bei Piaget sind seine Annahmen zur Entwicklungsfolge weniger streng (z. B. ist Regression, d. h. der Rückfall auf eine frühere Entwicklungsstufe in seiner Konzeption durchaus möglich). Auch er geht jedoch von einer **internen Entwicklungslogik** aus, wobei eine positive Entwicklung auf höheren Entwicklungsstufen die erfolgreiche Meisterung früherer Entwicklungsstufen voraussetzt.

Erikson hat seine Konzeption aus der psychoanalytischen Tradition heraus entwickelt. Entsprechend spielen innerpsychische Prozesse eine wesentliche Rolle. Laut Erikson ist jede Entwicklungsstufe charakterisiert durch einen **psycho-sozialen Konflikt** zwischen zwei Strebungen, von denen eine den positiven Entwicklungsverlauf kennzeichnet, während die andere Alternative eine weniger funktionale Lösung darstellt. Beispielhaft sei auf das Säuglingsalter verwiesen. Wie auch die Bindungstheorie nach ihm herausgearbeitet hat, steht hier die Entwicklung emotionaler Sicherheit im Vordergrund, die Erikson als Konflikt zwischen (Ur-) Vertrauen und Misstrauen fokussiert (siehe die Tabelle auf S. 18). Als entscheidend in der Bewältigung dieses Konflikts sieht er die Beziehung zur Mutter. Je nachdem, wie sich diese Beziehung ausgestaltet, kann das Kind Urvertrauen entwickeln oder startet auf der Basis von Misstrauen in sein weiteres Leben.

Entwicklung in Beziehungskontexten: Wie schon dieses Beispiel zeigt, spielt im Rahmen von Eriksons Theorie der soziale Kontext eine wichtige Rolle. Die Tabelle auf S. 18 verdeutlicht, dass jeder Entwicklungsphase nicht nur ein spezifischer psychosozialer Konflikt zugeordnet ist, sondern auch ein **prototypischer Beziehungskontext**, in dem der Konflikt erlebt und ausgetragen wird. Dabei geht es jedoch nicht um einen (im engeren Sinne) sozialen Konflikt, sondern darum, wie die sich entwickelnde Person (Kind, Jugendliche/r, Erwachsene/r) die entwicklungstypische Entscheidungssituation **im jeweiligen Beziehungskontext** auf psychischer und sozialer Ebene löst.

Der breite Blick
über die Lebens-
spanne

So folgt etwa dem Säuglingsalter das Kleinkindalter mit dem zentralen Thema der Autonomieentwicklung, d. h. der zunehmenden Verselbständigung in der Beziehung zu den Eltern. In diesem Alter verfeinern Kinder auf spielerische Weise ihre Fähigkeiten und entdecken so ihr Selbst und ihren Eigenwillen. Dabei geraten sie durch mehr oder minder starke Willensbekundungen zunehmend in einen (tatsächlichen sozialen) Konflikt mit den Betreuungspersonen (ihren Eltern). Hier ist die Frage, wie viel Autonomie dem Kind seitens der Eltern zugebilligt wird oder umgekehrt: wie stark es durch elterliche Begrenzungen und Verbote, Maßregelungen und Beschimpfungen an seinen Fähigkeiten zweifelt und Scham für sein Fehlverhalten empfindet. Unterdrücken die Eltern zu sehr die Autonomiebestrebungen ihres Kindes, so kann es diesen psychosozialen Konflikt nicht optimal lösen.

Individuation: Auch andere Forscher/innen sehen in dieser frühen Phase die Zeit der **Autonomieentwicklung oder Individuation**, wie Margaret Mahler es nennt (Mahler/Pine/Bergman 1980). Sie hebt hervor, dass es hierbei weniger um eine emotionale Abgrenzung gegenüber den Eltern geht, wie es in psychoanalytischer Tradition als zentral für das Jugendalter herausgestellt wurde (vgl. Steinberg 2001; Walper 2008a). Vielmehr sieht Mahler den Individuationsprozess im Vordergrund, d. h. die Entwicklung von Individualität, die hier im Kleinkindalter ihren Auftakt nimmt und im Jugendalter erneuten Aufwind erhält (als Phase der zweiten Individuation; vgl. Blos 1977).

Entwicklungsstadien, ihre
zugeordnete
psychosoziale
Krise und die jeweils bedeutsame
Beziehung (nach
Erikson 1988)

Stadium	Krise	Bedeutsame Beziehung
Säugling (0–1 J.)	*Vertrauen vs. Misstrauen*	Mutter
Kleinkind (2–3 J.)	*Autonomie vs. Scham und Zweifel*	Eltern
Kindergartenalter (3–6 J.)	*Initiative vs. Schuld*	Familie
Schulalter (7–12 J.)	*Werksinn vs. Minderwertigkeitsgefühl*	Nachbarschaft, Schule
Jugendliche (12–18 J.)	*Ich-Identität vs. Rollenkonfusion*	Gleichaltrige, Rollenmodelle
Frühes Erwachsenenalter (20–45 J.)	*Intimität vs. Isolation*	Partner, Freunde
Erwachsenenalter (30–65 J.)	*Generativität vs. Selbstabsorption*	Haushalt, Mitarbeiter
Reifes Erwachsenenalter (50+ J.)	*Integrität vs. Lebens-Ekel*	Menschheit oder »my kind«

Kindergarten- und Schulalter: In den beiden Folgephasen des Kindergartens und des Schulalters steht zunehmend die Kompetenzentwicklung der Kinder im Vordergrund. Im Kindergartenalter sieht Erikson die **Handlungsinitiative** als zentrales Thema, also erste Anklänge von Verantwortung, die Kinder für ihre Handlungen nun zunehmend bewusst übernehmen. Anders als in der Kleinkindphase macht sich das Scheitern nicht mehr nur an der sozialen Bewertung fest, sondern bemisst sich nun auch an Normen, die im Familienkontext vermittelt werden. Dass Erikson die Genese des Gewissens (Schuld) in dieser Phase ansiedelt, steht ganz im Einklang mit der psychoanalytischen Konzeption der ödipalen Phase, die ebenfalls in diesem Alter lokalisiert wird.

Zur Vertiefung

Ödipus-Komplex

Laut klassischer Psychoanalyse wird die Aufgabe der Jungen, sich dem Vater als gleichgeschlechtliches Rollenmodell zuzuwenden, dadurch gelöst, dass Jungen sich mit dem Vater identifizieren, obwohl der ein mächtiger Konkurrent um die Liebe der Mutter ist. Der Mechanismus liege in der »Identifikation mit dem Aggressor«, durch die das Kind sich auf die Seite des Vaters schlägt und damit seine Angst vor der väterlichen Übermacht bekämpft. Grundlage ist die antike Tragödie des Ödipus, der als Kind aufgrund einer Weissagung ausgesetzt wurde und folglich seine Herkunft nicht kannte, als er im jungen Erwachsenenalter seinen Vater tötete und seine Mutter heiratete. Inzestuöse Verwicklungen, die durch das Aussetzen von Säuglingen entstehen können, waren ein beliebtes Thema der Antike. Allerdings konnten empirische Befunde die Annahmen zur ödipalen Phase nicht bestätigen (vgl. Roos/Greve 1996).

Entwicklung im Schulalter: Dort steht laut Erikson die Entwicklung von Werksinn versus Minderwertigkeitsgefühl im Vordergrund, also die **Leistungsbereitschaft** und Einschätzung eigener **Leistungsbefähigung**, die gerade im Kontext schulischen Lernens zentral ist. Tatsächlich hat auch die Forschung zur Leistungsmotivation diese Phase als maßgeblich für die Entwicklung von Vergleichsstandards für die Leistungsbewertung ausgemacht (Holodynski/Oerter 2008). Während Kinder zu Beginn des Grundschulalters bei der Bewertung ihrer Leistungen noch kaum auf soziale Vergleiche zurückgreifen und ihre Kompetenzen entsprechend positiv einschätzen, tritt im Verlauf der Grundschuljahre zunehmend das ›Kräftemessen‹ und der Wettbewerb mit anderen Kindern in den Vordergrund. Der maßgebliche Beziehungskontext hierfür liegt nicht mehr in der Familie, sondern wird zunehmend nach außen verlagert in den Bereich von Schule und Nachbarschaft.

Im Jugendalter sieht Erikson wie zahlreiche andere Wissenschaftler/innen die Frage der Selbstverortung im Vordergrund (»Wer bin ich?«, »Wo will ich hin?«). Festgemacht wird sie am psychosozialen Konflikt zwischen Ich-Identität versus Rollenkonfusion. Die Koordinaten des relevanten sozialen Bezugssystems hierfür liefern **Gleichaltrige**, die sich mit vergleichbaren Fragen auseinandersetzen und entsprechend geeignete Wegbegleiter für die eigene Identitätsfindung sind. Wie auch andere Theoretiker seiner Zeit (etwa der Soziologe Talcott Parsons) sieht Erikson im Jugendalter eine Phase, die in besonderer Weise Freiräume dafür bietet, unterschiedliche Optionen der Berufswahl und Lebensgestaltung sowie relevante Werthaltungen zu explorieren. Ausschlaggebend ist das **Moratorium**, das im Verlauf des frühen 20. Jahrhunderts durch die **verlängerte Bildungsphase** auf breiter Basis entstanden ist. In dieser Phase müssen berufliche Festlegungen und Partnerschaftsentscheidungen noch nicht getroffen werden. Jugendliche sind in diesem Sinne dafür freigestellt, ihre Optionen zu explorieren und – nach reiflicher Prüfung – persönliche Festlegungen vorzunehmen.

Typen der Identitätsentwicklung: Marcia (1966) hat diese beiden Prozesse der Identitätsentwicklung (Exploration und Commitment) aufgegriffen und in deren Koordinatenkreuz unterschiedliche Typen bestimmt (s. Tabelle unten). Solange weder die eigenen Möglichkeiten erkundet werden noch eine persönliche Festlegung getroffen wird, besteht laut Marcia **Identitätsdiffusion**. Dem steht die erarbeitete Identität als positiver Gegenpol diametral gegenüber: In diesem Fall wurden sowohl die persönlichen Optionen exploriert als auch ein Commitment getroffen. Wurde ohne nennenswerte Erkundung der Möglichkeiten eine persönliche Festlegung akzeptiert, so spricht er von übernommener Identität, da diese Festlegungen zumeist nach Regeln der Tradition erfolgen (z.B. bei Übernahme des elterlichen Berufs bzw. Geschäfts, aber auch bei der unreflektierten Übernahme von Werthaltungen). Als weitere Alternative besteht das Moratorium aus einem intensiven Explorationsprozess, bei dem aber noch keine Festlegung vorgenommen wurde. Diese zunächst als unterschiedliche Typen konzipierten Alternativen lassen sich auch als Phasen eines Prozesses verstehen, an dessen Ende im günstigen Fall die erarbeitete Identität steht.

		Exploration	
		gering	*hoch*
Commitment	*gering*	Identitätsdiffusion	Moratorium
	hoch	übernommene Identität (*foreclosure*)	erarbeitete Identität (*achieved identity*)

Frühes und fortgeschrittenes Erwachsenenalter: Wie schon hervorgehoben wurde, ist die Entwicklung laut Erikson nicht nach dem Jugendalter beendet. Drei weitere Phasen siedelt er im Erwachsenenalter an. Im Verlauf des frühen Erwachsenenalters sieht Erikson den psychosozialen Konflikt zwischen Intimität und Isolation als zentral. Die wichtigsten Beziehungskontexte hierfür sind **Partner- und Freundschaftsbeziehungen**, in denen die Bereitschaft zu starker emotionaler Nähe und Selbstöffnung erprobt wird und in gewisser Weise notwendig ist, um eine vertiefte wechselseitige Beziehung einzugehen. Im Erwachsenenalter folgt der Konflikt zwischen Generativität und Selbstabsorption, d.h. die Frage, inwieweit man sich für die nachwachsende Generation engagieren möchte, seien es die eigenen Kinder oder andere Kinder, Jugendliche und Heranwachsende, die man als Erzieher/in oder Lehrkraft betreut, erzieht und anleitet. Auch der Einsatz für jüngere Mitarbeiter/innen im jeweiligen Arbeitskontext gehört hierhin. Schließlich steht im höheren Erwachsenenalter die Auseinandersetzung mit dem eigenen Alterungsprozess und dem Lebensrückblick im Vordergrund. Den hierfür typischen Konflikt siedelt Erikson im Spannungsverhältnis zwischen Integrität und Lebensekel an. Gelingt es nicht, die zunehmenden physischen Beschränkungen hinzunehmen, einen positiven Rückblick auf die eigene Biografie und ein weites Gefühl der Zugehörigkeit zu anderen (als »my kind«) zu entwickeln, so ist das Risiko der Resignation und Abkehr von sozialen Bezügen erhöht.

1.5.2 | Das Konzept der Entwicklungsaufgaben

Ähnlich wie Erikson sieht auch Robert Havighurst (1952) Entwicklungsprozesse als aktive Auseinandersetzung mit alterstypischen Themen oder Anforderungen, die er als Entwicklungsaufgaben konzipiert. Solche Entwicklungsaufgaben stehen im Spannungsfeld zwischen

- sozial-normativen Erwartungen an das, was als alterstypische Leistung gelten kann;
- dem sozial-historischen Kontext, der den Rahmen auch für die jeweiligen Normen darstellt;
- den individuellen Voraussetzungen, die nicht nur je nach Alter, sondern auch je nach individuellen Dispositionen und Entwicklungsbedingungen variieren können und damit auch unterschiedliche Bedingungen für die Bewältigung von Entwicklungsaufgaben schaffen.

Ursprünglich war dieser Ansatz vor allem pädagogisch-praktisch motiviert und sollte dazu dienen, Erzieher/innen praktische Leitlinien für die charakteristischen Entwicklungsschritte zu geben, die Kinder und Jugendliche in bestimmten Altersphasen vollziehen (Havighurst 1952). Tatsächlich hat sich dieses Konzept als sehr anschaulich und hilfreich erwiesen, um phasentypische Anforderungen noch differenzierter zu erfassen als Erikson es in seiner Konzeption tut. In der Grundschulzeit sind vor allem folgende Entwicklungsaufgaben relevant (vgl. Spinath 2010):

- physische Fähigkeiten für normale Spiele entwickeln (z. B. Ballspiele);
- angemessene Einstellungen zu sich selbst aufbauen;
- angemessenen Umgang mit Gleichaltrigen weiter entwickeln;
- geschlechtstypische Verhaltensweisen aneignen;
- grundlegende Fertigkeiten wie Lesen, Schreiben, Rechnen erwerben;
- Konzepte und Fertigkeiten für den Alltag entwickeln;
- moralische Vorstellungen und Werte verankern;
- persönliche Unabhängigkeit erweitern;
- Einstellungen gegenüber sozialen Gruppen und Institutionen herausbilden.

Der breite Blick
über die Lebens-
spanne

Zur Vertiefung

Die Entwicklung der Selbsteinschätzung schulbezogener Fähigkeiten
Noch im Vorschulalter haben Kinder keine klare Vorstellung von Fähigkeiten als einer Eigenschaft, die der Person innewohnt und Personen
dauerhaft unterscheidet (vgl. Dweck 2002). Entsprechende soziale Vergleiche beginnen erst kurz nach Schuleintritt besondere Bedeutung zu
erlangen. Bis dahin überschätzen sich die Kinder durchgängig: Vor der
Einschulung glauben die meisten, dass sie bei allen Tätigkeiten zu den
Besten gehören und mit dem nötigen Einsatz alles erreichen können.
Im Verlauf des Grundschulalters werden die Selbsteinschätzungen dann
zunehmend realistisch, d. h. dass sie stärker mit den Einschätzungen
von Lehrkräften und Eltern zusammenhängen (Spinath 2010). Die
Ausdifferenzierung (sozial-)kognitiver Schemata trägt dazu bei, dass
entsprechende Informationen über unterschiedliche Fähigkeiten und
Leistungen einzelner Personen in einzelnen Handlungs- bzw. Kompe-
tenzbereichen differenzierter verarbeitet werden. Dabei erfahren die
Kinder aber in der Regel auch eine gewisse Ernüchterung, d. h. sie beurteilen sich und ihre Leistungen negativer als zu Beginn der Schulzeit.
Bis zum Ende der Grundschulzeit haben die Kinder in aller Regel ein
konsistentes Konzept von Fähigkeit als eine der Person innewohnende
Kapazität entwickelt und können bei der Beurteilung von Leistungser-
gebnissen zuverlässig zwischen Fähigkeit und Anstrengung als möglichen Ursachen für den jeweiligen Erfolg oder Misserfolg unterscheiden.
   Damit wird bei manchen Kindern auch die Grundlage für ungünstige motivationale Entwicklungen geschaffen: Wer seine eigenen
Fähigkeiten unrealistisch negativ einschätzt und seine Fähigkeiten als
unveränderlich erlebt, kann Schulängste entwickeln und die Lernmo-
tivation verlieren. Tatsächlich sinkt die Schulmotivation der Kinder im
Verlauf der Grundschule deutlich. Allerdings lässt sich die negativere
Selbsteinschätzung eigener schulischer Fähigkeiten nicht ohne weiteres
als Ursache hierfür ausmachen (vgl. Spinath 2010). Gerade auch die
Bedingungen des Schulkontextes (kompetitive Benotung; mangelnde
Ermutigung) dürften hierbei eine wesentliche Rolle spielen.

Das Jugendalter umfasst etwa folgende Entwicklungsaufgaben (vgl. Oer-
ter/Dreher 2008):

Entwicklungs-
aufgaben im
Jugendalter

- Aufbau neuer und reiferer Beziehungen zu Gleichaltrigen beiderlei Ge-
  schlechts;
- Übernahme der männlichen/weiblichen Geschlechtsrolle;
- Akzeptieren der eigenen körperlichen Erscheinung und effektive Nut-
  zung des Körpers;
- Entwicklung emotionaler Selbständigkeit gegenüber den Eltern und
  anderen Erwachsenen;
- Vorbereitung auf Ehe und Familienleben;
- Vorbereitung auf eine berufliche Karriere;
- Erlangung eines ethischen Wertsystems, das als Leitfaden für Verhal-
  ten dient;
- Erstreben und Erreichen eines sozial verantwortlichen Verhaltens.

Relevanz der Entwicklungsaufgaben: Dieser Katalog von zentralen Entwicklungen in unterschiedlichen Lebensbereichen lässt sich immer wieder auf den Prüfstand stellen, auch im Hinblick auf die Bedeutsamkeit und Dringlichkeit, die Jungen und Mädchen den einzelnen Entwicklungsaufgaben zuschreiben. Vergleicht man in dieser Hinsicht Kinder, Jugendliche und junge Erwachsene, so zeigt sich, dass viele dieser Entwicklungsaufgaben Vorläufer in früheren Entwicklungsaufgaben haben. So ist etwa das Lernen, mit Altersgenossen zurechtzukommen, eine Entwicklungsaufgabe der Kindheit, die auch dazu dient, im Jugendalter in der Lage zu sein, reife Beziehungen zu Gleichaltrigen aufzubauen, die den wechselseitigen Bedürfnissen der Beteiligten nach Vertrauen, Zuwendung und Unterstützung Rechnung tragen. Andere Aufgaben des Jugendalters können als Vorläufer für andere Entwicklungsaufgaben gesehen werden, die im Erwachsenenalter eine zentrale Stellung einnehmen. Ganz explizit gilt dies für die Vorbereitung auf Ehe bzw. Partnerschaft und Familie. Wenngleich Jugendliche sich durchaus mit Fragen wie der idealen Partnerschaft oder Kinderwunsch auseinandersetzen, stehen diese Fragen im engeren Sinne in dieser Phase noch nicht an.

Dass diese Aufgaben auch quer über die Bereiche aufeinander aufbauen, zeigen etwa Studien zu den Liebesbeziehungen Jugendlicher und junger Erwachsener. Sowohl eine vertrauensvolle, unterstützende Beziehung zu den Eltern als auch tragfähige Beziehungen zu Gleichaltrigen tragen zu positiven Erfahrungen in frühen Liebesbeziehungen bei (Furman/Simon/Shaffer/Bouchey 2002; Seiffge-Krenke 2001). Offenkundig werden in diesen Kontexten Beziehungskompetenzen erworben, die auch in anderen späteren Beziehungen nutzbar gemacht werden können.

1.6 | Entwicklungskontexte und ihr Zusammenspiel

1.6.1 | Die ökologische Entwicklungstheorie Bronfenbrenners

Entwicklungskontexte, in denen Kinder und Jugendliche aufwachsen, spielen in vielen theoretischen Konzeptionen eine wichtige Rolle als Kontexte für Erfahrungen, die Lernprozesse in Gang setzen und die Bewältigung von Entwicklungsaufgaben beeinflussen können. Viele dieser Kontexte sind Gegenstand eigener Theoriebildung geworden. Dies gilt für die Familie, die in Psychologie (Schneewind 2010) und Soziologie (Peuckert 2008) intensiv beforscht wird, für die Schule (Fend 2008), aber auch für Beziehungen unter Gleichaltrigen (Oswald 2008), um nur einige Beispiele zu nennen.

Urie Bronfenbrenner (1981) hat aus Sicht der Entwicklungspsychologie den Versuch unternommen, eine übergeordnete **Theorie der Kontexte menschlicher Entwicklung** zu formulieren. Hierbei handelt es sich um ein systemisch-interaktionistisches Modell, das Entwicklung als die fortschreitende gegenseitige Anpassung von Individuum und Umwelt begreift und von dem Postulat einer wechselseitigen Beeinflussung zwischen dem aktiven, sich entwickelnden Individuum und den wechselnden Eigenschaften seiner Umwelt ausgeht. Der Fokus ist in diesem Rahmen vor allem auf das entwicklungsförderliche Potenzial von Lebensbereichen gerichtet.

Soziale Systemebenen: In dieser Konzeption lassen sich einzelne konkrete Kontexte wie die Familie oder Schule als **Mikrosysteme** auffassen, die durch bestimmte Rollen und Beziehungen zwischen den Mitgliedern dieser Systeme sowie durch typische Tätigkeiten charakterisiert sind. Sie sind an ein konkretes Setting gebunden wie den Haushalt oder das Schulgebäude, das durch seine physische Ausstattung den Rahmen für Interaktionen und Handlungsmöglichkeiten schafft. Diese einzelnen Mikrosysteme stehen nicht unverbunden nebeneinander, sondern geraten durch die Personen, die zwischen ihnen wechseln, in Interdependenzen oder Wechselwirkungen, die ein eigenes, für die Entwicklung relevantes System schaffen, ein sogenanntes **Mesosystem**.

Diese Interdependenzen zwischen zwei und mehr Mikrosystemen (z. B. Familie und Schule) können sehr unterschiedlich gestaltet sein und den Übergang unterstützen und erleichtern oder aber erschweren. Ausschlaggebend hierfür sind sowohl die strukturellen Ähnlichkeiten (z. B. in der Art der Tätigkeiten und Beziehungen) als auch Maßnahmen, die den Übergang erleichtern (z. B. unterstützende Personen, vertraute Gegenstände, die in ein neues Setting mitgenommen werden können).

Mikrosysteme, denen das Kind selbst nicht angehört, können aber ebenfalls entwicklungsrelevant werden, wenn andere Mitglieder des eigenen Mikrosystems (z. B. der Familie) ihnen angehören und ihre Erfahrungen in die Familie hineintragen. Zum Beispiel können die Erfahrungen der Eltern am Arbeitsplatz durchaus auch für die Kinder bedeutsam werden, obwohl diese nie am Arbeitsplatz der Eltern waren, wenn die Eltern ihre positiven und negativen Erfahrungen aus dem Beruf in der Familie berichten oder wenn das Verhalten der Eltern zuhause durch diese Erfahrungen beeinflusst wird. Die Wirkung solcher indirekten Einflüsse aus externen Mikrosystemen, die über andere Personen vermittelt werden, bezeichnet Bronfenbrenner als **Exosystem**.

Diesen Mikro-, Meso- und Exosystemen übergeordnet ist das (politische, juristische, kulturelle) **Makrosystem**, das in den Ähnlichkeiten der Systeme niedrigerer Ordnung erkennbar wird. Gemeint sind hier auch Ideologien und Weltanschauungen, die eine Kultur oder Subkultur prägen.

Schließlich hat Bronfenbrenner auch noch den zeithistorischen Faktor als **Chronosystem** aufgegriffen. Hierbei geht es um charakteristische Veränderungsmuster, die sich als Wandel von Entwicklungskontexten im Zeitverlauf ausmachen lassen, aber auch um typische Transitionen im Lebensverlauf.

Die ökologische
Entwicklungstheorie
Bronfenbrenners

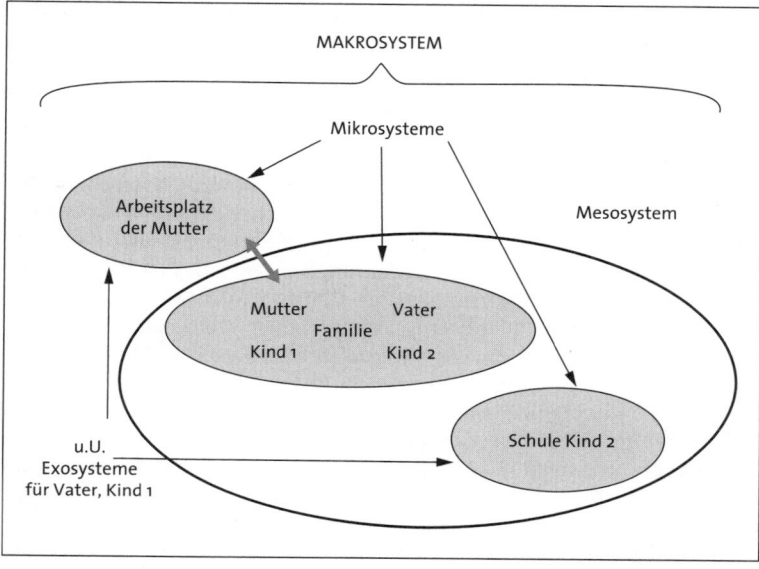

Soziale System-
ebenen (nach
Bronfenbrenner
1981)

→ **Mikrosystem**: unmittelbares System, dem die Person angehört, gebunden an konkretes Setting und charakterisiert durch physikalische Ausstattung, Tätigkeiten und Rollen (z. B. Familie, Peers, Schule/Schulklasse).

→ **Mesosystem**: Wechselwirkungen zwischen zwei oder mehr Settings, denen das Individuum angehört.

→ **Exosystem**: Settings, in die das Individuum nicht als handelnde Person einbezogen ist, die es jedoch indirekt beeinflussen.

→ **Makrosystem**: Übereinstimmungen in Systemen niedrigerer Ordnung, die auf der Ebene der Gesamt- oder Subkultur bestehen (z. B. Werte- und Normensystem, ökonomische Struktur).

→ **Chronosystem**: Muster von kontextuellen Veränderungen im zeitlichen Verlauf (Wandel von Entwicklungskontexten, Transitionen im Lebensverlauf).

Zum Begriff

Das Modell illustriert die Bezüge zwischen Mikro-, Meso-, Exo- und Makrosystem am Beispiel einer Familie, wobei der Arbeitsplatz der Mutter für Vater und Kinder ein Exosystem darstellt, während Familie und Arbeitsplatz für die Mutter ein Mesosystem bilden. Die Schule des zweitgeborenen Kindes kann für das erstgeborene Kind ein Exosystem darstellen, wenn es selbst eine andere Schule besucht. Wenn beispielsweise nur die Mutter den Kontakt zu den Lehrkräften hält und der Vater auch bei anderen Gelegenheiten nicht die Schule seines zweiten Kindes besucht, ist diese für ihn ebenfalls ein Exosystem, an dem er allenfalls über die Berichte seines Kindes oder dessen Schulnoten teilhat. Für das zweite Kind bilden seine Schule und die Familie wiederum ein Mesosystem.

Übergänge im Entwicklungsverlauf: Dieses Modell ist vergleichsweise abstrakt und bezieht nicht alle relevanten Systemebenen ein. Zu diesen würden auch Gemeinden, größere Organisationen wie das Schulwesen eines Bundeslandes, Regierungsbezirke usw. gehören. Dennoch ist dieser Ansatz insofern fruchtbar, als er das Augenmerk auf die Wechselwirkungen zwischen Mikrosystemen der Entwicklung lenkt und die Frage aufwirft, wie Transitionen im Entwicklungsverlauf gestaltet werden. Beispiele für solche Transitionen sind der Eintritt in den Kindergarten, die Einschulung, aber auch der Berufseintritt eines erwachsenen Kindes oder eines Elternteils. Der Schuleintritt wird in aller Regel von den Familien vorbereitet, sowohl durch die Bereitstellung der erforderlichen Materialien und die traditionelle Schultüte, als auch durch Informationen darüber, was Kinder dort lernen werden, und nicht zuletzt motivational durch den Aufbau von (positiven oder negativen) Erwartungen. Gleichzeitig wirkt der Schuleintritt eines Kindes auch auf die Familie zurück, indem sich nun der Tagesrhythmus ändert und die Schullaufbahn des Kindes begleitet werden muss (Walper/Roos 2001). Solche Wechselbeziehungen zwischen Elternhaus und Schule sollen im folgenden Abschnitt noch näher beleuchtet werden.

1.6.2 | Erziehungs- und Bildungspartnerschaft von Elternhaus und Schule

Im Kontext der Schule interessiert zunehmend die Zusammenarbeit mit dem Elternhaus, die als Erziehungs- und Bildungspartnerschaft mittlerweile auch bewusst gestaltet wird. Das war nicht immer so, denn Schule und Familie stehen in einem traditionsreichen Spannungsverhältnis, das schon bei Einführung der Schulpflicht deutlich sichtbar wurde. Damals wehrten sich die Familien vielfach gegen die schulische Einbindung der Kinder, die nun für Haushaltsarbeiten oder als Hilfe im Familienbetrieb nicht mehr gleichermaßen zur Verfügung standen.

Auch heute ist das Verhältnis zwischen beiden Entwicklungskontexten der Kinder nicht spannungsfrei, denn die wechselseitigen Erwartungen von Eltern und Lehrkräften sind hoch: Lehrerinnen und Lehrer erwarten die Unterstützung der Eltern in disziplinarischen Fragen ebenso wie bei der Begleitung des schulischen Lernens ihrer Kinder. Eltern erwarten, dass die Lehrkräfte ihre Kinder optimal fördern. Gleichzeitig müssen die Lehrkräfte aber auch der Selektionsfunktion von Schule nachkommen und durch die Benotung das Leistungsniveau der Schülerinnen und Schüler ausweisen, das für deren weitere schulische Karriere maßgeblich ist. Besonders deutlich wird dies beim Übertritt von der Grundschule in die Sekundarstufe. In unserem gegliederten Schulsystem hat dieser Übertritt besondere Brisanz, da mit der Wahl der weiterfüh-

Bildungspartner-
schaft von Eltern-
haus und Schule

renden Schulart auch weitgehend über den möglichen Abschluss der Kinder entschieden wird.

Der familiäre Hintergrund der Kinder spielt für deren schulischen Erfolg eine entscheidende Rolle. Dies gilt sogar in Deutschland mehr noch als in vielen anderen Ländern, da hier die soziale Herkunft der Kinder bei deren schulischer Kompetenzentwicklung stark ins Gewicht fällt. Dies zeigt sich nach den Befunden der IGLU-Studie sowohl im Grundschulalter (Bos u. a. 2003) als auch – laut PISA – in der Sekundarstufe (Baumert/ Watermann/Schümer 2003). Dieser Befund lässt sich in zwei Richtungen aufgreifen: zum einen mit der Frage, wie Schule besser dazu beitragen kann, soziale Disparitäten zu minimieren, zum anderen als Frage danach, von welcher Art des elterlichen Engagements in Schulfragen die Kinder am meisten profitieren.

Elterliches Engagement: Vor allem in den USA wurde intensiv zu »parental involvement« geforscht. Hierbei werden zwei Arten des elterlichen Engagements in schulischen Angelegenheiten unterschieden:

- zum einen die häuslichen Bemühungen der Eltern im Familienkontext, die darauf abzielen, Lernprozesse der Kinder zu fördern (»home-based«),
- zum anderen die Partizipation der Eltern im schulischen Kontext (»school-based«), d. h. die Teilnahme an Elternabenden und Schulfesten, aber auch regelmäßige Treffen von Lehrkräften und Eltern, die dort stärker institutionalisiert sind (Hoover-Dempsey u. a. 2005).

Zwei Arten des elterlichen Engagements

Generell variiert das Engagement der Eltern in Abhängigkeit von

- deren motivationalen Überzeugungen,
- den ›Einladungen‹, sich zu engagieren, die sie seitens der Kinder und/ oder der Schule wahrnehmen und
- der Lebenslage der Eltern, die durch ihre beruflichen Anforderungen oder auch häuslichen Verpflichtungen charakterisiert sind, etwa wenn kleine Kinder zu betreuen sind, eine große Familie zu versorgen ist etc.

Zu den **motivationalen Überzeugungen** gehören sowohl die Rollenkonstruktionen der Eltern, die darüber entscheiden, ob sich die Eltern für die schulischen Belange ihrer Kinder zuständig fühlen oder nicht, als auch das Gefühl der Selbstwirksamkeit in ihren Möglichkeiten, ihr Kind wirkungsvoll beim schulbezogenen Lernen unterstützen zu können. Im Hinblick auf die ›Einladungen‹ zum Engagement fällt sowohl das allgemeine Schulklima ins Gewicht, d. h. die Offenheit gegenüber Eltern, als auch die Art, wie einzelne Lehrer/innen auf die Eltern zugehen, sie informieren und darin unterstützen, ihre Kinder effektiv zu fördern. Nicht zuletzt sind hier auch die Signale der Kinder maßgeblich, also zum einen die Schulnoten, aber auch aktive Unterstützungssuche und die Offenheit der Kinder gegenüber Hilfsangeboten der Eltern. Je älter die Kinder sind, desto weniger scheinen sie Wert auf die Unterstützung durch ihre Eltern zu legen.

Folgerungen in Bezug auf das Elternengagement: In einer Meta-Analyse wurde versucht, die zahlreichen Einzelbefunde zum Verhältnis zwischen unterschiedlichen Formen elterlichen Engagements und den schulischen Leistungen der Kinder in den verschiedenen Fächern zu synthetisieren (Fan/Chen 2001). Sie erbrachte, dass elterliches Engagement mit besseren Leistungen der Kinder einhergeht, dass dies aber nicht für alle Formen elterlichen Engagements gleichermaßen gilt. Die stärksten positiven Zusammenhänge zu den Schulleistungen der Kinder ergaben sich einerseits für die Bildungsaspirationen der Eltern, also ihren positiven Erwartungen an gute Leistungen der Kinder, und andererseits für die Partizipation der Eltern an schulischen Veranstaltungen. Während hohe Bildungsaspirationen der Eltern auch ein positives schulbezogenes Selbstkonzept der Kinder zu fördern scheint und auf diesem Weg ihre Einsatzbereitschaft erhöht, scheint die **schulbezogene Partizipation der Eltern** eine Art Brücke zwischen Elternhaus und Schule zu bauen, von der die Kinder profitieren. Eltern können auf diesem Weg wichtige Informationen über den Unterricht und die Lernziele erhalten, die sie ihren Kindern vermitteln können. Möglicherweise ist aber auch die **Präsenz der Eltern** für die Kinder ein wichtiges Signal der Unterstützung und ›Rückendeckung‹, die sie durch ihre Eltern erfahren. Kaum positive Zusammenhänge ergaben sich demgegenüber für die elterliche Überwachung des Lernens im häuslichen Kontext. Hier ist zu vermuten, dass vor allem diejenigen Eltern starke Vorkehrungen treffen, deren Kinder weniger gute Leistungen erbringen. Gemeinsame Gespräche wiesen nur mäßige Zusammenhänge zu den Schulleistungen der Kinder auf. Allerdings bleibt offen, wie einfühlsam-unterstützend oder konfrontativ-kritisierend diese Gespräche geführt wurden.

Probleme der elterlichen Unterstützung: Insgesamt scheint es für Eltern keineswegs einfach zu sein, Kinder wirkungsvoll in ihrer Schullaufbahn zu begleiten und hierbei eine tragfähige Erziehungs- und Bildungspartnerschaft mit der Schule einzugehen. Selbst interessierten Eltern fehlen oft die nötigen Kenntnisse, vor allem in höheren Klassenstufen, um die Kinder beim Erlernen des Stoffes effektiv unterstützen zu können. Zudem ist die Überwachung der Hausaufgaben oft mit Konflikten befrachtet, die Eltern wie auch Kinder belasten. Das ›Outsourcing‹ dieser Aufgabe an Nachhilfelehrer verringert zwar dieses Konfliktpotenzial, ist aber kostspielig und damit keineswegs für alle Eltern eine Option. Vielfach mangelt es noch an einem breiten Austausch zwischen Eltern und Lehrkräften, der sich nicht nur auf Probleme der Kinder bezieht, sondern allgemeiner die Kooperation zwischen beiden Entwicklungskontexten der Kinder in den Vordergrund stellt. Für eine Stärkung dieses Austauschs gibt es aus dem Ausland – insbesondere den USA – durchaus hilfreiche Erfahrungen, die sich auch hier umsetzen ließen (Wild/Lorenz 2010).

1.7 | Aufwachsen unter belastenden Bedingungen

1.7.1 | Allgemeine Probleme

Kinder und Jugendliche wachsen unter sehr unterschiedlichen Bedingungen auf. Auch wenn die Mehrzahl der Kinder in Deutschland mit beiden Eltern in einer weitgehend harmonischen, fürsorglichen und materiell gesicherten Familie lebt, können doch nicht alle von so günstigen Entwicklungsbedingungen profitieren. Etwa jedes fünfte Kind erlebt eine Trennung der Eltern und ist im Zuge dessen zumindest vorübergehend mit konflikthaften Auseinandersetzungen zwischen Mutter und Vater konfrontiert, mitunter sogar weit über die Trennung hinaus. Andere sind auch in äußerlich intakten Familien den wiederkehrenden **Streitigkeiten** oder sprachlosem Waffenstillstand zwischen den Eltern ausgesetzt, erleben Gewalt und Vernachlässigung vielleicht auch am eigenen Leib. Mehr als jedes achte Kind lebt in **Armut**, erfährt täglich die finanziellen Sorgen und Nöten der Eltern und muss auf vieles verzichten, was für andere Kinder ganz selbstverständlich zur gewohnten Ausstattung ihres Lebens gehört (Bundesministerium für Arbeit und Sozialordnung (BMAS) 2008; Walper 2008b). Wieder andere sind durch **psychische Beeinträchtigungen** oder Suchterkrankungen der Eltern frühzeitig auf sich selbst gestellt und müssen vielleicht sogar Verantwortung für die Eltern, Geschwister und den Familienalltag übernehmen. Jenseits der Familie gehören Zurückweisung durch Gleichaltrige, Hänseleien im Kindergarten bis hin zu systematischem Mobbing in der Schule oder Gewalterfahrungen in der Nachbarschaft zur Vielzahl von Risikofaktoren, welche die Entwicklung von Kindern belasten können.

Es liegt nahe, dass diese Erfahrungen nicht spurlos an den Kindern vorbeigehen. Allerdings zeichnen mittlerweile zahlreiche Studien ein anderes Bild: Dem Großteil betroffener Kinder gelingt es, sich trotz widriger Lebensumstände zu einem sozial kompetenten, gesunden und leistungsfähigen Menschen zu entwickeln (Benard 1991; Fröhlich-Gildhoff/ Rönnau-Böde 2009). Wie kommt es, dass nicht alle betroffenen Kinder merkliche Nachteile für ihre Entwicklung davontragen? Welche Faktoren bewirken, dass manche Kinder besser mit solch schwierigen Lebenslagen zurechtkommen als andere? Und vor allem: Wie kann man derartige Erkenntnisse nutzbar machen, um mögliche ›Risikokinder‹ zu stärken?

1.7.2 | Die Entdeckung der Resilienz

> → **Resilienz** bedeutet allgemein die Fähigkeit eines Systems, Einwirkungen von außen auszugleichen und die Stabilität zu erhalten. Seit mehreren Jahrzehnten beschäftigt sich die psychologische Resilienzforschung mit der Frage, wie individuelle Unterschiede in der Stressanfälligkeit zustandekommen und wie die stark variierende Widerstandsfähigkeit zu erklären ist.

Zum Begriff

Einen wichtigen Meilenstein in dieser Forschungsrichtung lieferte die berühmte Kauai-Studie von Emily Werner und Ruth Smith (Werner/Smith 1982; Werner/Smith 1992), in der die Entwicklung von Kindern unter stark risikobehafteten Lebensbedingungen auf Hawaii bis ins Erwachsenenalter hinein untersucht wurde. Hier zeigte sich sehr deutlich, dass unter den Kindern, die unter teils dramatischen Bedingungen aufwuchsen, nicht einmal die Mehrheit – geschweige denn alle – auch entsprechende Beeinträchtigungen ihrer psychischen, physischen und intellektuellen Entwicklung aufwiesen. Zudem konnten zentrale Resilienzfaktoren aufgezeigt werden, die eine günstige Entwicklung auch unter erschwerten Bedingungen wahrscheinlich machen – Faktoren, die mittlerweile in zahlreichen anderen Untersuchungen immer wieder als wesentlich herausgestellt wurden (Opp/Fingerle 2008). Dabei geht es keineswegs nur um individuelle Merkmale der Person, wie es das ältere Konzept der »hardiness« nahelegt, das von einer spezifischen individuellen Ausstattung und Persönlichkeitsstruktur als Grundlage für eine größere Widerstandskraft ausging. Resilienz wird mittlerweile auch nicht mehr als eine Eigenschaft gesehen, die man unverrückbar besitzt (oder nicht besitzt). Resilienz lässt sich gewinnen – aber auch verlieren. Sie ist **Produkt eines dynamischen Prozesses** in der aktiven Auseinandersetzung mit den jeweiligen Lebensbedingungen, und sie ist abhängig von der Konstellation von Risiko- und Schutzfaktoren seitens der Person wie auch im sozialen und materiellen Kontext, in dem sich deren Entwicklung vollzieht.

1.7.3 | Resilienzförderliche Faktoren

Fragt man danach, wie es gelingen kann, dass Kinder auch angesichts von Risikofaktoren eine günstige Entwicklung zeigen, so findet man eine Vielzahl von Faktoren, die in die Waagschale fallen. Sie lassen sich je nach ihrer Verortung in drei große Gruppen einteilen (siehe auch die folgende Tabelle):

Resilienz-
förderliche
Merkmale

1. **Merkmale des Kindes** (bzw. allgemeiner der Person): Resilienzförderlich sind zunächst bestimmte individuelle Eigenschaften und Dispositionen, die starke Stressreaktionen vermeiden lassen bzw. eine erfolgreiche Stressbewältigung begünstigen. Solche Dispositionen können auf genetischer, physiologischer, kognitiver, affektiver und/oder Verhaltensebene angesiedelt sein. Sie können aber auch das äußere Erscheinungsbild eines Kindes betreffen, da dies den Zugang zu sozialen Ressourcen (unterstützenden Bezugspersonen) erleichtern und die Ausweitung von Stressoren begrenzen kann.

2. **Merkmale der Familie:** Als primärer Sozialisationskontext hat die Familie eine zentrale Bedeutung für die Sicherung des Kindeswohls. Im Vordergrund stehen hierbei Merkmale der Beziehungen und Interaktionen, die den Bedürfnissen der Kinder Rechnung tragen und die Kinder darin unterstützen, emotionale und körperliche Belastungen abzubauen. Auch Problemlösefähigkeiten der Familie sind hier ange-

sprochen, die dem Abbau von Stressoren dienen und einer Ausweitung von Problemsituationen vorbeugen.

3. **Merkmale des erweiterten sozialen und materiellen Kontexts:** Hierzu gehören insbesondere unterstützende Beziehungen zu außerfamilialen Bezugspersonen, aber auch die Einbindung in Kontexte, die Zugehörigkeit und Kompetenz vermitteln. Die nachstehende Tabelle liefert Beispiele hierfür.

Personale Faktoren	Familiäre Faktoren	Kontextuelle Faktoren
günstiges Temperament	sichere Bindung	soziale Unterstützung durch Erwachsene
sozial-emotionale Kompetenzen	autoritative Erziehung	sozialer Rückhalt unter Peers
Intelligenz	positive Elternallianz	autoritatives Schulklima
Attraktivität	Rückhalt unter Geschwistern	ressourcenreiche Nachbarschaft

Unter einem anderen Blickwinkel lassen sich Resilienzfaktoren danach einordnen, inwieweit sie gewährleisten oder es zumindest wahrscheinlich machen, dass zentrale Bedürfnisse der Kinder erfüllt werden: das Bedürfnis nach einer **fürsorglichen Beziehung**, in der die Kinder Zuwendung und Anerkennung erfahren, Sicherheit gewinnen und Vertrauen in sich und andere entwickeln können, nach **Möglichkeiten der Partizipation** und verantwortlichen Teilhabe im Gefüge sozialer Beziehungen sowie nach **Kompetenzerfahrungen**, wie sie auch durch positive Erwartungen Außenstehender vermittelt werden (Benard 1995). Es ist kein Zufall, dass dies auch Kernelemente eines »autoritativen« Erziehungsstils sind, der sich vielfach als besonders entwicklungsförderlich erwiesen hat (Baumrind 1988; Schneewind 2002).

Zusammenspiel dieser Faktoren: Eine sichere Bindung an die Eltern (bzw. einen Elternteil) vermittelt nicht nur ein Gefühl von Sicherheit und Geborgenheit, sondern fördert damit die Selbstregulation sowie sozial-emotionale Kompetenzen der Kinder auch im Umgang mit anderen (Grossmann/Grossmann 2004). Ebenso befördert ein liebevoll-konsequenter (»autoritativer«) Erziehungsstil der Eltern die Kompetenzentwicklung der Kinder sowie deren Selbstwertgefühl und Selbstwirksamkeit, so dass diese Kinder erfolgreichere Problemlöser werden und eher in der Lage sind, sozialen Rückhalt bei Gleichaltrigen oder Erwachsenen außerhalb der Familie zu finden (Baumrind 1996; Steinberg 2001). Übrigens wirkt hier das Schulklima ganz ähnlich: Ein autoritatives Schulklima, das durch viel positive Zuwendung gegenüber den Schüler/innen, aber auch klaren Regeln und angemessenen Kompetenzerwartungen an die Kinder charakterisiert ist, kann familiäre Belastungen – etwa im Kontext von Trennung und Scheidung – durchaus ausgleichen (Hetherington 1988).

Förderung von Resilienz: Wer mit Kindern in schwierigen Lebenslagen arbeitet, wird sich in aller Regel wünschen, die Problemlagen aus der Welt zu schaffen und so die Kinder wirksam zu unterstützen. Dies ist allerdings oft nicht möglich oder extrem anspruchsvoll. Selbst wenn es gelingen sollte, z. B. stark zerstrittene Eltern zu einer Beratung zu bewegen, kann es lange dauern, bis sich ein Erfolg einstellt. Schon insofern bietet es sich an, (auch) bei den Kindern und deren Umfeld anzusetzen, um die Ressourcen und **Bewältigungskompetenzen** der Kinder zu stärken und so Resilienz zu fördern. Der Königsweg wäre vielfach, im Rahmen der Erziehungspartnerschaft mit den Eltern eine gemeinsame Linie für das zu entwickeln, was die Kinder brauchen. Hierbei liefern die Erziehungskompetenzen der Eltern in aller Regel den Schlüssel zur wirksamen Unterstützung der Kinder (Wissenschaftlicher Beirat für Familienfragen 2005). Zu deren Stärkung steht ein breites Angebot zur Verfügung, das den Eltern allerdings nur mit der nötigen Wertschätzung und Rücksichtnahme näher gebracht werden kann (Tschöpe-Scheffler 2005).

Wo dies nicht möglich (oder nötig) ist, gilt es auf anderem Wege Bedingungen zu schaffen, die die individuellen Ressourcen der Kinder stärken. Schule spielt dabei eine wichtige Rolle: Hier erfahren Kinder ihre Leistungsfähigkeit und entwickeln (oder verlieren) ihr Selbstvertrauen, hier leben sie ihre Beziehungen zu Freundinnen und Freunden wie auch anderen Gleichaltrigen. Und nicht zuletzt entwickeln Kinder auch eine Beziehung zu ihren Lehrerinnen und Lehrern. Gerade da, wo Eltern nur begrenzt in der Lage sind, ihren Kindern Rückhalt und Anerkennung sowie ein positives Vorbild zu liefern, können Lehrer/innen für die Kinder zur zentralen Ressource werden.

1.8 | Allgemeine Faktoren und Bedingungen des Lernens

Individuelle und soziale Faktoren sind auch in den lernpsychologischen Diskussionen um erfolgreichen Unterricht im Blick zu behalten. Es ergeben sich daraus folgende Dimensionen:

1. **Kompetenz- und damit Lernmotivation** gehört zur psychosozialen Grundausstattung aller Kinder. Ohne eine beträchtliche Explorationsfreude hätte sich unsere Spezies nicht entwickeln können. Diese Lernfreude, mit der Kinder in aller Regel ihre Schullaufbahn beginnen, gilt es aufrechtzuerhalten und im schulischen Alltag bei der Vermittlung von Lehrinhalten und damit verbundenen Kompetenzen immer wieder zu wecken. So gehört es auch zu den Lehrfunktionen, Lernende zu motivieren, ihr Wissen und Können im jeweiligen Bereich zu erweitern (Leutner 2010). Dies gilt vor allem dann, wenn Lernen anstrengend und frustrierend wird. Dann ist es besonders wichtig, eine positive Lernmotivation aufrechtzuerhalten, indem ein Problem ohne offenkundige Lösung aufgeworfen oder ein kognitiver Konflikt erzeugt wird, nach Bezügen zur Lebenswelt der Lernenden gesucht wird, kleine Etappen bestimmt und persönliche Fortschritte gewürdigt werden, Ermuti-

gungen ausgesprochen und die nötigen Erholungspausen vorgesehen werden. Kinder und Jugendliche sind auch in motivationaler Hinsicht auf eine Begleitung dieses Lernprozesses angewiesen. Lern- und Leistungsmotivation lässt sich fördern:

- durch eine realistische Setzung des Anspruchsniveaus,
- durch die Förderung erfolgszuversichtlicher Attributionsmuster bei der Erklärung von Erfolg und Misserfolg und
- durch das Vermitteln einer positiven Selbstbewertungsbilanz, bei der die Freude über Erfolg größer sein sollte als der Ärger über Misserfolg (Fries 2002).

2. **Soziale Bedürfnisse und Autonomiebestreben:** Nach der Selbstbestimmungstheorie sind drei Grundbedürfnisse auch im schulischen Kontext maßgeblich (Deci/Ryan 1993): neben dem Bedürfnis nach Kompetenz auch das Bedürfnis nach sozialer Verbundenheit und das Bedürfnis nach Autonomie. Gerade die Autonomiebestrebungen der Kinder werden bei engen Vorgaben und einem stark durchstrukturierten Lernprogramm oft nicht hinreichend berücksichtigt. Entsprechende Autonomiespielräume lassen sich auf vielfältige Weise schaffen, nicht zuletzt durch Formen des selbstgesteuerten Lernens. Auch den sozialen Bedürfnissen der Kinder kann man didaktisch Rechnung tragen, indem auf **Formen des kooperativen Lernens** zurückgegriffen wird.

3. **Lernen als aktive Informationsverarbeitung:** Auch wenn Lernen beiläufig und unreflektiert erfolgen kann, ist es im schulischen Kontext als aktive Tätigkeit der Informationsverarbeitung zu verstehen (Leutner 2010). Dies macht es erforderlich,

- dass die zu vermittelnden Informationen verfügbar sind und aufgenommen werden (Lehrfunktion ›Information‹),
- dass sie verarbeitet und verstanden werden (Lehrfunktion ›Informationsverarbeitung‹,
- dass sie gespeichert werden und bei Bedarf wieder abrufbar sind (Lehrfunktion ›Speichern und Abrufen‹).

So hat es sich etwa hinsichtlich der Informationsaufnahme als hilfreich erwiesen, beim Multimedia-Lernen Informationen nicht nur in schriftlicher Form zu präsentieren, sondern auch bildlich. Werden **mehrere Sinneskanäle involviert**, indem die Bilderläuterung durch gesprochene Sprache (statt schriftlich) vermittelt wird, so sind die Vorteile sogar noch ausgeprägter (sog. **Modality-Effekt**). Für die Informationsverarbeitung bieten sich Elaborationsstrategien an, die durch anschließende Fragen zum Lehrstoff evoziert werden können. Darüber hinaus sollen die Informationen aber auch für die Lösung neuer Aufgaben und Problemstellungen nutzbar gemacht werden können (Lehrfunktion ›Anwendung und Transfer‹). Dieser komplexe Lernprozess, der Aufmerksamkeits- und Gedächtnisprozesse auf verschiedenen Ebenen involviert, muss kontinuierlich überprüft und zielorientiert gesteuert werden (Lehrfunktion ›Steuerung und Kontrolle‹; vgl. Leutner 2010). Die Kunst des Lehrens und Lernens besteht darin, mögliche Probleme in jedem dieser Bereiche zu erkennen und adaptive Lösungen zu finden.

4. **Rolle der Lehrkräfte:** Lernen braucht einen **förderlichen sozialen Kontext**, in dem Kinder sich sicher und akzeptiert fühlen. Lehrkräfte müssen dabei die sozialen Beziehungen zwischen den Kindern im Blick behalten und für ein kooperatives Klassenklima sorgen, in dem sich die Kinder wechselseitig unterstützen und wertschätzen und niemand ausgegrenzt, gehänselt oder schikaniert wird. Solche negativen sozialen Prozesse sind oft nicht leicht zu erkennen und richtig einzustufen, da sie zumeist außerhalb des Unterrichts – etwa in den Pausen oder auf dem Schulweg – erst richtig zum Tragen kommen. Hier bedarf es einer besonderen Sensibilisierung der Lehrkräfte und der Klasse, um im Zweifelsfall auch die Solidarität mit den Opfern unter den ›hochrangigen‹ (d. h. allgemein akzeptierten) Peers in der Klasse zu gewinnen. Auf jeden Falls sind Lehrkräfte für das Verhalten der Kinder ein wichtiges Modell.

5. **Verhältnis von Lehrenden und Lernenden:** Um diese Modellfunktion gut auszufüllen, müssen Lehrkräfte auch ihr eigenes Verhältnis zu den Kindern reflektieren und immer wieder kritisch auf den Prüfstand stellen: Wie leicht lässt man sich von wem provozieren? War die eigene Reaktion angemessen und längerfristig erfolgreich? Gelingt es, eine positive Haltung gegenüber den Kindern zu bewahren und zu zeigen? Große und heterogene Klassen zu unterrichten, ist eine herausfordernde Aufgabe, zumal Kinder oftmals ihre Grenzen austesten und durch den Austausch mit anderen den Unterricht stören. Konsequente Begrenzung von problematischem Verhalten ist wichtig, sollte aber auch immer die Bedürfnisse der Kinder im Blick behalten, die »schwierigem Verhalten« zugrunde liegen können. Störungen können Indizien für Ermüdung, mangelndes Verständnis des Unterrichtsstoffes und sinkende Aufmerksamkeit sein, die einen adaptiven Wechsel der didaktischen Strategie erforderlich machen.

6. **Binnendifferenziertes Lernen:** Kinder bringen sehr **unterschiedliche Lernvoraussetzungen** mit. Dies gilt nicht nur im Primarbereich, sondern auch – trotz der im deutschen Schulsystem unterschiedlichen Schulformen – im Sekundarbereich. Diese Unterschiede beziehen sich auf ihre Lernmotivation und ihr Interesse am jeweiligen Stoff, ihr Vorwissen, ihre Auffassungsgabe, ihre Lernstrategien, ihre häuslichen Ressourcen für die außerschulische Nachbereitung des Lernstoffes, ihre Sprachbeherrschung und vieles mehr. Zu der Kunst des Lehrens gehört es auch, diesen Unterschieden angemessen Rechnung zu tragen und Möglichkeiten für einen differenzierten Unterricht zu suchen und zu nutzen. Der Frontalunterricht kann dies kaum leisten. Für **angemessene Differenzierungen** ist sowohl ein breiter Blick auf die Lernbedingungen jedes Einzelnen und die aktuellen Verständnisprobleme erforderlich als auch ein breites didaktisches Repertoire, das flexibel eingesetzt werden kann. Nicht zuletzt braucht man fundierte Kenntnisse darüber, welche Lehrstrategien im Einzelfall besonders erfolgversprechend sind. Entsprechende Erkenntnisse muss die Forschung beisteuern, die in dieser Hinsicht noch weiter getrieben werden muss, um professionelles Lehrerhandeln zu unterstützen.

7. Rolle der Familie: Kinder agieren und entwickeln sich in verschiedenen Kontexten, die unterschiedliche Anforderungen an sie stellen. Die Familie ist in vieler Hinsicht ein besonders zentraler Entwicklungskontext, der oftmals noch nicht hinreichend genutzt wird, um schulisches Lernen zu unterstützen. Eltern leisten einen wesentlichen Beitrag für das Gelingen schulischer Karrieren, indem sie ihre Kinder motivieren, sie in ihrem Lernprozess begleiten oder ihnen externe Ressourcen zur Verfügung stellen, die Lernprozesse auf vielfältige Weise in den unterschiedlichsten Bereichen fördern können. Sie sind hierbei jedoch in Deutschland zumeist auf sich selbst gestellt und erfahren wenig Anerkennung und praktische Unterstützung bei dieser Aufgabe. Gerade die Kinder derjenigen Eltern, die für Lehrkräfte kaum erreichbar sind, weil die sozialen Barrieren hoch sind oder weil die Eltern selbst schlechte Erfahrungen mit Schule gemacht haben, könnten von gelingenden **Erziehungs- und Bildungspartnerschaften** profitieren. Für Lehrkräfte ist diese Aufgabe der Kooperation mit Eltern äußerst anspruchsvoll und kaum ohne eine entsprechende Professionalisierung auch in diesem Bereich zu leisten. Hier gilt es noch wesentliche Anstrengungen zu unternehmen, um Eltern in ihrer Rolle als Bildungsbegleiter der Kinder zu stärken.

1.9 | Fazit und Ausblick

Die hier referierten Positionen und Befunde entwicklungspsychologischer Forschung stellen Ausschnitte im Hinblick auf schulbezogene Fragen und Probleme dar. Für Lehrkräfte sind sicher auch jene Befunde von besonderem Interesse, die einzelne schulische Kompetenzbereiche der Kinder und deren Entwicklung mit bedingen. Das Anliegen hier war, zentrale Perspektiven auf die Entwicklung von Kindern zu erläutern und hierbei auch zu verdeutlichen, welchen Einfluss Kontextfaktoren außerhalb der Schule auf die Entwicklung von Kindern haben. Viele dieser Ansätze lassen sich auch im schulischen Bereich nutzbar machen. Dies betrifft zum einen Fragen der **Beziehungsgestaltung zwischen Lehrkraft und Schüler/innen**, die im Kontext der Bindungstheorie thematisiert wurden, aber auch die Nutzung lerntheoretischer Erkenntnisse, die für die Vermeidung dysfunktionaler Lernprozesse und die Förderung von positivem Sozialverhalten nutzbar gemacht werden können. Die Erkenntnisse der **kognitiven Entwicklungstheorien** liefern einen Einblick in Eigenarten des kindlichen Denkens, wobei sich hier die Erkenntnisse stark ausdifferenziert haben und Kinder sich vielfach als erstaunlich kompetent erweisen, wenn die Aufgaben angemessen einfach gewählt werden. Gerade die **konstruktivistische Position** der kognitiven Entwicklungstheorien lenkt den Blick auf Formen des Lernens, die im schulischen Kontext oft nicht angemessen zur Geltung gebracht werden können, nämlich jene Formen der Unterrichtsgestaltung, die selbstgesteuertes, forschendes Lernen in den Mittelpunkt stellen.

Die sozial-emotionale Entwicklung der Kinder und Jugendlichen liefert einen wichtigen Rahmen auch für schulisches Lernen. Hierbei hilft das Konzept der Entwicklungsaufgaben, die Vielzahl relevanter Entwicklungsschritte im Blick zu behalten, die Kinder in den einzelnen Entwicklungsphasen zu meistern haben. Diese Entwicklungsprozesse werden maßgeblich im **familiären Kontext** und unter **Gleichaltrigen** kanalisiert, gefördert oder ausgebremst. Entsprechend große Hoffnungen sind auf die Gestaltung der Beziehungen zwischen Elternhaus und Schule gerichtet, wobei allerdings auch der Lebenskontext der Eltern zu berücksichtigen ist, wenn Familien nicht mit überhöhten Erwartungen konfrontiert werden sollen. Nicht minder wichtig ist es, mögliche **Belastungen** der Kinder im Blick zu behalten, die ihre Kräfte absorbieren und schulische Leistungsmöglichkeiten begrenzen können. Erziehung sollte Kinder auf breiter Ebene darin unterstützen, die unterschiedlichen Problemlagen und Anforderungssituationen, mit denen sie konfrontiert werden, erfolgreich zu meistern.

Grundlegende   **Bodenmann, Guy/Perrez, Meinrad/Schär, Marcel:** *Klassische Lerntheorien. Grundlagen*
Literatur   *und Anwendungen in Erziehung und Psychotherapie.* Bern 2004.
Fend, Helmut: *Eltern und Freunde. Soziale Entwicklung im Jugendalter.* Bern 1998.
Hurrelmann, Klaus: *Einführung in die Sozialisationstheorie.* Weinheim/Basel 2002.
Oerter, Rolf/Montada, Leo (Hg.): *Entwicklungspsychologie.* Weinheim/Basel/Berlin
2008.
Sodian, Beate: »Entwicklung des Denkens«. In: Oerter/Montada 2008, S. 436–479.

Sabine Walper

2. Deutschdidaktik in der Grundschule

Sprache ist im Deutschunterricht nicht nur Mittel, sondern auch Gegenstand des Lernens. Sprachliches Lernen verändert die Auseinandersetzung mit Welt, realer und fiktiver, mit sich selbst und mit anderen und erweitert somit die Handlungsmöglichkeiten. In der Grundschule (Klasse 1 bis 4) ist dafür der Erwerb von Schrift und Schriftlichkeit zentral. Weil geschriebene Äußerungen zum Gegenstand der Betrachtung gemacht werden können, ist mit dem Schriftspracherwerb ein neues, reflexives Verhältnis zur Sprache verbunden. Dem erfolgreichen Schriftspracherwerb und der positiven Einstellung zum Lesen und Schreiben kommt hohe Bedeutung zu für die Entwicklung von **Identität,** für die **Teilhabe an Kultur und Gesellschaft** und für das schulische Lernen insgesamt – auch für das Drittel aller Kinder in Deutschland, die in sozialen, finanziellen und/oder **kulturellen Risikolagen** aufwachsen. Insofern legt die Primarstufe nicht nur technische Grundlagen für den weiteren Deutschunterricht.

Die aktuelle fachdidaktische und bildungspolitische Diskussion, aber auch konkrete unterrichtliche Entscheidungen sind grundsätzlich davon bestimmt, wie **sprachliches Lernen** und das **Verhältnis von Lernen und Lehren** verstanden und welche Perspektive auf **Kompetenz und Leistung** gerichtet wird. Unterschiedliche Perspektiven sollen deshalb einleitend umrissen werden. Sie münden in die Übersicht über die exemplarische Lese-Schreib-Gesprächs-Kultur in einer 4. Klasse, die in diesem Beitrag die aktuelle Konzeption von Deutschunterricht in der Primarstufe (in einzelnen Bundesländern Klasse 1 bis 6) konkretisiert. Wegen der hohen Bedeutung des Zugangs zu Schrift für die Grundlegung von Bildung ist dem **sprachlichen Anfangsunterricht** der zweite Abschnitt gewidmet, bevor die vier traditionell unterschiedenen **Lernbereiche des Deutschunterrichts** im Primarbereich ausgeführt werden:

- Sprechen und Zuhören,
- Lesen – mit Texten und Medien umgehen,
- Schreiben,
- Sprache und Sprachgebrauch untersuchen.

Lernbereiche des Deutschunterrichts

2.1 | Lernen und Leisten

2.1.1 | Zwei Perspektiven auf das Lernen

Wenn man (schrift-)sprachliches Lernen in der Primarstufe als eine Phase im Kontinuum der individuellen Erfahrungen mit Sprache(n) und Schrift(en) und des Schrift(sprach)gebrauchs versteht, die bereits in der frühkindlichen Sozialisation beginnen, werden didaktische Entscheidungen anders ausfallen als wenn man den Schriftspracherwerb als Vorstufe zum eigentlichen Lesen und Schreiben betrachtet und (schrift-)sprachliches Lernen auf der Primarstufe als Vermittlung von (Teil-)Fertigkeiten einschätzt.

<table>
<tr><td>Zum Begriff</td><td>**Lernbegriff 1:** → **Sprachliches Lernen als Denk- und Sprachentwicklung** zu verstehen (Brügelmann 1984) bedeutet, es auf der Primarstufe als Fortsetzung der vorschulischen Sprach-, Lese- und Schreib-Sozialisation zu betrachten. Schule geht dann immer von sprachlichem Können aus.</td></tr>
</table>

Bereits das ungeborene Kind erkennt die Stimme seiner Mutter und der Säugling entwickelt im Dialog mit ihr seine Sprache. Vor der Schule werden Erfahrungen gemacht mit erzählten oder vorgelesenen Geschichten und mit dem Gebrauch von Sprache und Schrift in unterschiedlichen Situationen und mit verschiedenen Medien. Diese frühen Erfahrungen mit Sprache und Schrift sind untrennbar verbunden mit **sozialem Handeln** und **emotionalem Erleben**, mit Interesse und dialogischer Kommunikation. Schulanfänger/innen verfügen also bereits über vielfältige sprachliche Kompetenzen, freilich sehr unterschiedlicher Art, in sehr unterschiedlichem Ausmaß und vielfach auch implizit. Dass »Schülerinnen und Schüler, die in einem leseaffinen Elternhaus aufwachsen, [...] einen deutlichen Vorteil beim Kompetenzerwerb auf der Primarstufe« aufweisen (Bos u. a. 2003, S. 30), ist nicht auf Bildungsnähe im Allgemeinen zurück zu führen. Entscheidend ist die Schriftorientierung des Elternhauses (Dehn 1999/2011), insofern dort Lesen und Schreiben nicht nur als Norm deklariert und verordnet werden.

An Können anknüpfen: Für Lehrkräfte ist es grundlegend zu wissen, an welches Können sie im Unterricht anknüpfen und wie sie es entfalten können, denn »auf der Basis vorhandener Schemata, Vorstellungen und Überzeugungen werden neue Erfahrungen verarbeitet. Lernende konstruieren ihr Wissen selbst« (Speck-Hamdan 1998, S. 102). Dieser konstruktivistische Lernbegriff fasst Lernen als individuell, als nicht direkt durch Lehre zu beeinflussen und als nur begrenzt vorhersagbar: Schüler/innen lernen mehr und anderes als das, was im Unterricht gelehrt wird (vgl. Weinert 1998). Dabei sind die Vermittlungsbemühungen der Lehrenden von den Prozessen der Lerner abhängig, davon, wie sie ihre Angebote nutzen und umsetzen. Als Schlüssel zum Lernen erweisen sich deshalb **die soziale Interaktion in der Klasse** und die **Interaktion zwischen Lehrkraft und Kind.**

Lese-, Schreib- und Gesprächskultur: Dies legt eine Konzeption von Deutschunterricht nahe, die auch in den Bildungsstandards formuliert ist:

»In lebensnahen und kindgemäßen Situationen und an bedeutsamen Inhalten entwickeln die Schülerinnen und Schüler die Fähigkeit, geschriebene und gesprochene Sprache situationsangemessen, sachgemäß, partnerbezogen und zielgerichtet zu gebrauchen. Im kreativen Umgang mit Sprache erfahren sie die ästhetische Dimension von Sprache« (KMK 2005, S. 6).

Im Rahmen dieser Unterrichtspraxis sind einzelne Lernfelder nicht getrennt, sondern aufeinander bezogen. Sie bestimmen inhaltlich, sozial und organisatorisch den unterrichtlichen Kontext, der jedoch bisher – im Gegensatz zu den einzelnen Lernfeldern – kaum einmal untersucht wurde.

Lernbegriff 2: → **Sprachliches Lernen und Lehren als sukzessiven Wissensaufbau** zu verstehen (Klieme 2003), ist die Perspektive des Experten auf den Anfänger. Verbunden damit ist die Isolierung notwendiger Teilleistungen und die Vorstellung, Lernen sei (mehr oder minder direkte) Folge des Lehrens.

Zum Begriff

Wenn sprachliches Lernen als kumulativer Wissensaufbau (Klieme 2003) verstanden wird, ist eine Stufe, ein Niveau Voraussetzung für die nächste. Sprachliches Lernen in der Schule beginnt dann mit dem Erlernen von Buchstaben, gefolgt von Wörtern, dann Sätzen und schließlich Texten. Mit diesem Blick auf das Lernen ist Lesen- und Schreibenlernen eine (Kultur-)Technik und der sprachliche Anfangsunterricht eine Vorstufe zum eigentlichen Deutschunterricht. So heißt es bei Köster/Rosebrock, »der »technische« Leselehrgang tritt nach der unmittelbaren Alphabetisierung in den Hintergrund« (Köster/Rosebrock 2009, S. 106). Und dementsprechend steht vor dem Textschreiben das Training der Schreibmotorik und der Buchstabenkenntnis, der phonologischen Bewusstheit (s. Kap. 2.2.1) oder auch die (sukzessive) Vermittlung von Aspekten der Schriftstruktur (s. Kap. 2.2.5). Dagegen aber gibt es starke Einwände, vor allem die Notwendigkeit, Funktion, Struktur und Inhalt beim Lernen zu verbinden.

Verbindung von Funktion, Struktur und Inhalt beim Lernen: Unbestritten ist, dass das selbständige Entziffern von Texten bei Anfänger/innen weit hinter ihrem Vermögen liegt, Texte zu verstehen. Aber sie setzen sich bereits mit Texten auseinander: wenn sie sich mit anderen über Geschichten unterhalten, die ihnen vorgelesen werden, die sie auf Hörmedien hören, im Film sehen oder am PC spielen, wenn sie sie nachspielen oder dazu malen. Auch das Textschreiben als Formulieren von ›schriftförmiger Rede‹ ist ihnen schon vor der Einschulung verfügbar, wenn sie ihren Text einem Erwachsenen diktieren können. Warum aber sollte sprachliches Lernen auf der Primarstufe dann reduziert werden auf das Training einzelner Voraussetzungen, Techniken oder Wissensbestandteile, wenn doch so viel Können bereits vorhanden ist? Wenn der Lerner dies entfalten soll, dann muss er dazu auch Gelegenheit haben: nicht mit einem um die Funktion und den Inhalt reduzierten Gegenstand, sondern **im funktionalen Umgang mit dem komplexen Gegenstand**. Denn warum sollte die Funktion der Schrift vernachlässigt werden, wenn doch manche Kinder persönlich bedeutsame Erfahrungen mit Schrift dringend in der 1. Klasse nachholen müssen? Schon beim Lesenlernen ist also der Zusammenhang von Sinnentnahme und Lesefertigkeit unverzichtbar, Schreibenlernen ist von Anfang an (selbständiges) Textschreiben und Rechtschreiblernen gehört von Anfang an dazu, weil auch junge Schreiber/innen möchten, dass ihre Texte gelesen werden können.

2.1.2 | Zwei Perspektiven auf Leistung

Bildungsstandards: Das von PISA und IGLU ausgelöste Bestreben zur Verbesserung der Schülerleistungen führte in der Kultusministerkonferenz Ende 2004 auf der Grundlage der Expertise von Klieme (2003) zur Verabschiedung von **Bildungsstandards** (KMK 2005), die festlegen, welche Leistungen am Ende von Klasse 4 erwartet werden (sog. **Output-Orientierung**). Diese Bildungsstandards entfachten eine breite Debatte über Kompetenz und Leistung. Die Antworten auf die Frage, wie die aufgelisteten Regelstandards für die Grundschule zu lesen und die Leistungsanforderungen zu erreichen sind, lassen sich auf zwei sehr unterschiedliche Positionen zuspitzen: Die Bildungspolitik nimmt sie als Grundlage für die Entwicklung von Kompetenzmodellen, um überprüfbare Leistungen zu beschreiben. Demgegenüber betrachtet die Grundschulpädagogik sie als Grundlage für eine pädagogische Leistungskultur.

Zum Begriff

> **Leistungsbegriff 1:** Der → bildungspolitische Leistungsbegriff richtet sich auf erwartete Leistungen als Output des Lernens. Dazu werden Kompetenzmodelle entwickelt, die Teilleistungen und Niveaustufen in den einzelnen Lernbereichen abbilden. Von ihnen verspricht man sich die Verbesserung des Leistungsvergleichs, der Leistungssteuerung (z. B. bei Versetzungs- und Übergangsentscheidungen) und der Unterrichtsqualität. Ergebnisse der Überprüfung dieser Teilleistungen werden als Gradmesser für die Qualität des Bildungssystems und der einzelnen Schule gewertet.

In der Expertise Kliemes (2003) wird Lernen als Kompetenzentwicklung verstanden, die aus einem hierarchisch gestuften Erwerb von Teilleistungen (Komponenten) besteht, die systematisch aufgebaut, intelligent vernetzt und auf unterschiedliche Situationen übertragen werden können.

Die in der Folge konstruierten kumulativen Kompetenzmodelle gehen davon aus, dass derjenige, der eine höhere Kompetenzstufe erreicht hat, auch die unteren Kompetenzstufen beherrscht (s. Lesekompetenz nach IGLU und PISA). Und sie legen nahe, Lernen als direkte Folge von Lehrprozessen zu verstehen.

Kompetenzmodelle: Die bisher für einzelne Lernbereiche des Deutschunterrichts entwickelten Kompetenzmodelle sind unterschiedlich weit entwickelt und ausdifferenziert und unterscheiden sich in der grundsätzlichen Konstruktion: Sie sind deskriptiv oder normativ, individualdiagnostisch oder zur Überprüfung allgemeiner Bildungsziele gedacht, sie stellen Struktur-, Niveau- oder Entwicklungsmodelle dar, sie sind bezogen auf den Erwerbsprozess oder das Produkt. Manche Kompetenzmodelle beschränken sich auf das, was messbar ist: Ihre Reichweite wird auch von den Autoren selbst beschränkt, beispielsweise die Kompetenz im **Textschreiben** in Klasse 6 auf das Verfassen eines Briefes als Antwort auf eine Anzeige für eine Brieffreundschaft (Blatt u. a. 2008) oder die Lesekompetenz auf **Informationsentnahme** (Bos u. a. 2003). Kompetenzmodelle können Bildungsanforderungen also auch innerhalb der Fachgrenzen nur begrenzt abbilden.

Leistungsbegriff 2: Ein → pädagogischer Leistungsbegriff ist primär pädagogisch begründet und auf das unterrichtliche Lernangebot sowie auf die Aufgaben und Ziele bezogen. Er orientiert sich an den individuellen Lern- und Bildungsprozessen von Kindern und an der Frage, was Schule leisten muss, damit Schüler/innen etwas leisten können.

Zum Begriff

Als Alternative zu den bildungspolitischen Bemühungen um Leistungssteigerung wurde vom Grundschulverband seit 2004 eine **pädagogische Leistungskultur** konstituiert, die die **individuelle Entwicklungsfunktion von Bewertung** betont – statt des Leistungsvergleichs (Bartnitzky 2005; Grundschulverband 2006). Leitidee ist, das Können der Kinder wahrzunehmen und zu würdigen, Kinder individuell zu fördern und Lernwege zu öffnen. Statt eine lineare Leistungsentwicklung oder gar -steuerung zu verfolgen, wird diese Perspektive auf Leistung dem **Bildungsanspruch der Kinder** auf Entfaltung und Gleichheit gerecht.

Pädagogische Leistungskultur: Mit dieser Lernkultur ist eine andere **Haltung der Lehrperson und Lehrerrolle** verbunden. Grundlegend ist eine differenzierte Lern- und Leistungsdiagnostik, die vorwiegend an den Lernangeboten des Unterrichts orientiert ist, eine Funktion für die Unterrichtsgestaltung hat und die Leistungsdokumentation verändert (z. B. durch den Bezug auf im Unterricht entstandene Produkte wie ein Portfolio, Lerntagebuch oder die Beobachtung in dialogischen Lernsituationen, auch anhand von Beobachtungsbögen). Dabei stehen die Qualität pädagogischer Prozesse und die kontinuierliche Entwicklung der Leistungen durch

Individuelle Leistungsentwicklung

die regelmäßige Beurteilung und Reflexion von Lernprozessen, Leistungen und Unterricht im Mittelpunkt. Ein Teil des Beurteilens findet in dialogischen Situationen begleitend zum Lernprozess statt, so dass die Kinder auch selbst beurteilen und eigene Kompetenzen wahrnehmen lernen und individuell passende Lernwege gefunden werden können (z. B. in Lerngesprächen, bei der Beratung mit Eltern und Kindern). Dass dies keine Selbstverständlichkeit in Schulen ist, hat IGLU aufgezeigt (Bos u. a. 2003, S. 258).

2.1.3 | Aufgabenformate und Lernkultur

Seit PISA und IGLU rückt die **Output-Orientierung** zunehmend auch in den Blick der Lehrkräfte – nicht nur im Rahmen von Tests, die unter dem Namen ›Vergleichsarbeiten‹, ›Orientierungsarbeiten‹ oder ›Diagnosearbeiten‹ firmieren. So finden seit 2001 in wohlmeinender Vorbereitung auf solche Tests immer mehr Leistungsaufgaben Eingang in den Unterricht.

Zum Begriff

→ **Leistungsaufgaben** überprüfen, was gelernt wurde. Die Erhebung des Leistungsstandes dient dem Vergleich von Leistungen – in der Klasse oder darüber hinaus. Testaufgaben müssen die Gütekriterien der Objektivität, Zuverlässigkeit und Gültigkeit erfüllen und haben typische Formate: Richtig-falsch-Aufgaben, Mehrfachwahl-Aufgaben, Aufgaben zur Zuordnung, Umordnung, Kurzantworten, Aufgaben zur Korrektur oder zum Lückenfüllen. Leistungsaufgaben bergen die Gefahr der Festschreibung des Könnens und Nichtkönnens und der Selektion.

Leistungen messen: Leistungsaufgaben sind wenig geeignet, Lernprozesse zu befördern, sondern drohen Unterricht auf messbare Leistungen und Leistungsvergleiche zu reduzieren. Wenn nun zunehmend im Unterricht Leistungsaufgaben gestellt werden, hat dies gravierende Auswirkungen darauf, wie Schüler/innen Schule und Lernen erleben, denn bei Leistungsvergleichen gibt es immer Verlierer. Gerade für die Lernentwicklung von Kindern mit geringen außerschulischen Bildungsangeboten hat die Schule jedoch die Aufgabe, passende Lernsituationen zu gestalten: Unterrichtssituationen, die sie anregen und nicht beschämen. Getrennt von Leistungssituationen brauchen Schüler also vor allem Aufgaben und Situationen des Lernens (Weinert 1998).

Zum Begriff

→ **Lernaufgaben** bieten Spielräume für verschiedene Lösungen. Sie ermöglichen expansive Lernprozesse, auch individuelle Lernprozesse durch Austausch mit anderen, das Riskieren und Erkunden, ohne Vermeidung von Fehlern oder Angst vor Misserfolg.

Lernen initiieren: Individuelle Lernangebote im Unterricht zu machen ist freilich weit mehr als das Angebot von Aufgaben für verschiedene Sinne, mit spielerischem Charakter, mit Bezügen zu verschiedenen Sachfächern und auch mehr als die Ausrichtung auf (kognitive) Leistungsanforderungen oder -niveaus. Zu fragen ist zudem, ob Kompetenzmodelle, die sich als tauglich für die Leistungsmessung erweisen, auch reichen, damit Kinder sich den komplexen Anforderungen im Unterricht stellen. Damit Schüler/innen einen Antrieb zum Lernen entwickeln, braucht es eine **Lernkultur**, in der jedes Kind persönlich bedeutsame und herausfordernde Erfahrungen mit Sprache(n) und Schrift machen kann. Dies erfordert zugleich eine veränderte Haltung der Lehrperson. Die Qualität von Bildungsprozessen entscheidet sich ganz wesentlich durch die Unterrichtsgestaltung der Lehrkraft – und weniger durch organisatorische Rahmenbedingungen wie die Gestaltung von Klassen- und Schulräumen oder die Größe von Lerngruppen oder durch Leistungsmessung. Der Beitrag konzentriert sich auf didaktische Fragen des Lernens und Lehrens (und weniger der Leistungsmessung), auch anhand exemplarischen Unterrichts, der hier im Überblick und am Beginn der vier Lernbereiche im Detail dargestellt wird.

Unterricht zum Bilderbuch *Der Gedankensammler* (4. Klasse)

Grundlage für den Unterricht in der 4. Klasse ist das Bilderbuch *Der Gedankensammler* von Monika Feth und Antoni Boratynski (2006). Mit seiner poetischen Sprache und dem fiktiven Inhalt stellt es eine große Herausforderung für Grundschüler/innen dar – nicht nur für die über 70 % mehrsprachigen Kinder in der Klasse der Hamburger Lehrerin Stefanie Klenz, die diesen Unterricht durchgeführt hat. Herr Grantig sammelt in seinem Rucksack Gedanken – im Bilderbuch anthropomorph dargestellt als ausdrucksstarke Comic-Figuren – und kultiviert sie in seinem Garten. Nicht die konkrete Nähe zur Lebenswelt der Kinder macht dieses Bilderbuch für Kinder reizvoll, sondern die fantastische Geschichte, der fremde Protagonist und sein Geheimnis: Er interessiert sich für Gedanken, die anderen oft verborgen oder fremd sind.

Beispiel

Die Lehrerin liest das Bilderbuch vor und regt begleitend, die Rezeption verlangsamend und intensivierend, individuelle und ko-konstruktive **Verstehensprozesse** an. Die Kinder erproben ihr Textverständnis in vielfältigen mündlichen und schriftlichen Situationen, sie stellen Verbindungen zwischen ihrer **Alltagssprache** und der **poetischen Sprache** her und präzisieren dabei Begriffe und Sprachgebrauch. Die funktionale Verbindung von Aufgaben aus verschiedenen Lernbereichen und die kooperativen Lernarrangements sind kennzeichnend für Lese-Schreib-Gesprächs-Kultur.

Cover des
*Gedanken-
sammlers*, die
literarische
Grundlage für
das Unterrichts-
beispiel

Themen der Unterrichts(doppel)stunden	Ausgeführt am Beginn von Kapitel
1. Erwartungen zum Bild der literarischen Figur sammeln: *Wie ist Herr G. wohl?*	2.3 Sprechen und Zuhören
2. Am Text Erwartungen überprüfen: *Was ist das für eine Figur im Buch?*	2.4 Lesen und mit Texten und Medien umgehen
3. Schreiben zur literarischen Vorgabe: Aufgaben zur Auswahl	2.5 Schreiben
4. Spracharbeit zwischen Alltagssprache, Text, Bild und Spiel	2.6 Sprache und Sprachgebrauch untersuchen

2.2 | Sprachlicher Anfangsunterricht

Mit dem Übergang von der Familie in die Institution Schule betreten Kinder einen **neuen sozialen Raum**, der von **spezifischen Interaktionsformen** geprägt ist, das Finden einer neuen Rolle als Schüler/in erfordert und ihnen mit **Schriftlichkeit** eine grundlegend neue Dimension des Denkens und Handelns, der Entwicklung von Identität und der Teilhabe an Gesellschaft eröffnet: Der schriftsprachliche Anfangsunterricht wird insofern übereinstimmend als richtungsweisend für die Entwicklung von Identität und für die Verwirklichung von Bildungschancen angesehen.

2.2.1 | Grundlagen für den Anfangsunterricht

Wichtige Voraussetzungen für den Schriftspracherwerb werden bereits im Vorschulalter erworben. Sie beziehen sich auf **die literarische Sozialisation**, auf den **Schriftgebrauch** (»Literacy«, vgl. Ulich 2003) und auf Erfahrungen mit der **Formseite der Sprache** (s.a. »language awareness«, »phonologische oder Sprach-Bewusstheit«). Diese drei Erfahrungsbereiche sind nicht nur eine wichtige Motivation, um Lesen und Schreiben zu lernen, zugleich bilden Kinder damit kognitive Strukturen aus, die für den Schriftspracherwerb wichtig sind. Sie können in Bildungsinstitutionen weiter geführt werden.

Literarische Sozialisation: Wenn Kinder Geschichten hören, die (ihnen) erzählt oder vorgelesen werden, wenn sie Bilderbücher betrachten, Hörkassetten hören, Filme sehen oder Adventure Games spielen, sind dies Anfänge literarischer Sozialisation. Wenn Kinder das Vorlesen als aktive und vergnügliche Gesprächssituation erfahren (und nicht als Pflicht), in der ihren Fragen nachgegangen und Bezug auf ihre Alltagserfahrungen genommen wird, übt dies nachhaltig einen positiven Einfluss auf die Lesesozialisation aus (Wieler 1997; Groeben/Hurrelmann 2004). Auch Hörspielhören übt nachweislich einen positiven Effekt auf zahlreiche Sprach- und Leseleistungen aus (Schiffer u. a. 2002). Aus Geschichten lernen sie nicht nur etwas über menschliche Konflikte und unterschiedliche Wege ihrer Bearbeitung, sondern auch typische Figurenkonstellationen und Erzählstrukturen. Die Arbeit mit sog. Lese-Hör-Kisten im Vorschulbereich hat gezeigt, dass die parallele Nutzung von (Bilder)Büchern und den zugehörigen **Hörmedien** – einzeln, in Kleingruppen und mit der Klasse – die Kinder zu Gesprächen über die gehörten Geschichten anregt und zugleich eine Brücke zum Buch darstellt (Hüttis-Graff 2008). Mit den Texten lernen sie zudem die Sprache, gerade in kommunikativen Kontexten, und auch das sprachliche Register konzeptioneller Schriftlichkeit.

Konzeptionelle Schriftlichkeit unterscheidet sich von der Mündlichkeit in Alltagssituationen durch die höhere sprachliche Komplexität und die Distanz zwischen dem Sprachproduzenten und -rezipienten, also zwischen Sprecher und Hörer, zwischen Schreiber und Leser. Dies erfordert, das Gemeinte allein mit sprachlichen Mitteln darzustellen oder zu verstehen (d.h. ohne Referenz auf die konkrete Umgebung oder stimmliche oder gestische Mittel). Im Diskurs um Mehrsprachigkeit gilt konzeptionelle Schriftlichkeit derzeit unter dem Terminus ›**Bildungssprache**‹ als zentral für den Ausgleich herkunftsbedingter Unterschiede (Dehn 2011; Gogolin 2008). Galt bisher der Wortschatz als essentiell für schulische Kommunikation und Schulerfolg, steht heute die Nutzung innersprachlicher Bezüge für die Bedeutungskonstruktion im Mittelpunkt – z.B. **(para-)operative** (*dabei/dabéi, dámit/damít, deswegen, also, da, denn*) und **deiktische sprachliche Mittel** zur Verknüpfung von Informationen (*der/die/das, dieser/diese/dieses, da, dann, so*).

Vergegenständlichung von Sprache: Wenn Kinder Kniereiter mitsprechen, Abzählverse sprechen oder reimen, spielen sie mit lautlichen Merkmalen der Sprache. Wenn sie in Rollenspielen die Banane zum Telefon erklären oder darauf aufmerksam werden, dass sie in einer anderen Sprache eine andere Bezeichnung hat, trennen sie die Sprache vom Bezeichneten (Andresen 2005; Oomen-Welke 2003). Entsteht diese Aufmerksamkeit für Sprache noch aktuell in der Interaktion, muss beim Lesen- und Schreibenlernen die Sprache willkürlich zum Gegenstand der Aufmerksamkeit gemacht werden. Inwieweit insbesondere die **phonologische Bewusstheit** als notwendige Vorläuferfähigkeit des Schriftspracherwerbs anzusehen ist, die überprüft und ggf. vor der Schulzeit trainiert werden sollte, ist strittig (Brügelmann 2005). Ein aufwändiges isoliertes Training erscheint pädagogisch als wenig sinnvoll, zumal der Lernerfolg im Umgang mit Schrift größer ist. Das ist nicht verwunderlich, denn im geschriebenen Text sind die relevanten Einheiten sichtbar. Die phonologische Bewusstheit ist insofern eine **Voraussetzung und eine Folge des Schriftspracherwerbs**. Ein funktionaler Zusammenhang zur Entfaltung von Vorstellungen über Schrift ist, wenn Kinder einem Erwachsenen etwas diktieren. Gerade durch die Langsamkeit des Schreibens und den halblaut mitsprechenden Schreiber gelingt es ihnen, sprachliche Einheiten auszugliedern und ihre Aufmerksamkeit auf die Sprachform zu richten – noch bevor sie selbst schreiben können (Merklinger 2009). **So lernen Kinder mit den Texten zugleich die Sprache:** beim Zuhören und Diktieren, beim Lesen und Schreiben.

Schriftgebrauch: Wenn Kleinkinder beobachten, wie Erwachsene Zeitung lesen, am Computer schreiben oder sich etwas notieren, wenn sie sich an Aufschriften orientieren oder etwas nachschlagen, lernen sie Schriftgebrauch kennen. Indem Kinder kritzeln oder Buchstaben und Zeichenfolgen nachahmen, entwickeln sie einen Begriff davon, dass Schriftzeichen Bedeutungen festhalten, wie Zeichen angeordnet sind und auch, was unsere Buchstaben von anderen Zeichen unterscheidet.

Weil solche Lernvoraussetzungen vor der Einschulung erworben werden, spricht man heute nicht mehr von Erstlesen und Erstschreiben in der Schule, sondern von **Schriftspracherwerb** – und betont zugleich die Nähe zum Spracherwerb und zur Eigenaktivität des Lerners. Wenn solche Lernvoraussetzungen nicht ausgebildet sind, etwa weil Kinder im familiären Alltag keinen Schriftgebrauch erleben konnten, muss der Anfangsunterricht Möglichkeiten schaffen, damit sie diese Erfahrungen in der Schule nachholen können, für die andere Kinder lange Zeit hatten. Andernfalls können unzureichende Lernvoraussetzungen, die am Schulanfang etwa 3 Jahre betragen können, zu langfristigen Lernschwierigkeiten führen. Hierfür haben Gelegenheiten zur Interaktion in kommunikativen Kontexten nicht nur einen hohen Anreiz für Kinder (Richter/Plath 2005), der Austausch in heterogenen Gruppen birgt auch zahlreiche individuelle Lerngelegenheiten (Dehn 2009b).

2.2.2 | Lernbeobachtung am Schulanfang

Schulanfänger/innen bringen aus ihren Familien sehr unterschiedliche Erfahrungen, Gewohnheiten und Lernbedürfnisse in die Grundschule mit – eine Anfangsklasse entspricht insofern der sprachlichen, sozialen und kulturellen **Heterogenität** unserer Gesellschaft. Die systematische Lernbeobachtung ist deshalb eine didaktische Aufgabe, damit im Unterricht eine Passung von Lernen und Lehren gelingen kann.

Beobachtungen am Schulanfang dienen nicht (mehr) der Überprüfung von (fehlenden) Voraussetzungen und Teilleistungen oder der riskanten Bestimmung von Risikokindern, denn die Bildung homogener Lerngruppen ist pädagogisch fragwürdig (und politisch nicht gewollt). Beobachtungen sollen vielmehr Einblicke in die Kompetenzen von Kindern und in ihre schriftkulturelle Identität gewähren, damit sie im Kontext der Klasse aufgegriffen und Anstöße zur Entfaltung gegeben werden können.

Zum Begriff

> Eine systematische → Lernbeobachtung kann mit vorstrukturierten Aufgaben oder in (sozialen) Lernsituationen im Unterrichtsalltag erfolgen. Dabei kann ein Beobachter erschließen, wie, wann und unter welchen Bedingungen ein Kind lernt, worauf es seine Aufmerksamkeit richtet und wie es sein Können erweitert. Um die Per-

spektive des Kindes anzuerkennen, haben sich **drei Fragen** bewährt
(Dehn/Hüttis-Graff 2010):
- Was kann das Kind schon?
- Was muss es noch lernen?
- Was kann es als Nächstes lernen?

Am Beispiel der Schulanfangsbeobachtung von Tim und Kay beim Schreiben in der 3. Schulwoche soll dies demonstriert werden. Zugleich wird damit die Komplexität und Individualität des frühen Schreibenlernens dargestellt, konkret und theoretisch.

»Das Leere Blatt« als Schulanfangsbeobachtung Beispiel

Bei der Aufgabe »Das Leere Blatt« (Dehn/Hüttis-Graff 2010) sollen zwei

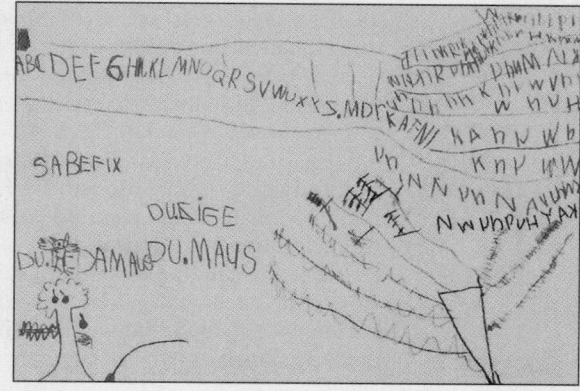

Kinder zusammen auf einem weißen DIN-A2 oder DIN-A3 Blatt schreiben. Nachdem sie sich als Partner gefunden und jeweils einen Lieblingsstift (möglichst in unterschiedlichen Farben) ausgesucht haben, erhalten sie folgende Aufgabe: »Ich habe hier ein großes Blatt für euch beide zusammen. Eure Aufgabe ist es, auf dem Blatt zu schreiben – alles, was ihr möchtet.« Weil die Aufgabe als soziale Lernsituation angelegt ist, lassen sich nicht nur aus dem Produkt, sondern insbesondere aus dem Prozess des (gemeinsamen) Unterschiedliche
Schreibens wichtige Einblicke in die Zugänge jedes Kindes zu Schrift, Zugänge zu Schrift
in sein Interesse und sein Lernverhalten gewinnen.

Was kann Tim schon? Der links sitzende Tim präsentiert das auswendig gelernte Buchstabeninventar und schreibt einen Schriftzug von einem Lernmaterial ab (SABEFIX). An den Fehlern in den Wörtern ZIGE/Ziege und FEDAMAUS/Fledermaus erkennt man, dass er sich auch schon selbständig ungeübte Wörter erschreiben kann. Tim hat offenbar schon vor der Einschulung einen Buchstabenbegriff entwickelt, der ihre Funktion (Laut-Buchstaben-Beziehung) beinhaltet. Tims Sätze zeigen, dass die Funktion des Schreibens als Ausdruck von Gemeintem eine starke Motivation für den Schriftspracherwerb ist: Die Lesbarkeit sichert Tim mit Punkten als Wortgrenzen und der gemalten Fledermaus.

Tims Großbuchstaben und Fehler verweisen auf **sprachanalytische Prozesse:** Um die Laute zu identifizieren, sprechen Schreibanfänger die Wörter oft gedehnt. Typische Schwierigkeiten sind die vollständige Wiedergabe von Konsonantenhäufungen (<FL> in FEDAMAUS) wie auch das häufige Wortende <ER>, das Tim seiner alltagssprachlichen Artikulation entsprechend mit <A> notiert.

Zum Begriff

> → **Schreiben** kann dreierlei sein: von einer Vorlage abschreiben, etwas Gemerktes aufschreiben oder Gedachtes durch Sprachanalyse selbständig erschreiben.

Was kann Tim als Nächstes lernen? Weil Tim bereits seine Gedanken lesbar aufschreiben kann, braucht er als nächstes **Lernangebot** weder Übungen zum Buchstabenbestand noch zur Lautanalyse, die am Schulanfang üblich sind. Vielmehr wird er sich Strukturen der Schrift und Funktionen des Schreibens selbst erschließen, wenn Unterricht ihm dazu **Spielräume und Herausforderungen** bietet.

Was kann Kay schon? Kay hat die rechte Blattkante vor sich und beginnt wohl deshalb dort zu schreiben, vermutlich beginnend mit seinem Namen, dessen besondere Zeichenfolge er sich wahrscheinlich **eingeprägt** hat (KAY und nicht KAI). Von Tim angeregt produziert er Zeilen, in denen er in unzähligen **Variationen** die Raumlage und die unterscheidenden Formmerkmale von einigen Buchstabenzeichen erprobt. Sein Schreiben ist **explorative Merkmalsanalyse.**

In der **Ausdauer, Anstrengungsbereitschaft und Sorgfalt** steht er Tim keinesfalls nach. Sein Blick ist dabei jedoch anders als bei seinem Nachbarn nicht auf den Inhalt des Schreibens gerichtet, sondern auf die Form der Buchstaben.

Zum Begriff

> Die → **Buchstabenkenntnis** als Verfügen über die Zeichen(formen) ist lediglich eine technische Voraussetzung für den Schriftspracherwerb. Entscheidender ist die Entwicklung eines → **Buchstabenbegriffs**, der auch die Funktion der Zeichen, ihre räumliche Korrespondenz zur zeitlichen Lautfolge des Gesprochenen umfasst.

Was kann Kay als Nächstes lernen? Kays Interesse an der Vielfalt der Zeichen und ihren **Merkmalen** kann mit einer Buchstabentabelle und mit Buchstabenkarten zum vielfältigen Sortieren und Abschreiben zielorientiert unterstützt werden, so dass er **Sicherheit** über die 26 Zeichen und ihre Form gewinnen kann. Die Lautwerte zu diesen Buchstaben kann er beim Sammeln von Wörtern mit K, A und Y kennen lernen oder wenn er diese bekannten Buchstaben in wichtigen Wörtern oder von ihm diktierten Texten findet und markiert. Mit diesen für ihn wichtigen Wörtern und

Texten könnte er seine Aufmerksamkeit auf die **inhaltliche Funktion des Schreibens** richten.

Erschließendes Beobachten: Die Analyse des Leeren Blattes anhand der drei Fragen zeigt die Vielfalt und Komplexität individuellen Könnens. Dazu brauchen Lehrende nicht nur Fachwissen, sondern auch eine professionelle Haltung, die die Aktivitäten und Interessen des Lerners als Grundlage für das Lehren auch dann annimmt, wenn er auf einem ungewöhnlichen Weg zur Schrift ist.

2.2.3 | Kognitive Entwicklungsstufenmodelle

Starken Einfluss auf die Diskussion, wie Kinder Lesen und Schreiben lernen, hatte das kognitive Entwicklungsstufenmodell von Frith (1986) zur **Beschreibung des typischen Schriftspracherwerbs.** Es modelliert Lesen und Schreiben als zwei aufeinander bezogene Erwerbsprozesse mit jeweils drei gleich bezeichneten Stufen (**logographisch – alphabetisch – orthographisch**). Die Entwicklungsimpulse gehen dabei abwechselnd vom Lesen und vom Schreiben aus.

Logografische Strategie: Ausgangspunkt ist das ›Lesen‹ als Wiedererkennen von Zeichenabfolgen (Schilder oder der eigene Name) und deren schreibendes Kopieren.

Alphabetische Strategie: Werden Kinder dann auf die Beziehung zwischen Buchstabe und Laut aufmerksam, entwickelt sich daraus die ›alphabetische Strategie‹, zunächst im Schreiben und dann auch beim Entziffern neuer Zeichenfolgen: Plötzlich sagen Kinder nicht mehr einfach das Wort, das sie sehen, sondern sie versuchen, es mühsam zu entziffern. Während für fortgeschrittene Leser/innen das laute Lesen eine zusätzliche Anforderung ist, sind **Leseanfänger auf die lautsprachliche Artikulation angewiesen,** um einen Text zu verstehen. Die alphabetische Strategie ist ein Meilenstein des Schriftspracherwerbs, aber sie muss erweitert werden, denn die deutsche Schrift ist keine Lautschrift.

Orthographische Strategie: In Texten werden Kinder auf die Stammschreibung (gleiche Morpheme) und orthographische Phänomene wie Doppelkonsonanten aufmerksam und erproben sie dann auch schreibend (orthographische Strategie). Diese ›Schriftorientierung‹ gilt es im Unterricht zu verstärken.

> Strategien des
> Schriftsprach-
> erwerbs

Diskussion des Modells: Das Modell von Frith ist grundsätzlich unbestritten und in zahlreichen Fortentwicklungen ausdifferenziert. **Die modellierte Abfolge ist jedoch nicht gleichzusetzen mit individuellen Aneignungsprozessen**: Lernentwicklungen sind weder natürwüchsig unabhängig von Unterricht und biografischen Einflüssen, noch verlaufen sie immer linear, sondern sie weisen auch Rückschritte und Stagnationen auf. Zudem setzen schon Anfänger sich mit für sie wichtigen (orthographischen) Buchstabenfolgen auseinander, kopieren und übertragen sie auf andere Wörter: SOVA, AARM, GUD. Auch werden verschiedene Strategien parallel genutzt (sogar in ein und demselbem Wort: VÄNZDA). Die Wahl der Strategie hängt ab von der Situation und dem Schreibwortschatz des Schreibers: auch Erwachsene erschreiben sich fremde Wörter alphabetisch. Die von Frith modellierten Stufen werden deshalb heute als **unterschiedliche kognitive Strategien** im Umgang mit Schrift verstanden.

Zudem erfasst das Modell nur einen Ausschnitt aus der gedanklichen Arbeit des Lerners: Sie beschäftigen sich nicht nur mit der Struktur der Schrift, sondern auch mit ihrer Funktion und typischen Handlungen im Schriftgebrauch (s. Kap. 2.2.1). Um für ein Kind (und nicht nur für eine kognitive Stufe!) passende Lernangebote zu eröffnen, sind also umfassendere Einblicke zu gewinnen: So zeigt Kay Lernpotenziale in seinem Interesse für Buchstabenformen und ihre Verräumlichung. Nicht nur für die Lehre, sondern auch für die Beobachtung des Lernens geben Stufenmodelle also nur eine sehr begrenzte Orientierung.

Individuelle Lernprozesse: Komplexe Lernbeobachtungen gerade am Schulanfang zeigen deutlich: Lerner und Lernen sind immer individuell. Es stellt sich also die Frage, welche Antworten Unterrichtskonzepte geben, um individuelle Lernprozesse in heterogenen Gruppen zu initiieren und zu sichern. Dies gilt im Blick auf die Schulanfänger/innen, die noch keinen Begriff von Schrift und Schriftlichkeit haben, die noch keinen einzigen Buchstaben kennen, obwohl ihre Umwelt voll davon ist. Denn sie müssen in der Schule in kurzer Zeit Wahrnehmungsstrukturen entwickeln und Erfahrungen mit Schriftgebrauch machen (können), die andere in den Jahren davor mit viel Zeit ausbilden konnten. Zugleich muss Unterricht aber auch den Kindern gerecht werden, die in ihrem Lernen am Schulanfang schon weit fortgeschritten sind.

2.2.4 | Lesen- und Schreibenlernen als Schriftspracherwerb

Zum Begriff

> Unter → Schriftspracherwerb verstehen wir heute die literarische Sozialisation, kognitive Aktivitäten des Lerners zur Erkundung der Schrift(struktur) sowie literale Erfahrungen des Schriftgebrauchs zur Teilhabe an der Schriftkultur – nicht mehr nur die Bewältigung einer Summe visueller, auditiver, artikulatorischer und graphomotorischer Funktionen.

Grundlegend hierfür ist das Verständnis von »Lesen- und Schreibenlernen als Denkentwicklung« (›kognitive Wende‹, vgl. Brügelmann 1984) und als eigenaktive Konstruktion (Speck-Hamdan 1998). Es basiert auf psycholinguistischen und kognitionspsychologischen Befunden:

Kognitive und
konstruktive
Wende

- Es genügt nicht, dass Kinder ›Wortbilder‹ und Graphem-Phonem-Korrespondenzen durch genaues Sehen und Hören lernen und im Gedächtnis speichern. Schwierigkeiten beim Schriftspracherwerb würden dann vorrangig auf auditive und visuelle Teilleistungsstörungen zurückzuführen sein. Vielmehr ist die wesentliche Leistung beim Schriftspracherwerb die **kognitive Einsicht** in Inhalt, Struktur und Funktionen von Geschriebenem.

- Lernprozesse beim Lesen und Schreiben beruhen auf **Wahrnehmungsprozessen**, die in der Kognitionspsychologie nicht als passiv aufnehmende, sondern als konstruktive Vorgänge definiert werden: Was jemand wahrnimmt und worauf er seine Aufmerksamkeit fokussiert, hängt ab von seinen kognitiven Schemata, über die er verfügt (Augst/Dehn 2007; Neisser 1974).
- Kinder lernen nicht passiv, was gelehrt wird, sondern bilden Hypothesen, erkunden den Gegenstand und differenzieren so ihre kognitiven Schemata von Schrift. Ihre ›Psycho-Logik‹ vom Gegenstand entspricht dabei nicht notwendigerweise einer linguistischen Logik (Valtin 2003). Insofern sind **Fehler eine lernspezifische Notwendigkeit**.

> → **Fehler** werden nicht als Defizite gewertet, sondern als ›Fenster‹ auf die Denkweisen und Lösungswege der Kinder.

Zum Begriff

Der Leseprozess: Beim Lesen ist – anders als beim Schreiben – das Ziel vorgegeben. Während das Schreiben eine sprachanalytische Tätigkeit ist, kann das Lesen als Problemlösen verstanden werden. Das Ziel kann nicht routinemäßig erreicht werden, sondern erfordert die zielorientierte Anwendung vorhandener Fähigkeiten:

- die Nutzung von **Wissen** (z. B. Sicht-Wortschatz, Buchstabenkenntnis),
- das Verbinden von Lauten (**Synthese** als Bottom-up-Verfahren),
- die Bildung und Prüfung semantischer, syntaktischer und phonologischer **Hypothesen** (für diese Top-down-Prozesse sind geringe Spracherfahrungen hinderlich),
- die Bildung und Sicherung von **Teilzielen** und
- die (Um-)**Steuerung** des Vorgehens bei Fehlern.

Lesenlernen als Problemlösen

Das erfordert **Flexibilität** und die Suche danach, was noch fehlt oder falsch war. Es kommt also auf die Stringenz der Abfolge der einzelnen Operationen an, auf die Kontrolle und Steuerung beim Prozess des Erlesens – auch bei emotional belastenden Schwierigkeiten. Zudem wird der Erfolg früher Leseprozesse von der Einschätzung des eigenen Könnens und dem Interesse am Inhalt beeinflusst. Insofern kommt dem **Leseverstehen** von Anfang große Bedeutung zu wie auch dem Gespräch über Gelesenes und den Funktionen des Lesens (z. B. für anschließendes Handeln).

Frühe Leseprozesse sind also ein komplexes Zusammenspiel von **Steuerungsprozessen, Wissen und Emotionen**. Eine lückenhafte Buchstabenkenntnis kann deshalb auch durch andere Fähigkeiten kompensiert werden. Leseunterricht auf die Synthese von Lauten zu beschränken würde also der Komplexität des Lesen(lernen)s nicht gerecht und verschenkte wichtige Impulse für Sprachentwicklung und Lesesozialisation.

Der Schreibprozess: Wenn Schreibanfänger/innen Wörter nicht aus dem Gedächtnis abrufen können, müssen sie Sprache analysieren. Dabei stößt die naheliegende Verschriftung der Artikulation nach dem Motto »Schreibe, wie du sprichst!« schnell an ihre Grenzen, denn dann würden Kinder in »Hemd« immer noch nicht das <d> schreiben und umso deutlicher ein/p/vor dem/t/hören, in »rennen« jedoch nicht den Doppelkonsonanten oder das mündlich irrelevante Wortende. Die Aufforderung, genauer hinzuhören oder genauer zu sprechen, ist wenig zielführend. **Erfolgreiche Schreiblerner orientieren sich an der Schrift** – und lernen manches zu sprechen, wie es geschrieben wird (Augst/Dehn 2007, S. 82).

Strategien

> ## Strategien zum richtigen Schreiben
> - Langsames und deutliches **(Mit-)Sprechen/Lesen:** *Sprich, wie man schreibt!*
> - **Silbisches Sprechen:** zur Teilzielbildung (z. B. schwin-del-frei) und zur Auslautbestimmung durch Verlängern (z. B. Win<u>d</u> – win-<u>dig</u>);
> - **Einprägen** von wichtigen und häufigen Wörtern, häufigen Wortteilen sowie Ausnahmen (Rechtschreibgrundwortschatz) und sie schreiben üben in verschiedenen Zusammenhängen;
> - **Ableiten:** Wörter befragen und in Wortbausteine aufgliedern: *Was steckt im Wort?* (z. B. gefühllos – »<los> weil ohne Gefühl«; Dächer – »<ä> wegen Dach«);
> - **Wörter sammeln und sortieren** nach strukturellen Merkmalen, z. B. ie, Doppelkonsonanten oder Silbenanzahl;
> - **Nachdenken und Austausch** über Fallen und Tricks bei Wörtern, d. h. über schwierige Stellen und (Eigen-)Regeln.

Anfänger/innen müssen sich beim Schreiben oft zwischen mehreren Schriftzeichen entscheiden: beim Phonem [f] beispielsweise zwischen den Graphemen <f>, <v> oder <ph>. Zudem fixiert das deutsche Schriftsystem die Bedeutung: so kann z. B. [gɛltən] als <gelten>, <gellten>, <gällten> oder <gälten> geschrieben werden. Um solche Hürden der deutschen Orthographie zu bewältigen, ist das (gemeinsame) Nachdenken über die Bedeutung und die Auseinandersetzung mit richtig geschriebenen Wörtern von großer Bedeutung für erfolgreiches Rechtschreiblernen.

Zur Vertiefung

> **Die deutsche Schriftstruktur und ihre Schwierigkeiten für Anfänger/innen**
> - **Wörter** kann man formulieren und verstehen. Geschriebene Wörter stehen zwischen Lücken, zwischen gesprochenen Wörtern sind keine Lücken hörbar – das ist eine Schwierigkeit beim Schreibenlernen.
> - **Phoneme** (Laute) sind bedeutungsunterscheidende Einheiten beim Sprechen. Man kann sie nicht (direkt) hören, sondern durch Austausch erkennen: [w-<u>a:</u>-l] – [w-<u>a</u>-l] – [<u>b</u>-a-l] – [b-a-<u>t</u>] – das ist eine Schwierigkeit beim Schreibenlernen.

- **Grapheme** (Schriftzeichen) sind bedeutungsunterscheidende Einheiten der Schrift. Sie können ein- und mehrteilig sein: z. B. <w>, <b>, <sch>, <ng>, <ll> – das ist eine Schwierigkeit beim Lesen- und Schreibenlernen.
- **Morpheme** tragen semantische und syntaktische Bedeutungen einer Sprache: ge-spiel-t. Lese- und Schreiblerner müssen sie kennen und erkennen.
- **Sprechsilben** sind artikulatorische, rhythmische Einheiten der Sprache – viele können Silben beim Klatschen, Singen und Rufen trennen: ge-spielt, spie-len, we-tten, ... – Leselerner können zwar den Vokal als Kern jeder Silbe sehen, nicht jedoch die Silbengrenzen und die Betonung: Blu-men-to-pfer-de oder Blu-men-topf-er-de.

Sprachspezifische Strukturen: Vor besonderen Aufgaben stehen **mehrsprachige Kinder**, da die deutsche anders als ihre Herkunftssprache strukturiert ist. So brauchen z. B. Japaner [l] und [r] nicht zu unterscheiden, während Engländer zusätzlich das mehrteilige Graphem <th> schreiben. Das Türkische kennt keine Umlaute bei Pluralbildungen, behält aber Morpheme wie das Deutsche trotz Auslautverhärtung bei, um die Bedeutungsentnahme beim Lesen zu erleichtern (nur deutsch: »Hände mit ä wegen Hand«; deutsch und türkisch: »Hand mit d wegen Hände«). Unsere Doppelkonsonanten (Wal – Wall) sind für Türken wie für Spanier schwer zu lernen, weil in ihren Sprachen die **Vokallänge** nicht bedeutungsunterscheidend ist. Schreiblerner nähern sich deshalb auf unterschiedlichen Wegen der deutschen Rechtschreibung.

Textschreiben: Da geschriebene Texte sich in ihrer Konzeption grundsätzlich vom Gesprochenen unterscheiden (zur konzeptionellen Schriftlichkeit s. Kap 2.2.1), ist Textschreiben mehr als das Verschriften des Gesprochenen. Der **Textschreiber** transformiert vielmehr seine innere Sprache in äußere Sprache (Wygotski 1974) und profitiert dabei von vorangegangenen literalen, literarischen und medialen Erfahrungen (Dehn 2005). Diese Formulierungskompetenzen sind bei Anfänger/innen zumeist größer als ihre motorischen und sprachanalytischen Fähigkeiten: Schon Vorschulkinder können schriftsprachliche Texte diktieren und schon Erstklässler schreiben komplexe Texte, die kohärent sind und den Leser berücksichtigen – wenn die Schreibaufgabe sie darin unterstützt (Dehn 2009a). Das Schreiben persönlich bedeutsamer Texte hat sich als entscheidender Motor für den Zugang zu Schriftkultur erwiesen (Widmann 1996) und folgt seit den 1980er Jahren im Anfangsunterricht nicht mehr dem (Fibel-)Lesen.

2.2.5 | Der Blick auf das Lehren

Damit Lesen- und Schreibenlernen sich gegenseitig stützen können, werden sie im Unterricht miteinander verbunden und wird am Schulanfang die mit der Hand geschriebene unverbundene (Druck-)**Schrift** verwendet – auch wegen der Vertrautheit der Kinder mit der alltäglich sichtbaren Gemischtantiqua und ihrer ersten eigenen Schreibversuche in der Familie.

Ausgangsschrift: Fragen rund um die Ausgangsschrift und die sog. **Schreibschrift** werden erst jüngst wieder neu diskutiert (vgl. Bartnitzky 2010). War die auf dem Papier verbundene Schrift früher für das Schreiben mit der Feder hilfreich, sind die Ziele der guten Lesbarkeit und Unverkrampftheit (Flüssigkeit, Geläufigkeit) heute mit vielfältigen Schreibgeräten erreichbar, auch mit einer auf dem Papier unverbundenen Schrift; die Ästhetik wird heute eher am Rande diskutiert. Die Auswahl zwischen der lateinischen Ausgangsschrift, der vereinfachten Ausgangsschrift und der Schulausgangsschrift regeln die Rahmenpläne der Bundesländer unterschiedlich. Dass Zweitklässler mit einem solchen Schreibschriftlehrgang quasi eine neue Schrift lernen, ist jedoch nicht verpflichtend und wird heute vielfach als Umweg gesehen, die Begrenzung in Lineaturen als hemmend für den Schreibfluss. Mit dem Ziel, eine individuelle Gebrauchsschrift zu entwickeln, wird aktuell von Bartnitzky eine Grundlinie und eine unverbundene **Grundschrift** befürwortet, deren Kleinbuchstaben mit Abstrich am Ende einen Wendebogen erhalten. Dies erfordert die Betrachtung von Schriftproben, das Experimentieren mit Schrift, individuelle Beratungen vom Lehrer und Reflexionen in der Klasse über die Schriftform und Bewegungsfolgen.

Methodenstreit: Der lange geführte Streit um die richtige Lehrmethode (Buchstabiermethoden, Lautiermethoden, synthetische Methoden, analytische bzw. Ganzwortmethode) bezog sich lange auf die Wahl der richtigen Fibel. Die Kritik an **synthetischen Methoden** richtet sich heute vor allem darauf, dass Sinn und Bedeutung der Schriftsprache und des Lesens dabei simplifiziert und nachgeordnet werden und die Texte oft wenig mit den Erfahrungen der Kinder zu tun haben. Die sprachlichen Reduktionen (›Fibel-Dadaismus‹), die nur langsame Erweiterung des Buchstaben- und Wortbestandes und die sinnleeren Übungen führten sogar dazu, dass die Sprachentwicklung von Erstklässlern stagnierte.

Damit Kinder sich Schriftzeichen (z. B. <S>) und Laute ([z] und nicht [ɛs]) besser einprägen können, wurden und werden sie auch heute noch z. B. über Bilder (Anlauttabellen), Sprüche und Verbindung mit Tierlauten (»ssss summt die Biene«), die genaue Beobachtung der Sprechwerkzeuge oder über Bewegungen (Lautgebärden) eingeführt. Je fantasievoller diese Darstellung, desto schwerer ist es jedoch für Kinder, beim Zusammenfügen der Laute von diesen interessanten Inhalten abzusehen und die Sprache selbst zum Gegenstand der Betrachtung zu machen. Die Lautsynthese erwies sich zudem wegen der notwendigen kognitiven Abstraktionsprozesse als weitaus schwieriger als die Buchstabenkenntnis.

Seit dem 18. Jahrhundert und verstärkt in Fibeln seit 1960 wurden auch **analytische Methoden** propagiert, die den umgekehrten Weg beschreiten: Von kleinen Sätzen ausgehend werden durch optische und akustische Analyse Wörter und von diesen Buchstaben ausgegliedert (zuerst Gedike 1779). Analytische Methoden betonen also die Sinnentnahme – mit der Gefahr, dass Schüler/innen sich weniger mit der Schriftstruktur befassen, beim Lesen raten und Probleme mit dem Rechtschreiben bekommen.

Methodenpatt 1970: Der Methodenstreit wurde etwa 1970 durch mehrere Untersuchungen besiegelt, die belegten, dass sich spätestens am Ende der 4. Klasse Lernerfolge analytischer und synthetischer Fibeln ausgleichen. So entstanden bald darauf **analytisch-synthetische Fibeln**, die beide Lernwege aufzeigen: Aus wenigen Buchstaben werden sogleich Lernwörter gebildet und dieser Bestand wird sukzessiv erweitert. Etwa seit 1980 stehen jedoch auch methodenintegrierte Fibeln wegen der verordneten **Gleichschrittigkeit in der Kritik**.

Derzeitig ist die wichtigste Frage (nicht nur) zum Sprachlichen Anfangsunterricht: Inwiefern können aktuelle Methoden **individuellen Lernern und heterogenen Lerngruppen** gerecht werden?

Das derzeitige Angebot an **Fibellehrgängen** ist kaum überschaubar. Nahezu alle Fibeln sind analytisch-synthetisch aufgebaut, gehen von wenigen kurzen Wörtern aus, die sogleich (zum Teil oder vollständig) durchgliedert werden, um mit dem Sichtwortschatz zugleich auch die Buchstabenkenntnis mehr oder weniger systematisch und meist gleichschrittig aufzubauen. Sie enthalten umfängliches Zusatzmaterial (z. B. Buchstabentabelle, Schreibanlässe, Übungsmaterial zur Lautanalyse und Schreibmotorik) und Erläuterungen für Lehrer/innen. Unterschiede bestehen im Inhalt, Layout, Sprachregister, in den angebotenen Textsorten und der Steigerung der Anforderungen. Die Texte sind meist stark didaktisiert, d. h. literarisch wenig anspruchsvoll und auch arm hinsichtlich der funktionalen oder persönlich bedeutsamen Verwendung von Schrift. Das Lernangebot ist insofern eher nicht herausfordernd, sondern im Anspruch nach oben beschränkt.

> Das aktuelle Methoden-spektrum

›Lesen durch Schreiben‹: Anfang der 1980er Jahre durchbrach dieses **pädagogisch neue kommunikative Konzept** der Individualisierung und Selbststeuerung das gleichschrittige Fibellesenlernen und stellte das Schreiben freier Texte an den Anfang (Reichen 1991). Es wurde gerade von Vertretern des offenen Unterrichts begeistert angenommen. Heftig diskutiert wurde Reichens Verbot, mit den Kindern das Lesen zu üben. Kennzeichen ist eine **Anlauttabelle**, die alle Buchstaben mit einem Bild, dessen Bezeichnung den Anlaut repräsentiert, zur Verfügung stellt, damit die Kinder sich alles selbständig erschreiben können. Schüler/innen, denen Erfahrungen mit der Bedeutung von Schrift fehlen oder die ihre Aufmerksamkeit nicht auf Sprache als Gegenstand richten können, haben ohne das hilfreiche Schriftbild hierbei Schwierigkeiten. Wurde das Verfahren »Schreibe, wie du sprichst!« nicht durch die Auseinandersetzung mit Schrift ergänzt (Schriftorientierung), muss wegen der vielen Fehler die Rechtschreibung sehr zum Missfallen der Kinder in der 3. Klasse und nur mit mäßigem Erfolg nachgelernt werden.

Spracherfahrungsansatz: Seit Mitte der 1970er Jahre wird hiermit die enge Verwobenheit von Lesen, Schreiben, Rechtschreiben und Sprechen betont und werden Aufgaben zur Lautanalyse, zum Schriftaufbau und zum Sichtwortschatz geboten (Brügelmann/Brinkmann 2001). Die eigenaktive Aneignung wird in einem anregenden Erfahrungsraum für funktionalen mündlichen und schriftlichen Sprachgebrauch ermöglicht, zusätzliche individuelle Lernangebote basieren auf systematischen Beobachtungen anhand einer didaktischen Landkarte. Das 2008 hierzu veröffentlichte Unterrichtsmaterial (Brinkmann 2008) birgt die Gefahr, dass durch das vorstrukturierte Lernmaterial und die Überprüfung des Erarbeiteten die Interessen und Fragen der Kinder aus dem Blick geraten. Eine lernerorientierte Verknüpfung von Textschreiben und Rechtschreiben ermöglicht das Konzept von Leßmann (2007).

›Elementare Schriftkultur‹: Im Zentrum dieses Ansatzes steht die Bedeutung der Teilhabe an Schriftkultur (Dehn 2010). Der gleichnamige BLK-Modellversuch zeigte, dass nicht die Lehrmethode entscheidend für den Lernerfolg ist, sondern die **Initiierung von Erfahrungs- und Erkenntnisprozessen im sozialen Raum** für Schriftkultur in der Klasse, genaue Lernbeobachtungen und eine auch **affektiv sensible Interaktion** zwischen Lehrperson und Kind (auch bei der Präsentation von Arbeitsergebnissen und dem Austausch in der Lerngruppe über Schwierigkeiten), Offenheit für expansive Lernprozesse und die Schriftorientierung des Unterrichts (Widmann 1996). »Individuelle Lernangebote in heterogenen Gruppen sind dann lernförderlich, wenn das Interesse und die Leistung des Einzelnen Resonanz in der Gruppe findet und Anstöße gibt für das Lernen der Anderen« (Dehn 2009b, S. 10).

Im Bestreben nach mehr Effizienz suchen andere Konzepte den Schriftspracherwerb direkt zu steuern und auf genau einen Weg zu beschränken (z. B. auf die Silbenanalyse). Vernachlässigt werden so oft der funktionale, inhaltlich bedeutsame Schriftgebrauch, implizite Lernprozesse und Spielräume für die Vielfalt möglicher Lernwege. Ungenutzt bleiben auch das Interesse an Texten und die Funktion des Textschreibens als Motor zum Schriftspracherwerb und zum Rechtschreiblernen – kritische Folgen des Strebens nach schnellen und sicheren Lernergebnissen.

Methodenpatt 2009: Warum der Schriftspracherwerb auf der Primarstufe so beschnitten werden sollte, ist insbesondere angesichts der aktuellen Längsschnittuntersuchung von Weinhold fragwürdig, attestiert sie doch der silbenanalytischen Methode, »dass sie sich als ein maßgeblicher Faktor schulischen Lesen- und Schreibenlernens [ ] als ebenso tauglich erweist wie etablierte Ansätze. Eine Überlegenheit im Hinblick auf messbare Leistungen lässt sich nicht erkennen« (Weinhold 2009, S. 72). Die Untersuchung bestätigt also, dass ein erfolgreicher Schriftspracherwerb »wie jeder Lernprozess kein Resultat einfacher Übernahme von im Unterricht explizit gemachten Strukturen ist, sondern ein eigenaktiver Konstruktionsprozess« (Weinhold 2009, S. 72), der die Angebote des Unterrichts je für sich unterschiedlich nutzt. Damit bestätigte Weinhold in Deutschland Vergleichsstudien aus den USA, aus denen Valtin folgert: »Die erhebliche Streubreite der Leistungen zwischen den Klassen bei jeder Methode verweist auf die große **Bedeutung der Lehrkraft für den Lernerfolg**« (Valtin 2003, S. 767).

Passung von Lernen und Lehren: Für Lehrende ist die Gestaltung einer Lernumgebung zentral, die die Aufmerksamkeit der Lernenden auf relevante Strukturen und Funktionen von Schriftlichkeit richtet und sie implizit und explizit zu Erkundungen und zur Differenzierung ihrer Vorstellungen über Schrift anstößt. »Kinder, denen die Schrift bis zur Schule noch fremd geblieben ist, können dann bessere Zugänge zur Schrift finden, wenn Unterricht die Entfaltung ihrer Persönlichkeit im Medium der Schrift anregt« (Widmann 1996, S. 64). Dem ordnen sich Lehrmethoden und Materialien unter. Weil Unterricht den Schrifterwerb nicht gegen die Alltagswelt(en) der Kinder als lineare Progression durchsetzen kann, gilt es, eine Passung von Lehren und Lernen zu erreichen durch eine genaue Beobachtung der Lernenden.

Die Chancen individuellen Lernens in heterogenen Gruppen liegen nicht vorrangig in separaten Lern- und Übungsangeboten, die in der Gefahr stehen, die Verantwortung der Lehrkraft auf das Material und die Unterrichtsorganisation zu verschieben. Vielmehr geht es im Sprachlichen Anfangsunterricht um die Etablierung einer gemeinsamen **Lese-Schreib-Gesprächskultur** (vgl. KMK 2005), die individuelle Lernprozesse herausfordert und in der Klasse wertschätzt und damit Grundlagen für lebenslanges Lernen nicht nur im Deutschunterricht legt.

2.3 | Sprechen und Zuhören

Sprechen über Literatur – auf der Grundlage fixierter Erwartungen
Bevor das Bilderbuch *Der Gedankensammler* von der Lehrerin vorgelesen wird, nähern die Viertklässler sich der Hauptfigur anhand einer Abbildung aus dem Buch, um individuelle Vorerfahrungen in die Auseinandersetzung mit dem Lerngegenstand integrieren zu können. Je des Kind schreibt dazu auf seiner Ecke eines Platzdeckchens (DIN-A3 oder A2) seine Gedanken über die mittig abgebildete Figur auf.

Auf dieses Platzdeckchen schreibt jedes Kind seine Vorstellungen über die Figur

Indem die vier Kinder anschließend reihum ihr Geschriebenes lesen und schriftlich kommentieren, sich dann im Gespräch auf 3 bis 5 Formulierungen einigen und sie in der Mitte aufschreiben, können sie die Vielfalt möglicher Sichtweisen bemerken und sich erklären.

Die unterschiedlichen Vorstellungsbilder der Kinder an die

Tafel zu schreiben und dabei das Gemeinte inhaltlich und sprachlich zu präzisieren – *Erklär mal bitte, warum du das meinst! Woran habt ihr das gesehen?* – kommt große Bedeutung zu: Die vielfältigen Vorstellungen der Kinder werden anerkannt und im Gespräch verhandelbar, aber auch Widersprüche und Ungeklärtes sichtbar. Das gemeinsame Nach-Denken im Gespräch dient der Verständigung sowie der Entwicklung sprachlicher und literarischer Kompetenzen zugleich:

Aspekte sprachlich-literarischen Lernens

- **Hypothesen am Text belegen:** *Er ist obdachlos, weil er so schmutzig ist und alte Sachen hat.*
- **Einfordern sprachlicher Genauigkeit** (s.a. Synonyme und Antonyme): *L: Was meinst du mit »komisch«? S: Dass er anders ist. S: Weil er so komische Beine hat oder Kleidung. L: Aha, das meinst du mit komisch und nicht, dass er so viel lacht.*
- **Reflexion über unterschiedliche Deutungen**: *S: Klein oder groß? L: Ist es wichtig, ob er klein oder groß ist?*
- **Akzeptieren von Deutungsoffenheit**: *S: Vielleicht ist er auch böse, weil er die Katze getreten hat. L: Das können wir nicht wirklich sehen, ob er nett oder böse ist.*

Es geht nicht um die Sicherung von Adjektiven oder um das Erarbeiten der ›richtigen‹ Interpretation: *S: Er könnte alles Mögliche sein!* Vielmehr findet das Interesse und die Leistung des Einzelnen Resonanz in der Gruppe und gibt Anstöße für das Lernen der anderen (vgl. Dehn 2009b).

Diese Annäherung der Kinder an die Figur weckt Fragen, die Folie für die anschließende Rezeption der Geschichte sind (s. Kap. 2.4): *L: Es gibt sogar ein Buch über Herrn G. und ihr werdet es herausfinden. Hier siehst du ihn wieder. Ich möchte euch daraus vorlesen. ... Mal sehen, ob unsere Wörter passen.*

2.3.1 | Mündlicher Spracherwerb

Kommunikative Kompetenz beinhaltet, dass Sprecher auf die Vielfalt des Sprachgebrauchs aufmerksam werden, dass sie unterschiedliche Bewertungen von Sprachgebrauch und auch die Bedeutung der Sprachwahl für das Zusammenleben in verschiedenen Kontexten erkennen und ihre Sprache flexibel einsetzen können. Die Bedeutung dieses Lernfeldes gründet sich auf Befunde, dass sich Aspekte des Spracherwerbs über das ganze Leben erstrecken, dass Unterschiede zwischen Kindern nicht nur mit unterschiedlichen Erwerbsgeschwindigkeiten erklärt werden können und dass der Spracherwerb grundlegend für den allgemeinen Wissenserwerb ist.

Die Mündlichkeitsdidaktik widmet sich v.a. der Verwendung sprachlicher Mittel im Gespräch, beim Erzählen, Erklären, Argumentieren und Beschreiben sowie dem anspruchsvollen Präsentieren und Moderieren. **Sprache** (das Sprachsystem, *langue* i.S. Saussures) und das konkrete **Spre-**

chen (*parole* i.S. Saussures) und die sie begleitenden Emotionen und Verhaltensweisen entfalten sich rezeptiv und produktiv, teilweise systematisch und teilweise en passant, in Abhängigkeit von den sprachlichen Situationen, die das Kind regelhaft erlebt. **Kontrovers diskutiert** wird, welche Bedeutung oder welches Gewicht unterschiedlichen **genetischen Voraussetzungen**, den **kognitiven Kräften**, dem **sozial bedingten Input** und der Rolle **sprachlicher Bewusstheit** für die Sprachentwicklung zukommt. Unbestritten ist die große Bedeutung von sozialen, aber auch **kulturellen Kontextbedingungen** für Kinder mit nichtdeutscher Muttersprache.

Am Schulanfang ist der mündliche Spracherwerb im Bereich der Phonologie und Grammatik bei vielen Kindern deutscher Muttersprache weitgehend abgeschlossen. Der Wortschatz wird jedoch auch weiterhin um- und begrifflich neustrukturiert, und es werden übersatzmäßige Kompetenzen entfaltet – ganz abgesehen davon, dass Bedeutungen und Begriffssysteme ebenso wie die Fähigkeit entwickelt werden, situationsangemessen und in geordneter Abstimmung mit anderen zu kommunizieren (Quasthoff 2008).

Mit dem Eintritt in die Schule ist ein Übergang vom privaten in den öffentlichen Sprachgebrauch, vom alltäglichen zum **institutionellen Diskurs** verbunden. Dies gilt nicht nur für einzelne Kommunikationsformen (wie das Erzählen), sondern betrifft die Sprache in der Schule grundsätzlich. Schulanfänger/innen begegnen neuen sprachlichen Handlungen und kommunikativen Erwartungen (z.B. Fragen und Aufforderungen werden allgemein formuliert und mit schulspezifischen Erwartungen verknüpft), neuen Ritualen, Regeln und Routinen (z.B. im Klassengespräch, im Gespräch in Schülergruppen und zwischen Lehrer und Schüler) und den Fachsprachen.

Sprachhandlungskompetenz: In der Schule reichen die aus der mündlichen Alltagskommunikation bekannten Ausdrucksmittel nicht mehr aus, z.B.:

- die Verwendung von *weil* in Verbzweit- und Verbendstellung (*weil die lügt immer*); Mündlichkeit im Alltag
- die Verbspitzenstellung (*Fährt die mich doch glatt über den Haufen!*);
- Ellipsen z.B. nach einer Vorgängeräußerung (Ich habe kein Auto. – *Ich auch nicht*);
- regional-, jugend- oder mediensprachliche Verwendungsweisen und
- spezifische Reparatur- und Planungsaktivitäten wie Satzabbrüche, Verzögerungen und z.B. durch Gesten gefüllte Pausen.

Sprachunterricht zielt also auf konkrete Verwendungsbedingungen und die Entwicklung von **Sprachkultur als funktionales Verfügen über kontextangemessene mündliche Praktiken** (Quasthoff 2008).

2.3.2 | Kommunikative Kontexte im Unterricht

Wie im natürlichen Sozialisationsprozess ist im Sprachunterricht in der Grundschule eine Kultur des verständigen und verantwortungsvollen Miteinandersprechens zu etablieren, in der jeder Schüler dialogische Unterstützung erhält und unwillkürlich oder absichtsvoll aufmerksam darauf werden kann, was in welcher Form zu welchem Zweck gesagt wird. »Gesprächsfähigkeit zu verbessern heißt allererst, **Unterrichtsgespräche zu verbessern**!« (Becker-Mrotzek/Quasthoff 1998, S. 3). Obgleich noch keine gesicherten Erkenntnisse vorliegen über die Funktion unterschiedlicher Formen von Unterrichtsinteraktion als Lernkontext für die Weiterentwicklung mündlicher Fähigkeiten, wissen wir, dass sich die (Schreib-)**Kompetenzen** in verschiedenen Genres wie Erzählen, Beschreiben, Erklären und Argumentieren nicht wie traditionell unterrichtet nacheinander, sondern **parallel entwickeln** (Augst u. a. 2007). Deshalb sind von Anfang an Raum und Anreiz für unterschiedliche und selbstverantwortlich strukturierte, institutionell kontextualisierte Kommunikationsformen zu bieten – d. h. sowohl in Partner- und Gruppenarbeit als auch im Klassengespräch und nicht nur im funktional widersprüchlichen Montagmorgenkreis, der zwischen Privatheit und Institutionalität steht.

Über Texte sprechen: Bewährter Anlass und gute Grundlage für Gespräche sind Texte, die implizit Sprachvorbild sind. Dabei können die Kinder ihre Gesprächskompetenzen im verstehenden Zuhören und Nachfragen erweitern, das Formulieren von Begründungen und Textbelegen üben sowie die Anbindung an die Vorgängeräußerung bzw. an den weiteren Kontext – nicht als isoliertes Verfahren, sondern in einer Gesprächskultur von Meinen und Verstehen. Eine begleitende Lernform ist hier das Schreiben, wenn jeder Schüler durch die zerdehnte Kommunikationssituation seine Aufmerksamkeit zunächst auf die eigenen Gedanken fokussiert und diese fixiert, so dass sie im Gespräch nicht verloren gehen.

Andere Herkunftssprachen: Obgleich **Mehrsprachigkeit** in deutschen Grundschulklassen Normalität ist (durchschnittlich haben etwa 30 Prozent aller Schüler/innen einen mehrsprachigen Hintergrund), liegen für diese Vielfalt kaum befriedigende Unterrichtskonzeptionen vor. Mündliche Fähigkeiten werden vor allem im Deutschen gefördert, selten im herkunftssprachigen oder im **bilingualen Grundschulunterricht**. Dabei führt bilingualer Unterricht, bei dem 50 bis 70 % des Unterrichts (z. B. bestimmter Fächer) in einer Zweitsprache erfolgt (Immersion, meist mit Englisch), nachweislich zu gleich guten oder besseren Sprachkompetenzen im Deutschen und in der Fremdsprache wie auch im Fachwissen – zumindest in den wenigen Schulversuchsklassen (Piske 2009).

Unterricht kann nicht nur bewusste, sondern auch latente Lernprozesse unterstützen (s. Kap. 1). So ergänzen sich nach Untersuchungen von Kristin Wardetzky rationales und emotionales Verstehen mit dem langfristigen und niedrigschwelligen Angebot der ästhetischen Literaturvermittlung durch **professionelle Erzähler** über die Trias Erzählen – Zuhören – Weitererzählen auf fruchtbare Weise. Sie haben gezeigt, dass die

Sprach- und Erzählkompetenz über die Mündlichkeit – das **künstleri-
sche Erzählen von Märchen und Mythen** aus verschiedenen Kulturen
– mit außerordentlichem Erfolg gefördert werden kann, insbesondere von
mehrsprachigen Kindern und solchen aus schriftfernen Elternhäusern
(Kolbe/Wardetzky 2009).

2.3.3 | Perspektiven auf Leistung

Die mündliche Sprachhandlungskompetenz und die Entwicklung einer
demokratischen Gesprächskultur haben als »ein zentrales Mittel aller
schulischen und außerschulischen Kommunikation« hohe Bedeutung
(KMK 2005, S. 8). Der Bereich wird in den Bildungsstandards gegliedert
in (diese Einzelstandards sind jedoch interpretationsbedürftig und ihre
Trennbarkeit ist strittig): zu anderen sprechen, verstehend zuhören, Gespräche führen, szenisch spielen und über Lernen sprechen.

Gesprächskompe-
tenzen

    Kompetenzmodelle von Teilfähigkeiten und Fähigkeitsniveaus liegen
zu diesem Bereich bisher meist sehr rudimentär vor (Becker-Mrotzek
2008), vor allem zum Bereich Zuhören. Die frühe Sprachentwicklung ist
differenzierter untersucht, seit längerem in der Sprachheilpädagogik und
jüngst auch im Zuge von Sprachstandsdiagnosen meist für Vorschulkinder, die eine andere Muttersprache als Deutsch sprechen (Ehlich 2005).
Die mündliche Kommunikation ist aufgrund ihrer personellen, kontextuellen und interaktiven Gebundenheit für (standardisierte) Leistungsmessung jedoch wenig erschlossen.

    Systematische Beobachtungen lassen sich jedoch zu allen Aspekten
des Lernbereichs begleitend im Unterricht oder auch in vorstrukturierten
Lernsituationen machen – auch von Kindern selbst – und beispielsweise
in Beobachtungsbögen festhalten. Dabei sind nicht nur Beobachtungen
von **Kompetenzen in vielfältigen Situationen** und in der Entwicklung,
sondern auch Gespräche über das Gelingen von Kommunikation wichtig – in der Klasse, in und mit Gruppen und mit einzelnen Kindern. Als
Kernpunkte pädagogischer Leistungskultur werden die Selbsteinschätzung und **gezielten Selbstbeobachtungen der Kinder** angesehen, damit
sie nicht nur implizit ihre mündlichen Sprachfähigkeiten verbessern,
sondern die Gesprächskultur auch gemeinsam weiter entwickelt werden
kann (Grundschulverband 2006).

2.4 | Lesen – mit Texten und Medien umgehen

Beispiel **Vorlesen und literarisches Lernen**

Während die Lehrerin das Buch vom Gedankensammler vorliest, eröffnet sie z. B. durch Pausen **Gesprächseinlagen** (Spinner 2004), damit die Kinder ihre Gedanken zur Geschichte austauschen können. So kann die Lehrkraft gerade in Vorlesegesprächen zu genauerem und vertieftem Verstehen z. B. von fremden Figuren oder literarischen Ausdrucksweisen verhelfen und damit die aktive Bedeutungskonstruktion und eine positive Einstellung zum literarischen Lesen unterstützen.

Dabei stellen die Kinder Bezüge her zu bereits vorher an der Tafel gesammelten Vermutungen (s. Kap. 2.3). Sie explizieren ihre individuellen Gedanken zum Text, führen sie gemeinsam weiter und entwickeln ihr literarisches Lernen. »Das literarische Gespräch erfordert in diesem Sinne nicht nur die Bereitschaft, sich persönlich einzubringen, sondern auch, auf die anderen zu hören, unterschiedliche Sichtweisen wahrzunehmen und beim Austausch von Begründungen zu akzeptieren, dass nicht immer ein einheitliches Urteil erreicht werden kann« (Spinner 2006, S. 10).

Aspekte literarischen Lernens

- **Erkunden der Erzählperspektive**: S: *Die das erzählt, sagt »ich«. Wer ist eigentlich der Erzähler? – Die Frau auf dem Bild!*
- Implizites **Erschließen von sprachlichen Wendungen** aus dem Kontext. So wird der Satz »Der einzige Mantel, den er besitzt, flattert ihm schäbig und fadenscheinig um die Knie.« kommentiert: *Ich glaub, er kann doch obdachlos sein!*
- **Klären von Fiktion und Realität**, z. B. S: *Das ist ja ein Märchen. – Das gibt's in echt gar nicht!*
- **Stellung nehmen zu Handlungen** des Gedankensammlers: S: *Ich finde es gut, dass er sie sammelt. Manchmal habe ich auch Gedanken, die ich nicht mag. – Ist er ein Dieb?*
- **Information über schriftsprachliche Konventionen** erhalten, hier die Namensabkürzung (Herr G.), unter Bezug auf Hypothesen und Nachnamen der Kinder: L: *Herr G. heißt weder Herr Geheimnisvoll noch Herr Großkopf. Er heißt Herr Grantig – Grantig heißt so etwas wie böse. Du würdest Herr C. heißen.*

2.4.1 | Lesen – mehr als Textverstehen

Zentrale Bildungsaufgabe der Grundschule ist, dass Kinder nicht nur gut, sondern auch gern lesen, dass sie mit Texten und in Texten leben. Lesen heißt also mehr als das Verstehen von Geschriebenem, es ist Teilhabe an **alltäglicher Lesekultur** und Quelle der **Identitätsentwicklung**, es dient dem **fachlichen** und **ästhetischen Lernen** und ist »die ergiebigste Quel-

le des Begriffslernens und ein wichtiges Übungsfeld für den Umgang mit
elaborierter Sprache« (Groeben/Hurrelmann 2004, S. 213).

Aktuelle Lesemodelle umfassen neben kognitiven Aspekten auch
emotionale, motivationale, literarische, sprachliche und soziale Komponenten, sie schließen die individuelle Beteiligung des Lesers ein sowie reflexive Prozesse zur Sinnbildung im Sozialisationskontext (Hurrelmann
2002) bzw. in der kulturellen Praxis. Denn das Interesse an Themen, das
Vergnügen an ästhetischen Spielformen und an den Imaginationen, die
im Austausch mit literarischen Texten entstehen, sind wichtig für die Entwicklung eines stabilen Leseverhaltens. Dem gegenüber betrachten IGLU
und PISA nur die kognitive Verarbeitung von Information beim Lesen
(Bos u. a. 2003).

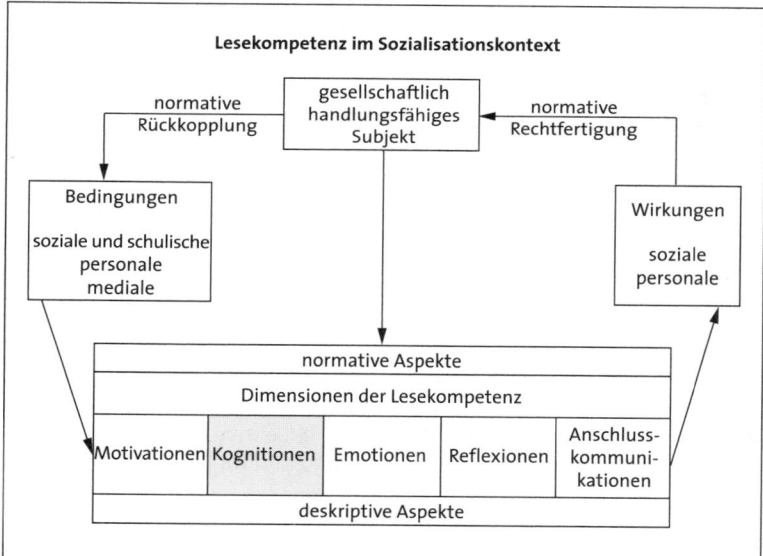

Lesekompetenz-
modell (nach
Hurrelmann 2002,
S. 16) mit farb-
licher Markierung
des von IGLU/PISA
erfassten Aspekts

Lesekompetenz ist **aus deutschdidaktischer Sicht** viel mehr als in IGLU
und PISA getestet wurde und wohl auch getestet werden kann, denn die
kognitiven Dimensionen des Lesens und die Entwicklung eines stabilen
Leseverhaltens sind angewiesen auf die emotionale Beteiligung, das Interesse und die kommunikative Einbettung. Lesen ist kein rezeptiver Prozess
der Sinn- oder Informationsentnahme, sondern **Sinnkonstruktion**: Wir
lesen weder jeden Buchstaben einzeln noch brauchen wir alle Informationen aus dem Text, wie es das IGLU-Modell nahelegt. Vielmehr bilden wir
aufgrund unserer Erfahrung und Vertrautheit mit Texten, mit Sprache(n)
und mit dem Thema eine Erwartung, die unsere Wahrnehmung steuert
und die Konstruktion des Sinns befördert. **Wir nehmen also wahr, was
wir erwarten (können).** Wer einen Text versteht, empfängt nicht das,
was darin an Informationen ›enthalten‹ ist, sondern er weist dem Text Be-

deutung zu, reichert ihn mit eigenen Erfahrungen an: Leser/innen bilden Hypothesen, sie konstruieren gedanklich eine innere Repräsentation des Textes, sie entwickeln ein inneres Vorstellungsbild (Abraham 1999).

Beispiel	**Lesen ist die Konstruktion von Sinn**

Lesen ist die Konstruktion von Sinn
Wri knnöne Txete lsnee und vrestheen, acuh wnen dei Bstabchuen nchit an der ritihcegn Pstoiion setehn.

Literarische Texte weisen eine systematische Unbestimmtheit, Indirektheit und Mehrdeutigkeit auf (Zabka 2006) und erfordern deshalb im Vergleich zu Sachtexten spezifische literarische Verstehenskompetenzen.

Zum Begriff

> → **Literarische Kompetenz** umfasst Fähigkeiten beim Verstehen von narrativer, poetischer Literatur wie Vorstellungsbildung, Perspektivenübernahme, Empathiefähigkeit und Umgang mit Mehrdeutigkeit (Spinner 2006). Sie kann bereits in vorschulischen Vorlesesituationen und im Umgang mit verschiedenen Medien erworben werden und ist grundlegend für Identitätsentwicklung und Lesenlernen.

Wichtige Verstehensleistungen entwickeln Kinder bereits beim Vorlesen im Gespräch mit anderen (s. Kap. 2.2.1): Schon 4-Jährige verfügen über die kognitiven und emotionalen Voraussetzungen für Perspektivenwechsel (Wieler 1997) und das Umgehen mit zwei Fiktionalitätsebenen – die fiktive Wirklichkeit und Wirklichkeit aus der Perspektive der literarischen Figur – und zeigen Prozesse globaler Kohärenzbildung in Gesprächen über gehörte Texte (Dehn 2011).

Obgleich es für Lehrkräfte und ihre Beobachtung von Lerner/innen wichtig ist, verschiedene Kompetenzen beim Lesen unterscheiden zu können, erscheint ein sukzessiver Aufbau von (Teil)Kompetenzen des Lesens, wie es Niveaustufen nahelegen, im Unterricht nicht sinnvoll. Vielmehr sind im Leseunterricht **von Anfang an komplexe Verstehensprozesse in der Klasse anzuregen**. Lesenlernen profitiert – wie im Unterrichtsbeispiel – von gemeinsamen Verstehensprozessen in der Klasse, die durch das Anhalten der Wahrnehmung angestoßen werden. In Gesprächseinlagen beim Vorlesen oder anhand notierter eigener Deutungen werden individuelle Vorstellungsbilder und Deutungen anerkannt, verhandelbar und – gerade weil im Austausch Widersprüche und Mehrdeutigkeiten sichtbar werden – auch differenzierbar.

2.4.2 | Lesen üben

Die Beantwortung der Frage, welche Art der schulischen Förderung für welche Kinder wirksam ist, erfordert auf Seiten der Lehrkräfte nicht nur eine Diagnosekompetenz, sondern auch Methodenkenntnisse und gute Texte. Leseunterricht braucht sowohl eine interessegeleitete Lesekultur im sozialen Kontext der Klasse als auch begrenzte und individuelle Übungssequenzen, beispielsweise zu Lesestrategien, zur Integration von Leseverstehen und genauem Lesen und zur Leseflüssigkeit.

Lesekompetenz hängt eng mit dem Verfügen über **Lesestrategien** zusammen (Bos u. a. 2003). Wenn man Lesen als Sinnkonstruktion versteht, wird sich die Förderung von Lesestrategien nicht auf Richtig-Falsch-Antworten oder auf belangloses Textmaterial beschränken, weil dadurch die (traditionellen) Arbeitstechniken zum Selbstzweck, die ästhetische Wahrnehmung literarischer Texte behindert und Leseerfahrungen auf formalistisches Abarbeiten einzelner Fragen reduziert würden.

Leseförderung in der Primarstufe zu beschränken auf die lineare Progression in der Buchstabenvermittlung, die Automatisierung dekodierender, synthetisierender und silbischer Zugriffsweisen (Bottom-up-Prozesse) oder ein hohes Lesetempo, würde aktuelle Befunde vernachlässigen, die aufzeigen, dass eine deutliche Steigerung im **Leseverstehen** mit der **Bildung von Hypothesen** (Top-down-Prozesse) verbunden ist (Wedel-Wolff/Crämer 2007). Insofern erscheint es wichtig, »dem Bereich Leseverstehen in Verbindung mit der Ausgestaltung der Zugriffsweisen in der Förderung mehr Gewicht zu verleihen« (ebd., S. 143). Zur Verbindung von Lesegenauigkeit und hypothesengeleitetem Leseverstehen gibt es zahlreiche Übungsvorschläge (vgl. Wedel-Wolff/Crämer 2007; Hüttis-Graff 2004, 2009).

Leseübungen zur Integration von Leseverstehen und genauem Lesen   Beispiel
Fensterkarten: Einzelne, im Text zunächst zurückgeklappte Wörter/ Wortteile fordern gezielte Hypothesen und ihre Überprüfung heraus (vgl. Wedel-Wolff/Crämer 2007);

Silben-Domino: Fachbegriffe aus dem Unterricht aus ihren Silben zusammen zu setzen stärkt die Integration von silbischen Syntheseprozessen und wissensgeleiteten Hypothesen (vgl. Hüttis-Graff 2009).

Satzglied-Puzzle: Die Zuordnung von Satzgliedern zu Bildern stärkt das Gespür für zusammenhängende Wortgruppen (vgl. Wedel-Wolff/ Crämer 2007).

Richtig-Falsch-Entscheidungen: Die Beurteilung von potentiellen Lügen-Geschichten oder von Aussagen zu einem (vorgelesenen) Sachtext erfordert genaues Lesen (vgl. Hüttis-Graff 2004).

Lesespiel zu Ereignissen und Gefühlen: Welche der Karten passt zu »Ich habe Geburtstag.«? Es geht um eigene Entscheidungen – »In meinem Bauch kribbelt es« –, nicht um richtig und falsch (vgl. Dehn/ Kuhlwein) 2008).

Am Ende der Grundschule können 20 % der Kinder weniger als 100 Wörter pro Minute richtig lesen, d. h. ihr Lesen ist wenig automatisiert und die unangemessene Sequenzierung der Sätze behindert ihr Textverständnis. Um die **Leseflüssigkeit** (verstanden als Lesegeschwindigkeit und -genauigkeit) zu trainieren, werden heute dialogische Lautleseverfahren vorgeschlagen (Rosebrock/Nix 2006) – statt des traditionellen, unvorbereiteten, für Leser und Zuhörer unerfreulichen Reihumlesens in der Klasse (Fehlerlesen). Wenn Kinder sich für die Inhalte der Texte interessieren, rückt auch die Textbedeutung in ihren Blick.

Beispiel | **Übungen zur Leseflüssigkeit**

- **Reading while listening:** Schüler/innen hören über Kopfhörer z. B. kurze Hörbücher und lesen begleitend mit – sie können so nicht nur den Text flüssig lesen, sondern auch die professionelle Vorlesegestaltung auf eigenes Vorlesen übertragen.
- **Partner reading:** Ein guter Leser liest zusammen mit einem schwächeren einen Text synchron, verbessert Lesefehler nach feststehender Routine, so lange, bis der Text flüssig gelesen werden kann – dies setzt eine gute Beziehung der Partner voraus.
- **Reading around:** Schüler lesen (vorbereitet!) Lieblingsstellen aus selbstgewählten Büchern vor.
- **Cross-age reading:** Eine Schulklasse liest Kindergartenkindern vor, eine 3./4. Klasse liest Erstklässlern vor – vor der Klasse oder in Kleingruppen oder als Lesepartnerschaft (vgl. Rosebrock/Nix 2006).

Wann jedoch ein solches Training der **Leseflüssigkeit** bei einem Grundschüler erfolgversprechend sein kann, ist nicht leicht zu beantworten, denn in der Grundschulzeit entwickeln sich die Dekodierfähigkeit und das Leseverstehen nicht parallel und nicht linear, sondern wechseln sich oft halbjahresweise ab (Wedel-Wolff/Crämer 2007). Zudem ist der Erfolg solcher Trainings zwar für die Leseflüssigkeit und das Textverständnis signifikant, allerdings nicht immer auch die Lesemotivation und das Selbstkonzept als Leser/in (Rosebrock u. a. 2010).

2.4.3 | Lesekultur im Unterricht

Das Interesse für Texte ist nicht systematisch anleitbar, aber es kann durch schriftkulturelle Umgebungen im Unterricht gestützt werden. Um Leseerfahrungen zu intensivieren und Schüler/innen auch jenseits des traditionellen fragend-entwickelnden Unterrichtsgesprächs Zugänge zu Literatur zu bieten, wurde zu Beginn der 1990er Jahre der **handlungs- und produktionsorientierte Literaturunterricht** dagegen gesetzt (Haas/Menzel/Spinner 1994), bevor das Gespräch heute wieder in neuer Weise Eingang in den Literaturunterricht gefunden hat (s. Kap. 4 in diesem Band).

> → Handlungsorientierte Verfahren beinhalten die bildlich-ästheti-
> sche, szenische oder musikalische Gestaltung sowie Verfahren der
> Dekonstruktion und Konstruktion von Texten.
> Als → produktionsorientiertes Verfahren wird das Schreiben zu
> Leerstellen eines literarischen Textes bezeichnet: z. B. einen unvoll-
> ständigen Text schriftlich ergänzen, einen Paralleltext schreiben,
> einen Text verändern, erweitern oder darauf antworten, einen
> eigenen Text zu Schlüsselbegriffen oder zu einem Thema des Textes
> schreiben, sich selbst als Figur hineinschreiben, Briefe an Figuren im
> Text schreiben, literarische Figuren in einen anderen Text versetzen.

Zum Begriff

Diese methodische Revolution des Deutschunterrichts wurde von hef-
tigen didaktischen Diskussionen begleitet, besteht doch die Gefahr der
›Eventisierung‹ des Unterrichts, der Fokussierung auf aufwändiges Material und abwechslungsreiche Methoden und der aufgesetzten Beschäftigung der Schüler/innen. Gerade käufliche Arbeitsmaterialien bergen die
Gefahr, nicht nur die Fragen der Schüler zu ersetzen, sondern auch das
Gespräch in der Klasse und das Bemühen um Verständigung und Literaturverstehen zugunsten der schriftlichen Erledigung von Arbeitsblättern
zu verdrängen.

Textbearbeitungen, die auf schlichten, trivialisierten Textmustern beruhen, und Aufgabenformate, die an Quizfragen erinnern, können dabei
keine Bereicherung des individuellen Lebens sein im Gegensatz zu **ästhetischer Literatur**, die als Teil des kulturellen Gedächtnisses einer Gesellschaft ein Spiel mit Lebenswirklichkeiten und -möglichkeiten bewirken
kann.

Damit das Ziel der Texterschließung, der literarischen Bildung und der
Identitätsentwicklung im Blick bleibt, ist eine genaue Auswahl und Analyse des Gegenstands und die Berücksichtigung der Lernbedingungen in
der Klasse notwendig. So müssen auch **Lesetagebücher** an den Gegenstand und die Klasse angepasst werden (Nix 2007). Durch die schriftliche
Auseinandersetzung werden Leseerfahrungen greifbar und für die weitere Förderung individuelle Anschlussaufgaben denkbar (Kruse 2007).

Theaterspiel: Unter den szenischen Verfahren sind das Theaterspiel
und die szenische Interpretation besonders zu erwähnen: Kinder experimentieren und improvisieren gern und ihre szenische und darstellerische Fantasie kann im Theaterspiel anhand literarischer Texte entfaltet
werden. Gerade traditionelle Formen – Mythos, Märchen, Sage, Legende,
Fabel, Kinderreim und Spiellied – stellen kulturelle Regeln, elementare
ästhetische, sprachliche und literarische Strukturen und Formen als Rahmung und Regelwerk für die Darstellung eigener Erlebniswelten zur Verfügung (Mattenklott 2009). Sie bieten die Möglichkeit, **eine Sprache für
sich selbst zu finden**, sich seiner selbst gewahr zu werden und auch elementare Theaterspielformen einzuüben – leichter als bei der Übersetzung
alltäglicher Lebensstoffe in die Kunstsprache des Theaters. Bei der Ent-

wicklung eigener Texte und Spielmöglichkeiten können Kinder sich mit
ihren täglichen Erlebnissen, Ängsten und Gefühlen auseinandersetzen
und Alternativen des Handelns in einem geschützten Raum ausprobieren
(s. Kap.1 in diesem Band).

Szenisches Interpretieren: Ist beim Theaterspiel die Aufführung das
Ziel, gilt das Szenische Interpretieren der Verständigung in der Klasse über das individuelle Literaturverstehen (Grenz 1999; Scheller 1996).
Jedes Kind macht dabei seine eigene Deutung des Textes durch das Agie-
ren in einer Rolle sichtbar, indem es die äußere und die innere Haltung
einer literarischen Figur oder einer Figurenkonstellation mit szenischen
Mitteln darstellt: beispielsweise durch Einfühlung in Körperhaltung und
Gang der literarischen Figur, durch ein **perspektiviertes Standbild** von
einer Szene oder ein Rollengespräch vor oder nach dem Spiel, in dem die
Spielleiterin mit einer Figur über deren Gedanken und Gefühle spricht.
Das szenische Interpretieren von Kinderliteratur vermag Literaturerleben
zu intensivieren durch die Verbindung mit eigenen Erfahrungen, Gefühlen, Bildern und Fantasien bzw. deren Projektion auf die Lektüre und
macht unterschiedliche Interpretationen sicht- und verhandelbar.

Heterogenität: Obgleich die Differenzen in der Lesekompetenz zwischen starken und schwachen Leser/innen in deutschen Grundschulen
nach IGLU erfreulich gering sind, schneiden Kinder mit **Migrationshintergrund** und aus sog. bildungsfernen Familien jedoch signifikant
schlechter ab: Rund 26 % der Migrantenkinder können am Ende der
Grundschulzeit Fragen zu einfachen Informationen in Texten nicht richtig beantworten, so dass sie in den weiterführenden Schulen nicht selbständig werden lesen können. Damit Leser, die mit Texten und der deutschen (Schrift-)Sprache wenig vertraut sind, nicht mit ihren spezifischen
Verständnisschwierigkeiten alleingelassen werden, brauchen sie die Einbettung des Lesens in kommunikative Kontexte. Das **Vorlesen** – auch für
ältere Kinder – und eine **intensive Lesekommunikation** sind insofern
gerade für heterogene Grundschulklassen von großer Bedeutung. Nachdem das Gespräch zunehmend aus dem Literaturunterricht verschwand,
ist es heute wieder aktuell, freilich als Weiterführung der vielfältigen vor-
schulischen Lesesozialisationen in der Schule (z. B. Lese- und Höhrecke,
Lesemütter/Lesepaten, Lesenacht) – wie die kulturelle Praxis im Unterrichtsbeispiel – und nicht als traditionelle Textbehandlung oder Didakti-
sierung von Texten.

Wichtige Grundlage dafür sind **unterhaltsame und interessebezogene Texte in** Büchern und anderen Medien. Lesetagebücher von mehrsprachigen Kindern zeigen, dass gerade sie psychologisch komplexe Texte
brauchen, die sie mit ihren Erfahrungen anreichern können, und keine
didaktisch reduzierten Texte (Bertschi-Kaufmann 2000). Lektürepräfe-
renzen von Mädchen und Jungen unterscheiden sich nach Richter/Plath
(2005) weniger nach Genres als hinsichtlich der Interessen für einzelne
Werke, Figuren und Themen: Alle lieben etwa gleich stark Abenteuer-
geschichten, Krimis, Fernsehbegleitliteratur und Sachliteratur, mehr als
wahre Geschichten.

- **Jungen bevorzugen** Geschichten von Rittern, Räubern und Piraten, Texte von Mark Twain und Defoe, über Entdeckungen und historische Darstellungen und die Themen Sport, Fahrzeuge und Technik und sie nutzen mehr Comics und Bildergeschichten.
- **Mädchen favorisieren** demgegenüber häufiger Hexengeschichten, Texte von Lindgren und Kästner, sie bevorzugen die Themen Tiere, Geographie/Geschichte/Menschen sowie die Nutzung von Zeitschriften.

2.4.4 | Medien

Medienkompetenz gehört zum Bildungsauftrag der Grundschule, weil ein gesellschaftlich handlungsfähiges Subjekt heute ohne Medienkompetenz nicht mehr denkbar ist. Der alltägliche Mediengebrauch der Kinder, der stetige Wandel der inhaltlichen, formalen, ästhetischen und sprachlichen Gestaltung einzelner Medienangebote und die damit verbundene Entwicklung von Kommunikationsbedingungen begründen eine Mediendidaktik Deutsch, die alle Lernbereiche betrifft und sogar als eigenständige Säule im Deutschunterricht betrachtet werden kann (Frederking u. a. 2008).

Während in den 1970er Jahren der **kritische Umgang mit Medien** bzw. die kritische Bewertung der medialen Konstruktion von Wirklichkeit (z. B. ab der 3. Klasse: Werbung) im Mittelpunkt des Umgangs mit Medien im Unterricht stand, wurde seit 1990 die **Computernutzung** forciert. Obgleich der Markt von **Lernsoftware** für die Vor- und Grundschule überschwemmt wird, dient sie meist nicht dem Lernen, sondern dem Üben. Viele Programme entsprechen nicht dem aktuellen fachdidaktischen Wissen, sind defizitorientiert (therapeutisch) oder reine Beschäftigungstherapie für Kinder ohne Lernprobleme. Wenn sich der technische (und finanzielle) Aufwand lohnen soll, müssen die Programme vorrangig in fachdidaktischer Perspektive für das Lernen förderlich sein.

Mediennutzung: Die Befürchtung, Radio, Fernsehen, Hörmedien und auch die vielfältigen digitalen Medien würden das Buch, das Lesen und Schreiben verdrängen (**Verdrängungshypothese**), trifft womöglich nicht für die Mediennutzung selbst zu, jedoch geben in der KIM-Studie 2008 nur 8 % der Kinder an, am wenigsten auf das Buch verzichten zu können, aber 68 % nicht auf das Fernsehen – 2006 war diese Präferenz mit 5 % und 70 % aber noch stärker zu Lasten des Buches. Zudem haben Untersuchungen zum Lesen und Schreiben in Medienumgebungen vor 10 Jahren gezeigt, dass der Einsatz von Computern im Klassenzimmer die Lese- und Schreiblust der Grundschulkinder nicht etwa dämpft, sondern fördert, und geschlechtsspezifische Unterschiede abschwächt (Bertschi-Kaufmann 2000). Sie bestärken die **Ergänzungshypothese**, derzufolge das Lesen durch andere Mediennutzungsformen nicht ersetzt, sondern komplettiert wird. So erfordert das im Internet unverzichtbare Lesen die Erweiterung buchbezogener Lesestrategien.

Während Kinder »ihr Wissen über die Realität, deren normative Orientierungen, deren Muster des Selbstausdrucks und emotionalen Erlebens, deren Fähigkeiten zur Reflexion und Problematisierung von Normen« (Hurrelmann 2002, S. 18) zu einem erheblichen Maße der Teilnahme an einer Medienkommunikation jenseits des Buches verdanken, haben Lehrkräfte als ›digital immigrants‹ oft wenig Zugang zu dem für Kinder selbstverständlichen Mediengebrauch. Medien werden im Unterricht oft lediglich als schmückend oder gar lästig angesehen, räumliche und zeitliche Hindernisse angeführt und nach PISA und IGLU auch die notwendige Konzentration auf Kernaufgaben des Unterrichts.

Medienvergleich: Dabei ist sich die Fachdidaktik einig: Medien(vergleiche) fördern das Lesen, Sehen und Hören und können ein Bewusstsein für die qualitativen Besonderheiten und Differenzen medialer Ausdrucksformen stiften. Indem Grundschulunterricht die Medienerfahrungen der Kinder aufgreift, können sie den Medienverbund erkennen und Zugänge zu literarischen Stoffen, Figuren und Sprachregistern in verschiedenen Medien finden. Dabei sind zwei für die Grundschule wichtige Aspekte zu beachten:

Die **kommunikative Einbettung und Verarbeitung der Medienrezeption** ist von besonderer Bedeutung: die Anbindung an Welterfahrungen und existentielle Fragen der Kinder, die Einbindung in schulische Gesprächsformate über gehörte und gelesene Texte und die Entwicklung der Sprachkompetenzen im Kontext von Meinen und Verstehen. Dazu gilt es Gesprächs- und Schreibaufgaben im Umgang mit Medien zu entwickeln, die eine vertiefende Auseinandersetzung und Verarbeitung nahe legen.

Die vielfältigen Medien unterstützen eine **sprach-ästhetische Sensibilisierung** und eine Differenzierung der ästhetischen Wahrnehmung – nicht zur Schulung der Wahrnehmungsorgane, sondern um Wahrnehmung als konstruktiven Akt des Verstehens erfahrbar bzw. um »Nichtgedachtes als denkbar, Vorhandenes als geworden, Nichtvorhandenes als möglich erscheinen zu lassen und in allem Spielraum für veränderndes Handeln zu schaffen« (Wermke 1981, S. 67). Um diesen Blick gewinnen zu können, ist das Innehalten der Wahrnehmung grundlegend, da es Aufmerksamkeit, Vorstellungskraft und Gespräche befördert.

2.4.5 | Perspektiven auf Leistung

Die erwarteten Lesekompetenzen am Ende von Klasse 4 umfassen nach den Bildungsstandards das Verfügen über Lesefähigkeiten und Leseerfahrungen sowie das Erschließen und Präsentieren von Texten (KMK 2005, S. 11–13). In der **Kompetenzorientierung von IGLU** geht es darum, die *richtige* Antwort auf Fragen zu Texten zu geben. Auch andere Testverfahren überprüfen in der Regel nur punktuell Teilleistungen des Lesens, wie die Lesegeschwindigkeit, (Vor-)Lesefehler oder das Satzverständnis. Andere in den Bildungsstandards aufgeführte Aspekte der Lesekompetenz können kaum mit Tests erfasst werden, wie z. B.:

- **die Sinnkonstruktion** (vgl. KMK: »lebendige Vorstellungen entwickeln«),
- **die Kommunikation über Texte** (vgl. KMK: »mit anderen über Texte sprechen«),
- **emotionale Lesekompetenzen** (vgl. KMK: »Sensibilität und Verständnis für Gedanken und Gefühle und zwischenmenschliche Beziehungen zeigen« und
- **die soziale Einbindung** des Lesens auch in den Alltag.

Wollen Lehrkräfte also Einblick in die Komplexität der Lesekompetenz gewinnen und die Entwicklung eines Kindes erfassen, sind informelle Lernbeobachtungen im Unterricht erforderlich. Da Leseanfänger/innen auf das laute Lesen angewiesen sind, können Beobachter direkt komplexe Einblicke in ihre Zugriffsweisen erlangen. Zur weiteren Beobachtung von Lesekompetenzen eignen sich neben der alltäglichen Beobachtung der Lesepraktiken und -interessen Gespräche über rezipierte Texte bzw. über das Lesen, Lesetagebücher sowie -portfolios, Leseausweise und Buchvorstellungen von Kindern (Grundschulverband 2006; Bertschi-Kaufmann 2007).

2.5 | Schreiben

Schreiben als Textverstehen   Beispiel

Im Verlauf des Vorlesens erhalten die Kinder zu bestimmten Textstellen im *Gedankensammler* verschiedene Schreibaufgaben, auch mehrere zum Auswählen, mit denen innere Bilder aus der Textrezeption dem Bewusstsein zugänglich gemacht werden. Auf das Schreibblatt gebrachte Abbildungen aus dem Buch sind hilfreich, da die Empfindungen, die der Schreibanfänger beim Zuhören hatte, ihm auf diese Weise beim Schreiben wieder präsent sein, in Sprache transformiert und im Text individuell sichtbar gemacht werden können:

- Verständnis für innere Vorgänge entwickeln: *Er sitzt am Tisch – 2 Tassen Tee – was denkt er wohl jetzt?*   Aspekte lernenden
- Antizipation einer Fortsetzung: *Nach zwei Stunden sind die Gedan-*   Schreibens
  ken saftig – was passiert wohl jetzt? Schreibe auf, was mit den Gedan-
  ken passiert, wenn sie saftig geworden sind!
- Auswahl und Entfaltung innerer Vorstellungsbilder: *Schreibe auf, was dir von Herrn Grantig wichtig ist!*
- Klärung des veränderten Textverstehens: *Schreibe auf, was du jetzt über Herrn Grantig denkst!*
- Kreatives Schreiben: *Suche dir einen Satz aus dem Buch, der dir besonders aufgefallen ist, und schreibe dazu einen Text!* (Angebot poetischer Sätze wie: »Noch liegt der Schlaf wie eine warme Decke über den Dächern«)

Diese Schreibaufgaben sind angemessen für den Lerngegenstand und die Klasse zugleich. Das Lernpotential des Textschreibens wird erst in der **Interaktion über die Texte** ausgeschöpft: im Gespräch über das von den Kindern Gemeinte, über Textqualitäten. Entscheidend für diese Lese-Schreib-Gesprächs-Kultur ist die Haltung der Lehrerin, die Gedanken der Kinder verstehen zu wollen – wie der Gedankensammler ist sie ein Vorbild für die Kinder.

2.5.1 | Schreibprozess und Schreibentwicklung

Schreiben ist nicht eine linear anzueignende Kulturtechnik – erst Buchstaben, dann Wörter lernen und zuletzt erst Texte schreiben –, sondern eine Revolution im Kopf: **Schreiben konstruiert das Denken neu** (Ong 1987). Denn ein Schreiber kann in Distanz zum Wissen und zu sich selbst treten und über das Geschriebene reflektieren sowie über die Inhalte und die sprachlichen Mittel.

Konzeptionelle Schriftlichkeit

Das Schreiben hat sich als wichtiger Impuls für den Schriftspracherwerb erwiesen und zugleich ist das Schreibenlernen für Schulanfänger/innen eine große Herausforderung: Im Gegensatz zum Sprechen muss der Schreiber sich an einem nur potentiellen Leser orientieren, der nicht nachfragen kann, er muss sich präziser ausdrücken, eine aus sich selbst heraus verständliche Textwelt strukturiert aufbauen und mögliche Leserreaktionen vorwegnehmen. Und damit der Text leicht zu lesen ist, sind zudem Normen der Rechtschreibung und Sauberkeit zu beachten. **Schreiben ist mithin keine bloße Verschriftung des Gesprochenen.**

Seit 1980 ist sich die Forschung darüber einig, dass der **Schreibprozess** ein komplexer Problemlösungsprozess ist, bei dem der Schreibende wie ein Jongleur zahlreiche Teilprozesse gleichzeitig bewältigen muss. Hayes/ Flower (1980) haben ihn in ihrem vielfach zitierten Schreibprozessmodell ausgeführt und in Bezug gestellt zum **Aufgabenumfeld** (Thema, Adressat, Schreibmotivation und den bereits vorhandenen Text) und dem **Langzeitgedächtnis des Schreibers** (Wissen um Thema und Adressat). **Reversible Teilprozesse des Textschreibens** sind:

Teilprozesse des Textschreibens

- das interne Planen (Wissensgenerierung, Strukturierung und Zielbildung),
- das Formulieren (als Transformation von Gedanken in Sprache) und
- das Überarbeiten (Lesen und Revidieren).

Entwicklung von Schreibkompetenz: Diese Prozesse interagieren beständig und laufen keinesfalls in einer bestimmten Reihenfolge ab, wie man dies früher unterrichtete. Obgleich das Schreibprodukt und das manuelle Aufschreiben selbst weitgehend linear strukturiert sind, ist der Schreibprozess also rekursiv – im Kopf und auch in den konkreten Handlungen. Entlastung schafft nicht der sukzessive Aufbau von Teilprozessen des Schreibens durch den Unterricht (sog. Aufsatzerziehung). Zur Entwicklung und Differenzierung individueller Schreibkompetenzen sind **Erfahrungen mit vielen Texten** und **Schreibaufgaben nötig, die Interessen des Kindes treffen und Spielräume bieten** zur Erprobung.

Vielfältige frühe Schriftfunktionen: Schon Erstklässler können nicht nur narrative Texte schreiben, wie es die Grundschule lange tradierte mit der Favorisierung von Fantasieerzählungen, Reizwortgeschichten und Nacherzählungen. Vielmehr nutzen sie von sich aus das Schreiben zur Kommunikation, zur Aufbewahrung von Informationen, zur gedanklichen Auseinandersetzung, zur psychischen Entlastung oder zum kreativen und gestalterischen Umgang mit Sprache und Schrift (Weinhold 2008). Dabei erwerben sie nicht eine Textsorte nach der anderen, vielmehr entwickeln sie ihre Schreibkompetenz von Anfang an im gesamten Spektrum der Textsorten (Augst u. a. 2007). Bei der **Beratung über Texte** können Schüler/innen an und aus den Texten anderer lernen und durch Rückspiegelung des Textverstehens von Mitschülern wichtige Lernimpulse erhalten. Die für das **Überarbeiten** notwendigen Kompetenzen (Diagnose-, Entscheidungs- und Alternativenkompetenz) und die **Überarbeitungshaltung** (Jantzen 2003) sind langfristig im Unterricht vorzubereiten – durch ein Interesse für Texte und für die sprachliche Präzisierung des Gemeinten, durch konstruktive und strukturierte Gespräche über Schülertexte in der Klasse und in Gruppen.

Texte beurteilen und überarbeiten lernen Beispiele

- **Schreibkonferenzen** als mündliche Überarbeitung von Textentwürfen: Der Schreiber liest einigen selbst gewählten Mitschüler/innen seinen Textentwurf vor und sie besprechen ihn nach vereinbarten Regeln. Kinder lernen dabei, über Texte zu reden, die Verständlichkeit des Textes zu überprüfen und im Gespräch Hilfen für die Überarbeitung zu entwickeln. Die kognitiven, sprachlichen, sozialen und emotionalen Ansprüche an die Kinder dürfen dabei nicht unterschätzt werden (vgl. Spitta 1994).
- **Schreibberater:** Während ein Kind die allen bekannte Schreibaufgabe bearbeitet, steht sein Nachbar, der parallel mit Routineaufgaben beschäftigt ist, für Fragen zur Verfügung. Diese soziale Unterrichtssituation ermöglicht dem Schreiber, Probleme während des Formulierens gemeinsam (und oft implizit) zu bearbeiten, auf die er selbst aufmerksam geworden ist (vgl. Jantzen 2003).
- **Die Textlupe** als schriftliche Kommentierung von Textentwürfen: Ein Schülertext wird nacheinander mehreren Kindern zum Lesen gegeben mit der Aufforderung, dem Schreiber auf einem separaten Formblatt schriftlich Tipps, Fragen und Anregungen zu geben (vgl. Böttcher 1999).
- **Tipps-am-Rand** verbindet die schriftliche Rückmeldung mit dem Gespräch von (etwa 3) Kindern untereinander über Revisionsmöglichkeiten (Wagner 2004).

2.5.2 | Was Schreibaufgaben und Schreibunterricht auszeichnet

Die Schreibdidaktik hat in den letzten 30 Jahren einen Wechsel vom Aufsatzunterricht zum Textschreiben vollzogen und damit zugleich **von der alleinigen Produktorientierung zur Orientierung auch am Prozess und der Situierung des Schreibens,** von den schulisch normierten Textsorten zu den Funktionen und Kommunikationsbedingungen des Schreibens, von der unterrichtlichen Lenkung hin zu einem optimalen Ergebnis zur Eröffnung von Spielräumen und zum Schreiben als Medium des Lernens, Denkens und Erkennens (Ritter 2008).

Der aktuelle Schreibunterricht unterscheidet sich deutlich vom traditionellen Aufsatzunterricht:

Vom Aufsatz zum Text
- **Früher** sollten **Aufsätze** (schul)typischen Textsorten und ihren (zuvor gelehrten) formalen Kriterien und Merkmalen entsprechen. Ziel war ein idealer Text für den Lehrer als primärer Adressat des Schreibens.
- **Heute** ist **Textschreiben** funktional im inhaltlichen, medialen und kommunikativen Kontext der Klasse und initiiert auch implizit textuelle Erfahrungen und individuelle Lernprozesse: Ziel sind individuelle Produkte, die in der Klasse gelesen und besprochen werden.

Schreibanlässe: Damit Schreibanfänger/innen sich auf die Mühen des Aufschreibens einlassen, kommt den Inhalten, über die es sich zu schreiben lohnt, große Bedeutung zu: **Ein Schreibanlass sollte inhaltlich und emotional herausfordern.** Darüber entscheidet nicht der möglichst unmittelbare Lebensweltbezug des Themas, sondern seine Passung auf den Interessensbereich des Kindes. Dazu gehört gerade am Schreibanfang die Wahl eines inhaltlichen Fokus – als Anspruch und Freiheit zugleich.

Beispiel

Aktuelle schreibdidaktische Konzeptionen für die Primarstufe
- Beim **Freien Schreiben** wird weder Thema und Textform noch Kontext (Ort, Zeit, Adressat) oder Funktion festgelegt. Schreibidee und Formulierungen zu finden ist Aufgabe des Einzelnen. Dabei ist er angewiesen auf Fantasie und textuelle Vorerfahrungen.
- **Kreative Schreibaufgaben** bieten Kindern emotional anregende oder irritierende Impulse wie Musik, Gerüche, Bilder oder Buchstaben, oder es werden feste formale Anforderungen als »Geländer« vorgegeben (wie Elfchen oder Haiku). Ziel ist, die Schreibmotivation durch die Entfaltung von Phantasie und Kreativität zu stärken.
- **Fachgebundene Schreibaufgaben** gehen aus dem (Fach-)Unterricht hervor: Der funktionale und themengebundene Schriftgebrauch (z. B. Darstellung von Gegenständen und Sachverhalten, appellative Texte wie Briefe und Beschreibungen) stellt inhaltliche und formale Ansprüche an den Text (vgl. Augst u. a. 2007).
- **Schreiben als Lernform** hat die Funktion, individuelle Lernprozesse hervorzurufen oder festzuhalten (z. B. Platzdeckchen, Mitschriften

oder Notieren eigener Gedanken, Portfolios, Rückmeldungen auf
Schülertexte, Lesetagebuch). Es ist situiert in Lernarrangements
und ergebnisoffen (vgl. Pohl/Steinhoff 2010).

- **Schreiben zu Vorgaben** bringt kulturelle Vorgaben (z. B. Texte, ästhetische Bilder oder Medienfiguren) und die Subjektivität der Kinder miteinander ins Spiel und zielt auf implizites Lernen bei der
Aneignung von Schriftlichkeit. Die Schreiber/innen können innere
Vorstellungsbilder aus der Begegnung mit der Vorgabe in ihrem Text
sichtbar machen – rückwärts gewandt oder als Konstruktion neuer
Wirklichkeiten (vgl. Dehn 1999).

Schon Erstklässler können in Abhängigkeit von der Aufgabenstellung bzw.
dem Schreibkontext konzeptionell schriftsprachliche, kohärente Texte
formulieren; dies gilt auch für Kinder, die noch gar nicht selbst schreiben
können, sondern ihren Text einem Erwachsenen diktieren (Hüttis-Graff/
Merklinger 2010). Die aktuelle Diskussion bezieht sich insofern vor allem
auf die **didaktische Situierung des Schreibens** im Unterricht. Drei Aspekte der kommunikativen Rahmung von Schreibarrangements wurden
von Dehn (2009a) formuliert, die immanente Herausforderungen für die
Differenzierung von Schreibkompetenzen sind:

1. Werden die **Inhalte** mit der Aufgabe erzeugt oder kann bzw. muss der
Schreibende auf verfügbare Inhalte und Wissensmomente zurückgreifen? Erfahrungen mit Texten sind Grundlage für das Erschreiben von
Textualität – im Unterrichtsbeispiel werden sie mit dem Bilderbuch
vom Gedankensammler oder auch mit Schülertexten bereitgestellt.

2. Welche **Ansprüche und Möglichkeiten** sind mit dem Ziel des Schreibens verbunden? Nur wenn Aufgaben nicht stufenbezogen konzipiert
sind, eröffnen sie unterschiedliche Lernräume – beim Schreiben zum
Gedankensammler bestimmen die Kinder mit ihrer Auswahl den Anspruch selbst.

3. Welche Funktion hat das **Material** für die Aneignung von Schriftlichkeit? So kann das Schreibblatt die Aufmerksamkeit der Schüler/innen
fokussieren auf das, was sie schreiben wollen (z. B. durch ein Bild, eine
Gedankenblase) und damit Kohärenz stiften.

Didaktische
Situierung
des Schreibens

Ergänzend zu dieser Schreibkultur in der Klasse können bei Bedarf einzelne Aspekte des Schreibens an eigenen oder fremden Texten geübt werden, indem bestimmte Teilprozesse und Anforderungen isoliert werden.
Dies gilt auch für das Rechtschreiben, dem in den Bildungsstandards
zwar kein eigener Kompetenzbereich gewidmet ist. Wegen der starken
Normierung und leichten Messbarkeit hat es jedoch für Schüler/innen
emotional und sozial erhebliche Bedeutung, weil Schwierigkeiten schnell
zur Selektion führen können.

2.5.3 | Richtig schreiben lernen

Kinder nähern sich probierend, erkennend, generalisierend und transferierend der normgerechten Schreibung an. Mit Thomé (1999) sind dabei **zwei Lernertypen** zu unterscheiden:

Zwei Lernertypen

- ein **lexikalischer Typ**, der eher ganzheitlich-wortorientiert verfährt;
- ein **generalisierender Typ**, der eher analytisch-wortübergreifend verfährt.

Es kommt also im Unterricht darauf an, unterschiedlichen Lernertypen gerecht zu werden. Ziel ist, dass Schüler/innen in ihren Texten die richtige, die normgerechte Schreibung produzieren lernen – welchen Weg sie dafür wählen, sollte ihnen überlassen sein.

Sowohl Speicherung als auch regel- und ausnahmegeleitete Produktion bestimmen Wege zur richtigen Schreibung. Tatsache ist, dass unterschiedliche Schreiber/innen dasselbe orthographische Problem verschieden lösen. So schreiben sie Doppelkonsonanten in Wörtern wie *Futter, Knall, Sonne, Schiff, Jacke, Wasser* richtig, indem sie z.B.

Wege zur Doppelkonsonanz

- die zu über 80 % gültige Regel anwenden, dass kurze Vokale mit zwei Konsonanten markiert werden (Kürzungsschreibung lt. Duden),
- (Schreib-)Silben sprechen, klatschen oder schwingen lernen: Fut-ter (traditionelles Lehrverfahren),
- Wörter auf die Silbenkerne (Vokale) und Silbengelenke untersuchen,
- Analogieschlüsse bilden (s.a. Minimalpaarbildung, Substitution, Reimen, Signalgruppen).

Es gibt also mehrere Wege zur richtigen Schreibung. Unstrittig ist in der Rechtschreibdidaktik, dass die Aneignung der Orthographie ›innere Regelbildungsprozesse‹ erfordert und dass diese sich **auch implizit** ausbilden: An den Fehlern wird sichtbar, dass Schreiblerner Eigenregeln konstruieren und dass sie sich erst allmählich und auch nicht direkt, sondern über Umwege der normgerechten Schreibung annähern (Eichler/Thomé 1995). Und Schreibentwicklungen wie *SF – SOFA – SOFER – SOFA* zeigen: **Fehler zeigen mitunter fortgeschrittene Lernprozesse an.** Gerade in 2. Klassen sind Übergeneralisierungen wie *SOFER* oder *SOVA* Kennzeichen rechtschreibstarker Klassen (Augst/Dehn 2007): Kinder operieren mit Beobachteten am neuen Fall. Rechtschreiblernen ist als Wechselbewegung zu verstehen zwischen dem, worüber ein Schreiber unbewusst verfügt (Regeln, aber auch Wörter und orthographische Muster), und dem, was er bewusst benennen kann. Deshalb müssen in der Schule auch nicht (zuerst) Regeln gelehrt werden, vielmehr gilt es anhand von Schrifterfahrungen und -erprobungen die Bildung von Eigenregeln nahezulegen, die zunehmend mit Fremdregeln verbunden werden.

Schreibentwicklung: Bei aller Vorsicht können heute Grundzüge typischer Entwicklungen im Erwerb orthographischer Phänomene beim Textschreiben benannt werden: **Generell gilt, dass interessebezogene Wörter früher beherrscht werden und häufige Phänomene eher als seltene** (Fay 2010). Schon Ende der 1. Klasse werden die häufigen Reduktionssilben <-e>, <-er>, <-el> und <-en> beim Textschreiben meist richtig geschrieben – es ist also nicht nötig, sie zum Zentrum des Rechtschreibunterrichts zu machen. Wenngleich Wortgrenzen und die Großschreibung am Satzanfang sowie die Gleichschreibung des Wortstamms von den meisten Grundschüler/innen erworben werden, ist am Ende der Grundschulzeit kein Kind vollkommen rechtschreibsicher in der Unterscheidung von »das« und »dass«, in der Großschreibung und in den seltenen Langvokal-Markierungen (Dehnungs-h oder Doppelvokal; vgl. Fay 2010). Insofern liegt es nahe, die wenigen relevanten Wörter mit Langvokal-Markierung zu speichern, zumal einige von ihnen sehr häufige Funktionswörter sind (z. B. ihr, ihm).

2.5.4 | Rechtschreibunterricht

Weil auch junge Schreiber/innen möchten, dass ihre Texte gelesen werden können, erwächst aus dem Textschreiben eine innere Notwendigkeit für das Rechtschreiblernen. Kinder lernen es im Unterricht am besten, wenn sie **von Anfang an selbständig Texte schreiben** (Fay 2010) und Gelegenheiten zu ihrer Veröffentlichung z. B. in Klassenzeitungen, Lesetipps und Geschichtenbüchern bestehen, so dass die Beschäftigung mit Rechtschreibung für sie sinnvoll ist. Rechtschreiberfolg entscheidet sich früh: Die nach zwei Jahren erreichte Rechtschreibleistung einer Klasse bleibt bis Ende Klasse 4 weitgehend stabil (Widmann 1996).

Rechtschreibwissen und Erkundungsverhalten: Aktuelle Untersuchungen zeigen, dass es keine Methode des Rechtschreibunterrichts gibt, die anderen Methoden überlegen ist (Weinhold 2009). Die Befunde, dass die schwächsten Rechtschreiber in Klasse 4 ungewöhnliche und mehrere Fehlschreibungen in einem Wort produzieren (z. B. statt Nahrung: Narunk, Nachung, Narug, Nachtung), die sich auch widersprechen können (z. B. beschtiemmen; vgl. Löffler/Meyer-Schepers 2006), sind kein Argument für eine Engführung oder größere Bewusstheit im Anfangsunterricht. Warum wenden Kinder die ihnen vermittelten Regeln falsch bzw. an den falschen Stellen an oder können sich zwischen konkurrierenden Phänomenen oder Hinweisen beispielsweise aus Schule, Elternhaus, eigenen Erklärungen und denen von Freunden nicht entscheiden? Möglicherweise hatten sie nicht genug Gelegenheit, in der Auseinandersetzung mit Schrift Eigenregeln auszubilden, auf die sie im Unterricht aufbauen können. Wenn sie nicht genug Möglichkeiten hatten, ein implizites Rechtschreibwissen aufzubauen, vermochte das Gelehrte gar nicht an bereits ausgebildete kognitive Schemata des Lerners anzuknüpfen. Deshalb kommt es im Unterricht darauf an zu **beachten, was schon gekonnt wird,** und die gedanklichen Suchbewegungen, **das Erkundungsverhalten der Kinder gezielt zu unterstützen.** Es gilt die Bildung, Überprüfung und Differenzierung von Hypothesen über Rechtschreibung anzustoßen, das Sammeln, Sortieren und Nachschlagen von ähnlichen Schreibweisen sowie Gespräche in der Klasse darüber, wo Kinder Fallen in einem Wort sehen und welche Tipps sie haben.

Die Schrift erkunden: Nicht eine bestimmte Methode, wohl aber diese grundlegende **Schriftorientierung** des Unterrichts ist gerade für mehrsprachige Kinder wichtig (Widmann 1996): Mit Schrift kann man besser über die (sonst flüchtige) Sprache nachdenken. Deshalb unterstützt die **individuelle Erkundung der Schriftstruktur** das Rechtschreiblernen (Augst/Dehn 2007) – das gilt umso mehr für mehrsprachige Kinder. Dies wird in der Schulpraxis jedoch erst ansatzweise genutzt: *Was kannst du schon? Was findest du schwer (bei dem Wort)? Wie prüfst du dein Geschriebenes? Wie merkst du dir, wie das Wort geschrieben wird? Kennst du ein ähnliches Wort?* Zudem ist der Austausch über **Problemlösestrategien** wichtig: *Wenn du nicht genau weißt, wie ein Wort geschrieben wird, wie kannst du es herausfinden?* In diesem Zusammenhang hat die unterrichtliche Arbeit an einem **Rechtschreibgrundwortschatz,** der die Interessen des Schreiblerners berücksichtigt, hohe Bedeutung für die Bildung von Schreibschemata und Eigenregeln.

2.5.5 | Perspektiven auf Leistung

Die Bildungsstandards zum Bereich Schreiben beinhalten das Verfügen über Schreibfertigkeiten, das Richtigschreiben, das Planen, Schreiben und Überarbeiten von Texten. Während Kompetenzmodelle zum Textschreiben sich bisher entweder am Prozess oder am Produkt orientierten, haben jüngst Baurmann/Pohl (2009) ein Modell der Teilkompetenzen im Bereich Schreiben/Texte verfassen vorgelegt, das die Produkt- und Prozessperspektive verbindet.

Über eine Stufung des **Kompetenzerwerbs** einzelner Teilfähigkeiten oder Aufgaben existiert bisher wenig Einigung. Während Untersuchungen sich zum einen auf einzelne, stark normierte Textsorten beschränken (z. B. Briefe auf eine Annonce, vgl. Blatt 2008), so dass keine Aussagen über Schreibkompetenz grundsätzlich getroffen werden können, unterscheiden sich Befunde beispielsweise zu instruierenden Texten stark: Während bei Augst u. a. (2007) die Anleitung zum Lieblingsspiel im Sportunterricht ebenso weit entwickelt ist wie das im Unterricht geübte schriftliche Erzählen, gelingt bei Becker-Mrotzek (1997) das Verfassen einer Bedienungsanleitung für eine Stoppuhr auch Viertklässlern nur sehr unzureichend. Dies verweist auf die große **Bedeutung einer Situierung der Aufgabe für den Schülertext**, hier scheint die Textqualität vor allem vom Inhalt bestimmt, auf den die Kinder sich richten müssen (Stoppuhr) oder können (Lieblingsspiel).

Informelle Beobachtungen zum Schreiben liefern zwar keine normierten Ergebnisse, aber sie können sich auf Schreibprodukte und auf die selbständigen und kooperativen **Schreibaktivitäten,** die **Motivation** und die **Strategien** von Schüler/innen im Unterricht beziehen. Als wichtige Methoden einer pädagogischen Leistungskultur haben sich auch Gespräche in der Klasse über Texte, Schreibkonferenzen und die Portfoliomethode bewährt: Während Kinder im **Produkt-Portfolio** die Endfassungen von

Texten sammeln, die bewertet werden sollen, enthält ein **Schreibprozess-Portfolio** zudem alle Entwürfe und Materialien, so dass der Weg von der Idee zum fertigen Text transparent wird.

Diktate: Die Bewertung der Rechtschreibleistung anhand von **Klassendiktaten** hat sich nicht nur als wenig objektiv herausgestellt (Birkel 2009), das Diktat wird auch wegen des Geschwindigkeitsdrucks stark kritisiert und weil es den falschen Schluss »Schreibe wie er/sie spricht!« nahe legt. Qualitative Einblicke in den Lernstand beim Rechtschreiben können anhand von selbständig produzierten Texten und auch bei allen Schreibaktivitäten gewonnen werden: beim Abschreiben, im selbständigen Umgehen mit Lernwörtern, beim Nachschlagen von Wörtern, bei der Kontrolle und Korrektur von Texten und im Umgang mit Regelungen. Dies setzt bei Lehrkräften eine hohe Analysefähigkeit und Sachkompetenz voraus, die durch Kriterienlisten unterstützt werden kann, in denen Fehler und Gelungenes systematisch festgehalten werden, so dass die ›Zone der nächsten Entwicklung‹ ersichtlich wird.

2.6 | Sprache und Sprachgebrauch untersuchen

Spracharbeit zwischen Sprache, Text, Bild und Spiel   Beispiel
Nachdem im Klassengespräch bereits mögliche Äußerungen der in den Rucksack schlüpfenden Gedankenfiguren formuliert wurden, wählt jeder Schüler sich eine Figur aus und schreibt zu deren äußerer Haltung passende Gedanken auf, als Projektion und Transformation zugleich.

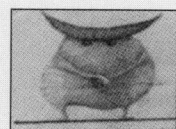

An Wörtern, Sätzen und Texten arbeiten:

- **Alltagssprache** in Sprechblasen: *Was würde so ein Gedanke sagen, der böse ist oder der einen fast umwirft, der zappelig und nervös ist?*

- **Haltungen szenisch zeigen:** *Wie würde die Figur sich wohl in den Rucksack hinein bewegen?*
- **Präzise Adjektive finden:** *Was ist denn das für ein Gedanke? – Ein guter Gedanke. – Gut ist nicht genug! Was für ein Gedanke ist es genau?*

Die Frage der Lehrerin nach sprachlicher Genauigkeit ist funktional, weil dadurch in der Klasse auf die gesammelten Begriffe aufgebaut werden kann. So können sich subjektive Involviertheit beim Spiel und aufmerksame Sprachwahrnehmung wechselseitig steigern.

Erst im Austausch werden unterschiedliche Deutungen erkennbar, aber auch Unterschiede zwischen alltagssprachlichen Formulierungen und Oberbegriffen.

2.6.1 | Aufmerksam werden auf Struktur und Funktion von Sprache und Schrift

Wenn Kinder eingeschult werden, können sie üblicherweise bereits eine Sprache sprechen, d. h. sie folgen bereits Regularitäten dieser Sprache, jedoch ohne dass sie diese formulieren könnten. Dass der Spracherwerb Prozesse der Verallgemeinerung und Konstruktion impliziert, zeigen Wortneuschöpfungen wie »Mietzekratze« und »gingte«. **Das intuitive Können geht also stets dem bewussten Wissen voraus.** Kinder perfektionieren ihre Sprache im Alltag in der Begegnung mit sich wiederholenden Strukturen, sie korrigieren bei Bedarf ihre unzureichende Sprache implizit oder beginnen dann, wenn ihre eigenen oder beobachtete Konstruktionen von Lauten, Wörtern oder Sätzen auf Widerstände stoßen und ihnen auffallen, über Sprachstrukturen (und Sprachverwendung) nachzudenken. Insofern hat die Art der Sprachumgebung einen entscheidenden Einfluss auf den Spracherwerb.

Implizites Wissen: Kinder mit einem schriftorientierten Elternhaus verfügen sicherer über Strukturen konzeptioneller Schriftlichkeit. Wenn diese Kinder über Sprache nachdenken, wenn sie alternative Formulierungen erproben oder Sätze umstellen, entscheiden sie nach ihrem Sprachgefühl, nach impliziten Kriterien – ohne dass diese einer linguistischen Beschreibung, einer Grammatik entsprechen müssen (von denen es unterschiedliche gibt und die ja auch nur von Menschen konstruierte Modelle für eine bereits existierende und sich zudem wandelnde Sprache ist). Davon zeugen kindliche Begründungen wie »das klingt besser« oder auch phantasievolle Schülererklärungen wie »Backpfeife ist ein Tuwort, weil es weh tut«. Der in diesem Zusammenhang von der kognitiven Sprachdidaktik häufig benutzte Begriff Sprachbewusstheit wird jedoch sehr unterschiedlich verwendet (s. Kap. 3 in diesem Band).

Zum Begriff

> → **Sprachbewusstheit** definieren Andresen/Funke (2003, S. 439) als »Bereitschaft und Fähigkeit […], sich aus der mit dem Sprachgebrauch in der Regel verbundenen inhaltlichen Sichtweise zu lösen und Aufmerksamkeit auf sprachliche Erscheinungen als solche zu richten«. In dieser Sicht geht es um Möglichkeiten von Kindern, den Fokus zu wechseln.
> → **Sprachbewusstheit** versteht Oomen-Welke (2003, S. 453) als bewussten Zugriff auf und Rekonstruktion von sprachlichen Einheiten einer oder mehrerer Sprachen. Sie hat sprachliche Differenzerfahrungen, die Sensibilisierung für unterschiedliche Sprachen im Blick, für die einsprachige Kinder mehr Unterstützung brauchen als mehrsprachige.

Mehrsprachigkeit: Kinder, die Deutsch nicht als Muttersprache gelernt haben, verfügen oft noch nicht oder noch nicht sicher über so viele

Sprachstrukturen des Deutschen wie Kinder deutscher Muttersprache, wie z.B. die Genusmarkierung (auch Verwendung des bestimmten oder unbestimmten Artikels). Aber sie erwerben durch den **Sprachvergleich** tendenziell früher und auf einem höheren Abstraktionsniveau kognitive Konzepte von Sprache wie ›Wort‹, ›Satz‹ oder ›Bedeutung‹. Mehrsprachige Lerner können also in diesem Lernbereich auf spezifische Lernstrategien zurückgreifen. Gerade angesichts dieser unterschiedlichen Voraussetzungen von Grundschulkindern deutscher und anderer Muttersprache ist **strittig, welche Rolle der Bewusstheit zukommt,** dem expliziten oder impliziten Herangehen in diesem Lernbereich.

Zudem reicht es für mehrsprachige Kinder nicht aus, dass sie ihre Begriffe über sprachliche Strukturen schärfen, sie brauchen im Gegensatz zu einsprachig deutschen Kindern auch viele Gelegenheiten zur Anwendung, Automatisierung und Sicherung, z.B. in ritualisierten sprachlichen Unterrichtsabläufen und schriftlichen Übungen. Dies gilt insbesondere für solche sprachlichen Erscheinungen, die im natürlichen (Zweit-)Spracherwerb ohne Schrift schwer zugänglich sind: Kasusänderungen (Nomen mit Artikel; Dativ und Akkusativ), Präpositionen, Stellung mehrteiliger Verben (Verbklammer, Nebensatzkonstruktion) und für geschriebene Texte typische Nominalisierungen (Dirim/Müller 2007).

Wenn Sprache und Sprachgebrauch nicht mehr nur zufällig, sondern willkürlich zum Gegenstand der Aufmerksamkeit und des Handelns gemacht werden können, geraten Phoneme als Einheiten alphabetischen Schreibens in den Blick und auch größere sprachliche Einheiten wie Morpheme als Bausteine von Wörtern, Sätze und Texte. Ziel ist, dass sie beim Sprechen, Schreiben und Lesen als **sprachliche Muster** nicht nur intuitiv, sondern auch willkürlich zur Verfügung stehen. Ihr flexibler und gezielter Einsatz ermöglicht es, unterschiedliche Kommunikationsanforderungen zu erfüllen (z.B. in unterschiedlichen soziokulturellen und medialen Kontexten) und sprachliche Probleme zu lösen (z.B. beim Rechtschreiben).

2.6.2 | Sprachreflexion im Unterricht

Umstrittener Lernbereich: Der traditionelle **Grammatikunterricht** erschien mit seinen isolierten Übungen als Selbstzweck, in dem die eigene Sprache wie eine fremde Sprache behandelt wurde: weil er von einem traditionellen Kanon ausgewählter sprachlicher Strukturen ausging, Termini vorgab oder erarbeitete, um sie auf didaktisch reduzierte schriftliche Sprachbelege und vor allem auf die Rechtschreibung zu beziehen. Dieses **deduktive Vorgehen,** die formale Orientierung an (schulischen) Sprachnormen und der fehlende Bezug zur realen, auch mündlichen und medialen Sprach(en)vielfalt führten nicht nur zu einem Desinteresse am Grammatikunterricht in der Schule, sondern auch zu didaktischen Diskussionen.

Sprache und
Sprachgebrauch
untersuchen

Zum Begriff

> Die Information über Termini, Regeln oder Phänomene und die anschließende Anwendung des Wissens auf konkrete Beispiele bezeichnet man als → **deduktives Vorgehen**. Kritisiert werden daran die Annahme einer Steuerung des Lernens durch Lehren und der schwierige Transfer auf reale Situationen.
>
> Beim → **induktiven Vorgehen** werden entdeckte Phänomene aufgegriffen, systematisch und eigenaktiv untersucht und dadurch allgemeine Strukturen erarbeitet.

Spracherfahrung und Sprachreflexion: Grammatikunterricht in der Grundschule steht in der Gefahr, dass den Kindern abstraktes begriffliches Denken aufgedrückt wird, das sie nicht mit ihrem impliziten Wissen verbinden können. Es kommt in der Grundschule deshalb darauf an, das komplizierte Wechselspiel zwischen der unbewussten Verallgemeinerung von Spracherfahrungen und solchen spontanen Sprachreflexionen aufzugreifen und damit die willkürliche Sprachreflexion zu befördern, ohne sie von der Spracherfahrung abzutrennen. Selbst dann ist jedoch davon auszugehen, dass **die Vermittlung und auch das Erkennen von Regularitäten nicht automatisch zur Verbesserung des Sprachgebrauchs führt** (träges Wissen nach Neuweg 1999).

Aufmerksam werden: In der Bezeichnung des Bereichs ›Sprache und Sprachgebrauch untersuchen‹ wird zwar die Bedeutung der Schüleraktivität und der Funktionalität deutlich, nicht aber, dass Schüler/innen zuvor auf etwas aufmerksam werden müssen, um es dann zu untersuchen, und dass sie erst durch **viele (Sprach-)Erfahrungen** zu Erkenntnissen über Regelhaftigkeiten oder Begründungen gelangen, die ihre Möglichkeiten sprachlichen Handelns erweitern. Aufgabe der Lehrkraft ist es mithin, den Schülern vielfältige sprachliche Erfahrungen in unterschiedlichen Situationen und Umgebungen zu ermöglichen, die Gelegenheiten dafür geben, die Aufmerksamkeit auf Sprache als Gegenstand zu richten. Ist ein Kind aufmerksam geworden für Phänomene sprachlichen Handelns, fallen daran anschließende **Übungen** (nicht deduktive Sprachstrukturanalysen!) auf fruchtbaren Boden.

Fixierte Sprache untersuchen: Konsens besteht darin, dass attraktive schriftliche Texte besonders für die Untersuchung von Sprache (und Sprachgebrauch) geeignet sind, aber auch Tonaufnahmen und Hörtexte oder von Schüler/innen Geschriebenes: Sie stehen im Gegensatz zur flüchtigen mündlichen Sprache als Gegenstand länger zur Verfügung, so dass sie genauer untersucht werden können, und Texte beinhalten zugleich sprachliche Strukturen konzeptioneller Schriftlichkeit, die als relevant für Bildungserfolg gilt. So hat Belke (2007) poetische Texte zusammengestellt, die zum Spiel mit Sprache anregen und zugleich die Aufmerksamkeit auf (schrift-)sprachliche Strukturen lenken. Für Lehrende kommt es also darauf an, Phänomene aus dem Unterricht aufzugreifen und durch Handlungen begreifbar zu machen, so dass Kinder **sprachli-**

che Phänomene auf ihre impliziten Denkkategorien beziehen und ihr Begriffssystem differenzieren können. Nur so können wirkliche Begriffe gebildet (und nicht nur Termini gelernt) werden, als Grundlage für grammatisches Denken und Handeln.

Entwicklungen des Grammatikunterrichts: Für die Grundschule ist das Ziel der eigenaktiven Erforschung des Sprachsystems die **Entwicklung grammatischen Denkens**, das die Sprachhandlungskompetenzen der Schüler/innen erweitern kann. Dem suchen seit den 1970er Jahren verschiedene Konzeptionen von **situationsorientiertem, funktionalem, prozessorientierten oder aufgabenbasiertem Grammatikunterricht** zu entsprechen, die in Huneke (2008) charakterisiert sind (vgl. Menzel 1999). 2004 haben die Bildungsstandards eine besondere Eigenschaft des Grammatikunterrichts hervorgehoben: Sie modellieren diesen Lernbereich als **integrativ**. Das bedeutet, dass der Lernbereich ›Sprache und Sprachgebrauch untersuchen‹ in der Unterrichtskommunikation der Kinder über ihr Sprechen, Schreiben und Lesen **alle Lernbereiche des Deutschunterrichts** als metasprachliche Ebene (die Fachbegriffe erfordert) aus der Distanz berührt (Grundschulverband 2006).

Die integrative Bedeutung grammatischen Denkens zeigt sich auch im Unterrichtsbeispiel, in dem die Aufgaben zur Untersuchung von Sprache und Sprachgebrauch funktional sind für die Auseinandersetzung mit dem Bilderbuch *Der Gedankensammler* und das Ziel verfolgen, dass Schüler/innen unterschiedliche Sprachregister gezielt verwenden können:

1. **Beim Sprechen und Zuhören** verständigen Kinder sich über ihr Verstehen (in Kap. 2.6 auch szenisch), klären sprachliche Missverständnisse (z. B. das Wort »komisch« in Kap. 2.3), begründen und differenzieren ihre sprachlichen Mittel (z. B. gut – fröhlich – begeistert in Kap. 2.6), stellen Regeln auf und begründen sie, sammeln Wörter in Wortfeldern und strukturieren sie. In den Fokus der Aufmerksamkeit geraten so nicht nur die alltägliche(n) Sprache(n) der Schüler/innen (z. B. Babysprache, Soziolekte, Jugendsprachen, ›Imbissdeutsch‹ oder Sprache im Restaurant) und die Sprache der von ihnen benutzten Medien (z. B. SMS, Chat, TV, Comic), sondern auch die Sprache in der Schule (Kommunikationsregeln im Unterricht, Fachsprache). Auch sprachliche Differenzerfahrungen, die durch die Begegnung mit fremden Sprachen, Dialekten, Soziolekten oder auch Gebärdensprachen von Gehörlosen auftreten, geben Anstöße zur Sprachreflexion, zu Vergleichen unterschiedlicher Sprachsysteme (Dirim/Müller 2007).

Integrativer Grammatikunterricht

2. **Beim Schreiben** erkunden Kinder z. B. die Verständlichkeit ihrer Texte, suchen ggf. Verbesserungen und experimentieren mit den sprachlichen Proben des Erweiterns, Weglassens, Ersetzens und Umstellens. Sie werden aufmerksam auf Phänomene der Rechtschreibung (Alphabet(e), orthographische Phänomene, Zeichensetzung) und ermitteln orthographische Regelungen. Im Unterrichtsbeispiel erproben sie Metaphern und andere Strukturen poetischer Sprache, wenn sie mit einem ausgewählten ästhetisch anspruchsvollen Satz aus dem Buch einen eigenen Text verfassen (s. Kap. 2.5). Die Verbindung zwischen

ihrer konzeptionell mündlichen Alltagssprache in den Sprechblasen verknüpfen sie mit abstrakteren Oberbegriffen (s. Kap. 2.6).

3. **Beim Lesen und im Umgang mit Medien** untersuchen Kinder die Perspektive von Texten (Ich-Perspektive in Kap. 2.4), denken über Textwirkungen, Textsorten (»*Märchen*« in Kap. 2.4) und Textgestaltungen (wie Reim, Rhythmus oder Metaphern) nach oder über eigene Lese- und Medienerfahrungen.

Insbesondere die Variabilität und funktionale Einbindung von Sprachreflexionen stellen hohe Ansprüche an die generelle Neugier der Lehrenden auf Sprache(n), an ihre Aufmerksamkeit für die Sprachverwendung in der konkreten Unterrichtskommunikation: »*Was meint ihr mit ›komisch‹?*« (in Kap. 2.4) und für Ansprüche unterschiedlicher Sprachregister »*Gut ist nicht genug!*« (in Kap. 2.6).

Kontrovers diskutiert werden zahlreiche Formen des isolierten, bilingualen, immersiven und integrierten Sprachunterrichts und z. B. auch die Fragen, welche Merkmale ›Lernszenarien‹ aufweisen sollten (z. B. Sprachspiel oder vom Inhalt zur Form oder von sprachlichen Mitteln zum Sprachgebrauch), wie das Zutrauen in sprachliche Fähigkeiten gestärkt und wie Sprach- und Fachlernen verknüpft werden kann (Bartnitzky/Speck-Hamdan 2004).

2.6.3 | Perspektiven auf Leistung

Die Bildungsstandards gliedern den Lernbereich in: sprachliche Verständigung untersuchen, an Wörtern, Sätzen, Texten arbeiten, Gemeinsamkeiten und Unterschiede von Sprachen entdecken sowie grundlegende sprachliche Strukturen und Begriffe kennen.

Einsicht in Sprachstrukturen: Die Kompetenz der Kinder am Ende der Grundschulzeit betrifft also **handlungsrelevantes Wissen**: die funktionalen Verwendungszusammenhänge, die operativen Werkzeuge und der Erwerb eines grammatischen Begriffswissens – nicht die abstrakte, deduktive Satzanalyse.

Während die Sprachaneignung und die Sprachstandsfeststellung von Kindern mit und ohne Migrationshintergrund besonders im Vorschulalter gut untersucht ist (Ehlich 2005), liegt ein Kompetenzmodell oder Testverfahren, das sich auf die geforderten Anforderungen dieses Lernbereichs am Ende der Grundschulzeit bezieht, allenfalls in Ansätzen vor. So bezieht sich das **Niveaustufenmodell** von Bremerich-Vos/Böhme (2009) auf sprachliche Einheiten, Strukturen und Begriffe, ohne grammatische und funktional-pragmatische Aspekte des Sprachgebrauchs zu erfassen. Hier wird erneut die Gefahr dieser Leistungsorientierung deutlich, Bildung und schulrelevante Kompetenzen auf Mess- und Testbares zu reduzieren.

Eine pädagogische Leistungskultur bezieht sich hingegen neben der Leistungsfeststellung auf die Begleitung sprachlicher Lernprozesse, die in den verschiedenen Lernbereichen bereits dargestellt wurde: Lernentwick-

lungen beobachten und bestätigen, Lerngespräche führen sowie eigene
Lernwege beschreiben und bewerten (Grundschulverband 2006).

2.7 | Schluss

Deutschunterricht in der Primarstufe ist in besonderem Maße von **Heterogenität** geprägt und erfordert deshalb, an die spezifischen Lernfähig-
keiten der Individuen anzuknüpfen und **kommunikative Prozesse** in den
Mittelpunkt gemeinsamen Unterrichts zu stellen. Auf der Primarstufe
stehen insbesondere der **Schriftspracherwerb** als Zugang zu elementarer Schriftkultur im Mittelpunkt sowie die damit verbundene Kompetenz,
Bedeutungen auch aus rein sprachlichen Äußerungen und Texten **gewinnen** und rein **sprachlich formulieren** zu können. Beides ist grundlegend
für Bildung und betrifft alle Lernbereiche des Deutschunterrichts.

Wenn die auf der Primarstufe erworbenen Kompetenzen auch für
den Alltag Relevanz haben sollen, müssen die Schüler **Unterricht und
Lernen als persönlich bedeutsam** annehmen können. Deutschdidaktik in der Primarstufe basiert insofern auf der Entwicklung und breiten Akzeptanz einer Lese-Schreib-Gesprächs-Kultur, die Eigentätigkeit
und Kommunikationsfähigkeit wertschätzt, aber auch Unterschiede in
den Lernwegen und Sprachen toleriert. Weil Deutschunterricht auf der
Primarstufe Pädagogik braucht, ist Deutschdidaktik mehr als bloß an-
gewandte Linguistik, Literaturwissenschaft oder Psychologie: Die analy-
tisch-deskriptive Kraft dieser Fachwissenschaften darf nicht kurzschlüs-
sig umgedeutet werden als präskriptive Autorität für die Entwicklung
von Lehr-Lernarrangements. Denn Deutschdidaktik auf der Primarstufe
ist zusätzlich bestimmt durch pädagogische Ansprüche an die Qualität
der Prozesse, in denen neue Erfahrungen gemacht werden sollen. Dazu
gehören die Anerkennung der Sinn-Konstruktion als eine grundlegende Kraft für Bildungsprozesse – nicht zu verwechseln mit der Rekon-
struktion von vermeintlich objektiven Strukturen des Gegenstands –, das
Ausgehen vom Können und Interesse der Kinder und die Konzeption von
kommunikativen Kontexten und Spielräumen für sprachliches Lernen im
Deutschunterricht.

Augst, Gerhard/Dehn, Mechthild: *Rechtschreibung und Rechtschreibunterricht.* Stutt-
gart 2007.
Bartnitzky, Horst: *Grammatikunterricht auf der Primarstufe.* Berlin 2006.
–/Speck-Hamdan, Angelika (Hg.): *Deutsch als Zweitsprache lernen.* Frankfurt a. M. 2005.
Bertschi-Kaufmann, Andrea (Hg.): *Lesekompetenz, Leseleistung, Leseförderung. Grundla-
gen, Modelle und Materialien.* Seelze-Velber 2007.
Dehn, Mechthild: *Zeit für die Schrift: Lesen und Schreiben lernen. Lernprozesse und Unter-
richt – Praxishilfen – Für Schulanfang und Jahrgang 1.* Berlin 2010.
Grundschulverband (Hg.): *Beiträge zur Reform der Grundschule.* Band 121, H. 3. Frankfurt
a. M. 2006.

Grundlegende
Literatur

Grundlegende
Literatur

Quasthoff, Uta: »Mündliche Kommunikation«. In: Eiko Jürgens/Jutta Standop (Hg.): *Taschenbuch Grundschule Band 4: Fachliche und überfachliche Gestaltungsbereiche.* Baltmannsweiler 2008, S. 57–69.
Richter, Karin/Plath, Monika: *Lesemotivation in der Grundschule. Empirische Befunde und Modelle für den Unterricht.* Weinheim/München 2005.
Valtin, Renate: »Methoden des basalen Lese- und Schreibunterrichts«. In: Ursula Bredel/Hartmut Günther/Peter Klotz u. a. (Hg.): *Didaktik der deutschen Sprache. Ein Handbuch.* 2. Teilband. Paderborn 2003, S. 760–771.
Weinhold, Swantje: »Texte schreiben (Schriftliche Kommunikation)«. In: Eiko Jürgens/ Jutta Standop (Hg.): *Taschenbuch Grundschule Band 4: Fachliche und überfachliche Gestaltungsbereiche.* Baltmannsweiler 2008, S. 16–31.

Petra Hüttis-Graff

3. Sprachdidaktik

3.1 | Einleitung

> → **Sprachdidaktik** ist mit der Theorie und Praxis des Lehrens und Lernens von Sprache in institutionellen Kontexten (z. B. Schule) befasst. Um dieser Vermittlungsaufgabe gerecht zu werden, stützt sich sprachdidaktisches Wissen zum einen auf Wissen aus der Sprachwissenschaft (Linguistik), zum anderen auf Wissen, das dem Kanon der Bildungswissenschaften und Lerntheorien (Pädagogik, Psychologie und Soziologie) sowie der Institution Schule entstammt (vgl. Bogdal 2002 mit Bezug auf den analogen Fall der Literaturdidaktik, s. Kap. 4). In Verbindung mit diesen Bezugswissenschaften und vor dem Hintergrund allgemeiner Bedingungsfaktoren (Bildungspolitik, Kultur, Schule) ergeben sich die spezifischen Aufgabenstellungen der Sprachdidaktik, die sich in den vier Arbeitsbereichen Sprechen/Zuhören, Schreiben, Lesen und Sprachreflexion niederschlagen.

Zum Begriff

Das Verhältnis von Theorie und Praxis (Wissen und Handeln) wird im Bereich der Sprachdidaktik in der Regel so aufgefasst, dass die Sprachdidaktik als Wissenschaft ein analytisch-reflexives Expertenwissen für angemessene Entscheidungen im Handlungsfeld Schule und Unterricht bereitstellt. In diesem Zusammenhang ist das Verhältnis von Wissen und Handeln weniger so zu denken, dass sprachdidaktisches Wissen automatisch zu richtigen Handlungen führt, sondern vielmehr ist umgekehrt davon auszugehen, dass kompetentes Handeln auf einem theoretisch begründeten Wissensrepertoire fußt, das zu angemessenen Entscheidungen im didaktischen Feld anleitet. **Angemessenes Handeln** bedeutet, dass es dem Sachgegenstand Sprache, den Erkenntnissen von Pädagogik und Psychologie sowie den ethisch-sozialen und bildungspolitischen Anforderungen von Gesellschaft und Individuum entspricht (vgl. z. B. Ossner 2006b, S. 14–17).

3.1.1 | Bezugswissenschaften und soziokulturelle Bedingungsfaktoren

Die doppelte Ausrichtung als Analyse- und Handlungswissenschaft begründet das spezifische Verhältnis der Sprachdidaktik zu ihren Bezugswissenschaften und ihren soziokulturellen Bedingungsfaktoren (vgl. Beisbart 2006).

Linguistik: Der Bezug zur Linguistik als **Wissenschaft menschlicher Sprache und Sprachverwendung** ergibt sich aus dem inhaltlichen Vermittlungsziel im Gegenstandsfeld »Sprache«. Denn schließlich brauchen Sprachdidaktiker grundlegendes Wissen über Konzepte und Theorien aus der Sprachwissenschaft (insbesondere der deutschen Sprache), um im Handlungsfeld Schule und Unterricht erfolgreich tätig werden zu können. Legt die Linguistik insoweit die allgemeine fachwissenschaftliche Grundlage, so besteht eine der wichtigsten Aufgaben der Fachdidaktik darin, aus dem breiten Repertoire traditionellen und aktuellen Wissens eine fachdidaktisch angemessene, das heißt didaktisch plausibel begründete Auswahl vornehmen zu können. Den daraus folgenden Unterrichtsschwerpunkten wird in der Regel durch schulische und unterrichtliche Traditionen, durch Vorgaben in Bildungsstandards und Lehrplänen sowie durch fachwissenschaftliche und fachdidaktische Paradigmen ein Entscheidungsrahmen für die Arbeit in den einzelnen Domänen des Sprachunterrichts, nämlich dem **Sprechen**, **Schreiben**, **Lesen** und der **Sprachreflexion** gesetzt (vgl. z. B. Becker-Mrotzek 1997; Eichler/Henze 1998).

Weitere Bezugswissenschaften: Neben der Linguistik, die dem geistes- bzw. kulturwissenschaftlichen Fächerkanon entspringt, gehören die anderen wichtigen Bezugswissenschaften eher dem humanwissenschaftlichen Kanon an (im Sinne von Lepenies 1985). Zu nennen sind hier vor allem:

Bezugs-
wissenschaften

- die **Allgemeine Didaktik** (als Teilgebiet der **Pädagogik**),
- **Kognitionspsychologie, Lehr-Lernforschung und Expertiseforschung** als Teilgebiete der Psychologie (s. Kap. 1) sowie
- Teilgebiete der **Soziologie** (**Soziolinguistik, Sozialisationstheorien** u. a.).

Die Eigenständigkeit der Sprachdidaktik – als Wissenschaftsdisziplin mit eigenen Fragestellungen, Methoden und Resultaten – liegt entsprechend in dem Schnittfeld sprach- und humanwissenschaftlicher Forschung und Lehre. Indikator hierfür sind Theorien, Unterrichtskonzepte und empirische Beobachtungen, die sich auf das Gebiet sprachlichen Lehrens und Lernens in schulischen bzw. unterrichtlichen Vermittlungsprozessen beziehen und hierin zu einer spezifischen Fachbegrifflichkeit und Fachkonzeptionalität führen – man denke an Fachbegriffe und die dahinter stehenden Fachkonzepte wie **Schriftspracherwerb, Schreibprozessorientierung, Lesesozialisation** und **Sprachbewusstheit** sowie neuerdings natürlich an alle terminologischen Fügungen mit dem **Kompetenzbegriff** (›Lesekompetenz‹, ›Sprachkompetenz‹, ›Schreibkompetenz‹ usw.).

Weitere Bedingungsfaktoren: Während die Bedeutung dieser Bezugswissenschaften für die Fachdidaktik nicht zu unterschätzen ist, so dürfte es zugleich auf der Hand liegen, dass noch weitere Bedingungsfaktoren existieren, die auf ihre Vorgehensweise Einfluss nehmen. Zumindest drei wichtige Faktoren sind zu nennen, die den wissenschaftlichen Begründungskontext um politisch-administrative sowie soziokulturelle Bedingungen ergänzen:

Institutionelle und
soziokulturelle
Faktoren

1. Zum ersten Faktorenbündel gehören vor allem Vorgaben der **institutionellen Bildungspolitik** und Bildungsadministration (Ministerien, Schulbürokratie), die sich z. B. in finanziellen und sachlichen Ausstattungen sowie rechtlichen Setzungen zeigen (z. B. Formulierungen von nationalen Bildungsstandards und den einzelnen Kernlehrplänen der Länder).

2. Sodann sind Faktoren aus dem weiten Bereich der **Medien, Literatur und Kultur** zu nennen, die durch ihre Angebote nicht nur konkrete Themen- und Textvorschläge machen, sondern durch z. B. technische, mediale und thematisch-modische Entwicklungen fachdidaktisches Handeln mit beeinflussen (man denke nur an die Dominanz der Print- und AV-Medien in heutigen Lebenswelten).

3. Schließlich ist hier ein Wissen und Können zu nennen, das erst eigentlich mit der sogenannten **kognitiven Wende** verstärkt in das Blickfeld der Fachdidaktik geraten ist. Damit sind die sogenannten **subjektiven Theorien** als alltagsweltlich bedingte Konzepte von Schülerinnen und Schülern gemeint, die nicht nur als Lernausgangslage, sondern gerade auch im Umgang mit den jeweiligen Lehrinhalten wirksam sind (in Form von allgemeinen oder auch speziell fachbezogenen Wissensvorstellungen). Fachdidaktisch bedeutsam ist diese Wissensart weniger in ihrem defizitären Status (als Nicht-Wissen oder fehlerbesetztes Wissen), sondern vielmehr in ihrer Produktivität als ›Fenster‹ zum erreichten und nächsthöher anzuzielenden Entwicklungsstand. Lernen als Umstrukturieren vorhandener Wissensbestände bedeutet mithin für Lehrkräfte sowie Schülerinnen und Schüler, alltagsweltliche Konzepte auf fachdidaktisch vermittelte Angemessenheit hin zu verändern (vgl. z. B. Spinner 2006a).

Sprache als Medium und Gegenstand: Ein weiterer Doppelcharakter der Sprachdidaktik liegt darin begründet, dass Sprache zugleich Medium und Gegenstand ihres Handelns und Denkens darstellt.

Medium ist Sprache insofern, als sie zum einen das dominante Kommunikationsmittel im Rahmen von Unterricht und Schule darstellt und zum anderen als Wissenschaftssprache das vorherrschende Darstellungsmittel eines eigenständigen Fachdiskurses mit eigener Fachsprache und Fachbegrifflichkeit abgibt.

Gegenstand didaktischen Handelns ist Sprache natürlich insofern, als Wissen über Sprache zum spezifischen Fachwissen von Lehrkräften im Fach Deutsch gehört und als zu vermittelndes Schulwissen das Grundthema des Sprachunterrichts für Schülerinnen und Schüler darstellt (vgl. Felder 2003).

Einleitung

Leitfach-Funktion: Blickt man weiter auf den Schulbereich insgesamt, so ist darüber hinaus festzustellen, dass Sprache nicht nur Medium des Schulunterrichts im Fach Deutsch, sondern in allen Schulfächern ist, etwa im Rahmen der Unterrichtskommunikation generell und zur Klärung von Fachbegriffen des jeweiligen Unterrichtsfachs im speziellen. Dieser Umstand sorgt mit für die besondere Rolle des Deutschunterrichts als zentralem Fach (Leitfach-Funktion), da die besonders hier vermittelten Sprachkompetenzen im Sprechen, Schreiben und Lesen sowie deren Reflexion eine ›Servicefunktion‹ für alle Unterrichtsfächer besitzt. Diese Leitfunktion sorgt schließlich mit dafür, dass der Sprachdidaktik als Vermittlungsorgan grundlegender sprachlicher Kompetenzen auch eine besondere Bedeutung der allgemein gesellschaftlichen Aufgabe von Schule und Unterricht zukommt, nämlich der nachwachsenden Generation **Hilfestellungen** angesichts der kulturellen, sozialen und beruflichen Herausforderungen moderner Gesellschaften in Gegenwart und Zukunft zu bieten (vgl. Abraham u. a. 2009, S. 9).

Sprache und ihre Varietäten: Konkret steht – als spezifische **nationalsprachliche Varietät** – die deutsche Sprache im Mittelpunkt des Deutschunterrichts, und zwar hinsichtlich Sprache als Sachgegenstand und als Kommunikationsmedium. Zu begründen ist diese Konzentration mit der Gegebenheit, dass Deutsch gesamtgesellschaftlich gesehen die Sprache der Mehrheit in Deutschland bildet (vgl. Steinig/Huneke 2007, S. 12 f.).

Standardsprache und Hochsprache

Dabei bildet nach traditioneller Auffassung die Ausbildung einer einheitlichen, **kodifizierten und normativen Standardsprache**, die sogenannte **Hochsprache**, das Ziel sprachdidaktischer Vermittlungsprozesse, auch wenn zu beachten ist, dass die Vorstellung einer solchen Standard- bzw. Hochsprache ein weder im Mündlichen noch im Schriftlichen realisiertes Abstraktum und mithin ein didaktisches Konstrukt darstellt (vgl. Felder 2003, S. 42 f.). Stattdessen ist im Blick zu behalten, dass Sprache sich keineswegs als ein monolithisches Gebilde darstellt, sondern gerade auf diesem Gebiet eine Reihe wichtiger, auch fachdidaktisch bedeutsamer Unterscheidungen vorzunehmen sind. So sind zum einen innerhalb der deutschen Sprache verschiedene, **synchrone** und **diachrone Sprachvarietäten** zu bemerken, die unterschiedliche Relevanz für die Sprachdidaktik besitzen, zum anderen sind außerhalb der deutschen Sprache bestimmte andere Sprachen zu beachten, die Schülerinnen und Schüler aufgrund ihrer Abstammung und Herkunft als Lernvoraussetzung und -bedingung in Schule und Unterricht mit einbringen (**Deutsch als Zweitsprache**). Von der Nationalsprache Deutsch aus gesehen wird diese Unterscheidung unter dem terminologischen Begriffspaar ›innerer‹ und ›äußerer Mehrsprachigkeit‹ gefasst.

Innere Mehrsprachigkeit: Neben dem Konstrukt des Standard- bzw. Hochsprachlichen werden zum einen **regionale, soziolektale** und **diachrone Varietäten** berücksichtigt (räumlich-geographische, schichten- und geschlechtsbezogene sowie historische Besonderheiten und Entwicklungen), zum anderen wird unterschieden zwischen eher **informellen** und eher **formellen Sprachverwendungen** (familiäre oder Peer-Group-bezogene Alltagssprache gegenüber Sprache innerhalb von Institutionen wie der Schule oder auch (beruflichen) Fachsprachen; mündliche gegenüber schriftliche Konzeptionalität von Sprache). Das Ziel didaktischen Handelns bildet mithin die Schaffung einer kommunikativen Kompetenz auf Grundlage eines **Sprachdifferenzbewusstseins**, also die Fähigkeit, sich verständlich, personen- und situationsangemessen in Wort und Schrift auszudrücken und auch ein Bewusstsein dieser Sprachhandlungen zu besitzen (vgl. z. B. Neuland 2003; Felder 2003, S. 42 f.; Ossner 2006b, S. 50 ff.).

Äußere Mehrsprachigkeit: Die deutsche Sprache ist auch im Konzert anderer, insbesondere europäischer Sprachen zu betrachten, wozu zum einen die **neuen und alten Fremdsprachen** zählen, die ebenfalls im schulischen Fächerkanon institutionalisiert sind und somit eine fächerübergreifende Vernetzung ermöglichen können (v.a. Englisch, Französisch, Spanisch, Latein, Altgriechisch). Zum anderen sind hier insbesondere die Sprachen gemeint, die Schüler/innen gegenwärtig im vermehrten und wohl zukünftig sich noch vermehrendem Ausmaß als ihre **Erst-, Zweit- oder Drittsprache** mitbringen. Vor dem Hintergrund der damit häufig anzutreffenden migrationsbedingten Sprachenvielfalt, der das Fach Deutsch für einen erheblichen Teil der Schüler/innen zu einer mit erhöhtem Lernaufwand zu betreibenden Zweit- oder Drittsprache macht, stellen sich für die Zukunft erhebliche neue Anforderungen an die Sprachdidaktik (vgl. z. B. Siebert-Ott 2003; Ahrenholz 2008).

3.1.2 | Allgemeine Aufgaben und Ansätze der Sprachdidaktik

Vor dem beschriebenen Hintergrund von Bezugswissenschaften, soziokulturellen Bedingungsfaktoren und der Rolle von Sprache als Medium und Gegenstand zeichnen sich bestimmte allgemeine Aufgaben der Sprachdidaktik ab, die im Rahmen hochschulischer und schulischer Forschungs- und Lehrtätigkeiten verfolgt werden. Demnach geht es ihr neben der Vermittlung von Fachwissen auch immer um die Analyse, Reflexion sowie Planung und Durchführung unterrichtlichen Handelns, insbesondere in Bezug auf die Lehramtsausbildung (vgl. Spinner 2006b). Im Einzelnen handelt es sich um die folgenden drei Aufgabengebiete, die sich jeweils in verschiedene Untergebiete aufteilen lassen:

1. **Allgemeine fachdidaktische Theorien und Konzepte**, die sich mit Unterrichtsinhalten sowie Methodenfragen im Rahmen bestimmter fachdidaktischer Paradigmen beschäftigen. Als bekannte Beispiele können gelten:
   - die **Aufwertung der mündlichen Kommunikation** zum eigenen Lernbereich im Rahmen der **Kommunikationsorientierten Wende** seit den 1970er Jahren;
   - die **Prozessorientierung** in der Schreibdidaktik, die **Handlungs- und Produktionsorientierung** in der Lesedidaktik sowie die **Grammatik-Werkstatt** im Bereich ›Sprachreflexion‹ im Rahmen der **Konstruktivistischen Wende** seit den 1980er Jahren;

Einleitung

- die **aktuelle Kompetenzorientierung** seit den internationalen Vergleichstudien (IGLU, PISA) der Jahrtausendwende und der Aufstellung nationaler Bildungsstandards, die, ausgehend von Fragen zur Lesekompetenz, sich auf alle Teilgebiete der Sprach- und Deutschdidaktik ausgewirkt hat.

2. **Erarbeitung normativer und unterrichtlicher Vorgaben:** Als Handlungswissenschaft ist die Sprachdidaktik mit daran beteiligt, normative Vorgaben für fachdidaktisches Tun zu leisten. Dazu gehören insbesondere:

   - **Curriculums- und Expertisearbeit** als Mitarbeit an der Festlegung von nationalen Bildungsstandards und länderspezifischen (Kern-) Lehrplänen, die sich in Verbindung mit der Bildungsadministration und anderen (Fach-)Wissenschaftlern vollzieht;
   - **Erstellung von Unterrichtsmaterialien** (Schulbücher u. a.) und Unterrichtsmodellen, in denen theoretisches und/oder erfahrungsgesättigtes (empirisch erprobtes) Wissen vermittelt wird. In diesem Zusammenhang sind als Publikationsorgane die fachdidaktischen Zeitschriften *Der Deutschunterricht*, *Deutschunterricht*, *Didaktik Deutsch* sowie *Praxis Deutsch* wichtig.

3. **Empirische Forschungen** gehören schließlich mit zu den Hauptaufgaben der Sprachdidaktik als institutionalisierter Wissenschaft, weil erst durch sie das konstitutive Spannungsverhältnis von Theorie und Praxis bzw. Deskriptivem und Normativem auf einer tragfähigen wissenschaftlichen Grundlage zur Synthese gebracht werden kann (vgl. Kammler/Knapp 2002). Insgesamt besteht auf diesem Gebiet sicherlich noch Nachholbedarf, auch wenn betreffende Forschungstätigkeiten in jüngster Zeit zugenommen haben (vgl. z.B. die Veröffentlichungen unter ›Forschungsbeiträge‹ in Didaktik Deutsch). Methodisch ist sowohl eine Ausrichtung an hermeneutisch-geisteswissenschaftlichen wie auch statistisch-humanwissenschaftlichen Ansätzen festzustellen (sowie häufig die Verbindung beider), darunter jüngst die Aufnahme kompetenzorientierter Forschungstätigkeiten im Sinne der Expertiseforschung seit PISA und IGLU. Selbstverständlich ist es auch in diesem Rahmen nötig, Wissen über den Sachgegenstand Sprache (bzw. seiner Teilgebiete wie Schreiben oder Lesen) mit inhaltlichem und methodischem Wissen der theoretischen und empirischen Pädagogik, Psychologie und Soziologie zusammenzuführen, um z.B. ›domänenspezifische‹ Kompetenzmodelle der Lerndiagnostik und -förderung aufstellen und erproben zu können.

Geschichte der Sprachdidaktik: In der relativ kurzen Geschichte der Sprachdidaktik, soweit es sie, seit den 1960er Jahren, als institutionalisierte Wissenschaft an Universitäten und Pädagogischen Hochschulen in Deutschland und den deutschsprachigen Ländern Österreich und Schweiz gibt, spiegeln sich diese Aufgabenstellungen in unterschiedlichem Ausmaße wider. Im Rahmen des letzten halben Jahrhunderts haben sich eine Reihe von konzeptionellen Paradigmen ausgebildet, die im unterschiedlichen Maße bis heute fortwirken (vgl. Steinig/Huneke 2007; Müller-Michaels 2009).

- **Muttersprachliche Bildung** nannte sich das Konzept, an dem sich die Sprachdidaktik Mitte des 20. Jahrhunderts orientierte und das seinerseits auf Ansätzen der 1920er Jahre bzw. der idealistischen Sprachphilosophie des 19. Jahrhunderts beruhte; die sogenannte **Sprachinhaltsforschung** leistete dazu den sprachwissenschaftlichen Bezugspunkt.

- Die sogenannte **Linguistisierung** sorgte seit den 1960er Jahren für eine wissenschaftliche Modernisierung in der deutschen Sprachwissenschaft und Sprachdidaktik, die zur Aufnahme generativ-strukturalistischer und kritisch-funktionaler Ansätze führte.

Für die Zeit seit den 1970er Jahren sind drei Positionen herauszuheben, die für die Sprachdidaktik bis heute von prägendem Einfluss sind:

1. **Kommunikative Wende:** Auf einer pragmatischen Neuausrichtung der Linguistik (Pragmatik, Soziolinguistik, Kommunikationstheorie) basierend wurden nun Fragen der **Sprachverwendungssituationen** hinzugezogen, gerade auch im Blick auf Schüler- und Gebrauchsorientierung aller Arten des Systems Sprache. ›Kommunikation‹, verstanden als zugleich produktive wie rezeptive Form sprachlichen Handelns, bestimmt bis heute viele Selbsteinschätzungen der Sprachdidaktik sowie Grundsatzformulierungen von (Kern-)Lehrplänen und Bildungsstandards im Fach Deutsch.

2. **Kognitive Wende:** Die an Annahmen des radikalen Konstruktivismus angelehnte Einsicht in den Charakter (re-)konstruierender Eigentätigkeit, die jedem Lernprozess, auch dem sprachlichen, zu eigen ist, führte schließlich in den 1980er und 90er Jahren zur sogenannten ›kognitiven Wende‹, die wiederum großen Einfluss auf viele Arbeitsgebiete der Sprachdidaktik ausübte – so etwa im Schriftspracherwerb, im Konzept der ›Grammatik-Werkstatt‹, in der Prozessorientierung der Schreibdidaktik oder in den handlungs- und produktionsorientierten Verfahren der Lese-, Literatur- und Mediendidaktik.

3. **Kompetenzorientierung:** Dieses Paradigma ist aus den ›Schlüsselqualifikationen‹ der 1990er Jahre hervorgegangen und hat nach den PISA-Erfahrungen in der Forderung nach gesicherten basalen Fähigkeiten der mündlichen und schriftlichen Kommunikation den Weg in die neueren Bildungsstandards und Lehrpläne gefunden. Leitend für die aktuelle Sprachdidaktik ist der Kompetenzbegriff, den die pädagogisch-psychologische Expertiseforschung vorgeschlagen hat und der so auch institutionell für die Formulierung von Bildungsstandards und neuen Kernlehrplänen leitend geworden ist. Von einem idealtypischen, universalistischen und nicht empirischen Kompetenzbegriff, der in der Sprachdidaktik aus der linguistischen Konzeption Noam Chomskys bekannt ist und zum Beispiel auch die Theorie kommunikativen Handelns bei Habermas oder die pädagogische Entwicklungstheorie Piagets prägt, setzt er sich bewusst ab und betont demgegenüber die **empirisch überprüfbaren Fertigkeiten** vor dem Hintergrund je individueller Entwicklungsstände und -verläufe (vgl. Becker-Mrotzek/ Böttcher 2006, S. 52–55). In diesem Sinne versteht man unter ›Kompe-

Einleitung

tenzen‹ in der Fachdidaktik »die bei Individuen verfügbaren oder durch sie erlernbaren kognitiven Fähigkeiten und Fertigkeiten, um bestimmte Probleme zu lösen«, ebenso »die damit verbundenen motivationalen, volitionalen und sozialen Bereitschaften und Fähigkeiten, um die Problemlösungen in variablen Situationen erfolgreich und verantwortungsvoll nutzen zu können« (Klieme u. a. 2003, S. 21).

3.1.3 | Sprachhandlungskompetenz und sprachdidaktische Aufgabenfelder

Die Ausbildung der zu vermittelnden **Sprachhandlungskompetenz** auf Seiten von Schülerinnen und Schülern umfasst implizites und explizites Wissen über den Sachgegenstand Sprache. Als eine Orientierung in diesem Feld empfiehlt sich die Unterscheidung in die Teilbereiche **Mündlichkeit** und **Schriftlichkeit**, die sich mit Erscheinungsformen der individuellen Sprachverwendung (produktiv versus rezeptiv) kreuzen lässt und auf diese Weise zur Bestimmung der vier Grundformen Sprechen, Schreiben, Hören und Lesen führt. Vervollständigt wird eine solche Matrix durch den Bereich der **Reflexion**, der als übergreifend zu jedem dieser Teilbereiche hinzu zu denken ist.

Die Aufgabenbereiche des Sprachunterrichts innerhalb des Deutschunterrichts lassen sich anhand dieser Matrix insoweit begründen, als die Lehr- und Kompetenzziele des Sprachunterrichts an diesen Formen von Sprache und Sprachverwendung ausgerichtet sind (vgl. nationale Bildungsstandards und aktuelle Kernlehrpläne innerhalb der Bundesländer). Demnach geht es im Sprachunterricht zentral um die Förderung von **Sprechen** (mündlich-produktiv), **Hören** (mündlich-rezeptiv), **Schreiben** (schriftlich-produktiv) und **Lesen** (schriftlich-rezeptiv). Darüber hinaus wird dem bewussten Umgang mit sprachlichen Phänomenen ein eigener Wert zugesprochen (Arbeitsbereich »**Sprachreflexion**«).

Das folgende Schema, das die Einteilung in die verschiedenen Modalitätsformen des Sachgegenstands ›Sprache‹ als Einteilung in didaktische Sach- und Lernfelder umformuliert, lehnt sich an die Einteilung des Sprach- bzw. Deutschunterrichts im Rahmen der Formulierung der **nationalen Bildungsstandards** an. Hier lassen sich vier Aufgabenbereiche unterscheiden:

Aufgabenbereiche
des Sprach-
unterrichts

1. **Sprechen und Zuhören** als Bereich der mündlichen Kommunikation, womit produktive und rezeptive Formen in einen Aufgabenbereich zusammengenommen werden;
2. **Schreiben** bzw. produktive Aufgaben im Bereich der schriftlichen Kommunikation;
3. **Lesen – mit Texten und Medien umgehen** in Form von zunächst eher rezeptiven Aufgaben der schriftlichen Kommunikation.
4. **Sprache und Sprachgebrauch untersuchen** (Sprachreflexion) verhält sich als Aufgabenbereich übergreifend und zugleich eigenständig gegenüber den drei anderen, insofern er auf das Betrachten von und das

Nachdenken über System und Verwendungsweisen von Sprache ausgerichtet ist (vgl. Bildungsstandards 2004).

Sprechen und Zuhören mündliche Kommunikation produktiv und rezeptiv	Schreiben schriftliche Textproduktion produktiv	Lesen Umgang mit Texten/Medien eher rezeptiv
Sprachreflexion (Sprache und Sprachgebrauch untersuchen) – Mündliche und Schriftliche Kommunikation produktiv und rezeptiv		

Die folgenden Ausführungen orientieren sich an der beschriebenen Aufteilung der Sprachdidaktik Deutsch in die Aufgabenbereiche ›Mündliche Kommunikation‹ (3.2), ›Schriftliche Kommunikation‹ (3.3), ›Lesen – Umgang mit Texten und Medien‹ (3.4) sowie ›Sprachreflexion‹ (3.5). Innerhalb jedes Teilkapitels werden übergreifende Fragen wie z. B. Definition des Sachgegenstands, Zielkompetenzen, Entwicklungsmodelle, Teilbereiche, Methoden oder Fragen der Beurteilung und Bewertung je domänenspezifisch behandelt.

3.2 | Mündliche Kommunikation

→ **Mündliche Kommunikation** hat sich seit den 1970er Jahren als ein eigenständiger Aufgabenbereich des Fachs Deutsch herausgebildet. Eine Reihe alternativer Bezeichnungen existieren für ihn, z. B. ›Mündlicher Sprachgebrauch‹ (Abraham), ›Miteinander sprechen‹ (Steinig/Huneke) oder ›Sprechen und Zuhören‹ (Bildungsstandards). Die Eigenständigkeit dieses Bereichs ist in Verbindung mit der kommunikativ-pragmatischen Wende von Sprachwissenschaft und Sprachdidaktik der 1970er Jahre zu sehen. Denn die Verlagerung von der Untersuchung des Sprachsystems auf Fragen des Sprachgebrauchs und der Sprachverwendung führte dazu, dass Formen mündlicher Kommunikation in den Fokus gerieten, da sie sich auffällig vom Standard- und Hochsprachlichen des Schriftsystems unterscheiden (können).

Zum Begriff

Verbunden mit dem Blickwechsel zur Pragmatik waren zeitgenössisch gesellschaftspolitische und pädagogische Forderungen, die bis heute nachwirken (vgl. z. B. Abraham 2008):
- zum einen wurde von der Erziehung zur mündlichen **Ausdrucks- und Argumentationsfähigkeit** eine Erziehung zur Mündigkeit und der Abbau sprachlicher und sozialer Ungleichheit erwartet,
- zum anderen wurde eine größere **Aktivität und Selbständigkeit** von Schüler/innen bzw. die Erhöhung ihres sprechsprachlichen Anteils er-

wartet, die auch auf andere Unterrichtsfächer und das Schulleben insgesamt ausstrahlte.

3.2.1 | Mediale und konzeptionelle Mündlichkeit

Wichtig für die sprachwissenschaftliche Forschung zur Mündlichkeit ist die Abgrenzung gegenüber der schriftlichen Kommunikation von Koch und Oesterreicher (1985) geworden, wonach zwischen medialer und konzeptioneller Mündlichkeit bzw. Schriftlichkeit zu unterscheiden ist.

›Medial‹ heißt in diesem Zusammenhang, dass der **Vermittlungsweg** eines Kommunikationsakts entweder schallgebunden (typischerweise durch die an den Körper gebundene menschliche Stimme) oder durch das technische Hilfsmittel der Schrift (Papier, Buch, Computer o.a.) verläuft. Mit ›konzeptionell‹ ist hingegen gemeint, dass die **Form der Äußerung** für typisch mündlich oder schriftlich erachtet wird. Während mediale Vermittlungswege recht einfach in mündliche oder schriftliche unterschieden werden können, ist dies im Fall der konzeptionellen Formen schwieriger. Das liegt daran, dass es zwar prototypische Formen der konzeptionellen Mündlichkeit (z. B. die ›lockere‹ Unterhaltung im Alltag in der Familie oder zwischen Freunden und Nachbarn) und der konzeptionellen Schriftlichkeit (z. B. förmliche Schriftstücke wie Gesetzestexte) gibt, aber auch Mischformen existieren (ein medial mündlicher Vortrag kann eher frei gehalten sein oder streng einem ausgearbeiteten Manuskript folgen). Manche neueren technische Medien und Medienformate tendieren gar zu einer extremen Überkreuzung von Mündlichkeit und Schriftlichkeit (so der Chat oder die SMS, die medial eindeutig schriftlich, aber konzeptionell stark mündlich geprägt sind).

Als typische **Merkmale von Mündlichkeit** können in diesem Sinne gelten:

- die dialogische Kommunikationsbedingung, prototypisch als zeitliche und räumliche Kopräsenz in der Face-to-Face-Interaktion (z. B. zu Hause oder in der Schule);
- die situationsgebundene (situative) Kommunikationsform mit freier Themenwahl und affektiv-privatem Charakter (der ›Klatsch‹ auf der Straße, der ›Small Talk‹ auf der Party);
- die Prozeduren spontaner Versprachlichung: parataktische Form, relativ geringe Kompaktheit, Elaboriertheit, Planung und Informationsdichte;
- die Verbindung von verbalen mit para- und nonverbalen Kommunikationselementen (Prosodie, Intonation; Gestik, Mimik).

Vor dem Hintergrund dieser Merkmale ist Mündlichkeit auch als **Sprache der Nähe** zu bezeichnen (im Unterschied zur Schriftlichkeit als **Sprache der Distanz**), und dies in dreifacher Hinsicht:

- erstens im Sinne von räumlicher Nähe der Kommunikationspartner,
- zweitens im Sinne zeitlicher Nähe (Gleichzeitigkeit) des Kommunikationsaustausches,

- drittens im Sinne emotionaler Nähe von Perspektivenwahl und -über-
nahme des Gesprächspartners.

3.2.2 | Erwerb und Entwicklung mündlicher Kommunikationskompetenz

Anders als im Fall der schriftbasierten Aufgabenbereiche Lesen und
Schreiben, deren Vermittlung und Aneignung erst mit Eintritt in die Schule beginnt, setzt der Erwerb mündlichen Sprachgebrauchs viel früher ein
(nämlich mit der Baby- und Kleinkindphase). Kinder bringen entsprechend eine ganze Reihe von Fähigkeiten, Fertigkeiten und Erfahrungen
mit, die sie in Familie, Freundeskreis und Kindergarten sowie der übrigen
realen und medialen Umwelt erworben und mehr oder weniger konventi-
onalisiert haben.

Der Ausbau und die Förderung mündlichen Sprachgebrauchs bleiben
gleichwohl eine wichtige Aufgabe des Deutschunterrichts, weil davon auszugehen ist, dass Schule und Unterricht neue und vor allem komplexere
Anforderungen an den mündlichen Sprachgebrauch stellen als es die In-
stanzen von Familie, Freunden und sonstige Alltagsbeziehungen in der
Regel tun. Zu diesen erhöhten Anforderungen gehören (vgl. Ossner 2006b;
Behrens/Eriksson 2009, S. 45–47):

- die stärkere Ausrichtung an der deutschen **Standard- bzw. Hochsprache** im Unterschied zu regionalen, schichten- oder migrationsbezoge-
nen Sprachvarietäten und Sprachen (Alltagssprache, Dialekt, andere
Erstsprache);
- die stärkere Orientierung an bekannten und neu hinzukommenden
Sprachhandlungsmustern (Gattungen und Genres, Aufbau/Sequen-
zierung, Beachtung von Wortwahl, Grammatik, Aussprache);
- die häufig höhere **Intentionalität** und **Komplexität** im thematischen
Bereich gewählter Sachgegenstände als vergleichsweise in Alltagsge-
sprächen;
- die stärkere Beachtung der **sozialen und institutionellen Situierung**
gegenüber Mitschülern und Lehrkräften;
- das höhere Maß an **bewusster Reflexion eigener Sprechhandlungen**
(in Planung, Durchführung und nachträglicher Betrachtung) und der
Sprachhandlung anderer (im simultanen Zuhören oder in der späteren
Analyse).

Anforderungen an
den mündlichen
Sprachgebrauch

Die Aufgabe der Lernbereiche muss insofern auch darin bestehen, an die
jeweilige Lebenswelt und schon vorhandene Kompetenzen anzuknüpfen, behutsam an neue Kommunikationsanforderungen heranzuführen
und durch passende, anspruchsvolle Aufgaben und Situationen weitere
Sprech-, Zuhör- und Gesprächskompetenzen zu fördern.

3.2.3 | Zielkompetenz ›Mündliche Kommunikation‹

Die Kompetenzziele mündlicher Kommunikation stehen im engen Zusammenhang mit den Gebrauchsweisen, die der Sprachverwendung insgesamt zugesprochen werden.

Sprachfunktionen: Um Sprachkompetenzen als pragmatische Sprach- und Sprechhandlungsfähigkeit fassen zu können, orientiert sich die Sprachdidaktik vorherrschend an **Bühlers Organonmodell** mit seinen drei Aspekten der **Ausdrucksfunktion** auf Sprecherseite, der **Darstellungsfunktion** auf Seite des jeweiligen Sachgegenstands sowie der **Appellfunktion**, die auf die Empfängerseite wirkt. Diese Komponenten werden neuerdings ergänzt um eine vierte Funktion, nämlich die **Sprachfunktion**. Diese umfasst Sprache nicht nur als Instrument der Übermittlung, sondern verweist auf ihren **rhetorisch-ästhetischen Eigenwert**, der gerade auch unter didaktischer Perspektive von Bedeutung ist. Das folgende Schema zeigt diese Erweiterung (vgl. z. B. Abraham u. a. 2008, S. 2):

	Sach-Orientierung (Thema)	
Ich-Orientierung (Identitätsbildung)	**Mündliche Kommunikation**	Hörer-Orientierung (Unterstützungs- aktivitäten)
	Sprach-Orientierung (Sprachmuster)	

Zur weiteren Auffächerung von Kompetenzen der Mündlichen Kommunikation hat Becker-Mrotzek im Anschluss an Ehlich die folgende Differenzierung einzelner Fähigkeiten vorgeschlagen (vgl. Becker-Mrotzek 2008, S. 59 ff.):

1. **basale Fähigkeiten** wie vor allem phonische Qualifikation (Fähigkeit, Laute zu produzieren und zu verstehen), morphosyntaktische und semantische Fähigkeiten zur Bildung von Sätzen und Zuordnung von Vorstellungen zu sprachlichen Ausdrücken (v.a. als Formen prozeduralen Wissens);
2. **pragmatisch-diskursive Fähigkeiten** wie das Formulieren und Erkennen von Sprachhandlungszielen sowie die Verwendung von kommunikativen Mustern und Strategien (als Formen prozeduralen, teils auch problemlösenden Wissens);
3. **pragmatisches und institutionelles Wissen** als explizites Wissen über Funktionen und soziale Rahmensetzung mündlicher Kommunikation (als Formen deklarativen bzw. metakognitiven Wissens).

Weitere Anforderungen: Steigende Anforderungen an die Gesprächskompetenz richten sich des Weiteren an den folgenden Kriterien aus (vgl. das Modell nach Becker-Mrotzek 2008, S. 62):

- Thema (bekannt/unbekannt; einfach/komplex; positive/negative Involviertheit);
- Sprecheranzahl und -vertrautheit (niedrig/hoch);

- Komplexität von Gesprächsfunktion und -struktur (Planbarkeit, Kontrollierbarkeit, situative Eindeutigkeit/Ambiguität, Nutzbarkeit persönlicher Handlungsspielräume);
- Dauer (kurz/lang).

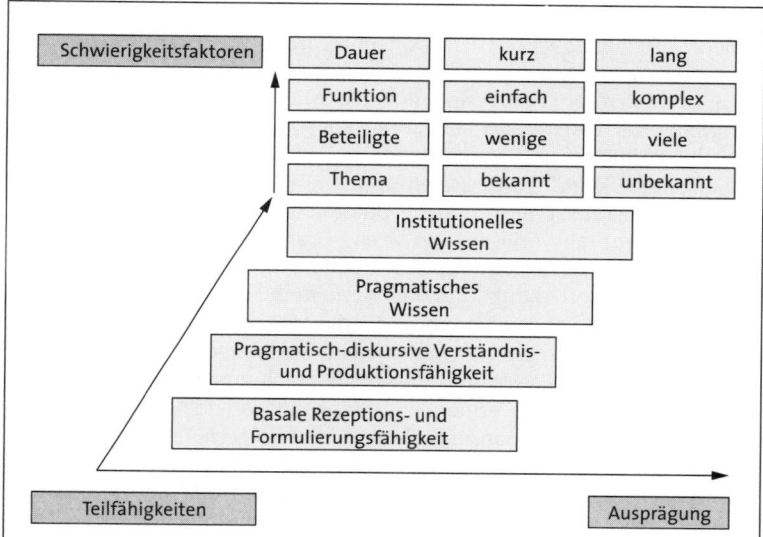

Kompetenzmodell
Gesprächsfähig-
keit (Becker-
Mrotzek 2008,
S. 62)

Einzelkompetenzen: Noch ungeklärt ist in der Fachliteratur, ob eine Unterscheidung zwischen Sprechen und Zuhören, also zwischen spezifisch produktions- und rezeptionsbezogenen Kompetenzformulierungen überhaupt sinnvoll ist (wie es die Bildungsstandards vorsehen) oder ob beide Fähigkeiten und Fertigkeiten nicht eher so zu denken sind, dass sie in einer einzigen, analytisch eigentlich nicht trennbaren Einheit zusammenfallen, die dann ›Gesprächskompetenz‹ genannt werden könnte (Becker-Mrotzek 2008). Ansonsten lassen sich folgende Unterscheidungen treffen:

Sprechen (produktionsbezogener Akzent): Mit ›Sprechen‹ ist das produktionsorientierte Sprechen vor und zu anderen gemeint, das dominant monologisch und ohne systematischen Sprecherwechsel (im Unterschied zum ›Gespräch‹) ausgerichtet ist und infolgedessen eine Nähe zu typischen Formen schriftlicher Sprachproduktion besitzt. Es zielt vor allem auf die Weitergabe von Wissen, das entweder mental ›im Kopf‹ des Sprechers vorhanden ist (z. B. Erinnerungen an Erlebtes) oder in Form von Materialien (Texte, Bilder, Filme usw.), die wiederum nur auf Sprecher- und Adressatenseite vorliegen. Anhand des jeweils dominanten Umgangs mit diesem Wissen lassen sich verschiedene Anforderungsniveaus formulieren, die sich **in typischen Sprechformaten** (den sog. ›sprachlichen Handlungsmustern‹) realisieren und sich zugleich grob auf verschiedenen Entwicklungsniveaus abbilden lassen:

- basale Sprechformate unter Dominanz der **Reproduktion von Wissen** besonders in der Primarstufe: z. B. Erzählen;
- erweiterte Sprechformate unter Dominanz der **Neu-Strukturierung von Wissen** besonders mit Beginn der Sekundarstufe: z. B. Berichten, Beschreiben, Informieren, Erklären, Instruieren, Referieren;
- elaborierte Sprechformate als **Neu-Formulierung von Wissen** besonders im späteren Verlauf der Sek. I und dann in der Sek. II: Argumentieren, Erörtern, Präsentieren.

Zuhören (rezeptionsbezogener Akzent): Mit ›Zuhören‹ ist ein rezeptionsorientierter Vorgang als bedeutungskonstituierendes und -sicherndes Verstehen gemeint. Im Gegenzug und in Ergänzung zum Sprechen geht es hier um die kognitive Verarbeitung mündlich dargebotener Texte zum Zweck des Wissenserwerbs und der Unterhaltung. Die Art der Darbietung kann **direkt verbal** (Vorlesen/Vortragen in der face-to-face-Kommunikation) oder **medial vermittelt** (Radio, Hörtexte) vor sich gehen; darüber hinaus kann der Sprechakt ggf. mit oder ohne mimisch-gestische oder bildliche Unterstützung geschehen und/oder die Möglichkeit der Niederlegung schriftlicher Notizen oder des Nachfragens einräumen. Die generelle Analogie zum Rezeptionsverhalten im schriftsprachlichen Bereich des Lese- und Literaturverstehens ermöglicht es, grundlegende **Verarbeitungsniveaus** wie etwa Informationsentnahme, Schlussfolgern, Interpretieren und kritisches Reflektieren zu unterscheiden (vgl. Behrens/Eriksson 2009).

Gespräche führen (Integration von Produktion und Rezeption): Gegenüber dem eher isolierten, mono-direktionalen Sprechen bzw. Zuhören wird in der Regel das Führen von Gesprächen als Dialog verstanden und als der eigentliche Kernbereich des vorliegenden Aufgabenbereichs angesehen. Denn erst hier realisieren sich alle vollständig typischen und spezifischen Elemente mündlicher Kommunikationsfähigkeit, wie sie auch für die Alltags- und Berufswelt wichtig sind. Dazu gehören (nach Deppermann 2004, S. 22 ff.) neben den Kennzeichen der **Prozessualität** (Flüchtigkeit in der Zeit) und **Methodizität** (Nutzen von Mustern und Konventionen), die alle Formen der Mündlichkeit betreffen, besonders die hier zum Tragen kommenden Merkmale der **Interaktivität** (als Austausch zwischen Gesprächspartnern), der **Pragmatizität** (als gemeinsame Zielsetzung) und **Konstitutivität** (als gemeinsame Herstellung von Gesprächsbedingungen und -verläufen).

Gespräche zu führen erfordert insofern eine erhöhte Kompetenz, als Planung, Produktion und Rezeption typischerweise in actu (spontan im Verlauf des Gesprächs), simultan (mehr oder weniger gleichzeitig) und dialogisch (in Verbindung aller Gesprächsteilnehmer) vor sich gehen müssen und an die Wahrnehmung des eigenen Sprechens die Wahrnehmung des Gesprächspartners und seiner verbalen und nonverbalen Reaktion gekoppelt ist. Das Resultat eines Gesprächs stellt sich mithin als interaktive Leistung aller Gesprächsteilnehmer dar, wobei der Beitrag jedes Einzelnen unterschiedlich ausfallen kann (in Abhängigkeit) und das Resultat auf Inhalts- und Beziehungsebene nicht unbedingt in einem Konsens aller besteht.

Zielkompetenz
›Mündliche
Kommunikation‹

Typische Formen sind hier das **Klassengespräch** (in den unteren Jahrgangsstufen); Zielpunkte bilden hier das **Argumentieren und Erörtern** im Rahmen von Gesprächsformaten des Debattierens und Diskutierens. Ein Modell für diesen Bereich, das in Anlehnung an Bühlers Funktionsmodell entstanden ist und den Vergleich mündlichen und schriftlichen Argumentierens berücksichtigt, hat Vogt vorgestellt (vgl. Vogt 2007, S. 37):

Dimensionen	Argumentations-kompetenz	Manifestationen – mündlich	Manifestationen – schriftlich
expressiv	▪ Perspektivierung von Sachverhalten ▪ Ziele festlegen	▪ Intonation ▪ Mimik ▪ Gestik	▪ grafische Darstellung ▪ Textrahmen: Wahl einer Textsorte
kognitiv	▪ Nutzung von Wissensbeständen ▪ schlussfolgerndes Denken	▪ situativ angemessene Verknüpfung von Propositionen	▪ textuell adäquate Verknüpfung von Propositionen (argumentativer Texttyp)
sozial	▪ Perspektivenübernahme ▪ Beachtung ethischer Prinzipien ▪ Taktik	▪ Rezipienten-Design ▪ Sequenzierung ▪ Höreraktivitäten ▪ »Fairness«	▪ Adressatenbezug: Formulierungen ▪ »Fairness«
kontextuell	▪ Angemessenheit ▪ Handlungsziele: – kommunikativ – strategisch	▪ Beitragslänge ▪ Modalität – Beitragsaktivität – Prozessualisierung	▪ konventionalisierte Textsorten in verschiedenen Zusammenhängen

Argumentations-kompetenz
(Vogt 2007, S. 37)

Szenisch-spielerische Kommunikation: Die szenische Kommunikationsfähigkeit bildet schließlich einen Teilbereich mündlicher Kommunikationskompetenz, der besonderen Wert auf den spielerischen und mithin sprachlich-ästhetischen Anteil verbaler und non-verbaler (auch medialer) Kommunikation legt. Auch hier kann zwischen eher produktions- und rezeptionsakzentuierten Formen unterschieden werden, z. B. das **szenisch-gestaltende Spiel** als produktiver und das **Rollenspiel** als eher rezeptiver Prototyp. Als Teilkompetenzen, die generell für beide Ausformungen Geltung beanspruchen können, lassen sich hier unterscheiden (nach Belgrad 2009, S. 288 ff.):

1. **Inszenierung und dramaturgische Kompetenzen**: Die Spieler/innen können den Figuren Textvorlagen oder Improvisationsanweisungen zuordnen und diese in einer Szenenfolge planerisch so realisieren, dass die Szene anschließend auch räumlich spielbar wird.

2. **Sprecherische Kompetenzen** (Lautstärke, präzise Artikulation, Stimmführung): Die Spieler/innen können anhand von Textvorlagen oder Improvisationsanweisungen Figuren mit unterschiedlicher Lautstärke, deutlicher Aussprache, verschiedenen Stimmlagen und sprachlichen Besonderheiten spielen.

Szenische
Kommunikation –
Teilkompetenzen

3. **Körperliche Kompetenzen** (Raumgestaltung, Körperhaltung, Gestik, Mimik): Die Spieler können hinsichtlich der Raumgestaltung, der Spielöffnung, der überdeutlichen Körperhaltung, Gestik und Mimik die sprachliche Präsentation unterstützen, ergänzen oder auch konterkarieren.
4. **Mediale Kompetenzen** (Requisiten, Kostüme, Licht, Ton, Audivision, Bühne): Die Spieler können mit charakteristischen Requisiten, Kostümen, Licht, Ton und Bühnenelementen ihre Szene wirksamer gestalten.

Beispiel

Gestaltendes Sprechen
Exemplarisch sei auf die didaktische Relevanz gestalterischen Sprechens für die Motivation und den aufmerksamen Umgang mit Texten hingewiesen. Stanislawski hat für die inszenierende Sprechpraxis empfohlen, der Sprecher solle zu den Worten kontinuierliche mentale Bildreihen entwickeln und sie auf eine innere, gedachte Leinwand projizieren, um auf dieser Folie den Inhalt durch Intonation hervorzubringen (vgl. Ritter 2009). Folgt man dieser identifikatorischen Darbietungsweise, ist Sprechen ein Zeichnen und Auslösen von Bildimpulsen, Hören ist umgekehrt das Imaginieren der Bilder durch den Rezipienten. Folgende Elemente spielen bei der Intonation eine Rolle:

Grundfunktionen der Prosodie

- **Grundton und Melodieverlauf** (steigende Melodie bei Fragen oder Befehlen, schwebende oder fallende bei Aussagen), Singsang (bewegt, wechselnd, isoton), Kadenz (fallender oder steigender Verszeilenschluss);
- **Dynamik:** Lautstärke (große Wechsel, laut, ausgewogen, leise; crescendo – decrescendo), Betonungen (viele, ausgewogene, wenige),
- **Klangfarbe** der Stimme, stimmliche Besonderheiten (Verzerrung etc.),
- **Sprechtempo:** Geschwindigkeit (wechselnd/hoch, mittel, langsam),
- **Pausen:** Anzahl und Dauer, mit oder gegen den Satzlauf gefügt,
- **Deutlichkeit der Artikulation**,
- **Mundart** (Standard, Substandard, gestreift, idiolektal).

Das gestaltende Sprechen lässt sich durch eine Reihe von Maßnahmen trainieren, die nicht nur strikt auf die ›Richtigkeit‹ der Intonation zielen müssen.

Strategien

Techniken der Intonation
- Lockerungsübungen durch Summen und Brabbeln sinnloser Silben;
- eine Verszeile in der Gruppe umherschicken, vielfach wiederholen und in Melodieführung sowie Betonung variieren lassen (dasselbe auch mit mechanisierten Sätzen, z. B. Ansageprüchen);

- Spannungsbögen erproben (Steigungs- und Scheitelpunkt sowie Kadenz gestalten, Sinnkern durch Betonung kurz nach dem Scheitel herausarbeiten);
- Deutlichkeit der Artikulation üben, z.B. durch Überwindung künstlicher Sprechhindernisse (mit vollem Mund sprechen).

Intonation, Rhythmus und Prosodie sind Ausdrucksmittel, die spielerisch zu erproben sind (umfassende Vorschläge zum szenischen Vortragen finden sich bei Lösener 2007 und Ritter 2009). Die Sprachführung kann aber selbst schon eine Aussage sein: Melodiebögen und Metrum bedeuten etwas, man kann damit Sinnkerne akzentuieren und Fragen, Behauptungen, Drohungen u.a. kenntlich machen. Sprechweisen können aber auch eine soziokulturelle Aussage tragen oder eine Gruppenzugehörigkeit ausdrücken, z.B. bei Rap-Performances.

3.3 | Schriftliche Kommunikation

Anders als die mündliche Kommunikation bildet die Vermittlung von Schreibfähigkeiten und -fertigkeiten seit langem einen eigenständigen Arbeitsbereich des Deutschunterrichts. Aber gerade deswegen sind natürlich auch hier geschichtliche Veränderungen und aktuelle Anpassungen zu beobachten, die schon an der Benennung des Arbeitsbereichs ablesbar sind.

Schriftliche Kommunikation in der Schule: Während in der älteren Didaktik noch von ›Aufsatzdidaktik‹ die Rede war, die sich einseitig auf das Schreibprodukt konzentrierte, sprechen neuere Ansätze seit der kommunikativen und kognitiven Wende von einem Lernbereich ›Schreiben‹ bzw. ›Schriftliche Textproduktion‹ im Sinne einer ›**prozessorientierten Schreibdidaktik‹**. Ihr Ziel ist es erklärtermaßen, den Vorgang des Schreibens mit zu beachten und schreibdidaktisches Handeln unter der Doppelperspektive von Prozess und Produkt zu betrachten.

Merkmale schriftlicher Kommunikation: Die Schreibdidaktik hat an der psychologischen und textlinguistischen **Schriftlichkeitsforschung** angesetzt, um das Schreiben von der mündlichen Kommunikation unterscheiden zu können. Daher kommt auch hier wieder die oben beschriebene Unterscheidung von Medialität und Konzeptionalität zum Tragen, wobei an dieser Stelle die **spezifischen Kennzeichen von Schriftlichkeit** zu akzentuieren sind:

- **Verdauerung/Verstetigung** der sprachlichen Handlung (im Vergleich zur Flüchtigkeit des gesprochenen Worts) durch geeignete mediale Fixierung (Papier, Buch, Medien);
- **Zerdehnung** der räumlichen bzw. zeitlichen Kommunikationssituation zwischen Sender und Empfänger (im Vergleich zur raumzeitlichen Kopräsenz von Sprecher und Hörer im Fall der mündlichen Kommunikation);

- **Anonymisierung** der Kommunikationsbeziehung (synchron-gesellschaftlich oder auch diachron-geschichtlich über Zeit- und Kulturgrenzen hinweg).

Aufgrund dieser Merkmale besitzt die schriftliche Kommunikation einen insgesamt eher monologisch ausgerichteten Charakter (im Unterschied zum dialogischen Charakter des Mündlichen). Dieser Umstand erfordert auf Seiten des Schreibers eine größere planerisch-kompositionelle und kritisch-revidierende Bewusstheit beim Aufbau einer in sich konsistenten, kontextunabhängigen Textwelt und der damit einhergehenden Leserantizipation. Zudem betont die Schreibforschung, dass diese unterschiedliche Situiertheit auch Auswirkungen auf die Organisation der Schriftproduktion habe, d. h. auf die Ausbildung einer konzeptionellen Schriftlichkeit.

Als **Merkmale konzeptioneller Schriftlichkeit** können prototypisch gelten (vgl. ähnlich Feilke 2003, S. 179):

Merkmale von
konzeptioneller
Schriftlichkeit

- die Orientierung an **orthographischen Normen,** die neben den phonologisch vorgegebenen Kennzeichen mündlicher Sprache (als Prinzip der Phonem-Graphem-Korrespondenz) auch eine Reihe wort- und teils auch satzgrammatischer Informationen transportiert (z. B. Signale der Morphemkonstanz, die Großschreibung als Signalisierung der Satzgrenze (Satzanfang) oder des Kerns einer Nominalgruppe (Nomenschreibung, Nominalisierungen);
- die Orientierung an eher **elaborierten Formen der Morphologie und Syntax** (z. B. bei Kasus-, Tempus- und Modusformen; parataktischer Satzbau, Stil);
- die Orientierung an **lexikalischen Wortformen und semantischen Wortfeldern,** die dem Standardgebrauch entsprechen (Vermeidung alltags- und umgangssprachlicher Wörter und Wendungen; dagegen Verwendung standard- und ggf. fach- und fremdsprachlicher Ausdrücke);
- die stärkere Orientierung an **konventionalisierten Textmustern und Textsorten** mit der Beachtung jeweiliger grammatischer, thematischer und funktionaler Merkmale der Textkohäsion bzw. Textkohärenz (vgl. den Schulkanon von Textsorten und -funktionen, die in Bildungsstandards und Lehrplänen als Schwerpunkt unterrichtlicher Arbeit genannt werden);
- die Orientierung an **größerer gegenstandsbezogener Informationsdichte** und sachlich-thematischer Kompaktheit;
- die stärkere Beachtung des **Adressaten** (als konkreten oder generalisierten, ›idealen Leser‹) und die pragmatische Funktion;
- der stärkere **Einbezug spielerischer und ästhetischer Mittel** (in pragmatischen und besonders poetisch-literarischen Texten im Sinne kreativen Schreibens);
- die **Möglichkeit der Überarbeitung** mittels Arbeitstechniken, Strategiewahl und Hilfsmitteln sowie der kritischen Reflexion im zeitlichen Abstand.

Zielkompetenz ›Schriftliche Textproduktion‹: Das Hauptziel der kompetenzorientierten Vermittlung von Schreibfähigkeiten und -fertigkeiten besteht in dem eigenständigen sach- und adressatenorientierten Verfassen

von schriftlichen Texten. Fachdidaktisch wird die auszubildende Schreibkompetenz als eine Art Super-Kompetenz aufgefasst, die sich wiederum
aus mehreren Einzelkompetenzen zusammensetzt (vgl. z. B. Becker-
Mrotzek/Böttcher 2006, S. 59; Fix 2006, S. 23).

Innerhalb der fachdidaktischen Forschung werden eine ganze Reihe
von Einzelkompetenzen genannt, die unterschiedlich elaboriert sind:

- sprachliche Kompetenzen im engeren Sinn, die sich wiederum in **or-**
  thographische, grammatische, lexikalisch-semantische Kompeten-
  zen sowie nicht zuletzt das Wissen über spezifische Verschriftungs-
  muster (**Textsorten-Kenntnisse**) untergliedern lassen;
- **Sachkompetenzen** (als Wissen über den thematisierten Gegenstand,
  was in der Regel auch Lesekompetenz voraussetzt);
- **Sozialkompetenzen** (als Wissen über Adressaten bzw. die pragmatische Funktion des Schreibens).

Zu ergänzen wären diese basalen Kompetenzen um die eher methodischen Fertigkeiten **prozeduraler Arbeitstechniken und Strategien** sowie
die Kompetenz **metakognitiven Reflexionsvermögens**; sodann sind die
Möglichkeiten der **kreativ-ästhetischen Gestaltung** (z. B. im produktions-
und handlungsorientierten Unterricht) sowie der kognitiv **epistemischen**
Schreibkompetenz, d. h. einer sich erst im Schreibakt vollziehenden Er-
kenntnisgewinnung über den thematischen Sachgegenstand, zu nennen.
Alle diese Teilkompetenzen tragen nicht zuletzt dazu bei, dass gerade
auch der Lernbereich Schreiben einen wichtigen Beitrag zur Ausbildung
personaler, d. h. **emotionaler und (meta-)kognitiver Kompetenz** sowie
Ich-Identität leistet (vgl. auch Merz-Grötsch 2010, S. 34–41).

3.3.1 | Schreibsozialisation und Schreibentwicklung

Geschichte der Schrift und Schriftvermittlung: Ontogenetisch gesehen
verfügt die Menschheit erst seit rund 5000 Jahren über eine ausgebildete Schriftlichkeit (etwa zeitgleich und unabhängig entstanden im alten
Ägypten und Mesopotamien) – im Vergleich zur Geschichte der mündlichen Kommunikation, die sicherlich mindestens mehrere hunderttau-
send Jahre umfasst, ein verschwindend geringer Zeitraum (vgl. Becker-
Mrotzek 2003). In dieser Zeitspanne der ersten Anfänge bis heute hat der
Umgang mit Schrift eine bedeutende Entwicklung durchgemacht, genauso wie die Geschichte der Vermittlung von Schriftkenntnissen in Schule,
Unterricht und anderswo. Um den phylogenetischen, d. h. je Individuum
sich vollziehenden Erwerb von Schreibkompetenzen zu beschreiben, haben sich drei Erklärungsansätze herausgebildet (vgl. Feilke 2005, S. 38–
40; Klotz 1996; Baurmann/Pohl 2009):

1. **Der sozialisationstheoretische Ansatz** betont zum einen den institutionellen Charakter des Schriftspracherwerbs: Denn anders als im Falle
   der mündlichen Sprachfähigkeit, die schon im Kleinkindalter ausgebildet wird, beginnt der Eintritt in das »Reich der Schrift« erst eigentlich mit dem Eintritt in die Schule, woraus sich das besondere Gewicht

insbesondere des Deutschunterrichts für die Entwicklung der individuellen Schreibkompetenz erklärt. Daneben treten natürlich auch **familiäre Einflüsse**, je nachdem, ob durch Eltern und Geschwister Anregungen und idealerweise Vorbildfunktionen transportiert werden oder nicht (familiäre ›Schriftnähe‹ bzw. ›Schriftferne‹); relevant erscheinen zudem **geschlechtstypische Befunde**, die auf eine Schreib-Stärke der Mädchen gegenüber Jungen verweisen.

2. **Der kognitionspsychologische Ansatz** betont die Bedeutung kognitiver Voraussetzungen, die den gegenüber der Mündlichkeit relativ späten Erwerb und die weitere, insbesondere auch individuell recht unterschiedliche und sich auch unterschiedlich weit ausbildende Entwicklung von Schreibkompetenzen bestimmen. Schreibenlernen setzt somit auf einem vergleichsweise hohen Niveau der Sprach- und Denkentwicklung ein und erfordert in seinem Fortgang sowohl auf Seiten der Produktion als auch der kritischen Überarbeitung ein hohes und sich steigerndes Maß an kognitiven und metakognitiven **Synthese- und Abstraktionsleistungen** (z. B. von Sachwissen, Textsortenwissen, Perspektivenübernahme), die sich von einfachen zu komplexen, von lokalen zu globalen bzw. von eher inhaltlich zu eher formal ausgerichteten Prozeduren des schriftsprachlichen Problemlösens bewegen.

3. **Der Ansatz der Spracherwerbsforschung** (Literalitätsentwicklung) bildet schließlich den Versuch, dem besonderen medialen und konzeptionellen Charakter des Erwerbs von Schriftsprachlichkeit und schriftlicher Textproduktionsfähigkeit gerecht zu werden. Dazu werden gerade die Lehr- und Lernprozesse fokussiert, die für den **Aufbau sprachlicher Strukturen** im Medium der Schrift maßgeblich sind. Besonderes Augenmerk gilt hier vor allem der Entwicklung von funktional-pragmatischem Textformatwissen (als Wissen über Abfassung von Erzählungen, Beschreibungen, Analyse usw.) in Verbindung mit den grammatischen und syntaktischen Merkmalen konzeptioneller Schriftlichkeit.

Schreibentwicklungsmodell: Innerhalb der prozessorientierten Schreibforschung und Schreibdidaktik sind mehrere Modelle entstanden, die der prototypischen Schreibentwicklung gewidmet sind (z. B. Bereiter/ Scardamalia 1987; Augst 1989; Becker-Mrotzek 1997; vgl. zusammenfassend Feilke 2003). Neuerdings haben Becker-Mrotzek und Böttcher ein Modell vorgeschlagen (Becker-Mrotzek/Böttcher 2006, S. 64–75), das die Einteilung nach Einzelphasen unter dem Gesichtspunkt des jeweiligen Umgangs mit Wissen vornimmt, wobei mit Wissen sowohl das mentale Vorwissen im Kopf des Schülers als auch dasjenige Wissen gemeint ist, das im Rahmen des jeweiligen Schreibvorhabens in Form von vorgegebenen oder selbst recherchierten Arbeitsmaterialien (Texte, Bilder usw.) vorliegt. Einfache unterscheiden sich dann von schwierigen und komplexen Schreibaufgaben, je nachdem wie mit diesem Wissen umgegangen wird bzw. werden muss: eher reproduzierend (einfach), neu strukturierend (schwierig) oder neu produzierend (komplex). Diese Niveaustufen werden dann im Modell mit Stufen des Alters bzw. mit Schulformen und

Jahrgangsstufen sowie mit bestimmten prototypischen Textformaten in Verbindung gebracht. Nach der sogenannten Startphase des Wissens um die basalen Schriftkenntnisse (Schriftspracherwerb) lassen sich demnach drei Ausbauphasen unterscheiden:

- **Ausbauphase I** betrifft die zweite Hälfte der Primarstufe, auf der im Rahmen von Erzählungen die Reproduktion von Wissen nach bekannten Skripts und Frames des (Nach-)Erzählens im Vordergrund steht (Phase des *knowledge telling*).
- **Ausbaustufe II** ist die Phase des *knowledge transforming* und weist als besondere Herausforderung des Übergangs zur Sekundarstufe auf, dass Wissen nicht nur zu wiederholen, sondern sach- und adressatenorientiert hinsichtlich verschiedener Textformen und Textfunktionen (Berichten, Beschreiben, Instruieren, Zusammenfassen, Protokollieren) neu zu strukturieren ist.
- **Ausbaustufe III** ist durch die Beherrschung der Textformate **Argumentation bzw. Erörterung** gekennzeichnet.

Umgang mit Wissen	Erwerb basalen Schrift-Wissens	Reproduktion von Wissen	Neu-Strukturierung von Wissen	Neu-Formulierung von Wissen
typische Schreibformate	grundlegender Schrifterwerb (Alphabetisierung)	erzählende Formate: Erzählung, Brief	informierende Formate: Bericht, Beschreibung, Inhaltsangabe	argumentierende Formate: Argumentation, Erörterung
Phasenbezeichnung	Startphase	Ausbauphase I	Ausbauphase II	Ausbauphase III
Schulform Jahrgangstufe	Primarstufe Klasse 1/2	Primarstufe Klasse 3/4	Sekundarstufe I Klasse 5–8	Sekundarstufe I/II ab Klasse 8

Entwicklungsmodell des Schreibens (nach Becker-Mrotzek/Böttcher 2006)

3.3.2 | Modell des einzelnen Schreibvorgangs

Die Prozessorientierung innerhalb der neueren Schreibdidaktik besitzt eine doppelte Ausrichtung, insofern man eine eher **synchrone Perspektive** (den Vorgang der Erstellung eines einzelnen Schreibprodukts bei einem einzelnen Schreiber) von einer eher **diachronen Perspektive** (die Entwicklung von Schreibfertigkeiten über einen längeren Entwicklungszeitraum) unterscheidet. Für die synchrone Perspektive besteht mit dem Modell der US-amerikanischen Psychologen Hayes und Flower (1980) ein Grundmodell, das in der deutschsprachigen Schreibdidaktik vielfach aufgegriffen, modifiziert und ergänzt wurde (vgl. Becker-Mrotzek/Böttcher 2006, S. 25–29). Es ist kognitionspsychologisch ausgerichtet und versteht die Produktion von Texten als einen **Prozess des Problemlösens** in Auseinandersetzung mit Wissen. Dieses Wissen ist vorgegeben durch das äußere Schreibumfeld (Wissen um Thema, Adressat) wie auch innere Schreibvoraussetzungen (Vorwissen im Langzeitgedächtnis; Verfügungswissen im Arbeitsgedächtnis, Strategien und Reflexionsvermögen im metakognitiven ›Monitor‹). Der Schreibprozess im engeren Sinn besteht aus den drei Elementen der **Planung**, **Formulierung** und ggf. **Bearbeitung**.

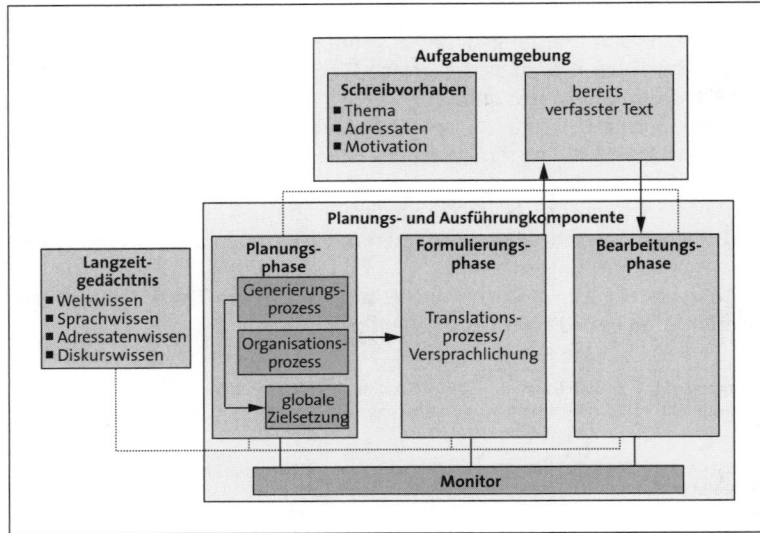

Modell des
Schreibvorgangs
nach Hayes und
Flower (vgl. Wolf
2002, S. 224)

3.3.3 | Schreibfunktionen und Schreibstrategien

Hinsichtlich der Funktionen des Schreibens ist auch hier, analog zum Bereich der Mündlichen Kommunikation, das **Bühlersche Organonmodell** mit seinen drei Hauptfunktionen Expression (Ausdruck), Information (Darstellung) und Appell leitend, das um die ästhetische (und mithin spielerische) Dimension als vierter Komponente ergänzt werden kann.

Schreibfunktionen: In ähnlicher Weise hat Ossner die Schreibfunktionen des Schreibens für sich (psychische Funktion bzw. **personales Schreiben**), des Schreibens für andere (kognitive Funktion bzw. **epistemisches Schreiben**) und des Schreibens an andere (soziale Funktion bzw. **appellativ-kommunikatives Schreiben**) unterschieden und auch die kreative Seite des Schreibens (kreative Funktion bzw. **ästhetisches Schreiben**) berücksichtigt (Ossner 2006, S. 107). Zu berücksichtigen ist bei allen diesen Funktionen, dass sie im einzelnen Schreibakt selten getrennt, sondern eher kombiniert unter wechselnder Dominante vorkommen und nur entsprechend prototypisch bekannten Textkonventionen zugeordnet werden können (z. B. das assoziativ-kreative Schreiben als expressiver Selbstausdruck, der Bericht als dominante Informationsfunktion, das Flugblatt mit dominanter Appellfunktion, das Elfchen mit dominant spielerisch-ästhetischer Funktion usw.). Bezieht man die vier Grundfunktion didaktisch auf Kompetenzen, so lassen sich zumindest Grundtendenzen

der anforderungsorientierten Kompetenzentwicklung in Unterricht und
Schule angeben (vgl. Baurmann/Pohl 2009, S. 98):

- hinsichtlich der **Ausdrucksfunktion** von einem emotional involvier-
tem Schreiben zu einem emotional involvierendem Schreiben,
- hinsichtlich der **Darstellungsfunktion** von einem kontextuell einge-
betteten Schreiben zu einem kontexterzeugenden Schreiben,
- hinsichtlich der **Appellfunktion** von einer egozentrischen Perspektive
zur Antizipation eines generalisierten Lesers und schließlich hinsichtlich der sprachlich-ästhetischen Funktion von einer rudimentären zur
Textsorten und -funktionen geleiteten Gestaltung.

Schreibstrategien: Von den Schreibfunktionen sind die Schreibstrategi-
en zu unterscheiden, die nach Ortner »erprobte und bewährte Verfahren
(zur) Bewältigung spezifischer Schreibanlässe und potenzieller Schreib-
schwierigkeiten in spezifischen Schreibsituationen« darstellen (Ortner
2000, S. 351 f.). Insgesamt unterscheidet er zehn Strategien, die sich wiederum in drei Grundtypen zergliedern: Formen eines nicht-zerlegenden
Schreibens (Strategie 1), Formen aktivitätszerlegenden Schreibens (Strategien 2 bis 8) und Formen produktzerlegenden Schreibens (Strategie 9 und
10). Baurmann hat in einem Schema den jeweiligen Strategien typische
bzw. mögliche Aufgabenbeispiele beigefügt:

Schreibstrategie	Beispiel
1. Schreiben in einem Zug	kreatives (automatisches) Schreiben
2. (nur) einen Text zu einer Idee schreiben	der vertraute Schulaufsatz zu einem vorgegebe-nen Thema
3. Schreiben von Textversionen zu einer Idee	Verfassen verschiedener Textrevisionen und an-schließende Entscheidung für eine Fassung
4. Herstellen von Texten über die redaktionelle Arbeit daran	Weiterführungen und Überarbeitungen von Texten, etwa nach Verfahren wie Textlawine, Textlupe und Schreibkonferenz
5. planendes Schreiben (etwa nach Gliederung, Stichwort-sammlung, Skizzierung des Aufbaus)	Verfassen von Texten auf der Basis einer Gliede-rung, auch die vielfältigen Hilfen zur Entlastung beim Verfassen von Texten (Vorgaben wie Reiz-wörter, Bilderfolgen)
6. Einfälle außerhalb eines Textes (weiter-)entwickeln und da-nach niederschreiben (»Zuerst denken, dann schreiben«)	sich Argumente und Gegenargumente ausdenken und dann in einer Erörterung schriftlich darstellen
7. schrittweises Vorgehen, Schritt-für-Schritt-Schreiben	kontinuierlich entwickeltes Schreiben bei umfang-reichen Schreibvorhaben (Projekte, Facharbeiten)
8. synkretistisch-schrittweises, also vermischt-uneinheitliches Schreiben	uneinheitliches, wechselndes Vorgehen beim Verfassen von Texten (Ausformulierung von Text-teilen, Festhalten von Stichwörtern, Anlegen von Skizzen und Schaubildern)
9. moderat zerlegendes Schreiben von Segmenten oder Texteilen	Formen des kooperativen Schreibens, etwa am PC
10 extrem produktzerlegendes Schreiben nach dem Puzzle-Prinzip	Erstellen eines schlüssigen Textes am PC, Zusam-menfügen von Textbausteinen aus dem Internet nach Recherchen

Modell der
Schreibstrategien
(nach Ortner
2000; vgl. Baur-
mann 2008, S. 256)

Diese Auflistung zeigt, wie eng der Rahmen von üblicherweise im Unterricht berücksichtigten Schreibstrategien ist, da sich Schüler/innen wie Lehrkräfte in der Regel auf die Strategien 1 und 5 (Schreiben in einem Zug bzw. planendes Schreiben) konzentrieren würden. Für eine schreib- und schreiberdifferenzierte Förderung liegt es aber nahe, diese enge Bindung aufzugeben und Schreibanlässe so zu erweitern, dass möglichst viele Strategien im Kontext von Aufgaben und Textsorten zum Zuge kommen, insbesondere um den Voraussetzungen, Fähigkeiten und Interessen der Schülerinnen und Schüler gerechter zu werden.

Übergreifende Prinzipien der Schreibförderung: Als weitere, übergreifende Prinzipien der Schreibförderung sind für alle Schularten und Schulstufen festzuhalten (vgl. z.B. Becker-Mrotzek/Böttcher 2006, S. 39–51; Baurmann/Pohl 2009, S. 85 ff.):

- die Motivierung zur **eigenaktiven Entdeckung der Schriftlichkeit** und die Weckung eines dauerhaften, über die gesamte Schulzeit und möglichst darüber hinaus wirkenden Interesses am eigenen Schreiben;
- die **Schaffung von Schreibgelegenheiten** innerhalb und möglichst auch außerhalb von Unterricht und Schule vor dem Hintergrund von Interesse und Voraussetzungen (Vorwissen, Kompetenzstand) der Schülerinnen und Schüler und kommunikativ plausibler (sinnvoller) Schreibarrangements und -aufgaben;
- die **Vermittlung literarischer Vorbilder** (aus der Kinder-, Jugend- und Erwachsenenliteratur) sowie die Ermöglichung von Formen der gemeinsamen Schreibarbeit (kooperierende Schreibformen auf Papier oder PC) und von sozialer Anschlusskommunikation, die der Präsentation, Kritik und ggf. Publikation von Schreibprodukten dienen (z.B. Verfahren der Textlupe, der Schreibkonferenz oder Schreibateliers; vgl. Becker-Mrotzek/Böttcher 2006, S. 39 ff.);
- die individuelle Bestärkung und ggf. gezielte Förderung von Schreibmotivation und einzelner Schreibkompetenzen, und zwar nach dem kompetenzorientierten Grundsatz **individueller Schreiberdifferenzierung**, der adaptiv den Entwicklungsstandstand je Einzelkompetenz ermittelt und das nächsthöhere Niveau der Schreibentwicklung anvisiert (insbesondere im Zusammenhang mit Formen des Schreib-Portfolios; vgl. Bräuer 2000).

Beispiel kreatives Schreiben: Als Schreibanlass aus dem Bereich des kreativen Schreibens ist das ›freie‹ Schreiben nach einem Bildimpuls gewählt, z.B. nach surrealistischen oder anderen anregenden Motiven. Kreatives Schreiben zeichnet sich generell dadurch aus, dass es – wohl stärker als die anderen, in der Regel pragmatisch ausgerichteten Schreibaufgaben (Beschreiben, Berichten, Interpretieren usw.) – in der Lage ist, verschiedene Aspekte der schreibdidaktischen Vermittlung gleichzeitig zu bedienen. Dies betrifft vor allem die

- **erhöhte Motivationslage** und Ermöglichung **individuellen Zugangs** (Auseinandersetzung mit einem wichtigen Thema und interessantem Kunstwerk anhand eigenen Tuns);

- die Möglichkeit des **Einbezugs verschiedener Textmuster**, d. h. narrativer, informierender oder auch argumentierender Elemente;
- die **Verbindung der vier verschiedenen Schreibfunktionen** (Darstellung des Wahrnehmbaren, Ausdruck eigener Gefühle, Appell an den Leser, ästhetische Textgestaltung);
- die **Entwicklung semantischer und grammatischer Kompetenzen** (sprachliche Kompetenzen im engeren Sinne: treffende Wortwahl, angemessene Syntax und Morphologie, freiere Wahl der Orthographie und Interpunktion u. a.),
- die **Anwendung und Kombination verschiedener Schreibstrategien und Überarbeitungsmöglichkeiten** (Schreiben in einem Zug, nach Gliederung, in Kooperation u. a.).

Kreatives Schreiben im Anschluss an einen Bildimpuls   Beispiel

Zur Veranschaulichung sei der Text einer Schülerin (Oberstufe des Gymnasiums) zitiert, der im Anschluss an einen Bildimpuls durch Picassos berühmtes Antikriegs-Gemälde »Guernica« (und aufgrund mehrfacher Überarbeitungen) entstanden ist und in dem sich eine Reihe der genannten Aspekte wiederfinden lassen:

Grell-
zuckender
Bombenblitz aus der Luft
Zersprengter Unterstand
Mörderisches Glühlicht
taucht in fahlen Schein
Mensch Tier Ding

Dunkelheit danach
traumatisch beleuchtet
vom Schock der Erinnerung
dessen bleiches Weiß
ein Dreieck des Grauens
entwirft

Schrecken und Panik:
Eine stürzt herbei
den Körper von Kopf bis Fuß
voller Angst gespannt
Eine reckt die Arme hoch
das Gesicht ganz
einem stummen Himmel zugewandt

Eine hält in ihren klagenden Armen
ein totes Kind
In der Mitte
Ein Pferd
Kopf und Hals
in kreatürlichem Schrecken
querüber verrenkt
Vor ihm
am Boden
sein Reiter
mit offenem Mund
verdrehten Augen
Körper und Schwert
wie bei einer hingeworfenen Puppe
zerbrochen

Der Stier
mit dem Doppelgesicht
schweigt

3.3.4 | Modelle der Beurteilung und Bewertung

Es gehört zu den Aufgaben von schulischem Unterricht, Leistungen der Schüler/innen zu begutachten, was insbesondere auch für schriftliche Texte gilt (auch im Bezug auf das obige Beispiel). Die eingangs erläuterte Beobachtung des Schreibens aus Produkt- und Prozessperspektive spiegelt sich auch in den Verfahren der Beurteilung und Bewertung wider. Gemeinsam ist ihnen, dass sie sich an dem **Prinzip des fördernden Beurteilens** und Korrigierens bzw. der **Mäeutik** orientieren und dabei möglichst an den bekannten sozialwissenschaftlichen Gütekriterien der Objektivität, Validität und Reliabilität ausgerichtet sein sollten. Produktorientierte Konzepte bestehen insbesondere in der Artikulation von Kriterienrastern, unter denen das **Zürcher Textanalyseraster** und seine verschiedenen Adaptionen das bekannteste ist. Es lassen sich in diesem Sinne folgende Dimensionen des Beurteilens unterscheiden (vgl. z.B. Becker-Mrotzek/ Böttcher 2006, S. 86–111):

Beurteilungs-
verfahren (Becker-
Mrotzek/Böttcher
2006, S. 95)

Dimension	Kriterium	Grad		
Sprachrichtigkeit		1	0,5	0
Orthographie	1. Entspricht die Orthographie einschließlich Zeichensetzung dem Lernstand?			
Grammatikalität	2. Sind Wortbildung und Satzbau grammatisch korrekt?			
Sprachangemessenheit				
Wortwahl	3. Ist der Wortschatz angemessen? Werden Inhaltswörter, Funktionswörter, komplexe Ausdrücke und Fachtermini treffend verwendet?			
Satzbau	4. Ist der gewählte Satzbau der Aufgabe und dem Leser angemessen?			
Inhalt				
Gesamtidee	5. Lässt der Text eine dem Thema angemessene Gesamtidee erkennen (z.B. passende Überschriften)?			
Umfang/Relevanz	6. Sind Umfang und Inhalt der Aufgabe angemessen?			
Aufbau				
Textmuster	7. Wird ein der Aufgabe angemessenes Textmuster verwendet?			
Textaufbau	8. Ist der Text sinnvoll aufgebaut? Lässt er eine innere/äußere Gliederung erkennen (Abschnitte etc.)?			
Thematische Entfaltung	9. Wird das Thema in einer der Fragestellung angemessenen Art entfaltet?			
Leserführung	10. Wird der Leser aktiv durch den Text geführt? Werden textstrukturierende Mittel verwendet?			

Dimension	Kriterium	Grad		
Prozess				
Planen/Über-arbeiten	11. Lässt der Text Planungs- und Überarbeitungs-spuren erkennen?			
Wagnis	12. Lässt der Text ein besonderes sprachliches Wagnis erkennen? Ist er in besonderer Weise kreativ?			

Prozessorientierte Überlegungen gehen darüber hinaus in die Richtung, nicht nur die **summative Beurteilung** zu vollziehen, wonach die Addition von Hausaufgaben und Klassenaufsätzen über einen längeren Zeitraum (Schulhalbjahr, Schuljahr) die bekannte Grundlage jeder Schulpraxis bildet. Als ein erster Ansatz in dieser Richtung wäre demnach zu werten, wenn neben dem fertigen Text auch die vor- und mitlaufenden Überarbeitungen berücksichtigt werden. Einen wichtigen Schritt weiter würde schließlich das **entwicklungsorientierte Beurteilen** gehen, das die jeweils individuelle Entwicklung schriftsprachlicher Leistungen von Kindern und Jugendlichen in den Blick zu nehmen hat. Hierzu würden sich besonders Schreibprojekte und umfangreiche Portfolios eignen, in denen neben den Endfassungen auch Notate, Planungsskizzen, erste Entwürfe und Überarbeitungen gesammelt würden (vgl. Bräuer 2000).

3.4 | Lesen – Umgang mit Texten und Medien

Im Unterschied zum produktionsorientierten Charakter mündlicher und schriftlicher Kommunikation stehen im Aufgabenbereich ›Lesen – Umgang mit Texten und Medien‹ zunächst eher rezeptive Wahrnehmungen (und im zweiten Schritt aktive Handlungen) im Vordergrund. Während rein systematisch gesehen dieser Bereich innerhalb des Deutschunterrichts eines von insgesamt vier Feldern ausmacht, bildet er als ›Literatur- bzw. Mediendidaktik‹ einen auch institutionell separierten Bereich innerhalb der universitären Ausbildung. Dies entspricht nicht nur dem erreichten Stand akademischer Arbeitsteilung in den Fachwissenschaften (als institutionelle Trennung von Sprach- und Literaturwissenschaft), sondern auch Umfang und Gewicht im Deutschunterricht selbst (s. Kap. 4). Die folgende kurze Skizzierung der Lesedidaktik zielt auf Aspekte, die von besonderem sprachdidaktischen Interesse sind, nämlich Elemente und Kompetenzfragen auf der Wort- und Satz- und Text-Ebene (u. a. am Beispiel von Metaphorik und Symbolik).

Sachgegenstand des schulischen Leseunterrichts sind bekanntlich **Texte,** wobei darunter zunächst einmal **schriftsprachlich fixierte Äußerungen** verstanden werden, die von mindestens Phrasen- bzw. Satzlänge (z. B. Redewendungen, Aphorismen) über mittellange Texte (z. B. Zeitungstexte, Erzählungen, Gedichte) bis hin zu Großtexten (z. B. des literaturgeschichtlichen Kanons) reichen und ein Mindestmaß an formaler, inhaltlicher und/oder funktionaler Kohärenz aufweisen.

Die **Ergänzung um den Bereich der Medien,** der in den Formulierungen von Bildungsstandards und Kernlehrplänen neben diejenigen des Textes tritt, ist darauf zurückzuführen, dass die gegenwärtige und zukünftige Lebenswelt von Heranwachsenden durch eine breite Palette audiovisueller Medien mit geprägt ist, deren Verstehen ebenso bestimmte Wahrnehmungs- und Lesefähigkeit voraussetzt (Radio, Film, Fernsehen, Computer, Internet usw.; z. B. aus Sicht der Fachdidaktik Deutsch vgl. Frederking/Krommer/Maiwald 2008). Für den Aufgabenbereich ›Lesen‹ bedeutet dies, Texte und Medien im Prinzip gleichrangig zu berücksichtigen und den unterrichtlichen Umgang mit ihnen in einem umfassenden Sinn zu gestalten. Überblickt man die Vorgaben von Bildungsstandards, Kernlehrplänen und Fachliteratur, so lassen sich in dieser Hinsicht folgende Kompetenzorientierungen benennen:

Kompetenz-
orientierungen
der Lesedidaktik

- die Vermittlung elementarer Lesefertigkeit (*literacy*) und erweiterter Leseflüssigkeit (*fluency*);
- die **Unterstützung subjektiver Involviertheit** in einen Text, etwa durch Vorstellungsbildung bzw. Imaginationsfähigkeit;
- der **produktiv-gestalterische Umgang** mit Lektüren in verschiedenen Formen wie Vortrag, Gespräch und Inszenierung, in Formen des eigenen Vertextens (Schreibens) und Visualisierens (Diagramme, Bilder, Filme);
- die Steigerung der Fähigkeit **analytisch-kognitiven Leseverstehens,** die derzeit einen Schwerpunkt der – eben auch kognitiv orientierten – Kompetenzdebatte ausmacht;
- die Verfügung über **Arbeitstechniken und Strategien** zur Förderung der Lese-Effizienz und deren kritische Steuerung und Überprüfung;
- der Erwerb expliziten **Wissens über Medienangebote** (Print- und AV-Medien) und Texte (Wissen über Autoren, Werke, Gattungen, Stile, Epochen) sowie über deren aktuellen bzw. historischen soziokulturellen Hintergrund;
- die Ausbildung einer **kritischen Reflexionsfähigkeit** gegenüber Inhalten und Formen von Texten und Medien wie auch gegenüber dem eigenen (methodischen, inhaltlichen, habituellen) Umgang mit ihnen;
- die Aneignung eines positiven, involvierenden und **stabilen Habitus** gegenüber dem Lesen, der auf der Entwicklung von Lese-Motivation, -Engagement und -Volition auch gegenüber längeren und schwierigeren Texten und Medien bestehen bleibt;
- die kritische Nutzung des Lesens zur eigenen **Persönlichkeitsbildung** (z. B. zum Wissenserwerb, zur Unterhaltung, und/oder zur ästhetisch-kulturellen Bildung);
- die Bereitschaft und Fähigkeit zum Austausch über Gelesenes mit anderen im Gespräch und anhand anderer Formen sozialer und kultureller **Anschlusskommunikation.**

Zusammengenommen führen diese Aspekte des Umgangs mit Texten und Medien zu **Textualitäts-, Literarizitäts- bzw. Medienbewusstheit** (in Anlehnung an ›Sprachbewusstheit‹ bzw. ›Sprachbewusstsein‹ als leitender Zielkompetenz der Sprachreflexion; s.u. Kap. 3.4). Diese ›Bewusstheit‹

umfasst den Ausbau sowohl von kognitiven als auch subjektiven, sozialen und ästhetisch-kulturellen Lern- und Entwicklungspotenzialen.

3.4.1 | Erwerb, Entwicklung und Systematik von Lesekompetenz

Hinsichtlich des Erwerbs, der Entwicklung und der Systematik von Lesekompetenz gibt es eine längere wissenschaftliche Forschungstradition, die insbesondere nach den Großstudien PISA und IGLU auch in der Fachdidaktik Deutsch weiteren Auftrieb erfahren hat (vor allem aufgrund der bekannten kritischen Befunde zur Leseleistung deutscher Schülerinnen und Schüler im internationalen Vergleich). Grundsätzlich wird von der Leseforschung betont, dass der Umgang mit Texten und Medien einen im Prinzip lebenslangen Erwerbs- bzw. Entwicklungsprozess darstellt, der – idealerweise – in der **frühen Kindheit** beginnt (Vorlesen, Umgang mit Bilderbüchern, Medienrezeption, Sprachspiele), aber mit dem Eintritt in die Schule und dem dort sich vollziehenden elementaren Schriftspracherwerb (Erstlesen) sowie der anschließenden Förderung erweiterter und möglichst elaborierter Lesefähigkeiten einen bedeutsamen Entwicklungsschub erhält.

Natürlich beschränkt sich diese Entwicklung nicht auf die Anregungen, die aus dem Bereich von Schule und (Deutsch-)Unterricht entspringen, aber allein die Lese-Entwicklung, die nach dem Anfangsunterricht dem vertiefenden Ausbau von Lesekompetenz dient, zeigt sich von einer ganzen Reihe von Faktoren abhängig, die noch dazu in einem komplexen Interdependenzverhältnis stehen. Die Forschung zur **Lesesozialisation** verweist in diesem Zusammenhang beispielsweise auf die Bedeutung von Faktoren wie **Familie**, **Schicht**, **Geschlecht** und **ethnischer Herkunft**. Leseschwierigkeiten werden mithin in der Sozialisationsforschung mit problematischen Familienverhältnissen, niedrigem Sozialstatus der Eltern und Migrationshintergrund in Verbindung gebracht; zudem schneiden in der Regel Mädchen besser als Jungen in ihrem Leseverhalten ab. Die bekannten Folgen bestehen typischerweise in der Ausbildung eines bestimmten Leserhabitus (als Wenig- oder Nicht-Leser) mit einer bestimmten Lese-Entwicklung (Wenig- bzw. Nicht-Lesen schon mit dem Anfangsunterricht bzw. nach der entwicklungstypischen Lese-Krise in der Adoleszenz; vgl. z. B. Graf 2002).

Die kognitionspsychologische Seite des Leseverstehens zeigt sich wiederum von einer Reihe mentaler Bedingungsfaktoren abhängig, die – in Verbindung mit den strukturellen Merkmalen und ggf. ›Schwierigkeiten‹ auf Seiten des Textgegenstands – für eine mehr oder minder ausgereifte Lesekompetenz sorgen. Dazu gehören neben allgemeinen kognitiven Fähigkeiten vor allem (vgl. Schaffner u. a. 2004, S. 206):   Lesekognition

- das Vorwissen der Leser/innen;
- ihre Verfügung über eine hohe und schnelle Dekodierungsfähigkeit;
- die Verfügung über geeignete Lesestrategien sowie
- Kenntnisse über Verfahren metakognitiver Selbststeuerung.

Lesen – Umgang
mit Texten
und Medien

Sprachdidaktisch gesehen ist weiterhin von besonderem Interesse, dass **Leseverstehen als ein komplexer Vorgang aus mehreren Teilprozessen** verstanden wird, die sich auf Wort-, Satz- und Textebene abspielen (vgl. z. B. Christmann/Groeben 1999). Demnach ist

Teilprozesse des
Leseverstehens

- auf einer untersten Ebene das Erkennen von Buchstaben und Wörtern und die Erfassung von Wortbedeutungen angesiedelt (**Wortebene**),
- auf einer mittleren Ebene die Herstellung syntaktischer und semantischer Relationen auf der Ebene des einzelnen Satzes und einzelner Sätze (**Satzebene**),
- auf einer höheren Ebene schließlich die übergreifende Integration von Sätzen zu Bedeutungseinheiten und der Aufbau einer kohärenten mentalen Repräsentation des jeweiligen Textes (**Textebene**, Relevanz von Textsorten-Wissen).

Dieser Repräsentationsakt wird mithin als Resultat einer Text-Leser-Interaktion bzw. des Aufeinandertreffens von Text- und Aufgabenmerkmalen mit den spezifischen Voraussetzungen eines Lesers (Vorwissen, Intention, Lesestrategien) beschrieben (vgl. Artelt u. a. 2007, S. 11).

Kompetenzmodelle des Leseverstehens sind im Anschluss an diese und entsprechende Überlegungen im Rahmen der bekannten Schulleistungsstudien PISA, IGLU und DESI entwickelt worden, die auch innerhalb der Fachdidaktik Deutsch zu einer vertieften Rezeption und Diskussion geführt haben. Die Modelle von PISA (2000) und IGLU (Bos u. a. 2007) bilden sowohl **Leseanforderungen** (in Form von Teildimensionen) als auch **Ausprägungsgrade** (in Form von Kompetenzstufen) ab. Die drei PISA-Teildimensionen beziehen sich auf die Anforderungen des Ermittelns einzelner und weniger Informationen, der lokalen und globalen Kohärenzbildung auf Text-Ebene sowie des Reflektierens (in expliziter Verknüpfung mit textexternen Wissensbeständen).

PISA-Kompetenz-
modell (vgl. Köster
2008, S. 163)

Dimensionen	Informationen ermitteln	Textbezogen interpretieren	Reflektieren und bewerten
Stufe III	versteckte Informationen erschließen	Detailverstehen bei unvertrauten Themen	kritisch zum Text Stellung nehmen
Stufe II	Beziehungen erkennen	Textteile integrieren	Textmerkmale bewerten
Stufe I	explizite Informationen lokalisieren	auffällige Hauptgedanken wiedergeben	Verbindung zu Alltagswissen herstellen

Im Anschluss an fachdidaktische Forschungen und Vorschläge (z. B. Köster/Rosebrock 2009), die neben den pragmatischen insbesondere literarische Texte und Medien im Blick haben, lassen sich die bislang genannten Aspekte in ein fachdidaktisch ausgerichtetes Lesekompetenzmodell zusammenfassen, das die Elemente auf der **subjektiven und sozialen Ebene** (Habitus usw.; soziokulturelle Anschlusskommunikation) mit der **kognitiv ausgerichteten Prozess-Ebene** des Leseverstehens vermittelt

(die prozedurales und problemlösendes bzw. explizites Fakten- und Re-
flexions-Wissens enthält). Auf der Prozess-Ebene unterteilen sie wiederum fünf Ebenen (als Ebenen fachdidaktischer Kompetenzanforderung),
wobei die ersten drei weitgehend mit der zitierten Unterscheidung von
mentalen Kohärenzbildungen auf Wort-, Satz- und Texte-Ebene zusammenfallen:

1. Wort- und Satz-Identifikation,
2. Erkennen von lokalen Kohärenzen,
3. Auffinden von globaler Kohärenz,
4. Untersuchung von Superstrukturen eines Textes und seinen semantischen Gestaltungsmitteln (Argumentationsstrukturen, rhetorischen
   Mitteln der uneigentlichen Rede und allgemeines Textsortenwissen),
5. Betrachtung pragmatischer Intentionen und Wirkungsabsichten (z. B.
   Werbetexte, politische Texte), insbesondere in schwierigen Fällen, die
   ein kulturelles Vorwissen des Lesers benötigen.

Prozessebenen des
Leseverstehens

Die letzteren beiden Ebenen sind nach Köster/Rosebrock (2009) unbedingt sachlich und didaktisch mit zu berücksichtigen, weil sie erhöhte
Anforderungen eines erweiterten bzw. elaborierten Text- und eben auch
Sprachverständnisses darstellen (s. Kap. 4). Hinzuzufügen sind schließlich eine Ebene **deklarativ-expliziten Wissens** (über Texte/Medien und
historische und soziokulturelle Bedingungen und Wirkungsweisen) sowie eine **metakognitive Reflexionskompetenz** (von Inhalt, Form und
Wirkung von Texten und Medien).

Systematik Lese-
kompetenz (nach
Köster/Rosebrock
2009)

Wissensart	Typ	Merkmale
prozessuales und problem- lösendes sowie Fakten- und Reflexions- wissen (kognitive Ebene)	implizites Wissen	Wort-/Satz-Identifikation
		lokale Kohärenz (satzübergreifend)
		globale Kohärenz (textintegrierend)
		Erkennen von Superstrukturen (Semantik) (Informations-/Argumentationsmuster, rhetorische Mittel (Ironie, Symbolik),Textsortenwissen)
		Identifikation von Darstellungsstrategien (pragmatische Funktionen)
	explizites Wissen	Erarbeitung von Faktenwissen und Aktivierung vertieften Leseverstehens: Wissen über Autoren, Werke, Epochen, Stile
	Metakognition	Reflexion von Inhalt und Form
Subjekt-Ebene	Leser-Habitus	Motivation, Engagement, Erfahrung,
	Lese-Funktion	Wissenserwerb, Unterhaltung, ästhetisch-kulturelle Bildung
sozio-kulturelle Ebene	informell	Familie, Freunde, Bekannte
	institutionell	Schule
	öffentlich	Medien (Zeitung, Zeitschrift, Theater, Radio, Fernsehen, Internet usw.)

3.4.2 | Beispielfall ›Symbolkompetenz‹

Hinsichtlich der Formstrukturen, die pragmatische und literarische Texte prägen, können beispielsweise **Elemente symbolischer Sprache** besonderes sprachdidaktisches Interesse beanspruchen. Gemeint sind damit Metaphern, Synekdochen, Metonymien und andere Formen der bildlichen und zugleich indirekten bzw. bedeutungsübertragenden Analogiebildung (Beispiel: »Der Mann ist stark wie ein Löwe«). Symbole sind aus mehreren Gründen für eine sprachdidaktische Kompetenzorientierung interessant:

Merkmale von
Symbolkompetenz

1. Es handelt sich um **Strukturphänomene**, die gewissermaßen auf der Schwelle zwischen pragmatischer Sprache und ästhetischer Literatur sowie dem Film stehen und schon traditionell sowohl von der Sprach- als auch der Literaturwissenschaft als wichtiges Gegenstandsfeld in Anspruch genommen werden. In Bildungsstandards und Kernlehrplänen bzw. in Sprach- und Literaturdidaktik wird das Thema daher sowohl dem Bereich Lesen als auch dem Bereich Sprachreflexion zugewiesen (vgl. Bredel 2007).

2. Gerade Literatur- bzw. Fachdidaktiker heben jüngst vermehrt die zentrale Bedeutung symbolischen Verstehens für die Kompetenzentwicklung hinsichtlich pragmatischer, literarischer und multimedialer Kompetenzen heraus und sprechen diesem eine Art Schlüsselstellung der Vermittlung zwischen den drei Ebenen **kognitiven, subjektbildenden** und **sozialen Kompetenzaufbaus** zu (Spinner 2006c). Metaphern und Symbole steuern demnach nicht nur eine wichtige Dimension der strukturellen Konstitution und des kognitiven Erfassens von Texten, sondern bieten auch emotional intensive Möglichkeiten der Identifikation sowie der sozialen Bewertung und Handlungsaufforderung.

3. Festzuhalten ist, dass symbolische Strukturen sich je nach textueller Ausrichtung sowohl auf die Ebene einzelner Worte, Wortgruppen oder Sätze beziehen als auch für eine makrostrukturelle Textorganisation im Sinne globaler Kohärenzbildung, Formierung von Superstrukturen und Darstellungsfunktionen sorgen können. Typisch hierfür sind Textsorten, die auch für den Schulunterricht von großer Bedeutung sind wie z. B. **Fabeln** und **Parabeln** als symbolische Erzählungen oder bestimmte Typen **symbolisch überformter Gedichte**.

4. Der Umgang mit Symbolen lässt sich wiederum kompetenzorientiert auf die **drei grundlegenden Wissenstypen** ›Können‹, ›Wissen‹ und ›Metakognition‹ beziehen. Der Bezug auf die drei Wissenstypen kann anhand eines Vorschlags Kammlers (2006) verdeutlicht werden, der fünf allgemeine Standards für das Verstehen von Symbolen aufgelistet hat (leicht modifiziert in der rechten Spalte des folgenden Schemas), hinter denen sich erkennbar zugleich verschiedene Ebenen kompetenzorientierter Wissensleistungen verbergen:

Wissensart	Allgemeine Standards von Symbolkompetenz (nach Kammler 2006)
prozedurales Wissen (text-intern)	Erfassen der (möglichen) Bildlichkeit sprachlich-literarischer oder verwandter medialer Elemente (visuelle oder graphische Bilder)
problemlösendes Wissen (text-intern)	Bedeutungskonstitution durch In-Beziehung-Setzen und Überprüfung von Deutungshypothesen (z. B. zu einem einzelnen Symbol) durch Bezugnahme auf andere Textpartien
deklarativ-inhaltliches Wissen (text-extern)	Bedeutungskonstitution durch In-Beziehung-Setzen von Deutungshypothesen zu historischen, auch wirkungsgeschichtlichen Kontexten (z. B. zum Gesamtwerk eines Autors, zu (literatur-)historischem Wissen bzw. kulturellem Wissen über konventionalisierte und kulturell überlieferte Symbole)
deklarativ-methodisches Wissen (text-extern)	Kenntnis und Gebrauch einschlägiger Fachbegriffe (Sprachbild, Metapher, Synekdoche, Metonymie, Symbol, Allegorie, Analogie usw.)
Meta-Kognition/ -Reflexion (text-extern)	Reflektieren des Spielraums, der dem Leser bei der Konstitution der Bedeutung literarischer Symbole eingeräumt wird kritische Reflexion der Geltungskraft einschlägiger Fachbegriffe kritische Bewertung der gewählten Symbolik

Wissensarten von Standards der Symbolkompetenz (nach Kammler 2006)

5. Methodisch lassen sich diese Elemente der Kompetenzanforderung zugleich in eine geordnete **Schrittfolge der Symbolanalyse** und -interpretation bringen, die von der Ermittlung der Bild-Ebene zur Konstitution einer analogen Bedeutungsebene führt und in diesem Zusammenhang methodisches und inhaltliches Wissen einbringt.

Symbolverstehen pragmatischer Texte (Börsen-Kommentar)

Beispiel

Pragmatische Texte stellen nicht nur ›sachlich‹ dar, vielmehr lässt sich auch an ihnen das Symbolverstehen erweitern (hier: »Der nächste Berg ruft« von Hanno Mussler aus der *FAZ* vom 11.12.2010):

»Auf der Welt haben Fachleute insgesamt 14 Berge mit mehr als 8000 Metern und 318 Berge mit mindestens 7000 Metern ausgemacht. Das sind die Gefilde, in denen sich der Deutsche Aktienindex Dax wieder bewegt. Der wichtigste Aktienindex hat in dieser Woche erstmals seit Juni 2008 mehr als 7000 Punkte erreicht. [...]. / Ähnlich wie für Bergfreunde ist für den Dax der Höhenbereich von 7000 nichts Ungewöhnliches. Mehrere Dutzend Mal hat der Dax die Schwelle von 7000 Punkten schon umkreist – zum ersten Mal im Jahre 2000 beim Aufstieg auf mehr als 8000 Punkte und dann wieder beim postwendenden Abstieg auf am Ende März 2003 kaum mehr als 200 Punkte. Im Jahr 2007 war der 7000er für den Dax der Ausgangspunkt für den Gipfelsturm auf den Höchststand von 8151 Punkte. 2008 boten 7000 Punkte dem Dax keinen dauerhaften Halt. Vielmehr ging es in der Finanzkrise noch bis März 2009 auf 3588 Punkte herunter. / Doch ähnlich wie nach dem Tief im März 2003 hat sich der Dax jetzt schnell erholt. Seit dem Tief im März 2009 hat der Index 96 Prozent zugelegt, in diesem Jahr allein 18 Prozent. [...] Der Anstieg des Dax seit März 2009 mag gewaltig erscheinen, aber die Unternehmensgewinne sind seither noch stärker gestiegen. [...] Zumindest dem Versuch, abermals die 8000 Punkte zu erklimmen, scheint daher wenig entgegenzustehen. [...] In den Bergen, so heißt es, kommen nur die Härtesten durch. Auch für den Dax sind 8000 Punkte noch wenig erkundetes Gelände. Aber Achttausender haben wegen ihrer Seltenheit auf der Welt einen ganz besonderen Reiz.«

Typisch für den Symbolgebrauch journalistischer Texte ist auch an diesem Text die einerseits konventionelle und damit relativ leicht erschließbare Beziehung zwischen Bild- und Bedeutungsbereich (Hochgebirge und Dax), andererseits die Ermöglichung kritischer Metakognition. Im vorliegenden Fall bietet sich dazu die Benennung und kritische Bestimmung der im Text gebrauchten symbolischen Verfahren an: So ließe sich beispielsweise herausarbeiten, dass die Verwendung der Symbolik nicht bloß einen vereinfachenden, komplexe Sachverhalte veranschaulichenden und schmückenden Charakter besitzt (wie wohl im Fall der metaphorischen und personifizierende Symbolik von Gebirge und Dax (der Dax als Bersteiger-Figur), sondern – wie im Fall der ›historischen Analogien‹ mit den Jahren 2000 und 2007 – die symbolisch-vergleichende Inbezugnahme, die das eigentliche rhetorische ›Argument‹ für die offensichtliche Zuversicht auf einen neuen Rekord-›Anstieg‹ abgibt. Kritisch generalisierend ließe sich dann die Vermutung diskutieren, ob und inwieweit die Auswahl und Akzentuierung der Symbolik journalistischer Texte den jeweiligen Interessen, Bewertungen und Logiken von Autoren gehorcht.

6. Schließlich lässt sich auch ein **Symbolcurriculum**, das die verschiedenen Ebenen der Textschwierigkeit hinsichtlich symbolischer Strukturen (Typen des In-Beziehung-Setzens zwischen Bild und Bedeutung) auf verschiedenen Entwicklungs- bzw. Schulstufen abbildet, formulieren:

Modell Symbol-
curriculum

Symbolischer Strukturtyp/ Schulstufe	Anforderungen Leseverstehen/ Merkmale des Symboltyps	Typische Beispiele des DU (Gattungen/Genres):
Emblematischer Symboltyp (ab Anfang Sek. I)	relativ einfache Erschließungsmöglichkeit häufig explizit gegebener Bild- und Bedeutungselemente unter Zuhilfenahme einfachen Vor- und Strategiewissens	Sprichwörter, Redensarten, Fabeln, Epigramme, Barock-Lyrik
Aktuelle Medien- und Literatursymbolik (ab mittlerer Sek. I)	relativ einfache und gut begründbare Erschließungsmöglichkeit anhand nur teilweise expliziter, aber konventioneller Bild- und Bedeutungsrelationen	aktuelle Print- und AV-Medien, populärwissenschaftliches Sachbuch, Kinder- und Jugendliteratur, Unterhaltungsliteratur
›Klassischer‹ Symboltyp der Kunstliteratur seit der Goethezeit (Sek. I + II)	schwierigere Erschließungsmöglichkeit aufgrund komplexer Bild-Bedeutungsrelationen, notwendige Zuhilfenahme erweiterten Vorwissens und methodischen Strategiewissens	literarische Höhenkammliteratur seit Klassik/Romantik über Realismus und Klassische Moderne bis zur Gegenwart (von Goethe bis Brecht u.a.)

Symbolischer Strukturtyp/ Schulstufe	Anforderungen Leseverstehen/ Merkmale des Symboltyps	Typische Beispiele des DU (Gattungen/Genres):
Symboltyp absoluter Poesie moderner Avantgarde und experimenteller Literatur (v.a. Sek. II)	schwierige Erschließbarkeit unter Zuhilfenahme elaborierter Lesestrategien, Aktivierung von Vorwissen und kritischer Reflexion von Methoden und Geltungsanspruch	avancierte Literatur: Symbolismus, Avantgarde, experimentelle Poesie u.Ä. (z.B. Trakl, Kafka, Celan)

3.5 | Sprachreflexion

Sprachreflexion bildet neben den Bereichen des Sprechens, Schreibens und Lesens den vierten Aufgabenbereich des Deutschunterrichts (es kursieren ferner eine Reihe von alternativen Termini wie zum Beispiel ›Sprachbetrachtung‹, ›Sprachthematisierung‹ oder ›Nachdenken über Sprache‹). Gemeinsam ist diesen Begrifflichkeiten das dahinterstehende Grundkonzept, die analytische Arbeit an der Sprache zusätzlich in einem eigenen Lernbereich systematisch und metasprachlich zu reflektieren. Damit erhält dieser Arbeitsbereich die für ihn typische Doppelfunktion, zum einen den **Nutzen sprachlichen Könnens und Wissens** für die anderen Lernbereiche zu betonen, zum anderen den **Eigenwert deklarativen und metakognitiven Wissens** herauszuheben. Je nach fachdidaktischer Auffassung kann der einen oder anderen Seite der Vorzug gegeben werden; insgesamt überwiegt aber wohl die Sichtweise, dass beide Seiten in einer Art Doppelcharakter zum Arbeitsfeld Sprachreflexion gehören, sich wechselhaft bedingen und somit in eine Art Gleichgewicht zu bringen sind. In den Bildungsstandards wird das Aufgabenfeld entsprechend ›Sprache und Sprachgebrauch untersuchen‹ genannt.

Sprachreflexion und Grammatikunterricht: Der Lernbereich ›Sprachreflexion‹ mit seinem traditionellen Kern des Grammatikunterrichts gilt bei Schüler/innen, aber häufig auch bei Lehrkräften als schwierig, da es hier um relativ komplexe systematische und abstrahierende Tätigkeiten mit eigenen Fachbegriffen und Prozeduren geht. Auch deshalb ist der Sinn und Zweck insbesondere von Grammatikunterricht mehrfach innerhalb der Fachdidaktik in Frage gestellt worden. Mit der Formulierung der nationalen **Bildungsstandards** ist dieser Lernbereich aber wieder stark aufgewertet worden, und zwar im Vergleich zu den drei anderen Aufgabenbereichen wie auch hinsichtlich grammatischen Könnens und Wissens. Auf Seiten der Lehrkräfte kommt hinzu, dass sie häufig selbst problematische Erfahrungen mit den Gebieten Grammatik und Sprachreflexion in Schule und Universität gemacht haben (bezüglich der Lernmotivation und der Vermittlung von spezifischem Können und Wissen); umso mehr stehen sie daher vor der Herausforderung, ihre Negativerlebnisse und ggf. Abwehrhaltung nicht ungewollt in die eigene Unterrichtsplanung und -durchführung zu übertragen (vgl. z.B. Bartnitzky 2005, S. 8 f.).

Dreh- und Angelpunkt einer erfolgreichen Änderung der Grammatikbiografie bildet die germanistische und deutschdidaktische Ausbildungsphase von Studierenden und Referendaren, in der den zukünftigen Lehrkräften die Bedeutung des Lernbereichs und die Möglichkeiten einer interessanten Vermittlung seiner Inhalte deutlich werden müssen.

3.5.1 | Zielkompetenz ›Sprachbewusstheit‹/›Sprachbewusstsein‹

Terminologisch gilt in der aktuellen Diskussion die Entwicklung und Förderung von »Sprachbewusstsein« bzw. »Sprachbewusstheit« als oberstes Ziel des Aufgabenbereichs Sprachreflexion. Gefüllt werden diese Begriffe allerdings mit konzeptionellen Überlegungen im fachdidaktischen Diskurs, die in teils unterschiedliche, teils auch gegensätzliche Richtung weisen (vgl. Andresen/Funke 2003).

Zum Begriff

> Unter → Sprachbewusstheit ist das explizite, systematisch-deklarative und metasprachliche bzw. metakognitive **Wissen** hinsichtlich sprachlicher Gegenstände und Sachverhalte zu verstehen, das mit **analytisch-reflexiven Prozeduren der Distanzierung**, De-Automatisierung und De-Kontextualisierung von sprachlichen Phänomenen verbunden ist (nach Bredel 2007, S. 38–59). In Abgrenzung dazu werden mit → Sprachbewusstsein alle Arten eher impliziten Wissens und Könnens bezeichnet, die im operativ-integrierten Zusammenhang mit primärsprachlichen Vollzügen des Sprechens, Schreibens und Lesens zur Geltung kommen.

Zielt diese Auffassung von Sprachbewusstheit insbesondere auf kognitive Dimensionen, so lassen sich in Anlehnung an die angloamerikanische Forschung zur *language awareness* weitere Dimensionen angeben, die innerhalb des Prozesses der Sprachbewusstheit mitwirken und ebenfalls einer fachdidaktischen Berücksichtigung bedürfen. Hierzu wären insbesondere affektiv-personale, soziopolitische und nicht zuletzt ästhetisch-kreative Dimensionen zu zählen (vgl. Gnutzmann 1997; Eichler/Nold 2007). Überblickt man das Feld in Gänze, so lassen sich kompetenzorientierte Ziele des Bereichs Sprachreflexion benennen, die sowohl kognitive und metakognitive als auch personale, soziale und ästhetisch-kulturelle Aspekte umfassen:

Ziele der Sprachreflexion

- die Vermittlung **systematisch-deklarativen Wissens über Sprache** hinsichtlich bestimmter sachbezogener Kernfelder (als Wissen über Orthographie, Morphologie, Syntax, Semantik, Pragmatik; Wissen über Sprachgeschichte, Sprachvarietäten und Sprachtheorien);
- die Anleitung zum **metakognitiven Reflexionsvermögen** über Systematik und Gebrauch von Sprache (z. B. hinsichtlich Sprachrichtigkeit und -angemessenheit im Rahmen von Sprachvergleichen und Sprachkritik);

- die Nutzung deklarativen und metakognitiven Wissens zur prozeduralen und **problemlösenden Sprachproduktion** im Sprechen, Schreiben
  und Lesen;
- die Sensibilisierung für **ästhetische und kreativ-gestalterische Aspekte** der Sprachproduktion und -rezeption (›Sprachgenuss‹ in Verbindung z. B. mit Sprachspielen und Sprachwitzen);
- die Vermittlung einer neugierig-interessierten Grundhaltung gegenüber sprachlichen Phänomenen sowohl für die eigene **personale Entwicklung** (sprachlich-kulturelle Bildung, allgemein-kognitive Entwicklung) als auch für Vollzüge sozialer Anschlusskommunikation
  (Sprachreflexion und -kritik im informellen und öffentlichen Raum;
  sprachlich-kulturelle ›Internationalität‹).

Erwerbs- und Entwicklungsmodelle: Sprachreflexive Tätigkeiten können
sich prinzipiell auf alle Arten sprachlicher Erscheinungen beziehen. Er-
werbspsychologisch ist zu beobachten, dass schon Kinder im Vorschulalter zu altersentsprechenden Vorgängen fähig sind, wie beispielsweise
spontane Korrekturen (an Eigen- und Fremdäußerungen) oder der Umgang mit Witzen und sprachspielerischen Formen zeigen. Erwerbsmodel-
le betonen darüber hinaus die Abhängigkeit von der **allgemeinen kognitiven Entwicklung** sowie die besondere Rolle, die der Eintritt in die **Schule
als initiierender Ort** der Schriftsprachvermittlung und der folgende schulische Sprachunterricht spielen (so die Schriftspracherwerbshypothese
nach Wygotsky bzw. die Spracherwerbshypothese nach Beisbart 2009
bzw. Andresen/Funke 2003; vgl. Phasenmodell von Karmilow-Smith 1996
sowie Bredel 2007, S. 188 ff.).

3.5.2 | Teilkompetenzen im Bereich der Sprachreflexion

Unterhalb der Vorstellung über Prozesse einer allgemeinen sprachlichen
und metasprachlichen Bewusstwerdung sind einzelne Lernfelder zu verorten, in denen sich sprachreflexive Lernprozesse jeweils domänenspezifisch vollziehen können. Geht man von dem Stand der Dinge aus, wie
er durch eine anhaltende Unterrichtstradition, durch Bildungsstandards
bzw. Kernlehrpläne sowie fachdidaktische Publikationen gegeben ist,
so ist zu konstatieren, dass der Grammatikunterricht (Morphologie und
Syntax, einschließlich Orthographie) weiterhin oder wieder das eigentliche Zentrum des Lernbereichs Sprachreflexion abgibt. Die Arbeit an der
Grammatik, die besonders für die Primar- bis hin zur mittleren Sekundarstufe prägend ist, wird dann, mit in der Regel abnehmender Intensität,
auf den höheren Jahrgangstufen um ausgewählte Aspekte der Semantik
und Pragmatik (Wortschatzarbeit, uneigentliche Rede) sowie der Sprachgeschichte, Sprachsystematik und Sprachtheorie ergänzt.

   Orthographie: Das Teilgebiet Rechtschreibung bzw. Orthographie wird
in der Regel zwei verschiedenen Aufgabenbereichen zugeordnet: dem
Schreiben (vor allem im Primarstufenbereich) oder eben der **Sprachreflexion** (häufig für den Sekundarstufenbereich). Die Zielvorgabe besteht

in jedem Fall darin, Schüler/innen zur normativ korrekten Verschriftung von Wörtern und Sätzen zu führen. Zu begründen ist diese Aufgabenstellung damit, dass eine Orientierung an fixierten und konventionell eingehaltenen Normen zu einem erhöhten Maß an sicherer und rascher Kommunikation auf Seiten des Schreibers (im Verschriftungsakt) als auch auf Seiten des Lesers (im Akt des Leseverstehens) führt. Unter der Perspektive der kompetenzorientierten Sprachreflexion ist dieser Bereich deswegen besonders interessant, weil die normativ korrekte Verschriftung von Wörtern und Sätzen implizites und explizites Wissen phonographischer und grammatischer Art voraussetzt, und zwar:

- **prozedural** im Akt sicheren und raschen Abrufens korrekter Wortformen (Wortbilder),
- **problemlösend** in der Verfügung über operationale Methoden (z. B. Anwendung von Ableitungen, Wortdurchgliederungen, Artikelprobe u. a. m.),
- **deklarativ** im differenzierten Wissen über definierte Rechtschreibregeln,
- schließlich **metakognitiv** im Wissen über orthographische ›Hilfen‹ (Wörterbücher; Methoden) oder in der Reflexion über Geltungsumfang und Anwendungskontext orthographischen Regelwissens.

Ein Kompetenzmodell, das entsprechende einfache und erweiterte Anforderungen im Primarstufen- und anfänglichen Sekundarstufenbereich umfasst, haben beispielsweise Naumann (2008) oder Löffler und Meyer-Schepers (2007) vorgelegt. Nach letzteren sind es besonders zwei Prinzipien, nämlich ein phonographisches und ein grammatisches, die die Orthographie bestimmen:

- unter dem ›**phonographischen Prinzip**‹ werden alle Formen elementarer Laut-Buchstabenzuordnung sowie der sogenannten – dem erweiterten Bereich zugehörigen – ›Dehnung‹ und ›Dopplung‹ verstanden;
- entsprechend werden unter ›**grammatischem Prinzip**‹ alle Formen zusammengefasst, die vom Basisprinzip der Phonem-Graphem-Zuordnung abweichen; hier finden sich besonders unterrichtsrelevante Phänomene wie z. B. die Ableitung (nach dem Prinzip der Morphemkonstanz) und die Großschreibung (konkreter und abstrakter Nomen, syntaktisch begründete Nominalisierungen).

Denkt man das Modell weiter, wären auf einer elaboriert zu nennenden Stufe beispielsweise schwierige Formen der Zusammen- und Getrenntschreibung sowie der Fachwort- und Fremdwortschreibung zu verorten.

Orthographisches Kompetenzmodell (nach Löffler/ Meyer-Schepers 2007)		phonographisch	grammatisch
	elementar (Jg. 1–2)	Laut-Buchstaben-Zuordnung	Affixe, Morphemkonstanz; konkrete Nomen
	erweitert (Jg. 3–6)	Dopplung Dehnung (-e, -h)	abstrakte Nomen; Nominalisierungen
	elaboriert (Sek. I)	Fremdwortschreibung	Zusammen-/Getrenntschreibung; das/dass; Fachwortschreibung/Fremdwortschreibung

Fragen der Ermittlung und Förderung individueller Entwicklungen des Orthographieerwerbs sowie der Bedingungen und Folgen besonders bei Lernschwierigkeiten werden in Kapitel 2 dieses Bandes ausführlicher behandelt.

Grammatik: Grammatikdidaktik bedeutet im Kern die Vermittlung morphologischen und syntaktischen Könnens und Wissens auf Wort-, Satz- und Textebene. Was die sprachwissenschaftliche Seite anbelangt, so existieren eine Reihe guter **Überblicksdarstellungen** auch für die Lehrerhand (z. B. Duden-Grammatik 2005; Eisenberg 2006; Boettcher 2009). Didaktisch gesehen, steht auch der Grammatikunterricht vor der Aufgabe, die spezifischen Lernvoraussetzungen und ggf. Lernprobleme von Schülerinnen und Schülern, die sich insbesondere in ihrem **Sprachgebrauch** (Sprechen, Schreiben, Lesen) zeigen, mit den Anforderungen zu verbinden, die hinsichtlich des Könnens und Wissens von Sprachsystem und Sprachverwendung zu stellen sind. Hinsichtlich einzelner sprachlicher Phänomene nennt die Fachliteratur eine Reihe typischer Problemzonen heutiger Heranwachsender (vgl. Eichler/Nold 2007, S. 75). Dazu gehören beispielsweise

- der korrekte Gebrauch bestimmter **Kasusformen** (Genitivobjekt, Dativ-Akkusativ-Abgrenzung);
- der Gebrauch komplexer **Tempus- und Modusformen** (Vor-/Nachzeitigkeit; Textsortenspezifik; Konjunktiv I/II);
- die sichere Formulierung von **Formen komplexen Satzbaus** sowie
- die Verwendung eines differenzierten und stilistisch **ansprechenden Wortschatzes und -registers** (uneigentliche Rede, Metaphorik, Ironie).

Probleme beim
Grammatikerwerb

Teils mit Blick auf solche bekannten Befunde, teils aus grammatiksystematischen Gründen stehen bestimmte Themenbereiche der Wort- und Satzgrammatik im Mittelpunkt des gängigen schulischen Grammatikunterrichts, und zwar besonders Kernbereiche der **Wortarten- und Satzgliedlehre** (Primarstufe und anfängliche Sekundarstufe). Einen neueren Vorschlag für einen Grammatikkanon, der an traditionelle Themen, Denkweisen und Umgangsformen des Deutschunterrichts zwar anknüpft, aber die Auswahl und Konzeptionierung grammatischer Themen stärker mit einem Fokus auf Pragmatik und Textualität belegt, stammt von Peter Klotz (2007, S. 18):

1.	Verbsyntax (1)	
	1.1	Tempus
	1.2	Modus
	1.3	Genus verbi (Aktiv/Passiv)
2.	Verbsyntax (2)	
	2.1	Valenzmodell (Grundlagen)
	2.2	Adverbialien (der Zeit, des Ortes, der Art und Weise, des Grundes, des Zwecks)
	2.3	Satzadverbiale
	2.4	Attribuierungsformen (als rhematische Funktion zu Pragmatik 1)

Vorschlag
Grammatikkanon
(nach Klotz 2007,
S. 18)

3.	Satzarten und Satztypen/Pragmatik 1 (explizite, grammatifizierte Sprach-handlungen)	
	3.1	Aussage, Frage-, Befehlssatz
	3.2	Hauptsatz, Nebensatz (Gliedsatz, Attributsatz), Parataxe, Hypotaxe
4.	Satz, Text/Pragmatik 2 (Strukturen als Handlungen im Informationsfluss)	
	4.1	Thema-Rhema-Theorie
	4.2	Wortordnung/Satzgliedfolge
	4.3	Proformen
	4.4	Konnexive Sprachelemente; semantische Isotopie
	4.5	Textsegmentstrukturen (Textabschnitte)
5.	Pragmatik 3 (implizite Sprachhandlungen durch Wahl der Sprachmittel)	
6.	basale Morphologie, Wortschatz, Register	

Methodische Konzepte: Seit den 1970er Jahren sind eine Reihe methodischer Ansätze entwickelt worden, die sich als Überwindung eines als »klassisch« oder »traditionell« bezeichneten Grammatikunterricht verstehen (vgl. Gornik 2003 bzw. 2011). Einig ist man sich demnach in der neueren Grammatikdidaktik, dass ein Unterricht, der sich allein auf grammatische Formen und Systematiken bezieht, abzulehnen ist, da er weder der Funktion sprachlicher Formen noch dem nachhaltigen Interesse der Schüler ausreichend gerecht wird. Als alternative Positionen haben sich insbesondere etabliert:

- der **situationsorientierte** Grammatikunterricht (Boettcher/Sitta 1978),
- der **funktionale** Grammatikunterricht (Köller 1983),
- die **handlungsorientierte Grammatik-Werkstatt** (Menzel 1999),
- das **praktisch-szenische Handeln** mit grammatischen Formen (Wittschier/Wittschier 2003).

Sie alle betonen den induktiven Erkenntnisweg, den operativen Wissensmodus und die eher deskriptive Funktion des Umgangs mit Sprache. Während von ihnen also eine Beschäftigung mit Grammatik, die nahezu ausschließlich formzentriert, weitgehend deduktiv, durchgängig kursförmig und isoliert von anderen Lernbereichen vorgeht, als motivationsbremsend abgelehnt wird, wird dagegen ein moderner, **integrativer Grammatikunterricht** gefordert, der mit den anderen Lernbereichen Sprechen, Schreiben und Lesen verbunden bleibt und mehrere Arbeitsformen bietet:

Arbeitsweisen eines integrativen Grammatikunterrichts
- induktive und deduktive,
- funktionale und formale,
- systematische und situationsgebundene,
- szenische Methoden (mimische, gestische u. a. spielerische Darstellung von Wortarten und Satzgliedern).

Diese Überlegungen schließen mit ein, dass – entgegen einer häufig anzutreffenden Schulpraxis – die Beschäftigung mit Wort-, Satz- und Textgrammatik auch ein lohnendes Thema für den mittleren und höheren Sekundarstufenunterricht (einschl. Sekundarstufe II) darstellt. Demnach

empfiehlt sich sowohl in produktiver (Sprechen, Schreiben) als auch rezeptiver (Lesen) Hinsicht die Integration von grammatischen Aspekten
der Sprache mit komplexen pragmatischen und wie auch literarischen
Texten und Medien. Dazu zählen etwa der Tempus- oder Konjunktivge-
brauch, der hypotaktische Satzbau oder die Verwendung metaphorischer
Symbolik in narrativen und lyrischen Texten (vgl. das Beispiel unten).

Anlässe für Sprachreflexion können natürlich im Prinzip so vielfältig
sein, wie es Sprache und Sprachgebrauch sind und wie es ›authentische‹
Text- und Medienangebote vormachen. Eine grobe Einteilung dessen sieht
folgendermaßen aus (vgl. ähnlich Neuland 2003; Steinig/Huneke 2007;
Müller-Michaels 2009, S. 75):

Kategorie	Sprachbeispiel
temporal	individuell/altersbedingt: Stufen des Spracherwerbs gesellschaftlich/geschichtlich: frühere – heutige Sprachstufe(n)
lokal	Mundart/Dialekt regionale Umgangssprache nationale Fremdsprache – eigene Sprache
sozial	Jugendsprache schichtenspezifische Sprachen geschlechtsspezifische Sprachen
funktional	Alltagsprache – Mediensprache – institutionelle Sprache(n) Sprache und Politik (Sprachangemessenheit, Sprachkritik) Literarisch-poetische Sprache
medial	Mündlichkeit – Schriftlichkeit Mediensprache Intermedialität (Text-Bild-Film-Vergleich, Hörmedien)

Anlässe für
Sprachreflexion

Grundsätzlich bietet sich **Lernbereichsintegration** für grammatische Fragen hinsichtlich aller drei Bereiche an (Sprechen, Schreiben, Lesen), auch
wenn die beiden schriftbasierten wohl systematische und unterrichtspraktische Vorteile besitzen. Im Falle der Verbindung von Grammatik und
Schreiben ist auf die Bedeutung der Sprachproben bei Glinz (Ersetzen,
Umstellen, Ergänzen, Tilgen), soweit sie eben pragmatisch-funktional für
die Textgestaltung eingesetzt werden, zu verweisen (vgl. z. B. Klotz 1996).

Für die **Integration von Grammatik und Textverstehen** empfiehlt es
sich, die Form und Funktion grammatischer Phänomen im Bedeutungs-
kontext eines Textes zu untersuchen. In Anlehnung an Einecke (1999) bietet sich dazu die folgende **methodische Schrittfolge** an:

Grammatik und Textverstehen

- **Kontextuierung:** Thematisierung des Text von seiner inhaltlichen
  Seite;
- **Fokussierung** eines – möglichst ›auffälligen‹ – grammatischen
  Phänomens innerhalb des Textes;

Strategien

> - **detaillierte Form- und Funktionsanalyse** des ausgewählten Phä-
>   nomens (als Schwerpunkt grammatischer Unterrichtsarbeit);
> - **Systematisierung** vor dem Hintergrund grammatischen Wissens
>   (Benennung, Definition, weitere Beispielgebung);
> - **Re-Kontextualisierung mit Reflexion/Rückblick**: Analyse und
>   Betrachtung der Funktion/Rolle/Bedeutung des grammatischen
>   Elements im Satz/Text/Kontext, d. h. auf den Kerntext zurück-
>   greifende Synthese des Form- und Inhaltsaspekts im abschließen-
>   den Unterrichtsgespräch.

Beispiel   **Integration von Grammatikanalyse und Textverstehen**
Dorothee Sölle: *Auf die frage was glück sei*

> **Auf die frage was glück sei**
> **konstruiere ich folgende sätze**
> **wenn du anrufst**
> **werde ich vor glück weinen**
> **wenn du anriefest**
> **würde ich vor glück weinen**
> **wenn du angerufen hättest**
> **hätte ich vor glück geweint**
> **wenn du anrufen hättest wollen**
> **hätte ich weinen können**
> **was gemessen an der alles beherrschenden kälte**
> **ein glück gewesen wäre**

In Anwendung der erläuterten Schrittfolge ergeben sich folgende Aspekte des Umgangs mit Sölles Gedicht:

- **Kontextuierungsphase:** Thematisierung des Gedichtinhalts: Das
  Sprecher-Ich zeigt sich enttäuscht über das Ausbleiben eines erwarteten Anrufs, wobei sich der Bewusstseinszustand offensichtlich
  von anfänglicher Zuversicht zu wachsender Resignation wandelt;
  das Ausbleiben das Anrufs wird offensichtlich als Ausdruck mangelnder Liebe durch das angesprochene Du und als persönliches
  Unglück empfunden.
- **Fokussierung auf die sprachliche (Form-)Ebene:** Auffällig ist die
  – leicht variierte – Wiederholungsstruktur im Mittelteil (4 Doppel-
  verse) und damit verbundene Frage nach Struktur- und Funktions-
  kennzeichen.
- **Detaillierte Sprachuntersuchung in Form und Funktion:** Wiederhol-
  te ›Wenn-dann‹-Struktur; Variation des Inhalts durch Variation des
  Modus- und Tempusgebrauchs; Vertextungsfunktion: Aufeinander-

folge der grammatischen Formen entspricht psychologischer Bewusstwerdung über Verlust des Glücks.
- **Systematisierung** z.B. nach folgenden Aspekten:

	grammatische Form	grammatische Funktion	Text-Aussage	psychologische Zeitstruktur
1. Doppelvers: »wenn du anrufst ...«	Indikativ Präsens »wenn«: temporal bzw. konditional	(relativ) feste Geltung der Aussage (feste Erwartung)	fester Glaube an bzw. Zuversicht über bevorstehenden (Liebes-) Anruf	Zeitpunkt (t1) der sicher erscheinenden Anrufs- und Glückserwartung
2. Doppelvers: »wenn du anriefest ...«	Konjunktiv II Präsens (Potentialis)	Einschränkung von Geltungskraft der Aussage/Erwartung (Anruf als Möglichkeit)	Einschränkung der Anrufswahrscheinlichkeit (Anruf als Möglichkeit)	Zeitpunkt (t2) an der Grenze der noch existierenden Anrufwahrscheinlichkeit
3. Doppelvers: »wenn du angerufen hättest ...«	Konjunktiv II Perfekt (Irrealis)	(nachträgliche) Markierung Erwartung als Unmöglichkeit	Enttäuschung über ausgeschlagene Anrufsmöglichkeit	Zeitpunkt (t3) nach Ende der Anrufwahrscheinlichkeit
4. Doppelvers: »wenn du anrufen hättest wollen ...«	Konj. II Perfekt + Modalverb (wollen)	Erklärung für Unmöglichkeit	Begründung der Enttäuschung: fehlender Wille zum Anruf (als Liebessignal)	Zeitpunkt (t4) der endgültigen Gewissheit über Nicht-Angerufenwerden und Glücksverlust

- **Re-Kontextualisierung mit Reflexion/Rückblick:** Der sprachlich ›gekonnte‹ Umgang mit den grammatischen Modus- und Tempusformen erzeugt eine ästhetisch und psychologisch interessante Darstellung der – wohl auch zeitlich aufeinander folgenden – Bewusstwerdung wachsender Liebesenttäuschung (Verlust von Liebes-»glück«). Demnach spiegelt die Aufeinanderfolge der verschiedenen Tempus- und Modusformen, die das Thema variieren, wie in einem Zeitraffer die Stufen einer wachsenden Resignation, die sich von fester Erwartung über Hoffnung und Skepsis bis hin zur endgültigen Hoffnungslosigkeit bewegt.

3.5.3 | Semantik und Pragmatik

Im Vergleich zur Grammatik fokussieren Semantik und Pragmatik stärker die **Inhaltsseite** von Sprache. Traditionelles Zentrum der Fachdidaktik bildet hier die sogenannte **Wortschatzarbeit**, als deren prominenter Teil die Beschäftigung mit ›uneigentlicher Rede‹ (Metaphorik/Symbolik, Ironie) gelten kann. Gegenstand der Wortschatzarbeit ist das Lexikon als Reservoir aller der Kommunikation zur Verfügung stehenden Sprachzeichen. Die Elemente des Lexikons, die Lexeme, sind entweder einfache Wörter (aus einem einzigen Morphem bestehend), komplexe Wörter (nach den Regeln der Wortbildung konstruiert) oder feste, formelhaft verwendete Redewendungen aus mehreren Wörtern (Wortgruppenlexeme, Phrasen). Wörter transportieren mithin grammatische Strukturkennzeichen (phonologische, phonographische, orthographische, morphologische), die auch syntaktisches und insbesondere semantisch-pragmatisches Funktionswissen brauchen.

Handlungskontexte: Wortschatzarbeit erschöpft sich mithin nicht nur in der Untersuchung der Form und Bedeutung einzelner Lexeme und ihrer Beziehung untereinander innerhalb des gesamten Lexikons, sondern sollte unterrichtlich in je altersangemessenen und -relevanten Handlungsvollzügen geschehen, die den integrativen Zusammenhang auch dieses Teilbereichs der Sprachreflexion mit den anderen fachdidaktischen Aufgabenfeldern des Sprechens, Schreibens und Lesens ermöglicht. Dabei ist zu beachten, dass die aktuelle didaktische Orientierung am Wortschatz durch kognitivistische, konstruktivistische und lernpsychologische Ansätze neu befördert worden ist. In diesem Rahmen wird unter ›Wortschatz‹ ein mentales Lexikon verstanden, in dem Wörter gleichsam als Knotenpunkte netzartig und mehrdimensional miteinander verbunden sind und in dieser Form von Schüler/innen erlernt werden. Innerhalb dieser Wortnetze sind verschiedene Typen zu unterscheiden (vgl. Oomen-Welke/ Kühn 2009, S. 147 f.):

Wortnetze

- In ›Sachfeldern‹ wird der Wortschatz unter enzyklopädischen und soziokulturellen Perspektive vernetzt;
- ›Schema-Felder‹ sind lexikalische Verbindungen von Wörtern und Wortgruppen nach geläufigen ›Frames‹ und ›Scripts‹;
- ›Kollokationsfelder‹ verbinden Wörter zu Wortgruppen nach regelmäßig vorkommenden, also ›festen‹ semantisch-syntaktischen Beziehungen;
- ›Wortfelder‹ ordnen Wörter wortartenbezogen unter sprachspezifischen Bedeutungsmerkmalen, z.B. als Synonyme, Antonyme oder Hyponyme;
- ›Bewertungsfelder‹ verknüpfen Wörter konnotativ nach affektiver Intensität (z.B. ›Feuer‹ und ›Gefahr‹);
- ›Assoziationsnetze‹ verbinden Wörter konnotativ auf der Basis je eigener Wahrnehmung, Erfahrung und Imagination.

Der methodische Dreischritt, den Kühn für die Wortschatzarbeit vorschlägt, führt von der Semantisierung über die ›Vernetzung‹ zur ›Reaktivierung‹, wobei die erste und die letzte Phase den Bezug zur lernbereichsintegrativen Kon-Textualisierung stiften:

1. Semantisierung	Erarbeitung und Semantisierung des Wortschatzes aus authentischen Texten, wobei unterschiedliche semantische ›Entschlüsselungsverfahren‹ zu berücksichtigen sind, vom Inferieren der Wortbedeutung aus dem Kontext bis hin zur Wörterbuchkonstellation
2. Vernetzung	Arbeit am Wortschatz und Wortschatzaufbereitung in Form netzwerkartiger Gruppierungen und Zusammenstellungen der Wörter in einer lernerautonomen Wörter-Werkstatt
3. Reaktivierung	Reaktivierung des aufbereiteten Wortschatzes durch seine adressaten-, intentions- und situationsspezifische Verwendung in Texten und Textsorten, insbesondere in Schreibprozessen

Wortschatzdidaktischer Dreischritt (vgl. Kühn 2000, S. 14)

Um Interesse und Motivation der Wortschatzarbeit gerade auch für höhere Jahrgangsstufen zu erhöhen, bietet sich die Arbeit an besonderem Sprachmaterial an. Hier ist z. B. das Feld der sogenannten ›Reizwörter‹ oder ›Unwörter‹ zu nennen, die in der Regel alltagsweltlich bekannt sind und zur kritischen Auseinandersetzung und Diskussion einladen (vgl. Steets 2008). Im Gegenzug bietet sich aber auch die Wahl hochfrequenten Wortmaterials an, das durch seine ubiquitäre Präsenz in ganz unterschiedlichen thematischen und sozialen Kontexten etwas über die regelhafte Struktur und Funktion **gesellschaftlichen Sprachgebrauchs** verrät. Unterschiedliche Semantiken lassen sich etwa in Bezug auf den Signifikanten ›normal‹ und seine Verwendung zwischen Alltag, Medien (inkl. Literatur) und wissenschaftlicher Fachsprache erkennen (vgl. z. B. Wendungen wie »voll normal«, »Normalgewicht« oder »Normalliteratur« im Vergleich; Lischeid 2011).

Führt man unter kompetenzorientierten Gesichtspunkten die drei behandelten Bereiche Orthographie, Grammatik und Semantik/Pragmatik als Kernbereiche der Sprachreflexion bis zum Ende der Sekundarstufe I zusammen, so lässt sich ein zusammenfassendes Modell über Einzellernbereiche und Kompetenzanforderungen aufstellen:

	orthographisch	grammatisch	semantisch	pragmatisch
elementar	Laut-Buchstaben konkrete Nomen	einfache Wortarten Satzglieder	einfacher (Basis-)Wortschatz	Eigen-Perspektive
erweitert	Dopplung/ Dehnung Nominalisierung	Tempus Einfache Satzstrukturen	erweiterter/ vertiefter Wortschatz	Ergänzung Fremdperspektive
elaboriert	schwierige Zusammen-/Getrenntschreibung	Genus Modus (Konjunktiv)	Fach-Sprachliches	Perspektiven-Distanzierung und -wechsel
	Fach-/Fremdwort-Schreibung	komplexe Satzstrukturen	uneigentliche Rede (Metapher)	

Kompetenzanforderungen Sprachreflexion

3.6 | Ausblick: Sprachgeschichte und Sprachtheorie

Nicht zuletzt gehört es zur anerkannten Aufgabe des Deutschunterrichts, allgemeinbildendes Wissen über Geschichte, System und Theorie von Sprache und Sprachgebrauch zu vermitteln. Diese Ausrichtung betrifft Vermittlungsprozesse schon auf der Sekundarstufe I, aber mehr noch auf der Sekundarstufe II (vgl. die Vorgaben in Bildungsstandards und Kernlehrplänen). Inwieweit diese Zielvorgaben quantitativ und qualitativ in der Unterrichtswirklichkeit tatsächlich verfolgt werden, lässt sich mangels empirischer Erhebungen nicht sagen. Die Fachdidaktik geht aber in der Regel davon aus, dass Skepsis gegenüber tatsächlichem Umfang, Tiefe und Effektivität dieser Unterrichtsinhalte angebracht ist – und dies gerade auch hinsichtlich des Oberstufenunterrichts, wo der sprachdidaktische Inhalt gegenüber der eindeutigen Dominanz der Literaturdidaktik häufig zurücksteht und ein Fortschritt gegenüber dem Wissen der Sekundarstufe I und entsprechender Wissenschaftspropädeutik in Frage gestellt wird (vgl. z. B. Kammler/Switalla 2001; Becker-Mrotzek/Kepser 2010). Die Gründe hierfür sind sicherlich vielfältig, ein nicht unwesentlicher Grund ist aber wohl in der nur rudimentären Konzeptionierung dieses Lernfelds hinsichtlich fachdidaktischer Auswahl, Motivierung und Systematisierung zu vermuten. So erscheint u. a. der Bereich sprachgeschichtlichen Wissens weitgehend marginalisiert bzw. aus dem Unterrichtsgeschehen fort ›neutralisiert‹ (Müller-Michaels 2009); und wenig besser sieht es für die Bereiche **synchroner Sprachsystematik**, Sprachtheorie und Sprachkritik aus.

Blickt man in entsprechende Unterrichtswerke und – die relativ wenigen – fachdidaktischen Publikationen, so wird das Gebiet von zumeist kurzen Beiträgen zur onto- und phylogenetischen Entstehung und Entwicklung von Sprache, zum Verhältnis von Sprache, Bewusstsein und Wirklichkeit sowie zur Zeichen-, Sprechakt- und Kommunikationstheorie beherrscht (Saussure, Searle, Watzlawick). Konkret findet hier vor allem eine Orientierung an hermeneutischen Modellen statt, die Sprache und Kommunikation interaktionistisch als **subjetpragmatischen Austausch** verstehen. Zu fragen wäre aber dagegen, inwieweit nicht auch neuere wissenschaftliche Konzepte Eingang in die Schule finden könnten, die stärker **strukturpragmatisch** ausgerichtet sind und Sprache und Sprachgebrauch deutlicher in übergreifenden Diskursen, Systemen oder Medien verankern.

Eine solche fachdidaktische Forschung und erweiterte Modellierung systematischen Wissens über Sprache könnte dann auch wiederum Rückwirkung auf die – nun stärker theoriegeleitete – Untersuchung individuellen und sozialen Sprachgebrauchs haben und Sprache als ein soziales Medium moderner, sozial und arbeitsteilig und spezialisierter Wissensproduktion und Wissenstransfers zeigen (vgl. Kammler/Switalla 2001). Die in der Fachliteratur anzutreffenden Konzepte, die einzelne Sprachvarietäten wissenschaftlich-didaktisch betreffen (beispielsweise Beiträge zur Jugendsprache, Mediensprache oder wissenschaftlich-schulischer

Fachsprache; vgl. Steets 2008, S. 249–251), könnten dann im Sinne eines
vernetzen Lernens und wissenschaftspropädeutisch strukturierender
Theoriebildung verbunden werden mit dem Ziel, etwas über den systematischen Zusammenhang und die soziokulturelle Einbettung von Sprachvarietäten zu vermitteln. Legte man die Erfahrung und ggf. das anbinden-
de Interesse von Schülern und Lehrern zugrunde, so böte es sich hier an,
vom **Erfahrungsraum Schule und Unterricht** auszugehen, der ja selbst
einen Sprachkosmos aus verschiedenen und vielfältigen Sprachvarietäten
darstellt. Die daran gewonnenen Ergebnisse sollten im Sinne einer Modellbildung zu generalisieren sein (wie versuchsweise im folgenden Schema):

Wissenschaftliche Fachsprachen: Kulturwissenschaften, Humanwissenschaften, Naturwissenschaften
⬇
Institutionelle Sprachen: Allgemeinbildung: Schule/Unterricht Berufliche (Aus-)Bildung
⬆
Mediensprache: Printmedien (Zeitung/Zeitschriften), AV-Medien (Fernsehen, Film, Radio, Computer, Internet) Literatursprache (Epik, Drama, Lyrik)
⬆
Sprachen des Alltags: Umgangsprache, Regionalsprache, Dialekt Soziolekte, Genderlekte Erst- und Zweitsprachen

Vor dem Hintergrund solchen Modellwissens lassen sich dann auch **Phänomene des aktuellen Sprachwandels,** die zu einem interessanten und
lohnenswerten Themenbereich des Sprachunterrichts gehören, systematisch thematisieren und diskutieren. Denn sprachliche Veränderungen
zeigen sich auf diese Weise als durch verschiedene soziale Lebensberei-
che motiviert – die Frage des angemessenen Sprachgebrauchs (z. B. in
Schule und Unterricht) wird als Frage des situativen Kontextes erkennbar
(z. B. Mündlichkeit vs. Schriftlichkeit im Unterricht; Unterrichtssprache
zwischen begrifflicher Fachsprache und Alltagssprache). Sollte sich der
Unterricht in dieser Weise öffnen können, wäre damit ein leichterer Zugang zu allgemeineren kulturwissenschaftlichen Theorien möglich, die
auch für die anderen Lernbereiche der Deutschdidaktik insgesamt, die Li-
teratur- und Mediendidaktik, von wachsender Bedeutung sind (s. Kap. 4
und 5 in diesem Band).

Grundlegende
Literatur

Abraham, Ulf/Beisbart, Ortwin/Koß, Gerhard/Marenbach, Dieter: *Praxis des Deutsch-unterrichts, Arbeitsfelder, Tätigkeiten, Methoden. Mit Beiträgen zum Schriftspracher-werb von Andreas Hartinger und zur Unterrichtsplanung von Kristina Popp.* Donau-wörth [6]2009.

Bredel, Ursula: *Sprachbetrachtung und Grammatikunterricht.* Paderborn u. a. 2007.

–/Günther, Hartmut/Klotz, Peter/Ossner, Jakob/Siebert-Ott, Gesa (Hg.): *Didaktik der deutschen Sprache.* 2 Bde. Paderborn 2003.

Frederking, Volker/Huneke, Hans-Werner/Krommer, Axel/Meier, Christel (Hg.): *Ta-schenbuch des Deutschunterrichts.* 2 Bde. Baltmannsweiler 2010.

Kliewer, Hans-Jürgen/Pohl, Inge (Hg.): *Lexikon Deutschdidaktik.* 2 Bde. Baltmannsweiler 2006.

Ossner, Jakob: *Sprachdidaktik Deutsch.* Paderborn 2006b.

Rothstein, Björn: *Sprachintegrativer Grammatikunterricht. Zum Zusammenspiel von Sprachwissenschaft und Sprachdidaktik im Mutter- und Fremdsprachenunterricht.* Tübingen 2010.

Steinig, Wolfgang/Huneke, Hans-Werner: *Sprachdidaktik Deutsch. Eine Einführung.* Ber-lin [3]2007.

Ulrich, Winfried (Hg.): *Deutschunterricht in Theorie und Praxis (DTP). Handbuch zur Di-daktik der deutschen Sprache und Literatur in elf Bänden.* Baltmannsweiler 2009 ff.

Thomas Lischeid

4. Literaturdidaktik

4.1 | Einleitung

Literaturdidaktik befasst sich allgemein mit der Frage, welche Aspekte, Motive und Formen literarischer Texte im Deutschunterricht in altersgemäßer Weise vermittelt werden können. Während Didaktik also nach der allgemeinen Auswahl der Texte, ihren Inhalten und damit verbundenen konkreten Lernzielen forscht, ist Methodik mit der Vielfalt der Herangehensweisen beschäftigt, die im Zusammenhang mit einem zu vermittelnden Inhalt eingesetzt werden können. Insofern man mit literarischen Texten unterschiedliche Lernbereiche bedienen kann (nicht nur ›Lesen – Umgang mit Texten und Medien‹ –, sondern auch ›Sprechen und Zuhören‹, ›Schreiben‹ sowie ›Reflexion über Sprache‹), ergeben sich manche Anknüpfungspunkte mit den Bereichen Sprach- und Mediendidaktik und mit benachbarten Feldern etwa der Theaterpädagogik oder der Psychologie. Die unterschiedlichen systematischen Ausrichtungen sind aus der langen Geschichte der Literaturdidaktik, aber auch aus den Programmen der Literatur selbst abzuleiten.

Zur Geschichte der literarischen Bildung: Literatur ist spätestens seit dem Humanismus, begleitet vom Buchdruck und von der Ausbildung des Frühneuhochdeutschen, immer wieder als ein lehrhaftes Unternehmen aufgetreten. Die Spätaufklärung setzte dieses Potenzial in der Emanzipierung des selbstverantwortlichen Individuums durch das Lesen frei. Und so wie der Deutschunterricht sich inhaltlich und methodisch an dem orientierte, was die Literatur vorgegeben hat, nimmt nicht zufällig von hier die **anthropologisch fundierte Bildungsidee** ihren Ausgang, die Literatur und Kunst als Mittel wie auch Gegenstand ganzheitlicher Bildung gefasst hat. Dies lässt sich an Schillers Kunstutopie ebenso ablesen wie an Humboldts Absichten, die in der neu gestalteten öffentlichen Schullandschaft umgesetzt wurden: »Der wahre Schulunterricht geht auf den Menschen überhaupt«, so heißt es in einem Schulplan von 1809 (GW IV, S. 188).

Flankiert wurde diese Tendenz aber auch durch die Entwicklung der Philologie: Ab 1805 wurde Germanistik zur eigenständigen Disziplin, und die Hermeneutik lieferte um 1800 jene Grundlagen für die Interpretationslehre und -praxis, die bis heute im Deutschunterricht angewendet werden. Ausgangspunkt der Deutschdidaktik ist nicht nur das aufklärerische Bemühen um Literalität, sondern auch das Bemühen um **stilistisch-litera-rische Qualität** – nach Herders Schulrede (1796) ist dies ein vorrangiges Ziel von Literaturbehandlung gewesen. Dabei ging es aber auch rasch um **nationalkulturelle Identitätsbildung**, eine Absicht, die immer stärker der nationalen Einheit untergeordnet und über die deutschtümelnden Tendenzen nach 1871 forciert wurde bis zur nationalsozialistischen Ideologie der Gleichschaltung und Eliminierung alles nicht Passenden.

Aber auch die klassische Bildungsidee hinterließ ihre Spuren: Aus Unterhaltung und Belehrung wird um 1900 mit der **Reformpädagogik** der Deutschunterricht als künstlerisch-praktischer »vom Kinde aus« gedacht – so das Leitmotiv des 1908 gegründeten ›Bundes zur Schulreform‹. Er soll vor allem das ästhetische Erlebnis und dadurch ganzheitliche Bildung ermöglichen (vgl. Mieth 1994). Anknüpfen kann hieran nach 1945 eine **Lebenshilfe-Didaktik**, die Literatur- und Sprachkunde als Wert- und Leitbilderziehung in Richtung einer freiheitlichen Kultur entwickelte und den Unterricht analytisch-gattungsorientiert sowie schöpferisch anlegte. In den 1960er Jahren wurde allerdings deutlich, dass man nicht nur Strukturen und Inhalte von Sprache in Verbindung sehen, sondern auch deren Abstimmung mit der angemessenen methodischen Behandlung suchen müsse – mit Hermann Helmers' Studien wird eine moderne Deutschdidaktik auf den Weg gebracht, die in ihren generellen Zielsetzungen Wolfgang Klafkis bildungstheoretischer Allgemeindidaktik entspricht.

Kritische Didaktik: Um 1970 werden verstärkt Unterrichtsinhalte bzw. literarische Texte einbezogen, die die Analyse der sozialen Wirklichkeit und Kritik von Ideologien und Machtstrukturen eröffnen und dadurch politische Emanzipation ermöglichen sollten (vgl. Ivo 1969). Dass ihre Vertreter so genau wussten, wohin der Fahrplan der Literatur gehen sollte, hat man später ebenso als Dogmatismus empfunden wie den rein kognitiven Analyseweg. Seitdem sind immerhin die Texte aus der rein werkimmanenten Interpretation befreit und hat sich in Lehrplänen und Richtlinien zunehmend die Bestimmung durchgesetzt, dass Literatur unter Bedingungen des gesellschaftlichen Rahmens oder (wie es in Lehrplänen und Richtlinien heißt) der Epochenumbrüche von 1800 und 1900 sowie der Gegenwart zu lesen sei.

Pragmatische Wende: Mitte der 1970er Jahre rückten die Schüler/innen als Leser in den Vordergrund. Man verankerte Schulalltagsbeobachtungen in ›Erfahrungsberichten‹ (Eggert/Berg/Rutschky 1975) und beobachtete Lesetätigkeiten in der **empirischen Rezeptionsforschung** (Groeben 1977 bzw. 1992; Schmidt 1989). Methodisch wird hier die Rolle der Schüler/innen durch kreative bzw. Produktionshandlungen gestärkt, die die Analyse ergänzen sollen (Müller-Michaels 1978). Daraus entwickelt sich in den Lehrplänen der 1980er Jahre eine bis heute wirksame unterrichtspraktische Option: Schüler/innen als aktive, handelnde Leser zu beteiligen, die mit eigenen Textproduktionen auf Literatur reagieren (Waldmann 1984; Haas/Menzel/Spinner 1994) oder sie spielerisch, z.B. mit szenischen Handlungen, umsetzen sollen (vgl. Scheller 1996). Derart soll **Handlungs- und Produktionsorientierung** im Verbund mit Interpretationen den Zugang zum Text erleichtern, das Textverstehen vertiefen, allgemein kognitive Prozesse begünstigen und das Behandelte besser im Gedächtnis verankern. Dass es hier positive Zusammenhänge gibt, ist mittlerweile von kognitionspsychologischen Studien bestätigt worden (vgl. Grzesik 1990; Willenberg 1999; Mandl/Friedrich 2006).

Leseforschung: Eine Erweiterung der empirischen Leseforschung zeigte sich im Einbezug sozialwissenschaftlicher (Hurrelmann/Hammer/Nieß 1993) oder familien- und sozialpsychologischer Ansätze (Eggert/Garbe 2003; Rosebrock 2004), womit gezeigt werden konnte, dass Geschlechterfragen, Peerkontakte und Familienpraxis die Lesehaltung bestimmen. Die schockartige Aufnahme der Ergebnisse internationaler Testreihen (PISA, DESI, IGLU) hat diese Akzente verstärkt, aber auch zur Entwicklung von **Lesestrategien** (Willenberg 2004) geführt, die sowohl Sachtexte als auch literarische Texte erschließbar machen sollen.

Mediendidaktik: Die rasante medientechnische Entwicklung hat die Deutschdidaktik nicht unberührt gelassen. Ansätze einer Mediendidaktik gibt es schon in den 1970er Jahren, umfassender aber wird in den 1990er Jahren das Konzept einer **integrierten Medienerziehung** (Wermke 1997) ausgearbeitet. Dort wird die ›ästhetische Erziehung‹ als Sinnesschulung in der Nutzung aller Medien (audiovisuelle, digitale, Bücher) vorgeschlagen und ein ganzheitlicher Anspruch entwickelt, der trotz der mittlerweile erkennbaren Spezialisierung der einzelnen Medienforschungsbereiche plausibel ist. Verfolgt wird damit weder nur das Verhältnis von Literatur zu Verfilmungen, Vertonungen, digitalen Bildern etc. noch die rein praktische Bedienung von Medien, sondern der Umgang mit ihnen in einem ästhetischen und reflektierenden Sinn (dazu auch Frederking u. a. 2008).

Ästhetische Bildung: Auch in Zeiten von PISA, DESI oder IGLU, die einen breiten Trend zur Kompetenzfestlegung, Leistungsmessung und Standardisierung ausgelöst haben, ist an einer grundsätzlichen Option festzuhalten: Literatur trägt zur ästhetischen Bildung bei, und zwar durch Analyse von Textinhalten, Wertediskussionen sowie durch sinnliche Erfahrung im Zuge der handlungs- und produktionsorientierten Methoden (Spinner 1998). Auf dieser Grundlage werden wiederum Möglichkeiten einer ganzheitlichen Bildung **personaler Identität** gesehen (Spinner 2001; Huber 2008; Müller-Michaels 2009). Auch wenn diese Literaturfunktion von Bildungspolitikern nicht immer ernst genug genommen wird, ist doch unbestreitbar, dass Literatur die individuelle und die gesellschaftliche Kommunikation formen kann, mehr noch: Sie stellt eine verbindende Sprache dar (Bolz 2007), mit der Sinn gebildet (und auch in Frage gestellt) werden kann, wodurch auf einer symbolischen Ebene Selbstverständigung ermöglicht wird. Entsprechend sieht die Systemtheorie ästhetische Texte in der Lage, differenzierte **Komplexitätsbeschreibungen** der subjektiven und gesellschaftlichen Wirklichkeit leisten und in vielen Kontexten anschlussfähig arbeiten zu können (vgl. Luhmann 1997, S. 494). Das **Spielerische** ist nicht nur eine (etwa Schiller verpflichtete) idealistische Bestimmung des Menschen, sondern könnte zunehmend eine Strategie darstellen, individuelle und soziale Anforderungen zu bewältigen –

Räume der ästhetischen Erfahrung sind auch Denkräume (Oerter 2002, S. 234). In der Bibliotherapie werden nicht von ungefähr Bücher sogar mittlerweile zu therapeutischen Zwecken herangezogen (vgl. Petzold/ Orth 2005 und Kap. 1 in diesem Band).

Kulturalität: Nicht nur individuell, sondern auch kulturell vollzieht sich Bedeutungsstiftung durch Zeichen bzw. durch ihre Vernetzung zu Sinnkomplexen. Entsprechend soll durch Umgang mit Texten **Teilhabe am kulturellen Raum** ermöglicht und allererst geübt werden (Rupp 1987; Müller-Michaels 2009, S. 34–53). In den letzten Jahren ist **interkulturelle Vermittlung** zunehmend Thema des Deutschunterrichts geworden und wird dort wahrscheinlich auch noch prominenter werden (Wintersteiner 2006). Die Kulturwissenschaften, die ihren Aufschwung ebenfalls in den 1990er Jahren genommen haben, stützen diese breit angelegte Verständigungsperspektive (vgl. Weidemann/Straub/Nothnagel 2010). Von **literarischer Kommunikation** lässt sich anspruchsvoll erst in diesem umfassenden Sinn reden, wenn analytisch und/oder spielerisch mit fiktiven Texten gehandelt wird, die wirkliche Welten erklärbar oder gestaltbar machen. Eine solche Aufgabe des Deutschunterrichts geht über die enge Definition von Standards hinaus, sofern diese eher basale Kompetenzen in den Blick nehmen – Teilhabe am sozialen Leben ist mit dem fiktiven Raum der Literatur auch inhaltlich zu füllen (Kammler 2006; Köster 2008).

4.2 | Probleme des Lesens

4.2.1 | Grundlagen

Literarische Texte: Der Textbegriff bezeichnet im Lateinischen (*textus*) sowohl das Textilgeflecht als auch das sprachlich Verwobene, das Verdichtete im ästhetischen Sinn. In der Semiotik und den Kulturwissenschaften hat man den Textbegriff sehr weit gefasst: Es gibt den mündlichen Vortragstext, den Text des Bildes, des Filmes, des Stückes, der Gesellschaft oder gar des Lebens; sinnvoll wird der Literaturbegriff aber erst dort, wo ein Text buchstäblich auf Papier oder einem anderen **Trägermedium** niedergelegt ist (lat. *littera*: Buchstabe). Diese scheinbar triviale Bedingung hat Konsequenzen: Die nachhaltige Wirkung literarischer Texte verdankt sich dem Effekt, dass ein medial überlieferter Text seine räumlichen und historischen Umgebungen wechseln kann, also **situationsunabhängig** wird. Dies birgt Deutungsprobleme insbesondere für literarische Texte, die dem Horizont des Autors und seiner Intentionen entwachsen sind und durch jede Lektüre neue Bedeutungen gewinnen können.

Pragmatische, Gebrauchs- oder Sachtexte hingegen beziehen sich auf die historische oder gegenwärtige Alltagswelt in direkt darstellender oder appellativer Absicht. **Literarische Texte** könnten dies zwar auch, übernehmen aber (in unterschiedlicher Nuancierung) folgende Funktionen, die sich mit einem auf Karl Bühler beruhenden und durch Roman Jakobson erweiterten Kommunikationsmodell zusammenfassen lassen:

1. Eine **referentielle Funktion**: Texte beziehen sich auf eine Wirklichkeit, die allerdings fiktiv bzw. hypothetisch ist und mit erfundenen Details ausgestattet wird (auch wenn es sich um geografisch-realistische Räume oder historische Stoffe handelt);
2. eine **expressive bzw. emotive Funktion**, mit der ein Subjekt Gefühle oder seine Einbildungskraft zum Ausdruck bringen will;
3. eine **appellative bzw. konative Funktion**, die sich in dezidierten und engagierten Stellungnahmen des Schreibenden zeigt, der damit auf ein Publikum wirken will;
4. eine **phatische Funktion**, die formal Kommunikation herstellt, aufbaut und sichert;
5. eine **metasprachliche Funktion**, die sich in selbstreferentiellen Überlegungen eines Textes zur literarischen Sprache zeigt;
6. eine **ästhetische** bzw. **poetische Funktion**, bei der Sprache als Darstellungsmaterial im Vordergrund steht: Literatur unterscheidet sich von Sachtexten auch dadurch, dass sie auf die sprachliche Seite (den Signifikanten oder die Struktur) aufmerksam macht und sie spürbar werden lässt (Jakobson 1993).

Rolle von Literatur im Unterricht: Aus diesen systematischen Funktionen ergeben sich mehrere Grundvoraussetzungen, die gerade auch jenseits der oft kognitiv verkürzten Lese- und Textkonzepte nach PISA bei der Unterrichtslektüre zu beachten sind.

- Literatur verdoppelt nicht die Welt, sondern schafft eigene Ausdrucks- und Imaginationsgebilde bzw. **Möglichkeitswelten** (*poiesis*).
- Sie hat eine selbstbezügliche Struktur, kann die Lautgebung akzentuieren, aber auch die eigenen Baugesetze des Textes reflektieren (**Ästhetikkonvention**).
- Literatur ist vieldeutig, insofern sie sich von der ursprünglichen Aussageabsicht verselbständigt und verdichtete, hoch strukturierte Sprache ist (**Polyvalenzerwartung**).
- Literatur ist nicht Willkür oder Schmuck, sondern hat eine notwendige Funktion – sie entspricht dem Denken des Menschen in symbolischen Zeichen und prägt **Erkenntnistätigkeit** (Cassirer 1923–29/1994).
- Sie kann ein wichtiges Hilfsmittel darstellen, **personale Identität** aufzubauen, indem sie Offerten macht, Dinge neu zu sehen, Blickpunkte zu wechseln, Rollen zu übernehmen und sie zu reflektieren.
- Über die Subjekte hinaus kann sie **kulturelle Identität** aufbauen und **interkulturelle Kommunikation** ermöglichen.
- Das verbale Zeichen kann mit anderen Zeichentypen (Ton, Bild, Film) **intermedial** verbunden oder digital zum Hypertext verknüpft werden.

4.2.2 | Literarische Lektüre in hermeneutischer Sicht

Wortgeschichtlich kennzeichnet der Begriff des Lesens (lat. *legere*) das Auswählen aus einer größeren Menge von Dingen und auch Buchstaben sowie Aktivitäten des Ordnens und Zusammenfassens. Daraus hat sich

die Bedeutung des Lesens als Interpretationstätigkeit gebildet, die sich
nicht nur auf Techniken der Informationsentnahme beschränkt, sondern
eine komplizierte Kulturtechnik darstellt, die sich in der **Interaktion von
Text und Leser** vollzieht (vgl. z. B. Graf 2007, S. 15):

- Die visuelle Wahrnehmung der Schriftzeichen bildet die Grundlage
  der Bedeutungsgenerierung.
- Der Text steuert die Lektüre durch semantische Signale; im Wechsel-
  spiel damit bringt der Leser seinen Wissenshorizont und seine Leseer-
  fahrungen ein.
- Lesemotivation begleitet den Rezeptionsprozess und die Steuerung der
  Lektüre.
- Beim Lesen verbinden sich bewusste, kognitive Prozesse mit unbe-
  wussten, emotionalen Vorgängen.
- Historische und soziale Kontexte beeinflussen den Lesevorgang.

Romantische Hermeneutik: Bereits in der Romantik wird aber das Ausle-
gen selbst zur Kunst, was als eigenständige Sinnstiftung begriffen wird.
So behauptet Friedrich Schleiermacher: »Ich verstehe nichts was ich nicht
als nothwendig einsehe und *konstruieren* kann. Das Verstehen nach der
letzten Maxime ist eine unendliche Aufgabe« (Schleiermacher 1799/1974,
S. 78). Im Sinne dieses Credos sind immer wieder Theorien des aktiven
Lernens bis hin zum Konstruktivismus formuliert worden. So wie Schleiermacher dem Autor eine subjektive, individuelle und kreative Sprachverwendung zugesteht, lässt er dies auch für den Leser gelten, der sich in den
Autor hineinversetzen bzw. ihn in kongenialer Einfühlung verstehen soll:
Das interpretierte Werk wird mit schöpferischer Phantasie vom Leser neu
hervorgebracht. Schleiermacher wendet jedoch auch ein Interpretations-
handwerk an, das er aus der theologischen Hermeneutik nimmt, um den
sprachlichen Aufbau eines Textes zu analysieren. Dabei entwickelt er einen Katalog von Deutungstechniken, der bis in die werkimmanente Interpretation und noch in die heutige Schulinterpretation hinein gewirkt hat.
Beide Herangehensweisen, die sich komplementär ergänzen, hat man mit
dem Begriffspaar der **Mimese** – also der einfühlenden Aneignung durch
Nachsprechen, Nachschreiben etc. – und der **Analyse** bzw. der zerglie-
dernden Interpretation als komplementärem Ziel bezeichnet (vgl. Abraham 1996; Paefgen 1999, S. 3 ff.).

Zirkelstruktur des Verstehens

Beide Ansätze, die kreativ-intuitive sowie die rationale Analyse, werden
im Modell des hermeneutischen Zirkels wirksam – im Prozess des Ver-
mutens wird das **Ganze** der Deutung konstruiert, das wiederum in der
sprachlichen Auslegung **an einzelnen Passagen** rückversichert werden
muss. Diese Kreisstruktur bezieht sich aber auch auf die Wissens- und
Sprachhorizonte des Textes/Autors und des Lesers: Jeder einzelne
Deuter formt nach Maßgabe seines Sprachvermögens die Botschaft, seinerseits ist er aber auch durch die allgemein herrschenden Sprachregeln

geprägt. Maßgeblich hat **Hans-Georg Gadamer** in *Wahrheit und Metho-de* (1960) das Verstehen als ein Vermittlungsgeschehen zwischen Text und Leser gefasst, das zirkulär beide Seiten bzw. Horizonte verändert. Bei der Horizontverschmelzung konstruiert der Leser mittels seines Vorverständnisses maßgeblich die Textwelt, aber er rekonstruiert auch den **fremden Horizont** des Textes; schließlich erkennt er dabei seine eigenen Vorurteilsstrukturen und erweitert sie. In der Disposition des Leserwissens liegt »eine Möglichkeit, die man ins Spiel bringt und aufs Spiel setzt und die mit dazu hilft, sich anzueignen, was in dem Text gesagt ist« (Gadamer 1960, S. 268). Und so kann Gadamer resümieren, dass der Textsinn die Autorabsicht übertrifft; mithin gilt für die Leistung des Lesers: »Daher ist Verstehen kein nur reproduktives, sondern stets auch ein produktives Verhalten« (ebd., S. 280). Diese Verstehenstheorie beinhaltet mithin die kritische Reflexion der je eigenen **Erkenntnisvoraussetzungen**, die Gadamer dem Objektivismus der Naturwissenschaften gegenübersetzt.

Rezeptionsästhetik: Auf die hermeneutischen Grundannahmen einer konstruktiven Interpretationstätigkeit kann sich die ›Konstanzer Schule‹ beziehen, die sowohl die wechselnde Rolle des Lesers in der Literaturgeschichte als auch die Rolle des Lesers im Text und damit den Lesevorgang selbst untersucht. So hat **Wolfgang Iser** die Konstruktion von Textbedeutungen durch den Leser analysiert und als Bildaufbau mit **wanderndem Blickpunkt** sowie als permanente Bildung von Hypothesen/Vermutungen und Bestätigung oder Revision dargestellt: Eine vom Text angezeigte Perspektive wird durch die Vorstellungen des Lesers realisiert, von einem anderen Blickwinkel ergänzt und wiederum korrigiert. Insbesondere an **Leerstellen** (Kapitelenden, Handlungs- und Szenenwechsel, offenes Ende etc.) tritt die Aktivität des Lesers zutage (vgl. Iser 1976). Dies entspricht dem Begriff des strukturell **offenen Kunstwerks** von Umberto Eco (1962/1973): Die Unbestimmtheitsstellen eines Textes können nicht abschließend besetzt werden, der Leser besitzt die Möglichkeit, diese zu füllen. Auf der anderen Seite begrenzt Iser diese Freiheiten ähnlich wie Eco durch seine Forderung nach textadäquatem Lesen und die Warnung vor subjektiver Willkür – ein Text fordere mit seinen Strukturen immer auch einen ›impliziten Leser‹. Diese Dynamik zwischen Leseraktivität und Textpotenzial ist auch Thema der Deutschdidaktik geworden, als man in den 1970er Jahren damit begann, die Aktivitäten der lesenden Schüler/innen zu untersuchen.

4.2.3 | Empirische Leseforschung:
Entwicklung von den 1970er Jahren bis heute

Die empirische Rezeptionsforschung fundiert die eher intuitiven Einsichten der Rezeptionsästhetik mit empirischen Versuchen, indem die Leserreaktionen auf Texte in verschiedener Form gemessen werden (z. B. durch spontane Textparaphrase, freies Assoziieren zum Text, Aufzeichnung der individuellen Konnotationen, Erfassen semantischer Merkmale oder Ausfüllen von Lückentexten; vgl. Groeben 1977, S. 75 ff.). Dabei zeigte sich, dass Vieldeutigkeit und Unbestimmtheit nicht nur auf Texte der modernen Literatur beschränkt bleiben, sondern prinzipielle Gültigkeit haben: Für literarische Texte gelte ein »**Spielraum-Faktor**« (ebd., S. 35); Leser/innen konstruieren ›ihre‹ Texte individuell. Von Interpretation lasse sich jedoch erst reden, wenn ein Textkommentar zur Diskussion gestellt wird.

Fortgeführt wurde dies im Kontext der **empirisch-konstruktivistischen Literaturwissenschaft**, die beobachtete, wie »Bedeutungen eben nicht nur rezipiert, sondern auch aktiv geschaffen (konstruiert)« werden, »bis der Text einen für den Leser kohärenten Sinn ergibt« (Groeben 1992, S. 620). Dies geschieht aber auch mit Blick auf die Strukturen des Textes, was durch **strukturalistisch-semiotische Analysen** Umberto Ecos oder Roland Barthes' beeinflusst ist. Auch hier ist die Prämisse, dass der Text die Mitarbeit des Lesers brauche, der an den Textstrukturen entlang arbeitet oder »inferentielle Spaziergänge« (Eco 1987, S. 216) auf dem Textgelände unternimmt, d. h. Vermutungen aufbaut und Schlüsse zieht, die bestätigt oder verworfen werden.

Konstruktivismus: In den 1990er Jahren ist eine radikale Variante des Konstruktivismus diskutiert worden, die in Bezug auf neurophysiologische Forschungen Humberto Maturanas und Francisco Varelas die Grundthese markierte, dass Wahrnehmungssysteme organisationell geschlossen seien und in ständiger Rückkopplung mit sich selbst Wahrnehmungen und Weltbilder ausdifferenzierten: »Wir erzeugen [...] buchstäblich die Welt, in der wir leben« (Maturana 1982, S. 269). So problematisch diese Annahme ist, hat sie doch in abgeschwächter Form für das Leseverständnis Folgen gehabt: Demnach gibt es keine privilegierte Ansicht bzw. Wahrnehmung, sondern nur einen Austausch jeweils subjektiver **Erfahrungswirklichkeiten** (s. Kap. 1). Aus beiden Annahmen lassen sich Schlüsse für die literarische Kommunikation ziehen:

- **Interpretation** vollzieht sich gerade nicht als Informationsverarbeitung im Reiz-Reaktions-Schema, sondern wird von einem aktiven, in Rückkopplung mit eigenen Strategien vorgehenden Leser (oder Lerner) als »parallele Konstruktion von Informationen im kognitiven Bereich von Individuen« (Schmidt 1989, S. 64) erzeugt.
- **Anschlusskommunikation** ist insofern wichtig, als sie einen Verständigungsprozess über die Interpretationen möglich macht, da keine Deutung privilegiert ist.

Kognitionspsychologische Leseforschung: Es hat in der Didaktik weitreichende Diskussionen darüber gegeben, in welcher radikalen oder abgeschwächten Version der Konstruktivismus für Unterrichtsprozesse geeignet sei. Untersucht werden die Aufnahme von Textinformationen, ihre Verarbeitung und Speicherung sowie Möglichkeiten der Selbststeuerung des Lesers; sensomotorische, kognitive, aber auch wertende, emotionale sowie schließlich Handlung steuernde Mechanismen werden im Verbund betrachtet. Plausibel ist dies auch aufgrund der hirnphysiologischen Tatsache, dass kognitive Tätigkeiten von Emotionen begleitet werden, da vom Temporallappen sowie vom limbischen System Lust- oder Unlustsignale an den Kortex gesandt werden (Grzesik 1990, 2002; Willenberg 1999). So lässt sich zeigen, wie beim Lesevorgang in der inneren Bildwelt Emotionen erzeugt werden und dadurch die rechte Hirnhälfte aktiviert wird. Die Wahrnehmung von Formen und Farben, Raumpunkten und Bewegungslinien muss durch optische Reize angeregt werden, damit eine Szene als Bild visualisiert werden kann (Willenberg 1999, S. 142). Buchstaben, Wörter und Sätze sind also nicht einfach technisch zu dekodieren, sondern benötigen eine emotionale und motivationale Ebene der Verarbeitung.

Elaborative Prozesse des Verstehens: Seit der Empirisierung der Leseforschung zeichnet sich der übereinstimmende Befund ab, dass der Zugang, das Erschließen, Behalten und Memorieren von Lektüreinhalten sich nicht als Einprägen wie in eine Wachsplatte, sondern als aktiver Erschließungsprozess vollzieht (Mandl u. a. 1994, S. 151 f.). Elaborative Prozesse sind kreative Akte des Lesens, insofern die neuen Informationen mit Vorwissen und Erfahrungen verknüpft werden. Dies geschieht durch **Inferenzen**, also Schlussfolgerungen bzw. Vermutungen oder Behauptungen des Lesers über einen Text samt Assoziationen, ferner durch das Generieren bildhafter Vorstellungen, Analogien, Metaphern sowie unterschiedlicher Bilder, die insbesondere im Schulalter das Behalten verbessern (ebd., S. 161 f.).

Ferner geht es darum, Fragen zu stellen, Beispiele zu einem Text zu nennen oder auftretende Gefühle, Bewertungen bzw. Stimmungen zu artikulieren. Solche **Leseprotokolle** als metakognitive Selbstreflexionen ermöglichen eine Verständigung über Lernprozesse und erhöhen auch die **Memorierbarkeit** der Inhalte. Es werden also keine Zeichen- oder Wortpakete isoliert im Gedächtnis abgelagert, sondern **multisensorielle Zugänge** durch Verknüpfungen eröffnet; Lernen und Behalten von Texten wird durch emotionale Beteiligung, durch Diskussion und auch durch körperliches Handeln entscheidend gefördert (z. B. Mandl u. a. 1994; Willenberg 1999; s. Kap. 4.3.7).

Günstige Bedingungen des Textverstehens
Nachhaltiges Textverstehen braucht die emotionale Verbindung mit persönlichen Erfahrungsbereichen; diese kann angebahnt werden etwa durch:

- Visualisierungen in Form von mentalen oder gemalten Bildern,
- durch verbale bzw. stimmliche oder musikalische Aktionen oder
- durch schriftliche Kommentare.

Strategien

Probleme
des Lesens

Das Textverstehen kann zudem verbessert werden durch langsames Lesen, bewusste Intonation, Paraphrase, Assoziation, Abschrift oder Leseprotokolle – Methoden, die sich speziell bei schwer zugänglichen Texten (etwa hermetischer Lyrik) anbieten. Integrierte Unterrichtsverfahren lassen sich also nicht nur unterrichtspraktisch, sondern auch neuropsychologisch gut begründen.

Um solche motivationalen, verstehenstechnischen und mnemotechnischen Aspekte bei literarischen und Sachtexten zu verknüpfen, sind didaktische Ansätze darum bemüht, synthetisch-kreative und analytisch-interpretative Erschließungsweisen des Textes miteinander zu verbinden. Dazu ist Wissen über Techniken des Lesens nötig, deren Erforschung nach den PISA-Befunden forciert wurde.

Zur Vertiefung

Das Profil der PISA-Anforderungen in Bezug auf Literatur
Die Leseanforderungen der PISA-Testreihe beziehen sich kaum auf Literatur, sondern stärker auf andere Textsorten (Kurztexte, Informations- oder expositorische bzw. Sachtexte sowie bildhafte Darstellungen oder Diagramme). Im Vordergrund steht die Lesefähigkeit (*literacy*) als nutzenorientierte Lesekompetenz, »geschriebene Texte zu verstehen, zu nutzen und über sie zu reflektieren, um eigene Ziele zu erreichen, das eigene Wissen und Potenzial weiterzuentwickeln und am gesellschaftlichen Leben teilzunehmen« (PISA 2000, S. 23). Außer Acht gelassen wurden damit nationale Unterschiede der Curricula (in Deutschland dominieren literarische Texte, in angelsächsischen und skandinavischen Ländern eher pragmatische Texte). Allerdings schnitten bundesdeutsche Schüler/innen in der PISA-Diagnose auch auf dem kleinen Testfeld der literarischen Lesetätigkeiten relativ schwach ab; beim folgenden Testdurchgang PISA 2006 waren die Ergebnisse insgesamt etwas besser, die Ergebnisse von PISA 2009 sind aber auch nur auf diesem Niveau konstant.
    Die Testpraxis konzentriert sich auf die **Informationsentnahme**: Es ist die Rede von einer »objektiven Textvorgabe«, die aus den im Text enthaltenen Informationen bestehe, die dort »eingebettet« seien (Baumert u.a. 2001, S. 71 bzw. S. 72), und entsprechend wird auch von den PISA-Auslegern das Lesen als »Bedeutungsentnahme« (ebd., S. 71) bezeichnet. Dieselbe Konzeption lassen die KMK-Beschlüsse von 2003 erkennen, die betonen, dass zum Leseverständnis das Verknüpfen mit Vorwissen und der Einsatz von Lesestrategien wichtig sei. Wenn in den »Bildungsstandards für den Mittleren Schulabschluss« davon die Rede ist, dass die Schülerinnen und Schüler mit den neuen Standards über »grundlegende Verfahren für das Verstehen von Texten« verfügen, was »Leseinteresse sowie Lesefreude fördert und zur Ausbildung von Empathie und Fremdverstehen beiträgt«, bleibt freilich im Blick zu behalten, dass mit der bloßen Rede in Konstativa noch kein Bildungsziel realisiert ist.

4.2.4 | Lesestrategien

Die Selbststeuerung des Lesers bzw. die regelgeleitete Wahrnehmung der Textinhalte ist zentral für das literarische Verstehen. Um Lesekompetenz zu erlangen, wird Wissen über solche **Lernstrategien** benötigt. Demnach ist es für die Lernenden wichtig, Konzepte für das eigene Vorgehen zu entwickeln, um das **Lernen selbst zu steuern**, d.h. den Inhalten und Zielen gemäße Techniken auszuwählen, Strategien bewusst einzusetzen und das eigene Vorgehen zu überblicken. Jenseits der **hierarchieniedrigen Verarbeitungsprozesse** (Auffassen von Buchstaben, Lexemen, Sätzen und deren Verknüpfung) sind für das literarische Lesen **hierarchiehohe Prozesse** entscheidend: Auf dieser Ebene werden satzübergreifende Textstrukturen analysiert, übergreifende Themenzusammenhänge erschlossen und mit Gattungskenntnissen bzw. anderen Kontexten abgeglichen, aber auch Bewertungen vorgenommen (Rosebrock/Nix 2008, S. 19).

> → **Lesestrategien** beziehen sich auf das basale Erfassen von Textaussagen und auf das strukturierende, **kognitive Erarbeiten** von Textverstehen, wofür im Unterricht Werkzeuge zur Verfügung gestellt werden sollen. Deren Anwendung soll eine umfassendere Verstehensebene eröffnen, und zwar zunächst durch lesetechnische Routinisierung, die ihrerseits Prozessbewusstheit beim Lesen, also **metakognitive Steuerung**, benötigt. Durch Erlernen einer festen Abfolge bestimmter Arbeitsformen beim Textlesen sollen Schüler/innen den Leseprozess selbst lenken lernen. Dazu gehört auch ihre Selbstbeobachtung, ob das Gelesene überhaupt semantisch registriert worden ist, was die Lesenden durch Rückfragen oder bewusstes Entwerfen von Hypothesen oder deren Revision überprüfen können.

Zum Begriff

Im Einzelnen unterscheidet man folgende Strategietypen:
1. **Ordnende Strategien:**
- Textstellen unterstreichen oder markieren;
- für definierte Textpassagen Überschriften finden;
- Kernsätze unterstreichen und knapp zusammenzufassen;
- semantische Markierungen oder Betonungen suchen (z.B. strukturgebende Signalworte wie ›zusammengefasst‹ etc.);
- eine Mindmap mit Argumentstrukturen erstellen, die über die bloße Textabfolge hinausgeht, oder eine Netzwerkkarte, in der Leitideen mit Nebengedanken und Verknüpfungsweisen noch genauer verzeichnet werden.

Mit diesen grafischen Möglichkeiten der Textarbeit können ›Lesemeister‹ den ›Leselehrlingen‹ ihre Textumgangsweisen, Kommentare und Erschließungswege transparent machen und sie zur Diskussion stellen, im lauten Denken eine Deutung entwickeln, auch auf Schwierigkeiten hinweisen, leichtgängige oder komplexe Verbindungen knüpfen und Problemlösungsstrategien offenlegen (Rosebrock/Nix 2008, S. 65).

2. Elaborierende Strategien gehen über die Textebene hinaus:

- Zunächst wird Vorwissen aktiviert mit Hinweisen auf Autor, Texttitel, Epoche oder Gattung (Willenberg 2004);
- zum Text werden innere Bilder aufgebaut und beschrieben, Gefühle oder Meinungen artikuliert;
- es lassen sich eigene Lesekommentare am Rand notieren, Absatzüberschriften formulieren oder kontroverse Ansichten per Stichwort am Rand festhalten;
- ferner lassen sich kritische oder ergänzende Einwürfe machen, per Zoomtechnik Einzelstellen herausgreifen, Hypothesen und Fragen äußern sowie **Inferenzen** bzw. Vermutungen, Vorhersagen oder Folgerungen aufbauen (vgl. Willenberg 2007).

3. Wiederholende Lesestrategien: Der Lesevorgang kann in zwei Lektüren gestaffelt werden – eine erste kursorische Lektüre und ein erneutes oder mehrmaliges, langsames Lesen. Dadurch wird ein Vergleich zwischen der ersten und den folgenden Lesevarianten möglich, und es kann sich eine Differenz von Hypothese/Erwartung und vertieftem Eindruck ergeben – dies ist erfolgversprechend bei schwierigeren Texten (Gold 2007, S. 48 f.). Zu den wiederholenden Lesestrategien zählen auch die Methoden des ›**textnahen Lesens**‹ (Paefgen 1998) bzw. der **verzögerten Lektüre** (Frommer 1981), die mit Abschreiben, Texteinfügen sowie Anbringen von Vor- und Rückverweisen bzw. Markierungen und Textkommentaren am Seitenrand vorgehen, um dadurch das alltagsübliche, rasche Überlesen oder die automatisierten Leseflüsse zu bremsen. Dagegen sollen sich die Lesenden in der Bewegung der Schreibhand mit dem historisch oder kulturell fernen Text vertraut machen und dessen semantische Bedeutung in motorischer Bewegung erarbeiten bzw. nachvollziehen.

Lesestrategien zielen also vor allem darauf, im Text Strukturen, Motive und Argumente in gestufter Folge zu analysieren. **Metakognitive Strategien** ermöglichen es, das Lesetempo sowie affektive und motivationale Zustände bzw. die Abwehr von Störreizen oder die Aufmerksamkeit zu steuern, Relevanzen einzuschätzen und Verständniskontrollen aufzubauen (Mandl/Friedrich 2006). Der Aufbau von Erwartungen und deren Überprüfung am Textfortgang ist mit der Rollenkonzeption des **Textdetektivs** verglichen worden, der über sieben Schritte einem Text auf die Spur kommen soll, wobei alle Strategietypen zum Zuge kommen (vgl. Gold 2007):

- die Überschrift beachten;
- bildliche Vorstellungen zu Wörtern/Textstellen entwickeln;
- mit Textschwierigkeiten umgehen;
- das eigene Verständnis überprüfen;
- für wichtig Gehaltenes unterstreichen;
- dieses zusammenfassen sowie
- prüfen, ob die Hauptgedanken behalten wurden.

Das Eintreten in eine weitergehende Verständigung oder Diskussion über den Text bzw. die schulische oder private Anschlusskommunikation ermöglicht es, die eigene Interpretation zu prüfen, und eröffnet weitere übertextuelle Arbeitsprozesse.

4.2.5 | Faktoren der individuellen Entwicklung: Lesegenese

Unter ›Lesegenese‹ fasst man die Entwicklung elementarer Entzifferungstechniken vom Kindesalter (s. Kap. 2 in diesem Band) bis zur literarischen Rezeption bei Jugendlichen oder Erwachsenen sowie die Ausprägung der Lesemotivation (Graf 2007). Auch dieser Bereich wurde von den PISA-Studien mit erfasst, woraus ersichtlich wurde: Die hoch ausgeprägte **Leseneigung** von Kindern in Deutschland nimmt mit wachsendem Alter ab; nach Abschluss des Schriftspracherwerbs ist mit etwa 9 Jahren ein erster Abbruch des Leseinteresses zu verzeichnen, diese Rate reduziert sich bis zum Alter von 13 Jahren (der ›literarischen Pubertät‹) kontinuierlich auf 30 % und verbleibt dort bis zum 16. Lebensjahr. Eine weitere Erkenntnis ist: 43 % der 15-Jährigen lesen nicht zum Vergnügen.

Über das Auftreten dieser alterstypischen **Knickstellen in der Lesekarriere** (Bertschi-Kaufmann 2007, S. 168) gibt es unterschiedliche Vermutungen. Es werden psychosoziale Gründe angegeben, zu berücksichtigen ist aber auch, dass sich der **Bewegungs- und Aktionsradius** Jugendlicher erheblich erweitert, was der Lesetätigkeit, die meist in statischen Körperhaltungen ausgeübt wird, kaum zugute kommt. Dieser Entwicklung ist dadurch zu begegnen, dass man Lesen als lustvolles Erlebnis möglich macht – als Rückzugsmöglichkeit, aber auch auf Wunsch als geselliges Ereignis, z. B. bei der Performance von Texten schon in der Grundschule. Angesichts der rapide wechselnden Medienkonjunkturen und -präferenzen bleibt es aber eine fortwährende Aufgabe, Lesegenese zu erforschen. In sogenannten **Leseautobiografien** (Graf 2007, S. 2–10) können Schüler/innen die eigene Lesepraxis im Wandel dokumentieren.

Auch wenn gemutmaßt wird, dass ein einseitig analytischer Deutschunterricht die Lust am Lesen nimmt (Josting 2008, S. 83; Graf 2007, S. 149 ff.), muss dafür doch auch eine Reihe anderer Gründe erwogen werden. Als günstige **individuelle Entwicklungsvoraussetzungen** für eine erfolgreiche Lesesozialisation lassen sich festhalten:

- emotionale Beteiligung,
- günstige Motivation,
- entsprechende Selbstbilder bzw. Selbstkonzepte als guter Leser,
- ein funktionstüchtiges Arbeitsgedächtnis,
- verfügbare Lernstrategien sowie
- bereichsbezogenes Vorwissen (Groeben/Hurrelmann 2004, S. 37).

Diese Voraussetzungen sind jedoch nicht nur von der individuellen Orientierung, sondern auch von biologischen und sozialen bzw. familiären Faktoren abhängig.

4.2.6 | Geschlechterspezifisches Leseverhalten

Nicht erst seit den entsprechenden PISA-Ergebnissen wird darauf hingewiesen: Mädchen/Frauen lesen im Durchschnitt quantitativ mehr als Jun-
gen/Männer (Garbe 2008), in der Gegenwart wie auch in der Geschichte.
Weiterhin zeigen sich Geschlechterdifferenzen bei der Lesegeschwindigkeit, der Lesemotivation und der Komplexitätsbewältigung, aber auch bei
Interpretations- und Wertungsaufgaben (laut PISA zugunsten der Mädchen).

Zur Vertiefung

Unterschiedliches Leseverhalten
Während Jungen dazu neigen, das Buch- durch das Bildschirmmedium
zu ersetzen, tendieren Mädchen zur ergänzenden Nutzung (Garbe
2008, S. 73); sie lassen ihren Wissenshorizont eher durch Bücher
prägen als Jungen. Der Lesevorgang wird unterschiedlich vollzogen:
Mädchen rezipieren eher im privaten bzw. intimen Lesemodus, Jungen
bevorzugen den sogenannten Partizipationsmodus des Lesens, der
ihnen Zugang zu Gruppen oder später gesellschaftliche Teilhabe
(durch Bücher oder Zeitungen) ermöglicht. Die Haltungen nähern sich
an beim instrumentellen, zielorientierten Lesen sowie dem interes-
segeleiteten Modus, der bei Jungen eine stärkere Rolle spielt (Graf
2007, S. 168). Die inhaltlichen Interessen gehen ebenfalls auseinander:
Mädchen und Frauen präferieren fiktionale Genres, Biografien oder
Lesestoffe mit Bezug zum eigenen Leben. Jungen bevorzugen Aben-
teuergenres, spannungs- und aktionsgeladene Bücher (darunter auch
Fantasy-Romane), Männer bevorzugen Sachtexte und Kriminalromane
(Garbe 2008, S. 67).

Die Unterschiede der Leseorientierungen lassen sich auf verschiedenen
Wegen begründen:

Erklärungen für
unterschiedliche
Leseorientie-
rungen

- **Biologische Hypothesen** nehmen eine genetische Disposition für die
Lesekompetenz an, in der abgeschwächten Variante verweisen sie auf
physiologische und hormonelle Unterschiede (Stanat/Kunter 2002).
Wenn neuronale Muster tatsächlich das Lesen begünstigen oder schwä-
chen, wäre noch offen, ob diese gegeben sind oder erworben werden.
- **Lektüregeschichtliche Hypothese:** Das Motiv der Frau, die aufgrund
eines eingeschränkten Aktionsradius gerne liest, hat mit den Merkmalen der ›Solisierung‹ und ›Immobilisierung‹ seit 1800 die weibliche
Lesekultur geprägt (vgl. Schön 1993). Da die intensive und nicht direkt
nutzorientierte Lektüre eher mit der weiblichen Rolle verbunden wird,
könnte dies ein Hinderungsgrund für Jungen oder Männer sein, sich
stärker mit fiktionalen Gattungen zu beschäftigen (Garbe 2008, S. 72).
- **Sozialpsychologische These:** Zu Recht ist die Warnung vor dem *doing
gender* erhoben worden (ebd., S. 81), denn die Wahrnehmung von Jungen durch Lehrer/innen kann durch die Geschlechterstereotype des
schlecht lesenden Schülers vorgeprägt sein. Durch diese *self-fullfilling-*

prophecy, die der Schüler als Selbstbild übernimmt, wird wiederum sein negatives Verhalten verstärkt.

- **Bildungspolitisches Argument:** Die ›Interaktionshelfer‹ bzw. Lesebegleiter, aber auch Grundschullehrerinnen und weiterführende Lehrkräfte sind zunächst überwiegend weiblich, erst später gleicht sich dieses Verhältnis aus (ebd., S. 73). Dies lässt vermuten, dass in den Bildungsarenen bestimmte geschlechterspezifische Erwartungshaltungen zur Geltung kommen. Nachteilig wirkt sich dies vor allem für Jungen aus bildungsfernen Schichten aus, insofern sie in weiblich dominierten Bildungsstätten keine Identifikationsmuster finden. Wenn Jungen dann Literalität mit Weiblichkeit verknüpfen, hat dies zumindest eine indirekt negative Wirkung auf deren Lektürewahl und -verhalten (ebd., S. 71).

Als ein Ausweg wird die Wahl der Lesestoffe diskutiert. Mittlerweile bedienen die Textangebote der Kinder- und Jugendliteratur eher die Interessen von Mädchen als die von Jungen: Es dominieren dort starke, offensive Mädchen und sensible, wenig selbstbewusste und entscheidungsschwache Jungen (Schilcher 2003, S. 367 f.). Damit fehlen den Jungen die positiven Identifikationsfiguren. Zweifellos liegt darin eine Bedingung für die Leseunlust und den Wechsel zu Filmen oder Computerspielen, die eher das Einüben von Machtspielen ermöglichen und Selbstbilder der Stärke verheißen. Deswegen wird zunehmend der Ansatz gestärkt, im Unterricht Action- und Abenteuerelemente zu behandeln. Dem körperlichen Bewegungsbedürfnis soll auf der symbolischen Erfahrungsebene Rechnung getragen werden: Die Texte sollen weniger Dialoge oder problemorientierte Erörterungen bieten, sondern Identifikationsfiguren im Wettbewerb zeigen, die sich in gefährlichen Situationen bewähren. So zeigten sich in einer Studie mit zwei Hauptschulklassen am Beispiel von R.L. Stevensons *Schatzinsel* gute Effekte für die Akzeptanz bzw. die Lesemotivation; für die Lesekompetenz werden längerfristige positive Wirkungen vermutet (Weißenburger 2009).

4.2.7 | Lesesozialisation: Familien- und peerabhängige Entwicklung des Lesens

Wenn **Sozialisation** als »Prozess der Entstehung und Entwicklung von Persönlichkeit in wechselseitiger Abhängigkeit von der gesellschaftlich vermittelten sozialen und dinglich-materiellen Umwelt« bezeichnet wird (Hurrelmann 2006, S. 65), lässt sich unter → **Lesesozialisation** die Entwicklung des Leseverhaltens und der Lesepräferenzen innerhalb eines **gesellschaftlichen Umfeldes** verstehen.

Zum Begriff

Die Lesesozialisationsforschung geht insofern wesentlich weiter als die Lesekompetenzforschung, die nur auf pragmatisches Verbessern von Lesetechniken zielt. Sie impliziert vielmehr ein Verständnis von Lesen, das auf die Tradition der Bildungstheorien des späten 18. Jahrhunderts zurückgeht: Lesen wird als **Motivations-, Erlebnis- und Bildungsfaktor** begriffen, als Möglichkeit, die ästhetische Sensibilität zu stärken und zur Persönlichkeitsbildung, zum **Identitätsgewinn** und zur **sozialen Emanzipation** und Teilhabe beizutragen (vgl. Hurrelmann 2004). Die Lesesozialisation hängt zunächst (und auch später neben hinzutretenden Faktoren) davon ab, welche Einschätzung und vor allem welche Praxis des Lesens im Elternhaus vorherrscht. Es sind weniger die Inhalte oder die Buchbestände, die von Kindern wahrgenommen werden, als vielmehr die **Umgangsformen mit Texten**, die meistens von Kindern übernommen werden und entscheidend auf die literarische Frühsozialisation wirken:

- **Lese- und Vorleseformen** können aktiv, engagiert, passiv, pflichtschuldig-erledigend oder gar ablehnend sein: Im günstigen Fall ist das intensive, Fragen zulassende oder von Einwürfen und Diskussionen begleitete Vorlesen eine gute Grundlage für das spätere Leseverhalten; auch für den Wortschatz wirkt es fördernd (vgl. Wieler 1997, S. 23; allgemein Graf 2007, S. 19–37). Durch Vorlesen oder Selbstlesen vollzieht sich bei Kindern ein »Übergang von objekt- und handlungsbezogener zu distanziert-betrachtender Hinsicht« (Eggert/Garbe 2003, S. 102), wodurch sie lernen können, Situationen und Haltungen in Frage zu stellen.
- Das **allgemeine Kommunikationsverhalten** der Familie kann kindgerecht oder abgewandt sein – dieses wie auch die Frage, ob intensiv über gemeinsame Lektüre gesprochen wird, kann für den Stellenwert von Literatur entscheiden sein (Hurrelmann u. a. 1993).
- Das **Freizeitverhalten der Eltern** zumal in der Nutzung elektronischer Medien wirkt auf das Mediennutzungsverhalten der Kinder – dies nicht nur in der Präferenz eines Mediums, sondern auch in der Übernahme von passiven oder aktiven Rezeptionsweisen.
- Der **sozioökonomische Status** begünstigt die altersangemessene Buchauswahl sowie die Zuwendung beim Vorlesen und den Wechsel der Leseperspektive: Je niedriger der Status, desto eher empfindet man das Lesen als lästige und überflüssige Pflicht und zieht dagegen das Fernsehen vor (Wieler 1997, S. 210 f.). Durch diesen Faktor erklärt sich der Zusammenhang von sozialer Herkunft und Leseerfolg, den PISA deutlich belegt (vgl. Garbe/Philipp/Ohlsen 2009).
- Der **Einfluss der peer groups** auf das Leseverhalten ist durch PISA experimentell festgestellt worden. Die Wertschätzung der Literatur und die kulturellen Interessen der Freund/innen und des sonstigen sozialen Umfelds sind signifikant (Rosebrock 2004): Fehlt die Anschlusskommunikation, das lockere, informelle Gespräch über einen Text, kann das Gelesene nicht intensiviert werden und es bleibt ohne soziale Einbettung. Mittelschichtkinder erleben das Lesen oft nicht als Partizipation, sondern als Rückzug in die Einsamkeit und Möglichkeit eines Phantasieaufbaus. Zielt Unterrichtslektüre lediglich auf die richtige Analyse und vernachlässigt sie ästhetische und soziale Dimensionen, kann das Leseerlebnis nicht Teil der gesellschaftlichen Praxis werden (Rosebrock/Nix 2008, S. 27). Auch dies kann sich negativ auf das Lektüreverhalten auswirken.

- Ein **mehrsprachiges Umfeld** stellt für die Leseförderung erschwerte Bedingungen dar. Hier bietet sich auch der Einsatz von **Bilderbüchern** an (Neugebauer 2008, S. 230), um den sprachlichen Eingangsvoraussetzungen gerecht zu werden. Es lassen sich dann einfache Fragen zum Buch im Team beantworten, woraus ein Erfolgserlebnis in der Gruppe resultiert und sich die Lesemotivation erhöhen kann.

4.2.8 | Leseförderung, Leseanimation, Lesetraining

Texte bilden erweiterte Erlebnisräume vor allem für diejenigen, die auf vorhandenen Leseerfahrungen aufbauen können. Deshalb werden mehrere Ansätze verfolgt, um die Lesepraxis zu verbessern.

> → **Leseförderung** soll die Motivation zum Lesen stärken, an bestimmten Problempunkten Hilfestellungen anbieten und ein stabiles Leseverhalten einüben (Bertschi-Kaufmann 2007).
> → **Leseanimation** ist eine spezielle Domäne der Leseförderung, die vor allem durch soziale, praktische sowie institutionell-kulturelle Aktivitäten positiv auf das Selbstkonzept des Lesenden wirken will, der lernen soll, seinen Leseprozess zu steuern. Es geht dabei darum, die Tätigkeit des Lesens zu entgrenzen und vom einsamen Schreibtisch in neue Kontexte hinein zu öffnen, um sie dort zu verankern und insbesondere literarischen Texten stärkere Alltagspräsenz zu verschaffen.

Zu den Begriffen

Ein Grundsatz der Leseförderung ist es, denjenigen Kindern, denen das familiäre Lesen fehlt, eine adäquate Situation zu bieten – im Sinne der *family literacy* empfiehlt es sich aber gelegentlich auch, Eltern aktiv in die Leseanimation miteinzubeziehen. Grundlegende Absicht dieser Leseanimation ist weniger die kurzfristige Steigerung des Spaßfaktors, sondern vielmehr eine Verankerung des Buchmediums im Alltagsleben, d. h. in der sozialen Praxis außerhalb des Klassenraums. Die dadurch oft erzielte Motivationserhöhung wird allerdings nicht automatisch bei allen Teilnehmenden wirksam. Leser/innen aus bildungsfernen Haushalten werden dem Treiben womöglich skeptisch gegenüberstehen, und für die Leseentwicklung ist es mindestens so einflussreich, welches Selbstkonzept als Leser/innen die Lesevorbilder (meistens die Eltern) haben (Rosebrock/Nix 2008, S. 92 ff.). Durch Einbettung der buchnahen Aktivitäten in das soziale Leben können jedoch auch Selbstüberzeugungen der Nichtleser geändert werden. Der folgende Katalog umfasst eine Reihe von praktikablen Unterrichtsvorschlägen, die oberhalb des reinen Lesetrainings angesiedelt sind und auch Medienwechsel oder ›outdoor‹-Didaktik involvieren können (vgl. u. a. Rosebrock/Nix 2008, S. 102 ff.).

Zur Methodik

Vorschläge zur Leseanimation

- **Umbau des Klassenraums:** Bücherkisten im Klassenraum aufstellen; Klassenbibliotheken einrichten (Aufstellen nach Sachgebieten); Leseecken im Klassenzimmer einrichten lassen.
- **Die Schulöffentlichkeit als Ort von Büchern:** Einrichtung eines Lese-Cafés; Gründung von Lese- und Buchclubs; Einbezug, Aufbau oder Neugestaltung der Schulbibliothek; Werbezettel zu Büchern schreiben lassen mit ersten Hinweisen zu Inhalt und Problemen; Klappentexte gestalten für Sachbücher (Bertschi-Kaufmann 2007, S. 174); Ausstellungswände, Postergalerien, Schaukästen oder Bühnen für buchbezogene Aktionen einrichten; Literaturseiten in der Schülerzeitung konzipieren lassen.
- **Einsatz von Medien:** Hörbücher, Literaturverfilmungen (Erstellung einer Filmkritik) komplementär zu einem Text einbringen; Testen von Websites, die Literatur anbieten; Gestaltung einer eigenen Seite mit Literaturkritik (über die Homepage der Schule).
- **Portfolioarbeit:** Erstellung einer Leseliste oder eines Lesetagebuchs begleitend zu einer Lektüre, wobei zusätzlich ein Lesepass bzw. -ausweis geführt wird. Leseportfolios sind Ordner mit aufgaben- oder projektgebundenen, schriftlichen oder bildlichen Arbeiten, Notizen oder freien Reflexionen; sie können ferner Selbstbeobachtungen beim Lesen oder Schreibarbeiten zu Texten enthalten. Lehrende können Rückmeldebögen und Einschätzungen bezüglich der erreichten Lesekompetenzen anfügen. ›Lernbeweise‹ sind im Unterricht entstandene Arbeiten oder außerschulische Belege wie Eintrittskarten zu Lesungen, Programmhefte, Audio- oder Videoaufzeichnungen einer Leseveranstaltung. Thesenpapiere oder Protokolle zur Aufgabenbearbeitung sind auch für Studierende noch hilfreich.
- **Grafische Gestaltung:** Lesezeichen zu Büchern herstellen, Buchumschläge neu konzipieren, das Layout von literarischen Texten mit dem PC umgestalten.
- **Literarisches Gespräch:** Buchvorstellungen von aktuellen Büchern und Lieblingsbüchern im Unterricht; Veranstaltung einer literarischen Gesprächsrunde im Unterricht oder in einer Talkshow im Rahmen eines Elternabends; Hitlisten erstellen; Events zu aktuellen literarischen Themen durchführen; Lese-AGs gründen.
- **Präsentationen:** Vorlesen von interessanten Texten/Büchern im Unterricht; öffentliche Darbietungen von (szenischen) Lesungen; Themenausstellungen (Bertschi-Kaufmann 2007, S. 173).
- **Projektarbeit:** Schulische Projekttage oder -wochen zu einem literarischen Thema/einem Buch durchführen; Ausstellung zum Œuvre oder zur Biografie einer Autorin/eines Autors.
- **Lesenächte** in der Schule, am besten mit Themenbindung (Gruselgeschichten, Krimis oder gerade kursierende Bücher; vgl. ebd., S. 168).

- **Zusammenarbeit mit öffentlichen Institutionen:** Bibliotheksbesu-
che, Bibliothekarsgespräche (Lux 2007); Besichtigung von Buch-
messen, Buchausstellungen, Verlagen und Druckereien; Buch-
handlungsgespräche; Teilnahme an Aktionen von lesefördernden
Institutionen (z. B. Vorlesewettbewerbe); literarische Spaziergänge
in der Heimatstadt oder als Exkursion; Autorenlesungen (ev. mit Le-
sewerkstätten).
- **Institutionalisiertes Vorlesen** bei der Gestaltung einer Radiosen-
dung oder eines Vorlesewettbewerbs, auch das Vorlesen für jüngere Schüler/innen (*cross-age-reading*); erfolgreich sind des Weiteren
Lesetheater, wobei etwa gekürzte Texte der Kinder- und Jugendliteratur in direkte Rede gebracht und mit verteilten Rollen gelesen
werden (Rosebrock/Nix 2008, S. 40).
- Bei der **Leseolympiade** verpflichtet sich der einzelne, mindestens
ein Buch pro Woche zu lesen (die Quantität lässt sich dokumentieren in einem Lese-Reise-Pass, etwa mit kurzen Notaten zu den gelesenen Texten, die durch Lehrerunterschrift beglaubigt werden).
- **Internetbasierte Lesewettbewerbe** wie ›Antolin‹ prüfen durch ein
digitales Ankreuzrätsel das Basiswissen über Figuren, Motive und
Handlungselemente von Kinder- und Jugendliteratur. Bei diesem besonders in der Grundschule beliebten Spiel können die Schüler/in-
nen mit Textwissen Punkte erwerben – womit jenseits der reinen
Lesequantität das Textwissen gefragt ist.

Während die **Viellesetheorie** davon ausgeht, dass die reine Quantität des
Lesens die Leseleistung verbessert, zielt eine umfassend verstandene
Leseförderung auf die sozialen Einbettungen des Lesens, um überhaupt
erst günstige Voraussetzungen zum Lesen zu schaffen. Mit individuell
angepassten und auf den Klassenverband abgestimmten Buchaktionen
lässt sich vielmehr erreichen, dass durch verbindliche, schülernahe Lek-
türeinhalte auch bei buchfern sozialisierten Schüler/innen die Leserrolle
habitualisiert wird. Dabei ist auf **inhaltliche Betreuung** und ein angemessenes Lesepensum zu achten. Die erworbenen Kompetenzen werden sich
wiederum positiv auf die Lesemotivation auswirken, womit der Kreislauf
der fehlenden Basalfähigkeiten und der Nullmotivation durchbrochen
wäre.

4.2.9 | Lesen in der (neuen) Medienlandschaft

Die Stärkung der Medienkompetenz im Deutschunterricht ist nicht nur
der unübersehbaren Präsenz der Neuen Medien geschuldet. Man kann in
diesem Zuge auch die literarischen Bezugnahmen auf Medien durch Gespräche, Kommentare und Diskussionen erschließen, wodurch sich Moti-
vations- und Lerneffekte einstellen (Frederking u. a. 2008; Bertschi-Kauf-

mann 2007). Ein **intermedialer Deutschunterricht**, in den verschiedene Künste auch in ihren digitalen Erscheinungsformen eingebunden werden, bietet unter anderem die Möglichkeit zur »Auseinandersetzung mit kultureller Selbstwahrnehmung« (Bönnighausen 2008, S. 56). Besonders Mediendidaktiker haben dafür plädiert, die **Konkurrenzsituation** zwischen dem Buch und den neuen Medien zu entschärfen und diese vielmehr als Kontinuum zu betrachten bzw. zur **Synthese** zu bringen (Josting 2008; Frederking/Krommer/Maiwald 2008; s. Kap. 5 in diesem Band).

Allerdings besteht auch die Gefahr, dass ein ziemlich gnadenloser (Medien-)Marktkampf verharmlost wird: Entsprechend stellt die **Polarisierungshypothese** das Mediennutzungsverhalten als Verdrängungswettbewerb dar (was durch die Daten der JIM-Studien von 2007 und 2009 gestützt wird, die eine klare Präferenz für Fernsehen und Computer belegen). Für die Lehrpläne ist auch zu bedenken, dass zumal bei der verkürzten Oberstufe ein Mehr an Medienbehandlung auf Kosten der literarischen Themen geht. Und die immer wieder geäußerte versöhnliche Behauptung, Lesefertigkeiten seien angesichts der Neuen Medien durchaus nicht obsolet geworden, sondern im Gegenteil hilfreich, trifft nur eingeschränkt zu: Sie gilt allenfalls für eine basale Leseebene, die beherrscht werden muss, um ein Textverarbeitungsprogramm zu bedienen, das Internet aufzusuchen und am Bildschirm kleinere Texte zu lesen. **Lesen am Bildschirm** ist jedoch stärker ikonisch und extensiv angelegt, literarisches Lesen sollte intensiv vollzogen werden (wobei interaktive ästhetische Literatur im Netz durchaus höhere Komplexitätsgrade bieten kann).

Medien des Lesens
Titus Rembrandt, Sohn des philosophisch und philologisch gebildeten Malers, übt sich in der für Kinder hier noch ungeläufigen Kulturtechnik des Lesens, die auch durch die protestantisch-calvinistische Tradition befördert wurde: An seinem Schreibpult hat er die linke Hand (in der sich Spielzeug, vielleicht auch ein Gerät zum Siegeln befindet) unter dem Buch, darüber lose Zettel, in der rechten Hand einen Gänsekiel und den Daumen ans Kinn gelehnt: Wahrscheinlich handelt es sich dabei um Abschreib- oder Exzerpierübungen, die nachdenkliche Mimik weist aber auch auf längere Verarbeitung des Gelesenen hin.

Rembrandt:
Sohn Titus, lesend
(1655)

Lesen in der
(neuen) Medien-
landschaft

Während das Buch ganz überwiegend einsame Leser/innen
beschäftigt (Solisierung), kann
das Lesen am PC durch die
größere Blickfläche, die auch aus
physiologischen Gründen das
Auge stärker anzieht, zwei oder
mehrere Leser/innen einladen.
Der Handkontakt mit den Buchstaben fehlt, aber auch hier führt
die rechte Hand des Mädchens
zum Gesicht und signalisiert
nachdenkliche Distanz. Bild-
bzw. grafische Elemente auf dem
Bildschirm stützen und beschleunigen das Lesen.

Kinder lesen am
Bildschirm (2011)

Die Lesegewohnheiten ändern sich unter dem Eindruck des ›intermedial
turn‹ (Bönnighausen 2008) auf mehreren Ebenen:

1. **Nonlineares Lesen** zerstreut die lineare Leserichtung des Buches und
   fördert das Schmökern, das Umherstreifen mit Hyperlinks, auch das
   Verlieren oder rasche Vergessen von Bedeutungen, um möglichst viele
   neue hinzuzugewinnen (prozessorientiertes, offenes Lesen).

   Formen des Lesens
   am Bildschirm

2. **Semantische Hierarchien** geraten dadurch ins Rutschen, die Grenze
   zwischen Wichtigem und Unwichtigem verschwimmt: Lesen erfordert
   neue kombinatorische Fähigkeiten und verstärkte Urteilskraft.

3. **Interaktives Leseverhalten** ist nicht immer, aber in vielen Fällen
   realisierbar, was zu einer Umkehr von Leser- und Autor- wie auch
   Schüler- und Lehrerrollen führen kann. Lesen ist keine singuläre und
   einsame Tätigkeit mehr, sondern kann in ein *simultaneous enginee-
   ring*, ein verteiltes Schreiben an Texten und Kommentaren münden.
   Dadurch wird auch die Grenze zwischen Privatheit und Öffentlichkeit
   durchlässig.

4. **Intermedial** kann das Lesen werden, wenn im Hypermedium durch
   Bild-, Ton- und Wortdokumente verschiedene Wahrnehmungsaktivitä-
   ten gefordert sind.

5. **Offene Texte** können in Form von Inter-, Phäno-, Prä-, Post- und Hypertexten miteinander vernetzt werden. Dies kann im Unterricht dadurch
   genutzt werden, dass man auf Grundlage eines digitalisierten Textes
   selbst Hypertexte erstellt, die auch intermedial angelegt sein können.

6. **Synthetisch-konstruktive Tätigkeiten** des Interpretierens ergänzen
   die analytischen Tätigkeiten, wobei Finde- und Verknüpfungstätigkei-
   ten gefragt sind.

7. **Visuelle Eigenschaften** von Texten bzw. Ikonizität bestimmen die
   Lesewahrnehmung – das Internet ist durchaus nicht mehr schriftdo-
   miniert. Lesen am Bildschirm funktioniert als lockeres Überschauen

einer Fläche und punktuelles Heraussuchen geeigneter Schaltflächen, dann wieder als Bedeutungsentnahme mit raschem, überfliegendem Auge (›scannen‹ oder ›zoomen‹).

Mittlerweile ist auch unter Mediendidaktikern die erste große Euphorie einer nüchternen Betrachtung gewichen. Aufgabe bleibt es aber in jedem Fall, Sprache und Literatur unter Bedingungen unterschiedlicher Medien zu beobachten, sodann auch das prinzipielle (weniger: das technische) Funktionieren anderer Medien in den Blick zu rücken – etwa die narrative Gestaltung oder Perspektivbehandlung bei Filmen, das Verhältnis von Einzeltexten und Hypertext, das narrative Verhalten von Bloggern oder das Entstehen intermedialer Kunstwerke. Insofern ist es geboten, Medien in ihrer geschichtlichen Entwicklung und in ihrer gegenwärtigen Verflechtung zu sehen, um sie im Sinne einer ›**integrierten Mediendidaktik**‹ (Wermke 1997) in den Unterricht einzubeziehen.

Medienwirkungen: Medien sind bei weitem nicht nur ein Instrument zur Mitteilung von Botschaften, sondern entfalten weitreichende Effekte auch in Bezug auf Schrift und Wahrnehmung:

- **Medien prägen unser Denken** und auch die damit jeweils produzierten Inhalte oder Nachrichten. Jaron Lanier (2010), der den Begriff der ›virtuellen Wirklichkeit‹ prägte, verweist auf die Standardisierung, Formatierung und Einebnung des individuellen Denkens durch das Internet. Was Nietzsche über seine ausgiebigen Erfahrungen mit dem Medium Schreibmaschine geäußert hat, kann als Medienerfahrung par excellence benannt werden: »**Unser Schreibwerkzeug arbeitet mit an unseren Gedanken**« (Nietzsche 1882, S. 172). Medien beeinflussen den Ausdruck von Gedanken – und dadurch diese selbst. Da dasselbe für die Leserezeption gilt, bleibt die Untersuchung der Medienwirkungen vorrangig.
- **Medien prägen die Wahrnehmung**, ganz gleich ob Buchdruck, Film oder digitale Medien – letztere wirken allerdings gravierend und gesellschaftsweit. Daher beschäftigt sich die **Medienpsychologie** mittlerweile besonders mit Fragen der Aufmerksamkeitsbildung, aber auch der Gewaltbereitschaft oder allgemeinen Gefühlshaltungen (Gleich 2004).
- **Medien bieten keine neutralen Informationen:** Dass digitale Daten nicht einfach eine Optimierung der Wissensbestände darstellen, weiß man spätestens seit den kritischen Einwürfen Neil Postmans (1992), der polemisch von »cultural aids« gesprochen hat – einer Autoimmunschwäche der Gesellschaft, der die nicht bewältigbaren Informationsmassen zum Verhängnis werden, wenn sie nicht gar zur direkten politischen Manipulation eingesetzt werden (vgl. Luhmann 1997, S. 313).

Auf diesen Feldern wird die Didaktik (besonders die AG Medien im Symposion Deutschdidaktik) weiterforschen, um auf positive Synergieeffekte der Nutzung, aber auch auf medienpsychologische Wirkungen oder Gefahren aufmerksam zu machen. Der Literatur kommt hier eine besondere Aufgabe der Vermittlung zu, insofern sie Medienwirkungen selbst thematisieren kann – auch in der rasant expandieren Gattung der Blogs. Literatur und Medien können so im Sinne einer **Mediengeschichte**, aber auch als **Verständigung durch Literatur** über Medien und in Medien für den Deutschunterricht fruchtbar gemacht werden.

4.2.10 | Ausblick: Lernen durch Literatur

Zieht man die Konsequenz, dass Lesen ein umwegiger, nicht in allen Teilen planbarer Vorgang ist, der u. a. von sozialen, medialen oder biologischen Faktoren abhängt, so liegen die didaktischen Strategien weit ab von jeder überkommenen Trichterpädagogik des vermeintlichen ›Beibringens‹. Seit einigen Jahren verfolgt der Literaturunterricht die Maxime, dass die rein analytischen Verfahren durch **Handlungs- und Produktionsorientierung** zu ergänzen seien. Diese Auffassung wurde mittlerweile durch die kognitionspsychologische Leseforschung bestätigt: Eine kreative Aneignung, die mit der kognitiven einhergeht, motiviert die Schüler/innen am stärksten (in der konkreten Lektüre sowie allgemein in der Lesehaltung) und eröffnet einen vertieften, durch andere Register erweiterten **Verstehenszugang**. Zusätzlich wird der Inhalt besser erinnerbar; die **mnemotechnischen Effekte** sind messbar höher als beim rein analytischen Lesen. Die produktiven Herangehensweisen sollten aber an die jeweiligen Interpretationsabsichten (Grob- und Feinziele) geknüpft sein, die wiederum durch Anhaltspunkte und Belege im Text Plausibilität bekommen. In dieser Feinabstimmung und in Orientierung an Richtlinien und Lehrplänen können Interpretationen wirkungsvoll historische und aktuelle Fragen erschließen.

4.3 | Gattungsdidaktik I: Drama

4.3.1 | Grundlagen

Goethes Einteilung der Dichtung in »drei echte Naturformen der Poesie«, nämlich die »klar erzählende« des Epos, die »enthusiastisch aufgeregte« der Lyrik und die »persönlich handelnde« des Dramas (SW 3/1, S. 206), hat im Deutschunterricht eine große Karriere entfaltet – auch wenn Goethe selbst kein Purist gewesen ist, sondern Grenzüberschreitungen in der Dichtung reichlich praktizierte. G.W.F. Hegels *Vorlesungen über die Ästhetik* befestigten die Dreiteilung, die dann die Schulmänner aufgriffen, um den Gattungen normativ unterschiedliche Gegenstände, Subjektbefindlichkeiten oder gar Weltzustände zuzumessen.

Gegen ihre Berücksichtigung im Deutschunterricht ließe sich allerdings halten, dass **Gattungen nur Konstruktionen** oder Hilfsmittel des Literatursystems sind und etliche Mischtypen existieren. Die Einteilung erhält ihren Sinn aber nicht nur aus der bloßen Formengeschichte. Literatur hat ihre eigenen Aussage- und Lehrabsichten stets an den formalen Möglichkeiten des jeweiligen Genres ausgerichtet. Diese immanente Didaktik ist Grund genug, auch Erschließungswege zu wählen, die den Ausdrucksweisen und inhaltlichen Präferenzen der Gattungen entsprechen – und nicht etwa einen Methodenkoffer auszupacken, der für alle Gegenstände passende Werkzeuge parat hielte. Seit der Durchsetzung des gattungszentrierten Ansatzes um 1970, angeregt besonders von Hermann Helmers (1966), der sich damit gegen die Themenorientierung wandte, sind aus den Gattungsgesetzen heraus oft Unterrichtsentscheidungen oder methodische Anregungen entstanden (was zunächst besonders für Formen des szenischen Arbeitens gilt). Diese sind durchaus über die Gattungen hinweg kombinierbar, müssen allerdings in jedem Fall am Inhalt und an der Vermittlungsintention ausgerichtet bleiben.

4.3.2 | Theatralität

Kennzeichnend für die Dramengattung ist das **Theatrale**, das ›Schaubarmachen‹ in einem weitesten Sinn der **Performanz**: Die Texte werden ›live‹ präsentiert – Sprache und Handlung, Gestik, Mimik, Bewegung von Körper im Raum, Musik und Bilder vollziehen sich vor den Sinnen und in jeder Aufführung unter neuem Risiko. Dieser **Ereignischarakter** prägt die Texte tiefgreifend: Sie sind eigentlich nur die Partitur, die die Aufführung braucht, weil erst diese eine weitgehende Sinnentfaltung möglich macht. Der Bühnenraum verbindet die symbolischen Zeichen des Textes mit den Requisiten und handelnden Figuren zu einem plurimedialen Zeichenraum. Lange Zeit hat man allerdings Dramen in der Literatur- und Theaterwissenschaft wie auch im Deutschunterricht behandelt, als seien es Texte, mit denen ein überzeitlicher Autor ewige Ideen kundtut, die sich für den Zitatenschatz eignen und allenfalls in interessanten Handlungen gebündelt werden. Die ›werkimmanente Interpretation‹ Wolfgang Kaysers hatte hier eine starke Wirkung, die teilweise noch bis in die Gegenwart reicht: Sie betrachtet nur die reine Sprachebene bzw. das dramatische Textsubstrat, ohne die Bühnenpraxis zu bedenken. Doch gerade diese bietet für den Deutschunterricht die spannendsten Möglichkeiten.

Virtualität des Textes: Das Drama verweist zwar auf eine **gedankliche, hypothetische Welt**, braucht aber auch die **körperhafte Konkretion** im theatralen Raum, die die Bedeutung mit hervorbringt (Scheller 2004). Daraus ergeben sich Spielräume für beide Ebenen: Der Text bewahrt sein Potenzial für stets weitere Umsetzungen, zugleich können sich diese aber zu immer neuen Aufführungsformen erweitern – in gesteigerter Form beim zeitgenössischen Regietheater, das auch aus einem einzigen Wort auf Papier ein theatrales Geschehen hervorbringen kann.

Dramaturgien: Die Theatergeschichte ist reich an Selbstreflexionen über Wirkungsmittel, Intentionen und auch über lehrhafte Aufgaben der Bühne und ihre Programme – seit Aristoteles' *Poetik* (vgl. Jeßing/Köhnen 2007, S. 158–182). Dort werden anthropologische und moralische Motive des Theaterspiels angeführt, die auch für den Unterricht relevant sind:

1. **Nachahmung** (gr. *mimesis*) ermöglicht nach Aristoteles dem Menschen das Lernen, aber auch Spielfreude: »Denn von Dingen, die wir in
   der Wirklichkeit nur ungern erblicken, sehen wir mit Freude möglichst
   getreue Abbildungen, z. B. Darstellungen von äußerst unansehnlichen
   Tieren und von Leichen« (*Poetik*, Kap. 4).
2. **Katharsis:** Die Tragödie soll »Jammer und Schauder« (gr. *eleos* und
   phobos) hervorrufen und diese Erregungszustände reinigen oder von
   ihnen befreien (*Poetik*, Kap. 6). Das ist durchaus medizinisch gemeint
   und bezieht sich auf den Säftehaushalt des Menschen, der im Gleichgewicht sein sollte, um damit die Temperamente auszubalancieren und
   eine sinnlich-sittliche Mitte zu bilden. Der eigentlich medizinische
   Begriff der *katharsis* hat in der Geschichte des Theaters eine sehr vielseitige Karriere entfaltet, nämlich in Konzepten der Reinigung (Aristoteles), des Mitleids (Lessing), der heilsamen Leidenschaften (Schiller)
   und schließlich sogar des Denkvergnügens (Brecht).
3. **Zeichen** (gr. *semion*): Die auf die Bühne gebrachten Konflikte und Af-
   fekte sind dadurch verhandelbar, dass sie in einer zeichenhaften Darstellung erscheinen, also einen eigenen Wirklichkeitscharakter haben,
   der über die direkt erfahrene Umwelt hinausgeht: Dichtung ist eine
   mögliche und damit veränderbare Welt, die aber auch auf Alltagswahr-
   scheinlichkeit zu achten habe (*Poetik*, Kap. 9).
4. **Polis:** Insofern steht Theater auch im mehr oder weniger direkten Bezug zur sozialen Welt – das Nachahmen von Handlungen kann Modelle für politische Konstellationen bieten und ermöglicht im Horizont der
   mythologischen Themen zeitgenössische Anspielungen. So spielte das
   Theater in der frühen Athenischen Demokratie eine wichtige Rolle als
   öffentliches Verständigungsmedium. Darin zeigt sich der zweite schul-
   mäßige Bezug zumal im politisch-kritischen Theater, das im Sturm
   und Drang, bei Lessing oder beim jungen Schiller zur politischen Diskussion diente, mit Büchner über Brecht bis Heiner Müller zum La-
   borraum sozialer Phantasie avancierte und in dieser Funktion auch in
   Lehrplänen berücksichtigt ist.

4.3.3 | Bildungsprogramme des Theaters: Beispiele

Theater des Klassizismus: Wesentliche Teile der heutigen dramaturgischen Programme und Bildungsgedanken lassen sich auf die Theaterdis-
kussionen in den 1780er Jahren zurückführen, die sich im Horizont der
bereits etablierten Leitwissenschaft **Anthropologie** sowie in der Diskussion um den Autonomieanspruch der Künste abspielen. Denkbar umfassend ist hier Schillers Programm, das in der Schaubühne wirksam werden
soll, »wo sich Vergnügen mit Unterricht, Ruhe mit Anstrengung, Kurzweil
mit Bildung gattet« – dort wird eine »künstliche Welt« errichtet, in der
wir »über die wirkliche hinweg träumen« und »heilsame Leidenschaften«
den ganzen Menschen wieder ins Gleichgewicht bringen (V, S. 831). Diese
ganzheitliche Konzeption mündet zehn Jahre später unter der Annahme,

dass das Spiel eine konstante Eigenschaft des Menschen sei (V, S. 618), im anspruchsvollen **Autonomiekonzept** der *Ästhetischen Briefe über die Erziehung des Menschen* in die **Utopie des ästhetischen Staates**. Kunst soll die Polis, das Gemeinwesen, überformen und gleichsam spielerisch den Gesetzesstaat übertrumpfen – ein Anspruch, den sich Theatermacher von linker und rechter Seite aus mit mehr oder weniger Legitimation angeeignet haben und der heute noch immer dazu dient, das deutsche Modell des öffentlich finanzierten Stadttheaters zu rechtfertigen. Und auch wenn man heute den Anspruch des Theaters niedriger ansetzt, ist es für die Theaterpädagogik leitend geblieben, die Möglichkeiten der Bühne individuell bildend oder gar sozialtherapeutisch zu nutzen.

Didaktik des epischen Theaters: Nicht ganz so gefühllos wie oft angenommen, sondern vor allem auf das »Vergnügen« der Ratio, auf Analyse, Distanz und Diskussion setzend, soll der **Verfremdungseffekt** (V-Effekt) das Bekannte neu ansichtig machen bzw. zur Disposition stellen (vgl. Brechts *Organon*-Aufsatz, 1948). Das ist zutiefst aufklärerisch formuliert: Ein bekannter Stoff wird auf veränderte, ungewohnte Weise dargeboten, sei es durch erzählerische Variation, inhaltliche Änderung, Darstellung in einem neuen Medium oder durch die schauspielerische Absicht, zur eigenen Rolle **kühle Distanz** aufzubauen. Nicht identifikatorische Wahrnehmung, sondern reflexiver Abstand zum Geschehen soll dem Betrachter gesellschaftliche Missstände und ihre Änderbarkeit anschaulich machen: Im Spiel wird es vorstellbar, in Gesellschaftsprozesse einzugreifen, und so ist der Zuschauer nicht als passiver, leidender konzipiert, sondern als ein aktiver, der jede Illusion durchschauen soll: In diesem **Theater als analytischer Anstalt** wird das Publikum selbst zum Helden. Die formalen Konsequenzen sind folgenreich gewesen, seine reichhaltigen **illusionsstörenden Mittel** bewirken eine Öffnung der Dramenform bzw. des Theaters:

Darstellungsmittel
der Illusions-
störung

- Medieneinsätze wie etwa Dia- oder Filmprojektionen, Lautsprecher, Rundfunk;
- berichtende bzw. erzählende Figuren; Zeitungsverkäufer, die durch das Publikum laufen;
- Diskussionen zwischen Schauspielern und Publikum, die die Grenze von Bühne und Zuschauerraum aufheben sollen.

Bildungsabsichten des Theaters: Das Durchdenken von Äußerungen der dramatischen Figuren, die Diskussion ihrer Handlungsweisen, aber auch die argumentative oder szenisch handelnde Perspektivübernahme kann wichtige Funktionen für die **Identitätsbildung** von Schüler/innen bekommen. So hat Hartmut von Hentig die gesellschaftliche Rolle des Theaters darin gesehen, dass es »eines der machtvollsten Bildungsmittel« sei, das uns zur Verfügung steht, denn es sei geeignet, »die eigene Person zu überschreiten, ein Mittel der Erkundung von Menschen und Schicksalen und ein Mittel der Gestaltung der so gewonnenen Einsicht« zu geben (1996, S. 119). Das fördernde Potenzial des Spiels allgemein und besonders des darstellenden bzw. Rollenspiels wird auch von der Entwicklungspsychologie betont, insofern es Experimentierraum sein kann (gerade für zweckfreie Tätigkeiten) und soziale Kontaktnahmen sowie Perspektivübernahmen ermöglicht (Oerter 2002, S. 231 ff.). Diese Einsichten sind mühelos auf den Literaturunterricht zu übertragen: Erkenntnisse über Epochen und Darstellungsformen des Theaters lassen sich in der Schule vermitteln, was allgemein auch die Dramaturgiemodelle von Denk/Möbius (2008) zeigen – deren weitgehender Anspruch enger gefasste Lernstandards und Kompetenzen übertrifft. Eine spannende Forschungsaufgabe bleibt es, solche Entwicklungen auch empirisch, sei es qualitativ oder quantitativ, zu untersuchen – in Ansätzen leistet dies Domkowsky (2008) mit grundsätzlich positiven Ergebnissen, allerdings auch zurückhaltenden Einschätzungen bezogen auf die Änderung von Selbsteinschätzungen und Werthaltungen von jugendlichen Schauspielenden.

4.3.4 | Systematische Zugänge

Tendenzen der Dramendidaktik: Die jahrhundertelang gültigen Praktiken des Deklamierens, Aufsagens und Sentenzenlernens oder gar des Aufführens von Stücken durch Lehrer sind längst überwunden. Anregungen zur gestalterischen Behandlung kamen nach 1970 teils aus der Darstellungspraxis des epischen Theaters; für den Deutschunterricht sind jedoch Impulse der **Theaterpädagogik** stärker gewesen, die sich ihrerseits auf reformpädagogische Ansätze des **darstellenden Spiels** (Rollenspiel, Übungen in Gestik und Pantomime) stützen konnte. Neben der Arbeit in Theater-AGs sollte die schauspielspezifische Ausbildung bei Schüler/innen vor allem auf eine **Theaterbesuchskompetenz** zielen, um sie »zu einer nüchternen, sachlichen und kritischen Auseinandersetzung mit der Bühne zu bringen« (Beimdick 1980, S. 124) – zweifellos ein wichtiges Ziel im Sinne einer kulturellen Teilhabe, begreift man Theater als gesellschaftlichen Debattenort.

Zu einem **Lehrgang** synthetisierte Müller-Michaels (1975) die analytischen und kreativen Ansätze: Ganzheitliches Lernen sollte ermöglicht werden, das nicht auf die Erarbeitung vorbestimmter Deutungen zielt, sondern die eigene Darstellung zum Zuge kommen lässt. So wie das Spiel der Interpretation dient, soll die Deutung des Textes der Darstellung zugute kommen. Die analytischen Elemente (Handlung, Figuren, Konflikt, Ort, Dialog und Zeit) sollen von der Grundschule an bis zur Oberstufe wiederkehrend auf steigenden Niveaus behandelt werden:

- In der **Primarstufe** lassen sich Konflikte zwischen Figuren, die einer einfachen Gut-Böse-Polarisation folgen, aber auch leicht gemischte Charaktere behandeln;

Ebenen der Figuren-behandlung

- in der **Sekundarstufe I** können differenziertere Figuren betrachtet werden (z. B. die Räuber-Brüder);
- in der **Sekundarstufe II** lassen sich binnendifferenzierte Charaktere (Wallenstein, Kleists Prinz von Homburg, Faust oder Woyzeck) jenseits der Textimmanenz in historischen Problemzusammenhängen erarbeiten.

Die analytischen Ansätze wurden seit den 1970er Jahren entscheidend erweitert unter dem Leitgedanken, dass jeder Dramentext prinzipiell inszenierbar ist. Entsprechend lassen sich nach Lösener (2001, S. 300 ff.) drei Ebenen der Dramenbehandlung im Deutschunterricht unterscheiden, die aufeinander aufbauen und Einflüsse der Rezeptionsästhetik, des Strukturalismus und auch der Theaterpädagogik verbinden:

1. **Die implizite Inszenierung** (in Anlehnung an Isers Rezeptionsästhetik und den Strukturalismus): Dramentexte geben aus sich selbst, durch ihre Struktur und ihren Handlungsrhythmus die Befindlichkeiten und Gedanken der Figuren vor, aber auch Nebentext bzw. Regieanweisungen, Sprechhaltungen, Richtungswechsel, Rang- und Raumpositionen der Figuren untereinander lassen Leser/innen das Gerüst eines szenischen Zusammenhanges erkennen (textorientierte Unterrichtskonzepte).
2. **Die mentale (Lese-)Inszenierung:** Der Horizont des Lesers, seine Theatererfahrung oder seine Erwartung bedingt seine konkreteren Vorstellungen zu Inszenierung, Bühnenbild oder Figurenkonzeption, die in die Imagination einer mentalen Bühne münden (produktionsorientierte Konzepte).
3. **Die aufgeführte Bühneninszenierung:** Die Spielpraxis in Form von szenischem Lesen, Standbildern, Pantomime etc. lässt die Textvorlage ästhetisch-sinnlich fassbar werden (spielorientierte Unterrichtskonzepte).

Diese drei Wege der Dramenbehandlung zeigen nicht nur Alternativen zur Analysetätigkeit, sondern sollen gerade nach Bedarf abzustufende Möglichkeiten der Verknüpfung bieten. Daraus ergeben sich mehrere Felder der Unterrichtsbehandlung.

4.3.5 | Dramentexte als Schlüssel für Epochenfragen

Textauswahl: Dramentexte haben allein schon aus Gründen ihres zeitlichen Lektüreanspruchs traditionell hohe Hürden zu überwinden, um in die Lehrpläne zu gelangen. Haben sie dies geschafft, sind sie Teil der **Überlieferung** von Geschichte und Handlungsweisen, nicht zuletzt auch von Zitaten, die gelegentlich trotz des Kontextverlusts in das kulturelle Gedächtnis eingehen.

Traditionell wollte der Deutschunterricht am identifikationstauglichen Beispiel erziehen – ob zur nationalen Gesinnung (mit Kleists *Hermannsschlacht*), zur Toleranz (mit Lessings *Nathan*), zum kritischen Bewusstsein (Brechts *Kaukasischer Kreidekreis*) oder zur Teilhabe an Kulturgeschichte (mit *Faust*). Dass ein daraus entwickelter Kanon andere Stücke ausgrenzt und die Gefahr von Fixierungen bringt, ist in der Didaktik besonders in den 1990er Jahren diskutiert worden – und trotzdem hat sich im Deutschunterricht ein relativ enger Stückekanon erhalten. Dies ist aber nicht nur dem pragmatischen Druck des Zentralabiturs geschuldet, sondern liegt auch daran, dass bestimmte Stücke den didaktischen Kriterien der **Aktualität, Historizität, Exemplarität** (Beispielfähigkeit) und **Strukturalität** (innovative Formprägungen, Gattungswissen) entsprechen und die Basis für eine gesellschaftliche Orientierung von Schüler/innen bilden. Die wechselnden Abiturthemen werden den Kanon zwar in Rotation versetzen, ihn jedoch nicht beseitigen. Zudem sollten auch Stücke des Gegenwartstheaters behandelt werden, um die Schulthemen in die Alltagspraxis einzubinden (vgl. Bogdal/Kammler 2002).

Epochale Fragestellungen

Die Stückauswahl der Kultusministerien für die höheren Jahrgangsstufen ist darauf angelegt, dass der Dramentext in zentralen Begriffen Selbstverständnisfragen und Probleme einer Epoche bündelt. Texte reagieren aber nicht nur auf Geschichte, sondern haben auch an den Wissensbeständen einer Gesellschaft Teil und können diese mitprägen. Insofern ist die **diskursive Verfassung** zu beachten: Ein Dramentext ist mehr oder weniger intensiv aufgeladen mit zeitgenössischen Wissensformationen und Aussagesystemen. Wie bei den anderen Gattungen zeigen sich auch beim Drama spezielle Epochenpräferenzen im Schulgebrauch: Der Deutschunterricht hat vor allem Dramen des späten 18. Jahrhunderts, sodann den *Woyzeck* und dann erst wieder Stücke von und nach Brecht bevorzugt.

Emanzipation des Bürgertums: Seit von preußischen Kammerbeamten um 1750 die Idee aufgebracht wurde, dass bildendes Schauspiel soziale Verhaltensdeformationen des Publikums auffangen könne, verknüpfte man mit dem Theater ausdrücklich einen **Präventions- und Besserungsanspruch**, der über Schillers Konzept des Theaters als moralischer Bildungsanstalt bis in die Gegenwart hineinwirkt. In einem genaueren politischen Sinn hat das **bürgerliche Trauerspiel** die ersten Impulse im Sinne einer Modernisierung der Gesellschaft gesetzt, insofern es das Theater als Medium der Auseinandersetzung und der öffentlichen Selbstverständigung begriff, um dort durch Gefühls- und Verstandesaktivierung gleichermaßen zu wirken.

Mit *Emilia Galotti* (1772) lässt sich im Unterricht fragen, wie die bürgerliche Moral beschaffen ist, die bei der Vaterfigur Galotti erst noch als pure Abgrenzungsstrategie gegenüber der Willkür und den Übergriffen des Adels erscheint. Das Emanzipationsstreben ist hier nicht weiter bestimmt oder wirkt im Mord an der Tochter sogar zerstörerisch. Ein ähnliches Muster weist *Kabale und Liebe* (1784) auf, das die fürstliche Willkürherrschaft sowie auch die politische Sackgasse, in der die Spätaufklärung vor der Französischen Revolution steckt, veranschaulicht. Zu beobachten ist immer auch die Figurensprache, die hier die Sprache des Herzens gegen die höfische Sprache der Verstellung setzt.

Toleranzidee als praktische Politik: Weil das Stück Fragen nach der Aufklärung, der freien Religionsausübung und der philosophischen Toleranz stellt, ist Lessings *Nathan der Weise* (1779) nach 1945 regelmäßig in den Lehrplänen berücksichtigt worden. Gerade der *Nathan* ist, bei aller Raffinesse der Handlungsführung, als **Reflexionsdrama** ein aufklärerischer Text par excellence: In der Ringparabel wird ein anschauliches Gedankenexperiment durchgeführt und dem Zuschauer das Selberdenken abverlangt. Ein beliebter Abiturgegenstand (gerade auch in den letzten Jahren) ist Schillers *Don Carlos* (1787), in dem der Marquis Posa gegenüber König Philipp von Spanien die Forderung nach Gedankenfreiheit erhebt. Gerade an der Projektion von politisch-humanistischen Begriffen der Spätaufklärung – was ist ›Freiheit‹, ›Freundschaft‹, Verwirklichung von Glücksansprüchen? – auf Vorgänge im Spanien des 16. Jahrhunderts lässt sich zeigen, wie der Epochenumbruch 1800 forciert wird; umgekehrt lässt sich im Unterricht thematisieren, wie unsicher und bedroht diese Hoffnung ist. Bei der Betrachtung der Figur des Don Carlos lässt sich auch die Frage stellen, warum er gerade im Zeitalter der Bildungsidee (die Schillers Theater verfolgt) ein Negativheld bleibt und welches seine epochalen Fehler sind.

Rechte des Individuums: Selbstverwirklichung und Möglichkeitssinn des um 1770 entdeckten Individuums kommen im bürgerlichen Trauerspiel deutlich zu Wort, aber auch in zwei weiteren Dramen, die vor allem für die Leistungskurse reserviert sind: *Faust* (1808) wahrt sein Recht auf Erkenntnisstreben jeder Art, um alternative Entwicklungswege zu suchen, und Kleists *Prinz Friedrich von Homburg* (1810) schwankt zwischen **Individualbildung** aus dem Geist des Idealismus, einer nach innen gerichteten Persönlichkeitsentfaltung, und andererseits der Unterordnung unter die **politische Raison**, die auf nationale Identität zielt – auch dies ist eine um 1800 aufkommende Tendenz.

Soziale Frage: Bereits das Theater des Sturm und Drang (bes. J.M.R. Lenz) arbeitet an sozialen Fragen, im engeren Sinn wird das Problem der Pauperisierung und die Entstehung des (Land-)Proletariats in Georg Büchners *Woyzeck* (1836) aufgebracht. Zu zeigen sind die Abhängigkeiten, in denen die Woyzeck-Figur dargestellt wird, die ihn als depravierte Figur, als Opfer aber auch von Diskursen erscheinen lassen: So sind ein juristischer, ein medizinischer und ein sozialpolitischer Diskurs – mit jeweils eigenen Problemen und Begrifflichkeiten – eingeflochten, die anhand von entsprechenden Quellentexten behandelt werden können (etwa die forensischen Gutachten des Hofrats Clarus über den psycho-medizinischen und moralischen Zustand Woyzecks). Solche analytischen Fragestellungen lassen sich mit kreativen Aufgaben gut verbinden und erschließen.

Ein Epochenproblem spiegelt sich auch in der offenen Dramenform *Woyzecks*: Die **gesellschaftlichen Widersprüche** scheinen nicht mehr lösbar; sie finden ihren Ausdruck in unterschiedlichen Sprachregistern und offenen Handlungsabfolgen des fragmentarischen Textes. Bezeichnend für die vorherrschende restaurative Politik des fortgeschrittenen 19. Jahrhunderts in Deutschland ist die späte Publikation des Stückes, das ab 1879 für die jungen Naturalisten vorbildlich wurde, die dann auch die Probleme einer technischen Industrialisierung zeigten (Gerhart Hauptmann: *Die Weber*, 1894).

Episches Theater: In Form von Klassengegensätzen werden die Konflikte in Stücken Brechts verschärft und mit marxistischen Themen munitioniert: Gegen Ausbeutung und Entfremdungserscheinungen setzt er das engagierte epische Theater, das alle falschen Verhältnisse aufdecken und die Dialektik des Geschichtsverlaufs durch Überwindung innerer und äußerer Gegensätze zugunsten einer klassenlosen Gesellschaft mobilisieren will. Dass der konventionelle Bühnenraum aufgelöst wird und neue Mittel aufgeboten werden, um die politischen Fragen zu verdeutlichen, ist indessen selbst schon didaktisch: Brechts Stücke haben für die Schule nicht nur den Vorzug der Deutlichkeit, sondern legen die Kluft zwischen den gesellschaftlichen Positionen offen, wollen Diskussionen anregen und die Zuschauer/innen im weitesten Sinne mobilisieren. Auch die kritischen Blickpunkte nachfolgender Dramenautoren sind Schulstoff geworden: So Friedrich Dürrenmatts *Die Physiker* (1959) oder Heinar Kipphardts *In der Sache Robert J. Oppenheimer* (1964) die – von Brechts *Galilei* (1943) beeinflusst – wissenschaftsethische Fragen behandeln, oder Peter Weiss' *Die Ermittlung* (1965), wo dokumentarisches Material des Frankfurter Prozesses gegen KZ-Aufseher in Auschwitz verarbeitet wird, um gegen die Vergangenheitsverdrängung zu wirken.

Die Lehrplanforderungen nach Epochenkenntnissen wären hiermit allgemein einzulösen, wobei die Epochenschwellen 1800 und 1900 sowie der Gegenwartszeitraum großzügig gefasst werden müssen. Entscheidend ist aber, dass mit den genannten Themenkomplexen insgesamt Probleme der Moderne seit dem 18. Jahrhundert sichtbar zu machen sind.

4.3.6 | Formanalyse

Mit den folgenden Kriterien werden Gestaltungsmittel des Dramas reflektiert, die auch den Richtlinienforderungen entsprechen, Dramenstrukturen zu erkennen und sie in Traditionszusammenhänge einordnen zu können.

Die Dramenarchitektonik lässt sich durch werkimmanente Fragen an die Dramengestaltung bestimmen:

- **geschlossene Form:** Einheit von Ort, Zeit und Handlung mit kausallogischer Entwicklung und strikter Notwendigkeit der Einzelszene in Drei- oder Fünfaktigkeit;
- **offene Form:** (Stationen-, Bilder- oder Szenendrama) mit optionalen, vertauschbaren Szenen und Leerstellen.

Die Strukturierung der Handlung zeigt sich in der Anordnung von Konflikt und Lösung:

- **Zieldrama** bzw. **teleologisches Drama** (Entwicklung in Richtung Katastrophe oder Konfliktlösung);
- **analytisches Drama** (bei vorweggenommener Katastrophe und folgender Auflösung).

Sprechregister lassen sich auf folgenden Ebenen analysieren:

- **Figurensprache** kann in gehobener und typisierender Sprache verfasst sein (gesetzte Form, z. B. Alexandriner);
- **Dialekt, Soziolekt, Ideolekt**; Fach- und Alltagssprache sind spätestens seit Büchners *Woyzeck* möglich;

- **Einsatz von Monologen und Dialogen**, Strategien der Redeführung, Besonderheiten der Redeführung (z. B. Stichomythien).

Das Personal lässt sich unterteilen in:

- **ranghohe Figuren** (in Aristoteles' *Poetik* für die Tragödie vorgesehen; Ständeklausel);
- **mittlere oder rangniedrige Figuren** (in Deutschland seit dem Sturm und Drang im Trauerspiel möglich), bürgerliche, Alltags- oder Arbeiterhelden;
- **Konflikttypen** der Charakter- und Handlungsdramen.

4.3.7 | Handlungs- und Produktionsorientierung

Nach der Lektüre des Dramas können Leser/innen im Unterricht in die Rolle des Ko-Autors schlüpfen, wenn sie erweiternde oder verändernde Schreibarbeiten vornehmen, die sich auf den Dramentext beziehen: Texterschließende Aufgaben unter Berücksichtigung der impliziten Inszenierungsaspekte eines Dramentextes sowie Formen des kreativen Schreibens können Vorstufen praktischer Theaterarbeit bilden. Daraus ergeben sich zahlreiche Möglichkeiten des Umgangs mit dramatischen Texten.

Zur Methodik **Beispiele für Schreibübungen**
- Eine dramatische Szene in eine kurze Handlungsskizze umformen; umgekehrt eine Kurzgeschichte in eine Szene umschreiben;
- auf Grundlage eines Rollentextes (Stichworte über Figureneigenschaften) z. B. eine Rollenbiografie ausformulieren (Rollenschreiben);
- ein alternatives Dramenende schreiben;
- Nebentext umformulieren;
- Berichte über eine Szene schreiben;
- einen Briefwechsel zwischen dem Autor und seinen Freunden über das Stück verfassen;
- ein Programmheft für eine Dramenaufführung konzipieren;
- innere Monologe verfassen;
- ein fiktives Interview mit einer Figur führen;
- eingefügte Passagen als Zusatztexte verfassen (Frommer 1995): Vortext (als ein Präludium bzw. eine vor dem Dramenbeginn angesiedelte Szene); Nachtext (etwa als über die Textgrenze hinausgeführter Dialog) und Untertext (als innerer Monolog einer Figur).

Aufführungsbezogene Lektüre: Liest man Dramentexte im Unterricht unter dem Aspekt ihrer Aufführbarkeit (und nicht nur als Drucktexte), trägt man ihrer grundsätzlichen Verfassung Rechnung und erfasst dadurch erst ihre literarisch-ästhetische Qualität (vgl. Payrhuber 1991). Die Aufmerksamkeit soll damit auf mögliche Inszenierungspraktiken gelenkt werden und zweierlei leisten: Imagination beim Textlesen bewusst in Richtung einer Bühnenrealisation zu entwickeln, aber auch den Schüler/innen eine intensivere, kenntnisreiche und kompetente Wahrnehmung beim tatsächlichen Theaterbesuch zu ermöglichen und dadurch »**Meisterzuschauer/innen**« für das Theater zu gewinnen (Denk/Möbius 2008, S. 21). Durch die aufführungsbezogene Lektüre soll die Analyse bereichert und vor allem aber **kulturelle Teilhabe** ermöglicht werden.

Beispiele für aufführungsbezogene Lektüre

- szenisches Lesen einer Textpassage,
- ›Anspielen‹ einer Szene,
- Skizzieren eines Bühnenbilds,
- Erstellen eines Regiebuches,
- Rollenbefragung/Rollengespräch (Schüler/innen übernehmen eine Rolle und lassen sich von anderen dazu interviewen),
- freies Assoziieren (spontane Äußerungen zum Auftritt einer Figur),
- kontroverse Diskussionen über das Verhalten oder Äußerungen einer Figur.

Mit solchen oder anderen Tätigkeiten, die eine Aufführung vorbereiten können, lässt sich grundsätzlich zwischen der Buchwelt der Dramentexte und der Regiewelt vermitteln (so bereits Beimdick 1980). Nicht zuletzt soll die **ästhetische Urteilskraft** geschult werden, wenn es darum geht, sich gemeinsam Inszenierungen anzuschauen und danach Alternativvorschläge für ein Bühnenbild, Musikeinsatz, Kostüme o.Ä. zu machen.

Aufführungskritik: Die mittlerweile geläufige Aufgabe, eine Kritik über eine Inszenierung zu schreiben, muss in ihren Anforderungen auf die Jahrgangsstufe bezogen sein: Sie soll nicht unterfordern in Richtung eines bloßen Stimmungsberichtes oder Erlebnisaufsatzes, aber auch nicht theaterwissenschaftlich überfordern. In Frage kommen die folgenden Beobachtungsschwerpunkte, die vorher möglichst am Beispiel eines Zeitungsartikels zu erläutern sind:

Aspekte für das Verfassen einer Theaterkritik

- Wie sind die **wichtigen Figuren** angelegt?
- Wie ist ihr **Äußeres** gestaltet (Kostüme, Verhalten im Raum, Laufwege)?
- Hat das **Bühnenbild** markante Punkte, bildet es die Texträume nach oder hat es eigenständigen Charakter? In welcher medialen Form wird es präsentiert?
- Entsprechen die **Requisiten** dem Text?
- Wie verhält sich der **Originaltext** zum Bühnentext (Kürzungen, Zusätze)?

- Korrespondieren **Musik**, Ton-Effekte und Geräusche dem Inhalt oder sind sie frei eingesetzt?
- Welche **Publikumsreaktionen** gab es?
- Ist ein **dramaturgisches Konzept** erkennbar (Programmheft)?

Bei der Abfassung sind auch stilistische Dinge zu beachten: Es ist ein Leitaspekt für eine Überschrift zu finden, ein Argumentfaden zu knüpfen (um nicht bloß nacherzählend zu verfahren), der Satzduktus sollte variiert werden; bei Bedarf lässt sich über die Metaphernwahl nachdenken, sei es in Einzel- oder in Gruppenarbeit (z. B. in Form einer Schreibkonferenz).

Dabei sollte bewusst gemacht werden, dass der Kritiker nicht einfach werten, sondern Geschehnisse mitteilen soll. Die Schreibenden sollten sich als Hilfe bei der Abfassung einen Adressaten vorstellen: Sie führen (innere) Rechtfertigungsgespräche über die Inszenierungspraxis und übernehmen dabei eine dramaturgische Position.

Szenisches Interpretieren

Das Methodenrepertoire der Dramendidaktik ist in den letzten dreißig Jahren auch durch Handlungsvorschläge für darstellendes Spiel, bildliches und musikalisches Gestalten entscheidend erweitert worden (Scheller 1996 bzw. 2004; vgl. Schneider 2009).

Szenisches Lesen: Verschiedene Möglichkeiten der stimmlichen Umsetzung bzw. des Lautlesens bieten sich an, womit die Eintönigkeit des reinen Ablesens aufgelockert werden kann und auch unterschiedliche Sprecherrollen zu erproben sind. Sprechtempo, Stimmführung und Artikulation, Pauseneinsatz sowie das Überdehnen oder andererseits das Beschleunigen von Lauten können gestaltet werden:

- **Echosprechen** ist das zeitlich ganz knapp versetzte Vortragen eines Textes durch zwei oder mehrere Sprecher, wodurch sich interessante Verfremdungseffekte erzielen lassen. Dies lässt sich ebenso mit synchronem Halblautsprechen oder Gruppensprechen erreichen, wobei eine bestimmte Passage im beliebigen Durcheinander zum Stimmengewirr erweitert werden kann (angelehnt an Verfahren des Regietheaters zum Beispiel bei Jürgen Kruse oder Dimiter Gotscheff).
- **Stimmenskulptur:** Das Echosprechen lässt sich dadurch variieren, dass verschiedene Rollenspieler im Raum positioniert werden und einen bestimmten Satz sprechen. Dessen Varianten werden dann von einem Spielleiter abgerufen, wodurch die Stimme, Tonhöhe und das Gesprochene als Lautmaterial modelliert werden – ein auf den Satz bzw. dessen Materialität gerichtetes Verfahren, das die Sprachaufmerksamkeit schult. Eine weitere Möglichkeit liegt darin, die Ambivalenz einer Figur oder deren Zweifelszustand durch den Entwurf möglicher innerer Stimmen offenzulegen. Beobachter treten hinzu und flüstern

diese von hinten, vorne oder seitwärts ein. Wenn sich hinreichend interessante Stimmen eingefunden haben, tritt ein Dirigent hinzu, der durch Fingerzeig jeweils eine von ihnen aktivieren kann, während die anderen schweigen, ihren Text flüstern oder murmeln (Scheller 1996, S. 27).

> **Experimente der Lautbildung**
> Dient im Unterrichtsalltag das bloße Ablesen der Redeanteile oft nur dazu, Interpretationen zu belegen, kann alles, was darüber hinausgeht, die ästhetische Praxis als Wahrnehmungsschulung enorm bereichern und letztlich auch durch den spielerischen Umgang mit Lauten einen erheblichen Motivationsfaktor darstellen (was auch im Fach ›Deutsch als Zweitsprache‹ zum Kennenlernen der Lautung genutzt werden kann). Der Zwang zur richtigen Aussprache muss aufgelöst werden (etwa durch spaßhafte Falschaussprache seitens des Lehrers), das Spiel mit Intonationsformen hat Vorrang und kann neue Einsichten eröffnen.
> Die geschaffenen Lautbilder erweitern darüber die eigenen Artikulationsmöglichkeiten: Der papierne Text wird lebendig, und die Mittel (Stimme, Gestik oder Mimik) stellen zudem eine eigene Ausdruckswelt dar. Im zweiten Schritt kann dadurch der Zugang zum Text vertieft werden – jede Intonation schafft im Vollzug eine eigene Interpretationsperspektive. Es hat sich bewährt, einen Stimmbildner einzusetzen, der von außen eingreift und dirigiert, um die Stimmführung der Sprecher/innen zu modellieren bzw. zu lenken, und dadurch den jeweils Sprechenden zu entlasten (zur Praxis der Intonation s. Kap. 3.2).

Standbild: Bei dieser Spieltechnik wird durch zwei bis vier, je nach Textstelle auch mehr Personen ein Figurenbild geformt, indem die Spieler Körperhaltungen einnehmen bzw. im Raum zueinander in Position bringen. Bei diesem Verfahren wird bewusst auf den Stimmeinsatz verzichtet; lautlos und wie auf einem Foto oder in einer Skulptur (*living sculpture*) sollen damit Charakteristika von Figuren und Hierarchien unter ihnen ausgedrückt sowie Beweggründe von Handlungen oder sonstige innere und äußere Zustände pointiert werden (Scheller 1996; 2004). Etwas schwieriger, aber durchaus möglich ist es auch, abstrakte Begriffe, Probleme und Situationen im Standbild zu konkretisieren (was etwa das Ziel des Statuentheaters von Augusto Boal gewesen ist, der durch ein Straßenpublikum Freiheit, Gewalt oder Unterdrückung darstellen lassen wollte).

Dabei lässt sich alternativ auch ein externer Standbildbauer bzw. Modelleur einsetzen: Dieser ersetzt die Abstimmung der Rollenspieler untereinander und formt gleichsam als Regisseur die **Skulptur**; er dreht und bewegt die Gliedmaßen solange, bis er eine plausible Stellung erkennt. Dadurch wird das Verfahren mechanisiert – aber gerade der **Rollenschutz** bzw. das Alibi, das Schüler/innen durch Einnahme einer Rolle haben, ermöglicht die Distanz auf der Seite des Standbildbauers sowie ein unbefangenes Auftreten des Darstellenden und Konzentration auf die Sache. Schüler/innen, die es schaffen, sich in eine Figur einzufühlen, schaffen es eher, Entwicklungsverläufe und Handlungsgänge in einem Moment kristallisieren zu lassen. Das Standbild wird vor allem als kleine Unterrichtsarbeit eingesetzt, kann aber auch Teil einer größeren Aufführung sein und einen Handlungsverlauf abbremsen, spiegeln und dadurch verfremden. Requisiten lassen sich situativ hinzufügen, können aber u.U. auch störend wirken.

Zur Vertiefung

Standbild: der Schlusskonflikt in *Kabale und Liebe*

Präsident (*in der schrecklichsten Qual vor ihm niederfallend*). Geschöpf und Schöpfer verlassen mich – Soll kein Blick mehr zu meiner letzten Erquickung fallen?
Ferdinand (*reicht ihm seine sterbende Hand*).
Präsident (*steht schnell auf*). Er vergab mir! (*Zu den andern.*) Jetzt euer Gefangener!
(5. Akt, Szene 8)

Der Vater, der die Briefintrige gegen Luise und seinen Sohn mit Beihilfe seines Sekretärs ins Werk gesetzt hat, sucht nach dem Tod Luises und beim Sterben des Sohnes die Versöhnung. Er deutet die Handgeste seines Sohnes auch so, doch bleibt unklar, ob es sich nicht eher um erpresste Zustimmung handelt. Eine Diskussion über diese Textstelle bereitete das Bild vor, aber die Umsetzung selbst sollte zusätzlich Klarheit bringen. Es ergab sich eine ambivalente Position, die einen abgewandten Prinzen zeigt, dessen

Standbild zur Schlussszene von *Kabale und Liebe* (5. Akt, Szene 8)

Hand ergriffen wird. Damit ließen sich auch Aporien der Spätaufklärung erschließen, die noch nicht in politisch vernünftiger Herrschaft aufgelöst werden konnten, sondern unversöhnlich nebeneinander stehen. Eine weitere Frage anlässlich des Standbildes war, welche darstellerische Wirkung beim heutigen Betrachter zu erzielen sei – um darüber das Problem zu erörtern, welche Dramaturgie auf das zeitgenössische Publikum zugeschnitten war.

Pantomime: Das Verfahren ähnelt als stumme Technik dem Standbild, doch ist es viel anspruchsvoller, weil sprachlose Bewegungsbilder der gespielten Figur (oder Figuren) schwerer umzusetzen sind – die Bewegung ist nicht in dem Maße automatisierbar wie das Standbild und birgt mehr Schwierigkeiten. Der auratische (oder wenigstens: besonders exponierte)

Charakter des Standbilds geht der Pantomime ab, allerdings lassen sich auch hier Verfremdungseffekte durch Slow Motion oder (noch schwieriger) Beschleunigung nutzbar machen. Um Ängsten vor dem Scheitern oder Schüchternheit zu begegnen, können auch Stilisierungsformen genutzt werden (Charlie-Chaplin-Gang, Breakdance-Figuren oder andere Gestenzitate).

Szenisches Spiel: Das Partnerspiel sowie die mehrfigurige Darstellung, die alle Register (pantomimische, gestische, aber auch stimmliche oder Sprecheinsätze) umfassen, sind wohl die anspruchsvollsten Formen der szenischen Umsetzung, die von der Einzelszene bis zur kompletten Aufführung eines Stückes reichen kann. Die Konzeption des Unterrichtsspiels, das in allen Fächern als theatrales Mittel eingesetzt werden kann, ist aber durchaus nicht auf ganze Stücke fixiert, sondern orientiert sich an der davon losgelösten Spieltätigkeit. Dadurch erhofft man sich eine ganzheitliche und zusammenhängende Ausbildung von Verstand, Gefühl und Körperbewusstsein, was immer wieder in Diskussionen über ein eigenständiges Fach ›Schulspiel‹ oder ›Darstellendes Spiel‹ erörtert worden ist (vgl. u.a. Schuster 1996). Allerdings ist es hier angeraten, die Erwartungen nicht zu hoch zu setzen und womöglich mit bewussten Reduktionen zu arbeiten, um peinliches Pathos zu vermeiden. Ein gewisses Maß an Selbstverständlichkeit der Praxis ist nötig, damit Widerstände auf seiten der Schüler/innen abgebaut werden können.

Bildliches Gestalten: Folgende Möglichkeiten des grafischen Arbeitens mit nonverbalen Bühnenmitteln bieten sich an (vgl. allgemein Denk/Möbius 2008, S. 97–114; Scheller 2004):

- Montage von Fotografien oder Grafiken zu Postern, Plakaten oder Filmsequenzen – zu denken ist auch an einzelne Requisiten als abstrakte Form-Farbkörper;
- Bühnenbildentwürfe anfertigen;
- Möglichkeiten, sich eine Szene zu vergegenwärtigen (z.B. Miniaturbühnen herstellen bzw. Papiertheater basteln).

Musikalisches Gestalten: Mit Musik-, Ton- oder Klangeffekten, ggf. auch Geräuschen oder ausgewählten Musikstücken können Stimmungen pointiert, Inhalte profiliert oder im Extremfall eigenständige Ausdrucksebenen bis hin zu Soundscapes gebildet werden (Scheller 2004, S. 42).

4.3.8 | Konsequenzen für die Dramenbehandlung

Auch wenn in den Richtlinien lange gefordert wurde, dass dramatische Texte »in ihren **Strukturen** begriffen und in ihre **Traditionszusammenhänge** eingeordnet werden« (Richtlinien NW 1999, S. 6), ist die Arbeit mit Dramen darin bei weitem nicht erschöpft. Zwar wird in denselben Richtlinien die »spielerische Erprobung einzelner Szenen« (ebd., S. 81) erwähnt, und deren Bedeutung hat überhaupt in diesen Jahren zugenommen – doch schwinden die Möglichkeiten der Umsetzung, da die Kernlehrpläne und Abituranforderungen mit der verkürzten Sekundarstufenzeit hierfür noch weniger Raum lassen. Gerade die Verbindung von **Analyse und Handeln** im weitesten Sinn ist jedoch erfolgversprechend: Man erspielt sich durch Szenengestaltung die Stückbedeutung und kann sich im Anschluss Fachbegriffe, dramaturgische Elemente und Epochenwissen aneignen. Wenn Unterrichtszeit aufzusparen ist, wäre auch an eine **Ausschnittlektüre** (ggf. mit Kontextreferat) zu denken, was im Übrigen der gängigen Schauspielpraxis entspricht, die nur selten einem ganzheitlichen Werkbegriff verpflichtet ist. Dass nicht immer das vollständige Lektürepensum absolviert werden muss, könnte auch in der Behandlung von zeitgenössischen Stücken plausibel werden: Die ›Sprachflächen‹ postdramatischer ›Stücke‹ sind knapp bemessen, oft fehlt auch eine Sprecherzuteilung für die Sätze – was mehr als ein nur formales Argument dafür darstellt, weitere Impulse des Gegenwartstheaters aufzunehmen (vgl. Bogdal/Kammler 2002).

Die gestisch-motorische Beteiligung mag zunächst eine Fremderfahrung sein, doch hat die Lehrpraxis vielfältig gezeigt, dass hier ein Gewöhnungs- und Routinisierungsprozess, aber auch ein Intensivierungseffekt eintritt, im Laufe dessen Schüler/innen sich rascher in eine Figur hineindenken können (Scheller 1996; 2004). Das Verfahren, das ohne viel Aufwand vollzogen werden kann, bringt mehrere Vorteile: Es gibt auch sprachlich weniger Begabten die Chance, durch sinnliche Erfahrung **an einer Textstelle teilzuhaben**, diese aktiv zu rezipieren, im Spiel Aufschluss über eine Figur zu bekommen und in deren Horizont zu wechseln. Bei der Umsetzung wird das gestische Ausdrucksregister geschult, was auch ›Aussteiger‹ motivieren kann, am Unterrichtsgeschehen wieder teilzunehmen. So kann eine Szene, eine Figur oder eine schwierige Passage neue Aspekte bekommen und können **Verstehensprozesse erweitert** werden, insofern auch Körperpositionen erklärt oder kritische Punkte besprochen werden. Ferner wird das gestische Register bzw. die Motorik der Darstellenden mit dem Inhalt eng verknüpft und dadurch auch die **mnemotechnische Wirkung** gefördert (Mandl u.a. 1994; Willenberg 1999). Daraus lassen sich einige **didaktische Konsequenzen** ableiten:

Vorteile der aktiven Umsetzung von Dramentexten

- Als Nebeneffekt zur Sensibilisierung der ästhetischen Wahrnehmung wird »**Theatralitätskompetenz**« geschult, d.h. die Schüler/innen lernen, die unterschiedlichen semantischen Register eines Stückes zu entdecken (Denk/Möbius 2008, S. 11 u.ö.).
- Dramenbehandlung kann als **Sozialisationshilfe** wirken (Frommer 1995); die Verknüpfung von Analyse und Spielelementen erfordert Perspektivwechsel, ermöglicht das Ausprobieren von Rollen, Sprach- und Handlungsmustern und stellt im Spielmodus Figurenprofile vor, deren Komplexität im Laufe der Schuljahre gesteigert werden kann (vgl. Spinner 2006, S. 9f.).
- Anders als die Schrift des Dramentextes hat das Spiel bei **therapeutischen Ansätzen** mittlerweile große Bedeutung erlangt und wird sogar zur **Gewaltprävention** eingesetzt, was für den sozialen Zusammenhalt in Schulen eine zunehmend wichtige Option ist (vgl. *WasWannWo*, 2001).

- Die Kooperation von Theater und Schule wäre zu intensivieren, worüber die empirische Studie von Schneider (2009) Aufschluss gibt, der Möglichkeiten der kulturellen Teilhabe in der Schulpraxis erprobt hat. Eine solche Praxis der Mitgestaltung kann als **kritische Arbeit** schließlich eine politische Dimension gewinnen.

4.4 | Gattungsdidaktik II: Prosa

4.4.1 | Grundlagen

Prosadidaktik bezieht sich auf alle fiktionalen Texte, die in geradeaus gerichteter Rede (lat. *provorsa oratio*) verfasst sind – nicht zeilengeordnete, verdichtete und auch nicht dialogisierte Rede, sondern Mitteilung von Ereignissen, Handlungen mit Außen- und Innensicht in Kleinformen des Erzählens bis zum großen Roman. Ein Kernproblem der erzählenden Gattung ist die Frage der **Erzählperspektive** bzw. der Übermittlungswege von Handlung und Wissen, denn daran lässt sich gut zeigen, dass Wahrheiten und Erkenntnisse durch die eingenommene Sichtweise bedingt sind. Typische Fragen für die Behandlung von Erzähltexten im Deutschunterricht sind:
- Welche Instanz, welcher Sprecher übermittelt wem was auf welche Weise?
- Welche Wahrnehmungen und Werthaltungen des Erzählers werden deutlich?
- Warum dürfen Erzähler und Autor nicht vertauscht werden?
- Ist der Erzähler Teil der erzählten Welt?

Auch für Grenzfälle wie die (Auto-)Biografie, die Reiseerzählung, die Alltagserzählung oder andere Arten von pragmatischen Texten sind diese Punkte im Blick zu behalten (vgl. Jeßing/Köhnen 2007, S. 183–205). Davon ausgehend, lassen sich vier **Grunddispositionen des Erzählens** nennen:

1. **Historizität:** Erzählen bzw. das Bedürfnis nach Darstellung von Ereignissen ist ein Anthropologikum – »die Erzählung beginnt mit der Geschichte der Menschheit; nirgends gibt und gab es jemals ein Volk ohne Erzählungen; alle Klassen, alle menschlichen Gruppen besitzen ihre Erzählungen« (Barthes 1988, S. 102). Allerdings unterliegen auch Prosaformen einem geschichtlichen Wandel. In der Literatur scheinen um 1800, weitreichend aber um 1900, die Zeiten eines verbindlichen Erzählens mit Anspruch auf Objektivität vorbei zu sein. Narrationen sind nun durch einen Bruch von Erzählerfiguren und Dargestelltem gekennzeichnet – was ein polyperspektivischer Roman wie Döblins *Berlin Alexanderplatz* (1929) eindrucksvoll zeigt. Diese **inhaltlichen** wie auch **formalen Neuorientierungen** reagieren z. B. auf die soziale wie auch die mediale Umwelt, was etwa aus den Anleihen des Romans beim Film oder mittlerweile bei Blogs im Internet ersichtlich wird.

2. **Aktualität/Identität:** Erzähltexte sind auch deswegen interessant, weil sie von einem historischen Standort aus ein aktuelles Problem rela-

Vier Grunddispositionen des Erzählens

tivieren und kommentieren können. Sie bieten aber für Leser/innen nicht nur Vergleichsmöglichkeiten, sondern geben auch Muster dafür, wie man gegenwärtige Ereignisse aufschreiben könnte – und sind deshalb ein basales **Verständigungsmedium** für persönliche Fragen und gesellschaftliche Probleme, ob es um Geld geht wie in Michael Endes *Momo* (1973) oder um Pubertätsfragen wie in Musils *Törleß* (1906). Erzählen ist intersubjektives Handeln, durch das personale oder kulturelle Identität gestiftet werden kann. Es bedeutet, etwas in sinnvoller Sukzession zu ordnen, also ›auf die Reihe zu bringen‹, um die Stofffülle zu bewältigen und die Komplexität durch prägnante Momente und Bilder zu pointieren (s. Kap. 1).

3. **Perspektivität:** Erzähltexte sind erfahrungsgesättigt, **gesellschaftliche Dispositionen** fließen in sie ein. Diese werden allerdings gebrochen, durch Erzählerstimmen mediatisiert und in verschiedene Perspektiven aufgeteilt. Ein derzeit beliebtes Unterrichtsbeispiel dafür ist Wolfgang Koeppens filmtechnisch inspirierter Roman *Tauben im Gras* (1951). Damit wird die Bedingung eines Erzählens radikalisiert, das die Wirklichkeit aus vielen Blickwinkeln heraus gestalten kann. Erzähltexte sind selten aus einem Guss – vielmehr können sie von **vielstimmiger Rede** bzw. mehr oder weniger bewussten Textanspielungen durchzogen sein und einen besonderen Hang zur Intertextualität zeigen.

4. **Fiktionalität:** Erzählte Welten können in der Sache, den Orten, den Zeitumständen und Figuren der Wirklichkeit sehr nahe kommen – eins mit ihr sind sie nicht. Autor und Leser besiegeln mit der Gattungsbeschreibung ›Roman‹, ›Novelle‹ oder mit ähnlichen Titulierungen auf dem Buchcover einen Fiktionalitätsvertrag, mit dem das Erzählte als erfundene Welt akzeptiert wird. Umgekehrt gehört es zum paradoxen Erzählspiel, dass man den Text im ›**Als-ob-Modus**‹ für real halten oder Bezüge zur Wirklichkeit herstellen kann. So musste sich Thomas Mann mit Verleumdungsklagen befassen, die Lübecker Bürger wegen seiner *Buddenbrooks* gegen ihn angestrengt hatten, weil sie sich karikiert fühlten – doch wies der Autor augenzwinkernd darauf hin, dass es sich um eine eigenständige fiktive Welt handle. Prosatexte sind nicht mit der Wirklichkeit identisch, sondern können auf einer symbolischen Ebene auf sie anspielen, sie umformen und verwandeln.

4.4.2 | Gattungsbeispiele: Didaktik der Epochenfragen

Mit ihren Themen und Formen antworten Prosatetxe auch auf **gesellschaftliche Fragen**. Unterrichtsziele können jedoch zunächst darin liegen, dass allein **Gattungsmerkmale** herausgearbeitet werden:

- Formale Bestimmungen des **Märchens** etwa sind ein angemessenes Thema schon in der 5. Klasse, da so erste Einblicke in die Bauart einer wichtigen Erzählform gegeben werden können.
- **Kurzprosa** kann insbesondere wegen ihrer strukturellen und semantischen Offenheit dabei mithelfen, »Lesekompetenz und Schreibfähig-

keit im literarischen Feld« (Rosebrock 2007, S. 16) anzubahnen. Ihr wird eine Kardinalstellung zugesprochen beim Aufbau von Wissen über typische Text- und Gattungskomponenten, woraus sich erste literarische Schemata ergeben.

- Die **Großformen** (Novelle und Roman) hingegen sind für Fortgeschrittene gedacht und bisher vor allem analytisch angegangen worden. In weiterführenden Klassen ergibt sich überdies die Möglichkeit, am jeweiligen Erzählbeispiel eine Epochenfrage anzusprechen.

Im Einzelnen lassen sich auch für die Untergattungen verschiedene didaktische Gesichtspunkte entwickeln.

Fabel: Lessing entwickelt an der Fabel, deren Schultradition über das Mittelalter bis zur Antike reicht, eine Literaturdidaktik, die Kerngedanken der Aufklärung in sich trägt: In der Miniatur des poetischen Kleinbildes soll die pointierte **Bildhaftigkeit** eingesetzt werden, um durch Anschaulichkeit **Aufmerksamkeit** zu wecken und es Leser/innen zu ermöglichen, »Wahrheit anschauend zu erkennen« (Werke V, S. 436). Geschehen soll dies beim Lesen nicht durch Übernahme fertiger Lehrsätze, sondern durch **eigenständiges Weiterdenken**. Wenn Lessing am Ende seiner *Abhandlungen* den Nutzen der Fabeln für die Schule erörtert, gelangt er denn auch nicht zu einer Didaktik des Eintrichterns moralischer Lehrsätze, sondern weist auf deren **heuristischen Nutzen** hin: Der Fabelgattung könne nämlich am besten entsprochen werden, wenn Schüler/innen selbst eine Fabel schreiben würden durch Anlehnung an den gelesenen Text, später aber auch durch eigene Erfindung. Die verknappte Struktur dieser Textgattung würde obendrein den allgemeinen Erfindungsgeist fördern, der selbst nach dem »Principium der Reduction« funktioniere – und insgesamt soll in dieser kreativen Vorgehensweise dem allgemeinen Mangel an »selbstdenkenden Köpfen« (Werke V, S. 416) abgeholfen werden.

Dies bedeutet Produktionsorientierung *avant la lettre*: Lessing sieht in dieser Art des Schreibens eine Betätigung, bei der man aus einer Textvorlage Schreibmuster lernen kann, was noch heute eine Begründung für Schreibverfahren ist. Er empfiehlt auch, Literaturkunde und Naturgeschichtsunterricht zu verbinden, um den Anspruch des Literarischen auf Lebensnähe und Sachwissen zu sichern. Die Fabel wird heute bereits in der Primarstufe behandelt, um Lesepraxis zu gewinnen und einfache Handlungen oder Rollenmuster zu diskutieren. Die Pointen, die Lessing in seinen eigenen, die antiken Muster variierenden Fabeln gegen die Lesererwartung formuliert, sind eher für Sekundarstufe I geeignet. Fasst man sie mit ihrem politischen Hintergrund (wenn z. B. in *Der Rabe und der Fuchs* das Textmuster umgekehrt und am schmeichlerischen Fuchs Adelskritik geäußert wird) oder verknüpft man sie durch **intertextuelle Vergleiche** mit Kafka, Thurber oder Heiner Müller, sind sie auch in der Sekundarstufe II noch zu behandeln.

Parabel: Bei dieser allegorischen Redeform steht eine Handlungs- bzw. Bildebene für eine allgemeine Aussage. Die verknappte Darstellung ermöglicht ein eigenes Urteil und bietet einen metaphysischen oder religiösen Bezug, der jedoch selten eindeutig ist (mit Ausnahme von Lessings

Ringparabel im *Nathan*, die im Deutschunterricht zu den wichtigsten Beispielen für die Toleranzidee zählt). Parabeln können zeitlos gestaltet sein oder wie die politische Parabel einen klareren Zeitbezug haben: so etwa die Geschichten um Brechts *Keuner*, deren Protagonist im Stil des epischen Theaters auftritt und meist an eigenen Handlungsbeispielen Fragen der Gewalt (des Faschismus), der Moral oder der politischen Dialektik beleuchtet und damit die politischen Oppositionen des 20. Jahrhunderts anspricht. An solchen z.T. ambivalenten Texten entstehen Leerstellen, die Schüler/innen mit eigenen Erörterungen füllen müssen. Bei dieser kognitiv anspruchsvollen Gattung bieten sich v.a. Schreibaufgaben an, um dadurch Textstrategien nachvollziehbar machen zu können (Ziesenis 2001, S. 567).

Kalendergeschichte: Aus dieser Gattung, die nach ihrem Publikationsweg benannt ist, ist besonders J.P. Hebels *Schatzkästlein des rheinischen Hausfreundes* (1811), das schon in den Lesebüchern ab 1830 Berücksichtigung gefunden hat, im Deutschunterricht nachhaltig wirksam gewesen. Mit ihrer leicht fassbaren Moral versucht Hebel um 1800, eine christlich-praktische Ethik neu zu begründen, die nicht im Konflikt mit der Aufklärung steht, sondern ihr eine Glaubensgrundlage zumessen soll. Eine politische Aussageebene jedoch wird erst mit Brechts *Keuner*-Geschichten, die ebenfalls auf die Gattung der Kalendergeschichten zurückgeführt werden, im Deutschunterricht thematisiert.

Schwank: Die kurze Erzählung vom Beginn der Frühen Neuzeit führt Ständekonflikte auf derbe und komische Weise vor und bringt sie (oft) zu einer glücklichen Lösung. Im Unterricht lässt sich daran beobachten, wie sich die Entwicklung und das Emanzipationsstreben der handwerklich-frühbürgerlichen Gesellschaft angebahnt hat und wie sie in der volkstümlichen Gattung dargestellt wird. Auch wenn der Schwank im Unterricht eher randständig geblieben ist, ließen sich etwa mit der prototypischen Figur des Dyl Ulenspygel sowohl Einblicke in eine historische Sprachstufe geben wie auch Standardsituationen aus dem Alltag verschiedener Bevölkerungsgruppen kulturgeschichtlich und aktuell reflektieren (Karg 1999).

Sage: Die Erzählung mit historischem Kern zeigt in phantastischer Überhöhung bei gleichzeitigem Anspruch auf Wahrhaftigkeit Vorgänge, deren Protagonisten volksnahe Helden oder Götter sind (in der Langform die *Nibelungen*- oder die *Artussage*). Durch die Nähe zu einem tatsächlich denkbaren Ereignis und (anders als das verwandte Märchen) mit teilweise lokalen historischen Anspielungen ausgestattet, hat sie aber auch Züge des Dämonischen. Seit Grimms *Deutschen Sagen* (1816) ist die Gattung immer wieder beliebter Unterrichtsgegenstand gewesen, da sich die meist kurzen Formen z.T. als belehrend, warnend oder moralisierend einsetzen ließen, aber auch als Erklärungsmodelle für Vorgänge in der Natur dienten (Ziesenis 2001, S. 535 ff.).

Mythen: Die erzählten ›Handlungen‹ mit göttlichem und halbgöttlichem Personal bieten in knapper Form Darstellungen von menschlichen Verhaltensweisen. Antike Handlungsvorlagen und Figurenprofile, die in verschiedenen Rezeptionsstufen deutliche Spuren der Überarbeitung bis zur Auslöschung des Kernmythems zeigen, können ein interessanter Unterrichtsgegenstand sein, wenn man die historische Bedingtheit und Wandlung bestimmter Themen zeigen möchte: Der Prometheus der Antike, der den Göttern das Feuer entwendet, sich überhebt und dafür bestraft wird, hat mit den Variationen von Goethes Sturm-und-Drang-Figur, von Kafka (wo Prometheus samt den Göttern den Anlass seiner Bestrafung vergisst und damit die Sinnlosigkeit der Tradition in der Moderne zeigt) oder Heiner Müller (wo die Götter nach der Befreiung des Prometheus Selbstmord begehen) nicht mehr viel gemein. Gezeigt werden kann an Unterrichtsbeispielen, dass der Mensch in den Mythenadaptationen der Aufklärung ins Handlungszentrum rückt oder in den Varianten ab 1900 die Götter wortwörtlich abstürzen, was Gelegenheit gibt, die aktualisierte Kraft ihrer Bildwerte zu beobachten und eigene Mythenfassungen erzählerisch zu gestalten (vgl. Roberg 2009).

Märchen: Mit seinen typischen Figuren, die teils mit übernatürlichen Begabungen ausgestattet sind, sowie Figurenkonstellationen und standardisierten Handlungsfügungen von Bedrohung und Rettung, Hindernis und Lösung war das Märchen lange Zeit das **literarische Erziehungsmittel** par excellence. Seit dem 18. Jahrhundert werden Märchen zunächst volksaufklärerisch reflektiert (Wieland; Musäus' *Volksmärchen der Deutschen*, 1782–86). Sie gehen nicht im Irrationalen auf, sondern wollen Denkanstöße geben. Mit Grimms *Kinder- und Hausmärchen* (1812) beginnt eine Aufwertung des Märchens als reizvoller Lesestoff und Komponente der Imaginationsbildung, die sich an der starken Berücksichtigung in den Lesebüchern ab 1820 erkennen lässt. Um 1900 versucht die Reformpädagogik, mit dem Märchen als kindgemäßer und in sich gerechtfertigter Kunstgattung die **Erlebniswelt** der Schüler/innen auszugestalten, andererseits behandelte man die Gattung weiterhin traditionell im Sinne einer **Moralvermittlung**. Märchen sind (wie auch Sagen oder Mythen) durchaus keine didaktischen Selbstläufer, auch wenn man sie im Umkreis der Erlebnispädagogik meistens aus sich selbst heraus zelebrierte und ansonsten Märchen schon aus Gründen der Leseförderung für die Behandlung in der Primarstufe vorsah. Seit man in den 1970er Jahren die Formanalyse zurückstellte, um zur **Ideologiekritik** der fatalen Machtverhältnisse in den Märchen aufzurufen, tiefenpsychologisches Wissen zu demonstrieren oder Kulturgeschichte zu behandeln, gibt es verschiedene Ansätze. Zudem wurden Märchen um 1970 auch **parodiert** (Janosch, Gelberg, Fetscher), boten nun politisch-satirische Untertöne oder intertextuelle Vergleiche und konnten als Zugang zu kulturell unbewussten Sinnproduktionen kritisch-psychoanalytisch gedeutet werden. Im Rahmen einer Mediendidaktik lassen sich Märchen in verschiedenen medialen Formen (Hörbücher, Film, DVD etc.) mit den Textvorlagen vergleichen (Ziesenis 2001, S. 548). Methodisch ist hier eine umfassende Ausrichtung auf kognitive und kreative, szenisch-spielerische und produktionsorientierte Umsetzungen geläufig, was sich wiederum mit Fragen der Persönlichkeitsbildung verbinden lässt (Jesch 2003). Szenische Märchenadaptionen, die in der Schule zur Aufführung kommen, bilden eine Ausnahme.

Denkbild: Der umstrittene Gattungsbegriff kann Kurzformen wie das Notat, den Aphorismus oder die Fabel ebenso bezeichnen wie einzelne Bilder in Geschichten oder Langerzählungen. Herder hat am Denkbild – ähnlich wie Lessing an der Fabel – das Aufklärerische und Anschauliche sowie Möglichkeiten der poetischen Selbstschöpfung (z. B. in Form von Mythenumdichtungen) betont, um damit letztlich zur nationalkulturellen Sinnstiftung beizutragen. In einem anderen Sinn hat Walter Benjamin das Denkbild für die Moderne zur Gattung erhoben: Denkbilder sind für ihn subjektive, blitzartige, **auratisch hervortretende Einsichten**, die sich zu übersubjektiven Gedanken verdichten – paradoxal, oft nicht auflösbar und auf Intuition beruhend, steht ihr Erkenntnisanspruch gegen die Wahrnehmungskonvention und zeigen sie Momente subjektiver Wahrnehmung im modernen Alltag (GS IV, S. 303–438). Dieses Bilderdenken, das mit semantischen Unschärfen arbeitet, hat seine Relevanz im Unterricht nicht nur durch die Nähe zum ›iconic turn‹. Denn der Umgang mit mehrdeutigen Bildern, der eigentlich zum Rüstzeug der Lyrikdidaktik gehört, bietet gattungsübergreifend vielseitige Möglichkeiten – auch in Romanen kann es Denkbilder geben, in denen sich eine Erkenntnis oder eine Problemlage bildlich verdichtet. An Denkbildern lassen sich historische Bildanalysen betreiben, doch bieten sie auch Anlässe für Leser/innen, eigene Bildkommentare zu unterlegen und die angebotene Erfahrung schreibend zu aktualisieren (Müller-Michaels 1996).

Kurzgeschichte: Die im matter-of-fact-Stil verfasste Kurzerzählung bietet einen offenen Einstieg und Schluss, dazwischen erstreckt sich eine knappe, nur einen kurzen Zeitraum deckende Handlung. Die kargen Raumschilderungen und die nur angedeuteten, nicht vertieften Figurencharakterisierungen, die Alltagsnähe und zugleich die symbolische Überhöhung eines trivialen Moments hat die Gattung seit den 1960er Jahren zu einem beliebten Unterrichtsgegenstand gemacht. Wolfgang Borcherts *Nachts schlafen die Ratten doch* (1947) hat nicht zuletzt deswegen einen bedeutenden Stellenwert im Unterricht gewonnen, weil der Text erkennbar auf Kriegskatastrophen reagiert, diese historische Erfahrung thematisiert und die Frage nahelegt, ob das entstandene Wertevakuum erzählerisch zu bewältigen ist. Aber auch als Übungsfeld für **Lesestrategien** ist diese Kurzgeschichte stellvertretend für viele andere gesehen worden (vgl. Gailberger/Krelle 2007): Sie biete die Möglichkeit zu Formanalysen, zur Behandlung aktueller Themen (kritische wie in den 1970er oder identitätspsychologische der 1980er Jahre), aber auch zum schreibenden Ausformulieren von **Leerstellen** oder Einfügen von Denkreihen, um erzählstrategische Kenntnisse mit eigenen Erfahrungen zu füllen (Rosebrock 2007).

Novelle: Mit den bereits in der berühmten Definition Goethes angeführten Eigenschaften der Novelle, die eine »**sich ereignete unerhörte Begebenheit**« schildere (SW 39, S. 221), mit dem Anspruch also auf Authentizität und Exzeptionalität bei geschlossener Form haben sich Novellen ein großes Lesepublikum und einen festen Platz im Unterricht gesichert. Eine der ersten deutschsprachigen Novellen, Schillers *Verbrecher aus verlorener Ehre* (1785), steht zwischen authentischem Faktenbericht und Dichtung und zeigt einen Kriminalfall mit Innenschau und Werdegang des Delinquenten, der das zeitgenössische psychologische und juristische Wissen mit erzählerischen Perspektivwechseln verbindet. Historische Fragen im Epochenhorizont 1800 ließen sich auch an Kleists *Bettelweib von Locarno* (1810) stellen, eine Gespensterstory vor dem politischen Hintergrund der Napoleonischen Eroberungen verbunden mit den ökonomischen Problemen der Landbevölkerung bzw. der Wirtschaftsliberalisierung der preußischen Reformen. Der für die Novelle typische gesellschaftlich-zeitgenössische Gehalt lässt sich auch an vielen späteren Novellen des poetischen Realismus beobachten – etwa an Stifters *Kondor* (1840), wo die wissenschaftliche Erkundung des Himmels mit dem Fesselballon, die gesellschaftlichen Rollenerwartungen an die Geschlechter und das mediale Sehen durch das Fernrohr effektvoll dargestellt werden. Auch wenn es in den Lehrplänen der Klasse 9 mittlerweile eine zeitliche Konkurrenz zur Behandlung der Kinder- und Jugendliteratur gibt, sind Novellen mit erweitertem Anspruch, d.h. mit Blick auf Form und geschichtlichen Kontext, ebenso gut in der Sekundarstufe II zu behandeln. Da die in der Schule behandelten Novellen fast ausnahmslos aus dem 19. Jahrhundert stammen, lässt sich am (aus heutiger Sicht) widerständigen Stil und an der Handlungsführung ihre historische Qualität an Einzelstellen gut herausarbeiten.

Roman: Anders als die knappen Kalender- oder Kurzgeschichten spielte der Roman lange Zeit keine Rolle im Deutschunterricht. In der Schule war er nach 1945 zunächst kaum vertreten, weil die sogenannte Nacherlebensdidaktik sich an kleineren Texten orientierte. Dass der Roman oft ein zweifelhaftes Image hatte und vor der Aufklärung nicht selten als Lügengebäude, Ende des 18. Jahrhunderts als Auslöser von Lesesucht und seit der Romantik als problembehaftete Gattung galt, mag in die Unterrichtsgestaltung hineingewirkt haben: Seit Hegels *Ästhetik* steht diese Textsorte für die Kollision von **Ansprüchen des Subjekts** mit der **Prosa der modernen Verhältnisse** (1830/1986 II, S. 219 u.ö.). Seit Mitte des 18. Jahrhunderts hat der Roman seine Vorliebe zu phantastischen Stoffen zurückgestellt und sich wirklichkeitsnäheren Stoffen zugewandt – spätestens mit dem **Bildungsroman** ist er als Entwicklungs- und Selbstfindungsgeschichte eines Subjekts konzipiert, das versucht, seine Ansprüche mit denen der Umgebung abzugleichen. Wenn man sich – was aufgrund des Textumfangs nötig ist – auf Ausschnitte beschränkt, sind Passagen aus Karl Philipp Moritz' *Anton Reiser* (1785–90), der die Entwicklungs- und Bildungsprobleme eines Jungen aus armer Herkunft darstellt, wohl wesentlich lohnender als Goethes *Wilhelm Meister* (1795), insofern sie die Bildung durch Irrtümer nicht nur historisch zeigen, sondern weil die textuelle Brüchigkeit auch heutigen jungen Leser/innen plausibel erscheinen mag. Als Ganztexte zu lesen sind eher moderne Kinder-, Jugend- bzw. Adoleszenzromane (vgl. Gansel 1999; Ewers 2000) von Benjamin Leberts Internats-Bildungsroman *Crazy* (1999) bis zu Helene Hegemanns *Axolotl Roadkill* (2010), wobei dieser Text für die Intertextforschung bzw. die Schreibpraxis der Pastiche höchst aufschlussreich ist.

Wird der bloße Textumfang bei Romanen zum Hindernis für die Unterrichtsbehandlung, so ist daran zu erinnern, dass sie durchaus nicht vollständig gelesen werden müssen – die Hochschätzung der Ganzschriften
(gegen die ›Häppchenlektüre‹) seitens der Reformpädagogik ist nachvollziehbar, aber auch die Lektüre von Ausschnitten kann das Interesse an
den einzelnen Romanaspekten stimulieren; Referate können dazu dienen,
das Nichtgelesene vorzustellen. Die erschöpfende, zerdehnte Behandlung
ist zu vermeiden und das Lesepensum frühzeitig zu verabreden. Dies gilt
nicht für kürzere Romane oder solche, die in den zentralen Abituraufgaben der Bundesländer eine Rolle spielen, insofern man mit ihnen auch
Epochenumbrüche thematisiert. *Effi Briest* (1896) ist zum zentralen Text
einer Zeit geworden, in der die überkommenen Geschlechterrollen nicht
mehr zu halten sind, die Distanz des Adels vom Bürgertum unübersehbar
geworden ist und Erosionen des hohlen, inhumanen Ehrenkodex deutlich
werden – all dies im Modus eines Erzählens, das sich der Figurenperspek-
tive annähert und mit dem die programmatische ›schöne Verklärung‹ des
Wirklichen brüchig geworden ist.

Fantasy-Literatur: Ihre mehrdeutige, phantasiereiche und zauberhaf-
te Logik macht die Fantasy-Gattung (die formal unscharf, vielmehr vom
Thema her definiert ist) zu einem äußerst populären Segment der Kinder-
und Jugendliteratur (J.R.R. Tolkiens *Herr der Ringe*, 1969; Terry Pratchetts
satirische *Scheibenwelt*-Romane, ab 1983; J.K. Rowlings *Harry Potter*-Ro-
mane, ab 1997; Eoin Colfers *Artemis Fowl*-Serie ab 2001). Strukturell, moti-
visch und thematisch sind sie ähnlich zu analysieren wie Märchen (Haas
1990), und denkbar wären auch hier Text- und Filmvergleiche. Auch ist ihr
Wert im Rahmen der Leseförderung zu betonen: Zwar könnte sich die alte
Lesewutklage über die Flucht ins Imaginäre auch an *Harry Potter* entzün-
den, doch wird man heute eher betonen, dass damit die Lesefähigkeit verbessert und die Ausdauer gefördert wird. Die Romanserie mit ihrer unver-
gleichlichen Medienkarriere bildet für ein junges Lesepublikum von etwa
acht bis fünfzehn Jahren das zweite Plateau der Lesesozialisation (nach
dem ersten der Bilderbücher, Gutenacht-Geschichten, Erzählserien und
Märchen). Zudem ist sie zum Bestandteil des **alltagskulturellen Wissens**
geworden und wird stillschweigend in Schulen vorausgesetzt oder zu Teilen behandelt. Insofern Fantasy-Literatur sowohl märchenhafte, traum-
hafte wie auch technoide Elemente darstellen kann, birgt sie zweifellos
die Möglichkeit, jugendliche Imaginationswelten im Spiegel der Texte zu
diskutieren sowie sozialisatorische Probleme zu erfassen oder die Texte
über Foren im Netz weiter zu bearbeiten.

Auch wenn sich **Romandidaktik** bislang mehr auf Formfragen oder
neuerdings auf die Behandlung allgemeiner Themen beschränkte, bieten sich hier weitere Methoden an: Bei der Analyse von Schlüsselstellen
lassen sich innere Monologe, Stellungnahmen, Kommentare oder Än-
derungsvorschläge einflechten, ebenso sind Standbilder oder szenische
Gestaltungen von Dialogpassagen möglich, die die Stellung der Figuren
zueinander verdeutlichen sollten (Wangerin 2001, S. 614 f.).

4.4.3 | Aspekte der Formanalyse

Hermeneutische bzw. werkimmanente Interpretation und strukturalistische Textanalyse weisen zwar bestimmte gegensätzliche Grundbegriffe (›Autor‹, ›Subjekt‹ und ›Werk‹) auf, sind in Teilen der Interpretationspraxis aber durchaus kompatibel. Zum Schlüsselproblem wird dabei die **Rolle des Lesers im Text**, die von Rezeptionsästhetik und Strukturalismus ähnlich behandelt wird. Wenn nämlich Iser vom ›impliziten Leser‹ oder vom ›wandernden Blickpunkt‹ spricht, der sich am Text entlang durch Hypothesenaufbau und Revision entwickelt, haben Barthes (1970) und Eco (1987) beschrieben, wie sich der Leser im Netz der Signifikanten bewegt, wie er Strukturen aufbaut und Bilder aus dem Text generiert. Der Text stellt ein Verweissystem aus Knotenpunkten und Verknüpfungen dar und bietet unterschiedliche Interpretationsmöglichkeiten an – was sich natürlich an modernen bzw. programmatisch offenen Erzähltexten besonders gut zeigen lässt. Aber nicht nur Romantexte der Moderne, sondern auch die vielen Untergattungen der Kurzprosa sind dem Typus des konstitutiv offenen Kunstwerks (vgl. Eco 1962/1973) zuzurechnen. Auf diese Möglichkeit des Weiterdenkens ist hinzuweisen, auch wenn im Unterricht immer wieder Diskussionsergebnisse zu Fragen der Perspektiv-, Figuren-, Zeit- und Raumgestaltung festgehalten werden müssen (vgl. allgemein Martínez/Scheffel 2005; Lahn/Meister 2008).

Perspektivgestaltung: Im Deutschunterricht haben vor allem Begriffe von Franz K. Stanzel nachhaltige Berücksichtigung gefunden, die gegen Kritik aus der Literaturwissenschaft lange Zeit immun waren. Auf einer basalen Ebene sagt Stanzels Beschreibung zunächst etwas über die Perspektivlenkung von Leser/innen, die nach Außen- und Innensicht in folgende **Erzählsituationen** unterschieden wird:

- die auktoriale (allwissende) Erzählsituation,
- die personale Erzählsituation (Übernahme der Figurensprache),
- das Ich-Erzählen und
- eine Nullstufe des Erzählens, nämlich das neutrale Erzählen als Montagetechnik von Textfertigteilen (›camera eye‹, eigentlich ein dramatischer Modus anonymer Textstimmen).

Weiterführend hat Genette (1994) nicht nur betrachtet, welcher Fokus auf das Geschehen gerichtet ist und inwiefern der Erzähler an der Handlung teilnimmt, sondern auch analysiert, welche unterschiedlichen Handlungs- sowie Vermittlungsebenen in einer Narration vorliegen. Mittlerweile gibt es zahlreiche Syntheseversuche; so hat etwa Petersen (1993, S. 86) vorgeschlagen, grundlegend folgende Kategorien zu unterscheiden:

- Erzählform (Ich – Er),
- Außen- oder Innensicht auf die Figuren,
- Erzählverhalten (hier mit Stanzelschen Kategorien),
- Erzählhaltung (Position, Wertung, Skepsis, Anteilnahme etc.) und
- Sprachstile.

Zu fragen ist aber weiterhin, wie die Erzählstrukturen den Leser eine bestimmte Haltung zur erzählten Welt einnehmen lassen, ebenso sollen aber Strategien benannt werden, mit denen der Leser adressiert wird.

Figurenrede: Formen direkter und indirekter Rede lassen sich an Prosa ebenso zeigen wie der Wechsel zwischen der Außen- und der Innensichtdarstellung. Hier kann entweder das auktoriale Erzählen zum personalen schwenken und als **erlebte Rede** die Sprache der Figur übernehmen (in der 3. Pers. Indikativ Präteritum), oder das Ich-Erzählen richtet den Blick von außen nach innen, um im **inneren Monolog** (1. Pers. Sg. Präsens) unmittelbar Assoziationen oder Gedanken zu äußern. Beim Bewusstseinsstrom (*stream of consciousness*) treten innere Stimmen auf, die oft keiner Figur zuzuordnen sind. Wichtig ist als Unterrichtsziel insgesamt, Möglichkeiten der perspektivischen Rede kennenzulernen.

Ebenen der Erzählung: Nicht nur einzelne Handlungselemente und Erzählstränge, sondern auch Stufungen der Rahmen- und Binnenhandlung sind im Unterricht zu erarbeiten. Veranschaulichen lassen sich diese z. B. durch Baukästen, grafische Elemente oder Spinnennetze, um Figurenkonstellationen oder Handlungsebenen sichtbar zu machen, die sich ggf. durch Oppositionen wie Konflikt und Lösung, Wunsch und Erfüllung, Geschichte und Moral darstellen lassen. Ebenso können Passagen herausgearbeitet werden, in denen über die Erzählweise selbst reflektiert oder der Status der Erzählebenen problematisiert wird. Grundlegend unterscheidet man stabile, lineare bzw. **homogene Erzählsysteme**, denen der Erzähler zugehört, von **variablen Systemen**, die auf mehreren Ebenen spielen und denen der Erzähler nicht angehört (Petersen 1993, S. 95 ff.). Die Narratologie untersucht entsprechend Ebenen des Fiktiven, Erzähl- und Handlungsstränge oder deren Kombinationen.

Räume: Erzählwelten sind durch Räume konstituiert, die als Staffage der Handlung, aber auch als Erfahrungsräume, Stimmungsräume oder symbolische Verweise fungieren können. Der Leserblick kann durch Verweise auf die Raumkonstruktion, durch Innen- und Oberflächenschilderungen oder auch die Gestaltung von Nähe und Ferne gelenkt werden – wer auf welche Weise in den Blick kommt und was ausgeblendet wird, ist auch eine Frage der Alltagswahrnehmung, die in der Erzählliteratur thematisiert wird.

Zeit: Die Grundverfassung des Erzählens mit dem meist vorherrschenden epischen Präteritum ist im Prinzip überzeitlich, jedenfalls mit empirischen Daten nicht verrechenbar, auch wenn sie in Form von Jahreszahlen, historischen Ereignissen etc. benannt werden (Petersen 1993, S. 21 ff.). Diese **erzählte Zeit** steht im Verhältnis zur **Erzählzeit** (Lesezeit), woraus sich Effekte der Raffung, Dehnung und Deckung ergeben. Fragen der Chronologie und Verstöße hiergegen (Achronien) hat Genette (1994, S. 22–54) untersucht, wobei Mittel der Rückwendung, des Rückgriffs oder Rückblicks (Analepse) sowie zukunftsgewisse oder -ungewisse Vorausdeutungen (Prolepse), die im Unterricht schon durch ihre Nähe zu filmischen Erzählstrategien geläufig sind, als Strategien bewusst gemacht werden können.

Stilistika: Erzähltexte können auf der Mikroebene der Laute (Alliterationsbildungen), Buchstaben, Wörter (Neologismen, Metaphern) bis zur Ebene der Syntax (Ellipsen, Hypo- oder Parataxen, Satzlängen) formal beschrieben werden. Diese Merkmale stehen oft (z.B. in Romantik und poetischem Realismus, Symbolismus, Expressionismus) im Zusammenhang mit den geschilderten Dingen, Themen, Problemen oder emotionalen Zuständen einer Figur.

Bilder: Eine visuelle Ebene zeigen Erzähltexte nicht nur in der Perspektivgebung, sondern auch in bildhaften Beschreibungen, Stadt-, Land- oder Raumszenerien. Des Weiteren ist auf Metaphern, Metonymien oder Synekdochen zu achten, die zwar in der Lyrik häufiger vorkommen, aber in Erzähltexten Scharnierstellen bilden können (so z.B. Denkbilder, Epiphanien, Zentralmetaphern).

4.4.4 | Methodendiskussionen

Die formalen Begriffe, die im Unterricht auf die Erzähltexte angewendet werden, sind nicht überzeitlich gültig, sondern wandeln sich historisch, auch innerhalb der Subgattung selbst. Noch klarer zeigt sich die Geschichtlichkeit auf der **inhaltlich-thematischen Ebene.** Die Figuren durchleben und durchdenken Probleme ihrer Zeit in Rede- und Denkfiguren, **Diskursen** und Wissensbereichen, an denen der Text teilhat. Das Historische lässt sich auch im Sinne einer Kulturgeschichte kontinuierlich zur Gegenwart sehen durch Themen- und Formvergleiche, mithin durch intertextuelle Anknüpfung.

Konzepte analytischer Arbeit

Textnahe Lektüre: Um der Interpretationswillkür zu entgehen, ist diese Methode als anspruchsvolle Vertiefung der Analyse vor allem von Kurzprosa, aber auch anderen Gattungen konzipiert worden (bei Fingerhut/ Belgrad 1998; auch Paefgen 1998). Die bewusst langsame, **verzögerte Lektüre** (vgl. Frommer 1981) bremst das schnelle, lineare und ökonomische Lesen: Diktat und Abschreiben können probate Mittel sein; man nimmt sich kleine Textabschnitte vor, blättert vergleichend vor und zurück, setzt farbige **Markierungen** oder schreibt Randnotizen, die zu eigenen **Kommentartexten** anwachsen können. Ausgehend vom fremden Text kann dann im textnahen Lesen selbst Geschriebenes entstehen. Dies fördert literarische Kommunikation im engsten Sinn, nämlich als Schreiben des Lesers entlang fremder Textspuren (vgl. Paefgen 1998). An erster Stelle steht das Bemühen um Sinnrekonstruktionen. Dabei will man sowohl vermeiden, in den Schematismus der reinen Formanalyse zurückzufallen, als auch, den Freiheitsdrang der konstruktivistischen und handlungsorientierten Ansätze noch weiter zu treiben. Erst im zweiten Schritt können Äußerungen des Autors hinzugezogen werden, ebenso Wort- oder Epochenorientierungen und auch intertextuelle Bezüge.

Gattungsdidaktik II:
Prosa

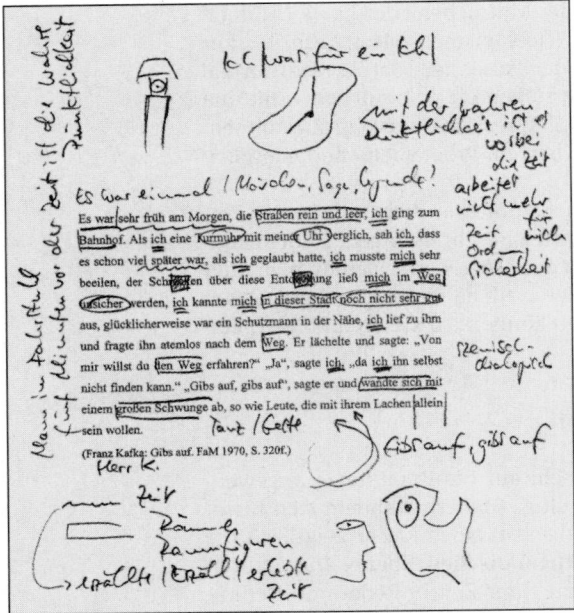

Franz Kafka:
*Gibs auf/Ein Kom-
mentar* (Spuren im
Text als Vorstufe
zu einer Interpre-
tation)

Dekonstruktion: Die Absicht von Poststrukturalismus und Dekonstruktion ist es, Wege der Sinnkonstitution selbst durchsichtig zu machen und zu zeigen, wie die literarische Botschaft konstruiert ist. Man begreift Texte als rhetorische Strategie, und um diese zu analysieren, bedient man sich der strikten Formanalyse oder zeigt rhetorische Figuren auf – dies aber nicht, um voreilig Bedeutung festzulegen oder eine Autorabsicht zu fixieren, sondern um **Bedeutungen in der Schwebe** zu halten und Mehrdeutigkeiten oder Widersprüchen auf die Spur zu kommen. Damit soll prinzipiell gezeigt werden, dass sprachliche Botschaften (und Erzählungen insbesondere) Konstrukte sind (Förster 1998; Kammler 2000). Über die Beobachtung, wie Leser/innen Sinnkomplexe formen und im Fortgang eine »Geschichte ihrer Lektüren« bilden (Förster 1998, S. 67), lassen sich dann auch durchaus Lebenserfahrungen und Werthaltungen, Verlusterfahrungen oder Sinnkrisen thematisieren.

Diskursanalytischer Ansatz: Mit Bezug auf Foucault werden Textdeutungen als immer nur relative Konzepte, die Autorinstanz als wandelbare Funktion und die literarische Kommunikationsbildung als Folge von diskursiven Zuschreibungen dargestellt. In diesem Sinne wird der »Lesehabitus der zügigen Bedeutungsentnahme« (Kämper-van den Boogaart 1998, S. 144) ebenso wie das Reduzieren der Deutung auf die Autormeinung kritisiert. Erweitern ließen sich diese diskurskritischen Ansätze für den Unterricht noch dadurch, dass man die Textinhalte selber auf ihre Diskurshaltigkeit überprüft. Fasst man ›Diskurs‹ als Menge von Aussagen, die einem gemeinsamen Formationssystem angehören und durch Ausschlussregeln und Terminologien ein Wissensgebiet konstituieren, so ließen sich im Deutschunterricht solche Diskurse, die ja immer in Textform vorliegen, durchaus berücksichtigen. Behandelt man etwa Schillers Novelle *Verbrecher aus verlorener Ehre* mit ihren medizinischen, psychologischen, soziologischen und ästhetischen Diskursebenen, so könnte man entsprechende Essays oder Sachtexte Schillers bzw. seiner Zeitgenossen heranziehen und zeigen, wie sie auf den Erzähltext gewirkt haben – oder wie umgekehrt der Text die Diskursbildung beeinflusst hat.

Intertextualität: Eine Art der Analyse, die sich auf kürzere und längere Textformen beziehen lässt, ist der intertextuelle Ansatz, der nicht per se eine Methode ist, sondern Texte aus verschiedenen Gattungen unter-

einander in Beziehung bringt. ›Intertext‹ ist hier weniger in einer **allgemeinen Bedeutung** gedacht (die Welt als ein Universum von Texten, die
ein zeitloses Geflecht, ein Rhizom voller Anspielungen, Zitate und Kommentare bilden), sondern im spezielleren Sinn einer **ausdrücklichen Bezugnahme** eines Textes auf einen Prätext. Werke von Hebel oder Brecht,
besonders aber von Kafka sind zum Ausgangspunkt für eine Lektüre
geworden, bei der Vergleichsstellen anderer, auch epochenferner Texte
herangezogen werden, um etwa eine Parodie, eine Kontrafaktur, eine Pastiche oder andere Bezugnahmen darzustellen (Belgrad/Fingerhut 1998).
Mittlerweile – beschleunigt durch den Literaturbetrieb und das Internet
– wären auch Bezüge zwischen Jugendromanen (etwa im Vergleich von
Musils *Törleß* mit Leberts *Crazy*), Texte mit Anleihen bei der Netzliteratur
(Helene Hegemanns *Axolotl Roadkill*) und natürlich die hypertextbasier-
te Internetliteratur zu behandeln, deren Autor/innen sich wechselweise
zitieren und einen mehr oder weniger offengelegten, vielstimmigen Intertext mit starken Bezügen stiften.

Schreibproduktion

Anlässlich von Erzähltexten gibt es aber auch gerade in der **Produktionsorientierung** eine große Palette von Möglichkeiten zur Abfassung eigener
Texte mit Bezugnahme auf den Vorlagetext. Die Schüler/innen vollziehen
historische Formen nach und können dadurch Detailansichten und Muster literarischen Schreibens besser erschließen. Insofern Schreiben hier
ein Muster im literarischen Text findet, lassen sich historische Formen,
aber auch Detailansichten besser erschließen (vgl. Rosebrock 2007, S. 14).
Die folgenden Aufgabentypen sind vor allem für die Behandlung von
Kurzprosa geeignet, können aber auch bei der Einzelstellenanalyse von
Romanen angewandt werden.

Beispiele für Schreibaufgaben   Zur Methodik
- Innere Monologe für Figuren einfügen (Denkblasen);
- Erzählen üben durch die Wahl eines (anderen) Blickwinkels, um
  den Horizont erfahrbar und die Perspektivität einer Erkenntnis, einer Idee oder die Motivation einer Handlung sichtbar zu machen
  (Kontrastieren mit der Perspektive einer anderen Figur);
- offene Textstrukturen nutzen und eine Skizze vom ›Vorher‹ und
  ›Nachher‹ anfertigen;
- bei Leerstellen bzw. Aussparungen Überleitungen schreiben;
- einen Brief an den Autor/die Autorin verfassen.

Handlungsorientierung

Jenseits der Interpretation und der Textproduktion lassen sich folgende
Arbeitsweisen umsetzen:

Methoden
- **Literarische Gespräche** basieren nicht auf genauer Analyse, sondern
  sollen ein kommunikatives Durchspielen von Texten ermöglichen, um
  neue Sichtweisen der Wirklichkeit einzubeziehen.
- **Hörspielproduktionen** eignen sich vor allem für die akustische Umsetzung von Kurzgeschichten oder szenisch-dialogischen Passagen von
  Romanen: Der Text wird auf Sprecherrollen verteilt, in Sprechfassun-
  gen erprobt und kann mit Geräuscheffekten, Musik etc. unterlegt und
  aufgenommen werden. Ein szenisch-dialogischer Text (wie etwa Borcherts *Nachts schlafen die Ratten doch*) ist dazu am besten geeignet.
- **Kurzfilme** lassen sich zur Visualisierung von kurzen Episoden eines Romans oder auch von Kurzgeschichten technisch relativ umstandslos produzieren; auch können Textmerkmale wie Perspektivgebung, Positionen
  der Figuren zueinander oder atmosphärische Bedingungen des Textes
  herausgearbeitet werden. Dies gilt insbesondere für Texte, bei denen
  das Setting bzw. die Raumanordnungen wichtiger sind als die Dialoge
  (z. B. Wladimir Kaminers *Schönhauser Allee*, 2001). Aus der Analyse der
  Verfilmung lassen sich umgekehrt Erkenntnisse über die **filmische Per-
  spektivkonstruktion** gewinnen, ferner über die **Zeitgestaltung** (in Form
  von Raffung/Dehnung, Rückblenden/Vorausschau), die Sequenzierung
  von **Handlungssträngen** in Montageformen (Parallel-/Kreuzmontage,
  Schnitttechniken) oder auch die Stimmungslenkungen (allgemein Hickethier 2007). Ferner lassen sich unter erzählanalytischen Begriffen
  Prosa- oder Romanverfilmungen vergleichend bearbeiten (Paefgen 2008).

4.4.5 | Ziele der Prosadidaktik: Ästhetik und Kulturteilhabe

Das analytische Handwerkszeug, die Epochenbezüge und die Einsicht in
formale Seiten des Erzählens eröffnen einige grundlegende Möglichkeiten für den Unterricht:

Perspektiven
und Ziele
- **Kurzprosa** hilft, Schwellenängste gegenüber Literatur zu überwinden;
  sie kann gezielt und individuell bzw. binnendifferenziert zur **Leseförderung** eingesetzt werden und ist inhaltlich besonders zur Strukturanalyse geeignet (Rosebrock 2007, S. 16).
- **Historische und aktuelle Erzählkonstruktionen** können bewusst gemacht werden, um diesen im Alltag und in der Literatur analytisch und
  auch kritisch gegenüberzutreten (Wangerin 2001, S. 608 f.).
- Erzähltextanalyse und produktive Bearbeitungen können die Erzähl-
  fähigkeit fördern, insofern Schüler/innen befähigt werden, **Episoden**
  in anschaulichen, pointierten Details und in größeren Erzählbögen zu
  gestalten.
- Wenn die Darstellung schwieriger Ereignisverläufe eingeübt wurde,
  können Schüler/innen auch selbst erzählerisch oder gar autobiogra-

fisch aktiv werden und haben ein Mittel zur Verfügung, um **personale Identität** zu erlangen (vgl. Müller-Michaels 1994).

- Handlungen literarischer Figuren sowie deren **Wertkonzepte** können auf alltagsethischer und anthropologischer Ebene analysiert und diskutiert werden, um daraus Modelle zu gewinnen (Müller-Michaels 2009, S. 34–53).
- Die **Imaginationstätigkeit** wird ebenso gefördert wie die Sensibilisierung für innere Vorgänge, zu denen man im Spiegel der Lektüre Distanz gewinnen kann. Steigt der Leser in das Spiel zwischen **Wiedererkennen** (Involviertheit) und **Verfremdung** (Reflexion) ein, vollzieht sich eine intensive Rezeption (Spinner 2006, S. 9).
- Durch den Einstieg der Schüler/innen in die Figurensicht lassen sich Aufschlüsse über den **Verstehensvorgang** insgesamt gewinnen.
- Durch das in Erzähltexten geforderte Fremdverstehen können **kulturelle Selbstverständigung** und **interkulturelle Kommunikation** intensiviert werden (Wintersteiner 2006).

4.5 | Gattungsdidaktik III: Lyrik

4.5.1 | Grundlagen

Lyrik ist diejenige Gattung, die am stärksten auf **Lautung** angelegt ist; sie hat dieselbe Genese wie die *trag-odia*, der Bocksgesang: *Lyra*, die Leier, ist das Instrument, zu dem der Gesang vorgetragen wird. Aus einem diffusen Hintergrund hat sich auch der Begriff des Gedichts entwickelt: Im Althochdeutschen umfasste es noch alle schriftlichen Darstellungen, später verengte sich die Bedeutung im Sinne des künstlerisch Stilisierten oder ›Verdichteten‹ mit folgenden Formbestimmungen:

- **Die Organisation in Verszeilen** – Vers (lat. *vertere*: wenden) ist die ›gewendete‹ Rede der Lyrik im Unterschied zur fortlaufenden Rede der Prosa, was sich in der Graphie der Verszeile als Grundelement niederschlägt.
- **Die relative Kürze:** Der begrenzte Textumfang hat auch zu einem qualitativen Verständnis der Lyrik als komprimierte bzw. verdichtete Textart geführt.
- **Der Reim** in unterschiedlichen Typen ist eine mögliche und auch beliebte, allerdings keine unerlässliche Bedingung der Gedichtsprache.
- **Metrische Gestaltung** kann vorhanden sein, woraus sich die Singbarkeit lyrischer Texte ergibt; möglich ist aber auch eine freie Rhythmik (allgemein dazu Burdorf 1997).

Formbestimmungen der Lyrik

Die Performanzorientierung der dramatischen Gattung ist abgeschwächt auch für Lyrik geltend zu machen: Zwischen **Oralität** und **Visualität**, zwischen Ton und Schrift, zwischen Aufführung und Text kann Lyrik ihr Medium wechseln. Für die Schule liegt darin ein beträchtliches, aber nur selten realisiertes Potenzial, das von der **Sinnesschulung** über die **Analyse** bis hin zur Vermittlung von **Epochenkenntnissen** reicht. Auch wenn die Gedichtinterpretation oft unter Willkürverdacht gestellt worden ist, sollten sich Deutschlehrer/innen nicht scheuen, die konstitutive Vieldeutigkeit dieser Gattung zu akzeptieren, Strategien des Umgangs mit ihr zu entwickeln und ästhetische Wahrnehmung mit analytischer Präzision zu verbinden.

Ästhetische Dimensionen: Lyrische Texte können Zeichen auf spezifische Weise organisieren, da sie nicht den Inhalt (die Signifikate), sondern die Sprachform (die Signifikanten) akzentuieren. Roman Jakobson hat hieran eine **poetische Sprachfunktion** festgemacht, die das Spielerische (und auch Musikalische) der Dichtung kennzeichnet. Diese muss nicht auf ein außersprachliches Ding zeigen, vielmehr gilt: »Indem sie das Augenmerk auf die **Spürbarkeit der Zeichen** richtet, vertieft diese Funktion die fundamentale Dichotomie der Zeichen und Objekte« (Jakobson 1993, S. 92 f.). Diese Vorrangstellung des Zeichenmaterials, das den schnellen Durchblick auf die Bedeutung gerade abwehrt, hat Jakobson als *foregrounding* bezeichnet (z. B. ebd., S. 79). Der Verfremdungseffekt, der dadurch ins Spiel kommt, macht einen mehr oder weniger deutlichen Unterschied zur Alltagssprache aus (Jakobson 1976).

Wenn Lyrik sich solche Strategien zunutze macht, führen nicht nur die mehrfachen semantischen Bezüge zu **Vieldeutigkeiten**, sondern es entstehen durch die Betonung der Laut- oder Buchstabenform auch semantische Unschärfen in den Texten. Probleme wird es dann geben, wenn auf der Eindeutigkeit der Interpretation beharrt wird – Lyrik hält selten Lebensregeln und erst recht keine Bedienungsanleitungen bereit. Chancen für den Deutschunterricht liegen aber darin, dass Lyrik an die Sinne appelliert, entsprechend auch beim Lesen auszugestalten ist und nebenbei ein Bewusstsein dafür schafft, dass Sprachzeichen ästhetische Wahrnehmung fordern.

4.5.2 | Systematische Zugänge

Lernen von Gedichten als Behaltenstechnik: Auswendiglernen und Aufsagen bis hin zum Deklamieren von Gedichten waren spätestens seit der Aufklärung bekannte Handlungsformen. Teils wollte man Lyrik als rhetorisches Lernfeld benutzen, um Schüler zu Rednern oder Kunstschreibern zu erziehen, es spielten aber auch Genuss bzw. Erbauung (Wackernagels *Deutsches Lesebuch*, 1843) sowie Disziplinierung eine Rolle. Dass sich Lyrik für lehrhafte Zwecke eignet, ist heute gut erklärbar: Ist ihre Form rhythmisiert und auch noch gereimt, ist dies ein wichtiger **mnemotechnischer Faktor**, der mit der Kürze, dem Sentenzenhaften vor allem von Sinn- und Merksprüchen zusammenhängt. So haben neurobiologische Versuche die Einsicht fundiert, dass die Gedichtzeile der optimalen Aufmerksamkeitsspanne der menschlichen Wahrnehmung, die etwa drei Sekunden beträgt, entspricht. Informationen werden in dieser Zeitspanne getaktet und dadurch gruppiert, bevor ein neues Zeitfenster mit wiederum drei Sekunden Dauer für die Informationsaufnahme geöffnet wird

– womit Dichtung offenbar ein intuitives Wissen über diese Vorgänge nutzt, das sich kulturgeschichtlich auch im Satzspiegel des Buchdrucks niedergeschlagen hat (Wittmann/Pöppel 1997, S. 235 f.). Dass rhythmisierte Sprache damit auch eine **lernstimulierende Wirkung** hat, schlägt sich bereits in der Tradition der Fibel nieder, die das Buchstabieren und die Bildbetrachtung oft mit gereimten Lehrsätzen verbunden hat.

Erlebnis und Erbauung: Verstärkt durch Diltheys Auffassung, Gedichtrezeption vermittle vor allem sublime Erlebnisse, hat diese Ästhetik eine große Karriere entfaltet. Noch in Emil Staigers Poetik ist es der »unmittelbare Eindruck«, der geprüft und erforscht werden soll unter dem berühmt gewordenen Motto: »daß wir begreifen, was uns ergreift, das ist das eigentliche Ziel aller Literaturwissenschaft« (1939, S. 11). Diese Erlebnisauffassung setzt sich auch in der eher sachorientierten Studie Wolfgang Kaysers fort, wenn dort als Arbeitshaltung die »Fähigkeit zum Erlebnis des spezifisch Dichterischen« (1948, S. 11) gefordert wird. Im Deutschunterricht nach 1945 war diese Überzeugung ebenso einflussreich wie die **Reformpädagogik**, die in der Lyrik vor allem eine Möglichkeit sah, die Erlebnisfähigkeit zu schulen – Gedichte also nicht rational zu durchforschen, auch keine bloßen Deklamationsübungen zu unternehmen, sondern kreativ-gestalterische Wege zu gehen.

Analyse: Kayser hat aber auch entschieden die Formanalyse auf den Weg gebracht, die im »möglichst sachgemäßen Erfassen dichterischer Texte« (1948, S. 12) fundiert werden soll. Dazu arbeitet er ein präzises **Analyseinstrumentarium** zu den elementaren Begriffen, kleinen Baueinheiten und Techniken der Dichtungsgattungen aus. Gerade die Wirkung Kaysers nicht nur auf die Nachkriegsgermanistik, sondern auch auf die Literaturinterpretation im Unterricht ist enorm gewesen. Auch Brechts analytische Haltung zum Gedicht hat die **Formanalyse** gestärkt, womit die dilettantische Abneigung des Gedichtliebhabers gegen das »Zerpflücken von Gedichten« getadelt wurde: »Wer das Gedicht für unnahbar hält, kommt ihm wirklich nicht nahe. In der Anwendung von Kriterien liegt ein Hauptteil des Genusses. Zerpflücke eine Rose und jedes Blatt ist schön« (Werke 19, S. 392 f.). Diese Intervention fand um 1970 auch bei Deutschlehrer/innen viel Anklang – Erlebnis, Genuss oder Erbauung im Lyrikunterricht wurden nun des Kitsches oder des schönen Scheins verdächtigt.

Bald sah man aber auch die Gefahr, dass mit der Analyse allein dem Gedicht insgesamt nicht gerecht zu werden sei: Um 1980 findet auch in der Lyrikdidaktik ein Umschwung von analytischen oder kritischen zu kreativen Umgangsformen statt. Wege für die praktische Umsetzung hat, angeregt durch die Rezeptionspragmatik der 1970er Jahre, zunächst Günter Waldmann (1984) in großer Zahl gefunden – sein Anwendungskatalog für Lyrik in der Sekundarstufe I umfasst über hundert Vorschläge zur (textgebundenen) Schriftproduktion bzw. zu Schreibspielen anlässlich von Gedichten, und generell hat sich die Lyrikdidaktik zu einer Domäne der **Produktionsorientierung** entwickelt. Da der Katalog aus der Zeit vor dem Boom der digitalen Medien stammt, ließe sich die Vielzahl dieser Beispiele inzwischen noch vermehren, und methodisch sind längst auch

Vorschläge aus dem Bereich des szenischen Interpretierens hinzugekommen. Weitgehend Konsens herrscht darüber, dass analytische und spielerische Verfahren nicht dogmatisch, sondern bereichsspezifisch und wechselweise einzusetzen sind, um durch ganzheitliche Herangehensweisen aktuelle, aber auch geschichtliche Kontextdimensionen hermeneutisch zu sichern (vgl. zusammenfassend Kammler 2009).

4.5.3 | Epochenfragen

Der Formenreichtum der Lyrik (vgl. Burdorf 1997, S. 53–134; Jeßing/Köhnen 2007, S. 137–157) hat kaum spezifische Didaktiken hervorgebracht, lässt sich im Unterricht aber hinsichtlich der folgenden Kategorien behandeln:

- des **Adressatenbezugs** (Kinderlyrik, Volkslied),
- der **Thematik** (Natur-, Alltagslyrik),
- des **Anlasses** (Hymne, Elegie),
- der **Untergattungen** (Sonett, visuelle Poesie),
- der **Gebrauchssituation** (Bänkelsang, Popsong).

Zu berücksichtigen ist, dass bestimmte Formen offenbar besonders geeignet sind, epochale Fragestellungen zu bündeln – Sonette, Lehrgedichte, Hymnen oder Balladen entsprechen auch bestimmten Erfahrungs- oder Problemzusammenhängen.

Epochenumbruch Frühe Neuzeit: Man hat sich im Unterricht bisher meistens damit begnügt, an **Sonetten** des 17. Jahrhunderts die bekannten Motive ›vanitas‹ oder ›memento mori‹ zu analysieren. Dabei lassen sich die (religions-)politischen Umwälzungen dieser Zeit in der Lyrik sehr umfassend nachvollziehen. Wenn Opitz in seiner *Poetik* (1624) dafür plädiert, das alternierende Metrum zu nutzen, steht dies im Zusammenhang mit jener Heeresreform, mit der die protestantische Minderheit in den Niederlanden Mittel fand, um sich von der spanisch-katholischen Herrschaft zu befreien: Der an das Militär angelehnte Marschtakt des Sonetts mit seinem Metrum des Wechsels von betonten und unbetonten Silben (bzw. Jamben oder Trochäen) kann in diesem Sinne sogar als politische Position erkannt werden. Ebenso lässt sich das Sonett *Thränen des Vaterlandes* (1636) von Andreas Gryphius als allgemeine Klage über die Erde als Jammertal interpretieren und über den Zwang, gegen den eigenen (protestantischen) Glauben durch einen neuen Fürsten zur Konversion gezwungen zu sein. Der Dichtertyp des *poeta doctus* nutzt dagegen sein Wissen und die gelehrte Poetik der regelhaften Gedichtform als strategisches Mittel, um den Protestantismus zu beglaubigen.

Lehrgedicht der Aufklärung: Die Leitfrage ist hier, wie ein moderner Gottesglaube mit den Naturwissenschaften vereinbar ist. Das Gedicht kann nun (manchmal mikroskopisch) genaue Naturbeobachtungen wiedergeben wie in B.H. Brockes' *Irdischem Vergnügen in Gott* (1721–1748), wo die Sammlung unendlich vieler Einzelansichten im Sinne einer präzisen aufklärerischen Analyse mit dem Gotteslob und der Achtung vor den einfachsten Lebensformen verbunden wird. Albrecht von Haller gibt in *Die Alpen* (1729) präzise Ansichten der Berglandschaft und stellt das Lob des einfachen Lebens der höfischen oder städtischen Kultur mit ihrer zweifelhaften Moral gegenüber, worin sich bereits die politischen Auseinandersetzungen des 18. Jahrhunderts andeuten. Die Nutzung regelmäßiger Formen (oft auch des Sonetts) zeigt hier noch das Fortwirken des *poeta doctus*.

Erlebnislyrik als Aufwertung des Individuums: Innerlichkeit und Empfindsamkeit sind sozialgeschichtlich neue Gefühlslagen eines Bürgertums, das im 18. Jahrhundert nach Emanzipation strebt und das Subjektive zum Maßstab des Handels macht. Vorbildhaft schafft ein neuer Dichtertypus, das **Genie**, selbst die Regeln und folgt keiner vorgegebenen Ordnung mehr, sondern zeigt sich der ›Kategorie des Herzens‹ verpflichtet: Klopstock, aber auch Vertreter der jungen Generation des Sturm und Drang setzen sich **gegen höfische Ordnungen** durch und opponieren gegen rationale Ordnungen der Vernunft – mit radikaler Wendung z. B. in Goethes *Prometheus* (1774), der sich als Erschaffer von Menschen selbst ins Zentrum der Schöpfung stellt. Im Unterricht lässt sich die neue Position des Menschen, der im Laufe des 18. Jahrhunderts in die Mitte der wissenschaftlichen Erkenntnis rückt, zeigen und diskutieren.

Die Ballade im Epochenumbruch 1800: Die **Kunstballade** entwickelt sich Ende des 18. Jahrhunderts aus der Volksballade, maßgeblich dann im ›Balladenjahr‹ 1797 durch Goethe und Schiller und bietet einen reichhaltigen Intertext mythologischer Anspielungen sowie diskursiver, mithin politischer Aussageebenen. Auch wenn die Ballade damit zur Lesegattung wird, ermöglicht sie weiterhin den lebendigen Vortrag. Fragen nach dem Menschen werden unter Vorzeichen der Anthropologie bei Schiller gestellt: Was leistet die Freundschaft in *Die Bürgschaft*, was kann sie gegen Tyrannenherrschaft ausrichten? In welche Katastrophen kann blinder Gehorsam führen, wie etwa in *Der Taucher*? Welchen gesellschaftlichen Stellenwert haben Arbeit, Handwerk und Kunst in der *Glocke*? Welche Handlungsmöglichkeiten gegen politische Willkür des Adels zeigen sich im *Handschuh*? Auch die dramaturgischen Mittel Schillers kommen zum Einsatz: An Herz und Ratio wird gleichermaßen appelliert, was viele verschiedene Darbietungstechniken ermöglicht. Dass die Kunstballade Werthaltungen vermittelt, ist skeptisch oder gar ideologiekritisch gesehen worden (Köster 2001); doch gibt gerade der klare Handlungsverlauf auch Möglichkeiten, die **Botschaft zu dekonstruieren** – so bietet Goethes *Zauberlehrling* bereits ab der 4. Klasse gute Möglichkeiten, die Grenzüberschreitung des Lehrlings, aber auch die autoritäre Geste des Meisters zu besprechen; in höheren Klassen lässt sich nach Goethes Einstellung zum Sturm und Drang sowie nach der Haltung des Weimarer Klassizismus zur Französischen Revolution fragen.

Im Unterricht lässt sich zeigen, wie die Ballade an den drei großen Gattungen Teil hat, insofern sie die dramatische Rede, das epische Handlungssubstrat und die Formmerkmale der Lyrik enthält. In dieser Vielseitigkeit des Ausdrucks, in der Mischung der Dichtungselemente »wie in einem lebendigen Ur-Ey« der Dichtung hat bereits Goethe (SW 21, S. 39) den Reiz der Ballade für den Vortragenden gesehen. Der Ereignischarakter dieser Gattung wird an der Entwicklung deutlich, die sich von der spätmittelalterlichen **Volksballade** unter Einfluss des frühneuzeitlichen Zeitungs- bzw. Flugblattlieds bis zur Moritat (›Mordtat‹) vollzog. Diese wurde von einem Sänger auf öffentlichen Plätzen vorgetragen, der sie auf einer Bank stehend und mit einem Zeigestock auf Illustrationen weisend als ›Bänkelsang‹ darbot. Von dort aus lässt sich eine Linie bis ins 20. Jahrhundert zu Brecht und dem politischen Kabarett ziehen. Aber auch im 19. Jahrhundert hat die Ballade schulgebräuchliche Texte hervorgebracht – so zeigt Theodor Fontane 1880 mit der *Brücke am Tay* die Hybris der technikgläubigen Moderne, die in die Katastrophe mündet.

Von der Ballade zum Rap: Formal lassen sich an der Ballade Reim- und Rhythmusgestaltung analysieren. Zudem eröffnen sich Wege bis zum Rap-Song, der inhaltlich eine junge Form der Ballade darstellt, aber auch Impulse für den Balladenvortrag geben kann. Die Möglichkeiten der Handlungsorientierung reichen hier vom aktiven Textverstehen über die Aufführung oder den Wettstreit bis zum Produzieren eines Liedes oder einer CD. Rap lässt sich in der Muttersprache, aber auch in der Zweitmuttersprache der Migrantenjugendlichen fassen und ist zum Sprachrohr für Alltagsprobleme, Wünsche, Protest und Lebensentwürfe geworden; gelegentlich werden literarische Anzitate oder Wortspiele verwendet. Ballade, Bänkelsang und Rap bieten sich ferner für einen fächerverbindenden Unterricht bzw. für eine Zusammenarbeit mit der Musikdidaktik an, wobei sich Textvertonungen von Schubert, Schumann oder Brahms vergleichend einbeziehen lassen (Menzel 2001). Damit zeigt sich die Ballade als zeitgenössisch ausdrucksfähige Kunstform, in der ein Subjekt von Erfahrungen, Problemen und Auseinandersetzungen erzählen oder singen kann. Auch Möglichkeiten des **darstellenden Spiels** eröffnen sich hier, etwa in der pantomimischen Begleitung des Textvortrags, aber auch in Form des Puppen- oder Schattentheaters.

Dinggedichte als ästhetischer Positivismus: Um 1850 wenden sich manche Autoren in kultivierter, distanzierter ästhetischer Betrachtung den Dingen zu, die darüber zu Kunstdingen werden können: Ein *Römischer Brunnen* (C. F. Meyer) ebenso wie eine *Lampe* (Mörike) oder ein *Panther* (Rilke). Im Unterricht lässt sich an den meist einfachen Dingen zweierlei zeigen: Die Ausdrucksstärke des lyrischen Ich wird zurückgenommen oder getilgt, um einer genauen und objektiven Darstellung zu weichen. Die präzise Darstellung deutet auf den zeitgenössisch tonangebenden Positivismus hin, aber auch auf das neue Medium der Fotografie, die allerdings in einem wichtigen Punkt übertroffen wird – indem nämlich das Ding stilisiert, überhöht und ästhetisiert wird, was noch im *Panther* (1902) zu erkennen ist, der als in sich stehendes Kunstding eine eigenständige Welt darstellt und sich von der Wirklichkeit abhebt.

Absage an die Welt in der autonomen Lyrik: Um 1900 wenden sich Autoren gegen eine Welt, die sie mit Begriffen nicht mehr zu fassen vermögen (Sprachskepsis), und stellen ihr eine lyrische Wortwelt aus eigenen Kompositionen entgegen: Damit wird nicht mehr ein Ding zu Kunst, sondern Kunst bzw. ihr Lautmaterial selbst zum Gegenstand. Dies ist nicht nur im Ästhetizismus Stefan Georges oder Stéphane Mallarmés der Fall, sondern auch in den unterrichtstauglicheren Gedichten Christian Morgensterns. In dessen *Galgenliedern* (1900) gibt es ein *Ästhetisches Wiesel*, das – »um des Reimes willen« – auf einem Kiesel sitzt; und noch viel radikaler verhalten sich jene Gedichte, die pure Lautpoesie sind (*Das große Lalula*) oder nur aus grafischen Zeichen bestehen (*Fisches Nachtgesang* ist nur aus Bögen und Strichen gesetzt).

Die **Dadaisten** führen dieses Spiel fort und stiften poetische Möglichkeiten, die danach immer wieder aufgegriffen wurden und mit Lautgedichten ein beliebter Unterrichtsgegenstand geworden sind. Historisch ist zu fragen, warum diese Kunst so ideenreich aus der Welt flieht – denn zweifellos entstehen die spielerischen Möglichkeiten, weil um 1900 die Welt als Krisenerscheinung oder gar Kriegsschauplatz wahrgenommen wird. Zweifellos ist aber nicht nur mit der Poesie der befreiten Laute, sondern auch mit den grafischen Perspektiven der **Konkreten Poesie** nach 1950, die aus Buchstaben, Wörtern und Sätzen eigenständige Bildaussagen schafft, ein großes Spielfeld von Ausdrucksmöglichkeiten entstanden. Im Unterricht lassen sich diese einleuchtenden Beispiele, die zwischen simpler Konkretion (Apfel – Wurm) und komplexer Handlungsfolge (Ludwig Harig) gelagert sein können, nicht nur analytisch, sondern auch als Anregung zu eigenen Gestaltungen einsetzen.

Ludwig Harig:
*herum gezogen
flanken lauf zum*

Großstadtlyrik: Im Epochenumbruch 1900 ist Großstadtlyrik des Naturalismus, vor allem aber des Expressionismus ein Versuch, die Bedingungen des modernen Lebens zu verarbeiten. Im Unterricht sollte dies Anlass geben, nicht nur Stilanalysen zu betreiben und nach Personifikationen, kühnen Metaphern, Reihungsstil etc. zu fragen, sondern mit historischen Quellen und Abbildungen **sozialgeschichtliche Phänomene** in den Blick zu nehmen: Technikbegeisterung und neue Medien, Beschleunigung, Implosionen des Raums, Entfremdung und Verdinglichung beeinflussen die Wahrnehmung bis zur Ich-Dissoziation, worauf die Lyrik mehr noch als andere Literaturgattungen reagiert hat. Dort zeigt sich besonders prägnant, wie Eindrücke des Großstadtlebens und Befindlichkeiten des modernen Menschen zu einem ›neuen Sehen‹ verarbeitet werden.

Hermetische Lyrik als Gegenwehr: Unter dem Eindruck des Nationalsozialismus bzw. des Holocaust ist die Frage gestellt worden, ob und wie

Kunst diese Ereignisse bewältigen könne. Dies haben Günter Eich, Ingeborg Bachmann und vor allem Paul Celan (*Todesfuge*, 1945) versucht, und auf Letzteren bezieht sich Adorno mit der quälenden Frage, ob nach Auschwitz überhaupt noch (schöne) Kunst möglich sei. Seine verneinende Antwort hat er später relativiert: Radikale bzw. aus dem Rätsel heraus geschriebene Kunst sei die einzige Möglichkeit, widerständig zu bleiben und sich dagegen zu wehren, durch vorschnelles Verstehen vereinnahmt zu werden. Damit seien hermetische besser als engagierte Texte dafür geeignet, ein Gedächtnis der historischen Katastrophen zu schaffen. Im Unterricht ist zu beobachten, wie die Autoren besonders in der lyrischen Gattung Überlebensmöglichkeiten suchen und angesichts politischer Katastrophen eigenständige, komplizierte und vieldeutige Kunstwelten schaffen.

Engagierte Lyrik als politische Stellungnahme: Politisch-emanzipatorische Gedichte reflektieren eine lange Tradition, die über den Vormärz (Börne, Gutzkow, Heine) bis zur Frühen Neuzeit zurückreicht. Deren Autoren – etwa der im Unterricht äußerst beliebte Brecht – sind zwar oft mit dem Vorwurf der Inhaltslastigkeit bzw. Formschwäche konfrontiert worden, doch ist die engagierte Position als Alternative zur hermetischen Dichtung zu behandeln und zu fragen, inwieweit durch das Aufzeigen gesellschaftlicher Missstände Politik direkt beeinflusst werden kann. Seit 1970 ist entsprechend der Themenkreis des Deutschunterrichts in Richtung der politischen Lyrik erweitert worden (angeregt durch Enzensberger, später durch Liedermacher wie Wolf Biermann oder Hannes Wader; didaktisch durch Fingerhut/Hopster 1972).

Pop Art/Gedichte von und für alle: Erst mit der Neuen Subjektivität der 1970er Jahre und dem spielerisch-fröhlichen Stil der Pop Art werden die normativen Lyrikkonzepte endgültig aufgelöst: Das ›anything goes‹, das Leslie Fiedler 1969 als Motto der Postmoderne prägte, beschreibt das potenzielle Nebeneinander aller möglichen Stilabsichten. Und dass der Popsong, in den letzten Jahren mehr noch der Rap das in der Schule wohl beliebteste Kunstgenre war, zeigt, dass das rhythmische und gereimte Sprechen ein starkes Potenzial hat. Der Deutschunterricht hat darauf reagiert, indem verstärkt Gelegenheits- und Alltagslyrik, subjektivistische Gedichte, experimentelle Texte oder Songs behandelt worden sind, die zugleich Anleitungen für eigene Gedichtschöpfungen geben.

4.5.4 | Grundbegriffe der Lyrikanalyse

Literaturwissenschaftliche Einführungsbände zur Lyrikanalyse, die die gattungsbezogenen Grundbegriffe erklären, gibt es hinreichend (Burdorf 1997; Frank 2000). Anregend sind dabei die Untersuchungen zu **Strukturbildenden Prinzipien** der lyrischen Rede durch Jakobson gewesen, die bis auf die Wort- und Lautebene reichen. Sie betreffen:

Strukturanalyse der Lyrik

- das Spiel mit Lauten, also Assonanzen und Alliterationen (wobei klangliche Elemente nicht strikt semantisch aufgeladen sind, denn die

scheinbar natürliche, aber konventionelle Gleichsetzung von hellem
Vokal und fröhlicher bzw. traurige Stimmung mit dunklem Klang kann
auch konterkariert sein);
- binäre Kodierungen bzw. Oppositionen, die den Text strukturieren
  (›hell – dunkel‹, ›traurig – froh‹ etc.);
- die Wortklassen, aus denen der Text gefertigt ist, und ihre statistische
  Häufung;
- Personalpronomina und deren differenzenreiches Spiel;
- syntaktische Muster, etwa der Parallelismus (vgl. Jakobson 1976).

Die Intention des Autors wird hier bewusst in den Hintergrund gestellt,
und die Analyse zielt weniger auf eine Bedeutung hinter dem sprachlichen Material ab. Jakobsons Interesse ist die analytisch differenzierte **Beschreibung der sprachlichen Struktur** des Gedichts selbst, das in seinen
internen Bezügen dargestellt wird: Oppositionen semantischer Merkmale
in der Bildlichkeit oder Motivik sollen analysiert und möglichst ideologie-
frei gelesen werden.

Bildfiguren

Gegenstand der Lyrikdidaktik ist insbesondere die ästhetische Differenz
von Gedicht- und Alltagssprache sowie die Untersuchung von Bildstrate-
gien – auch in der politischen Sprache (z. B. Waldmann 1984; 2006). Zwei
Hauptgruppen literarischer Bildlichkeit sind es, die sich strukturell unterscheiden lassen: Metaphern und Metonymien.

Metapher: Die Metapher als abgekürzter Vergleich vollzieht sich als
Bildprojektion von semantischen Merkmalen zwischen einem Bildspender und einem Bildempfänger, funktioniert also nach dem Prinzip
der Ähnlichkeit bzw. **Similarität**. Diese bedeutungsmäßige Schnittmenge
bezeichnet man als *tertium comparationis*. Ist sie verhältnismäßig groß
(»Achill war ein Turm in der Schlacht«), handelt es sich um eine (konventionelle) Metapher, ist sie kleiner (»der Mond, ein blutig Eisen«), spricht
man von einer kühnen Metapher, bei einer extrem kleinen Schnittmenge
(»die kristallenen Zweige des Rehs«) von einer absoluten Metapher. Das
Oxymoron ist ein in sich widersprüchliches Bild (»schwarze Milch der
Frühe«, Paul Celan: *Todesfuge*), das man im Unterricht etwa durch Kombination von gegensätzlichen Adjektiv- oder Merkmalreihen ausprobieren
und erschließen kann (Waldmann 2006, S. 166 f.). Zu unterscheiden sind
für die Metapher zwei Erklärungsansätze:

1. Die lateinisch-antike **Substitutionstheorie** (Quintilian, Cicero) geht
   davon aus, dass in der Metapher ein Wort durch ein anderes ersetzt
   wird – also eine Form der uneigentlichen, schmuckhaften, verfälschen-
   den Rede, die gegen das Proprium der Rede (das eigentlich Gemeinte) verstößt. Auch in der heutigen Unterrichtspraxis wird meist noch
   angenommen, dass metaphorische Einkleidungen beliebige Vorgänge
   seien, bei denen zum Zweck der Veranschaulichung Begriffe ersetzt
   würden (vgl. Katthage 2006, S. 18 ff.).

2. Die moderne **Interaktionstheorie** behauptet hingegen, dass Metaphern nicht eindeutig seien und auch nicht über semantische, objektiv gegebene Ähnlichkeiten funktionieren, sondern dass sich ihre Bedeutung aus dem **Sprachgebrauch** bzw. ihren Verwendungskontexten ergebe. Metaphern sind in dieser Sicht keine eindeutigen, statisch festgelegten Bilder, sondern Auslöser von Bildketten und Assoziationen beim Sprachnutzer. Damit gilt für den kulturellen Horizont: Wer Metaphern historisch deuten will, muss sich in das Fachwissen und die Umstände der Entstehungszeit einarbeiten.

Zur Vertiefung

Umgang mit Metaphern

Metaphern folgen einem **Bewegungsprinzip** von Bedeutungen: Im Bildertausch zeigt sich eine Dynamik, die das Interpretieren zugleich spannend und schwierig macht, da die semantische Schnittmenge von Bildspender und -empfänger schwer einzugrenzen ist. Schüler/innen sollten lernen, Metaphern zu visualisieren bzw. sich wortwörtlich vor Augen zu stellen, um ihren Bildwert zu realisieren; freies Assoziieren zu den Bildteilen kann dabei helfen oder zu ersten Bedeutungseindrücken führen. Dies lässt sich im analytischen Vorgehen vertiefen, indem man Merkmallisten erstellt: Was kennzeichnet Achill, was qualifiziert ihn zum Turm in der Schlacht? In Oppositionen lassen sich Unterscheidungskategorien festlegen: Mensch (+/–); Sache (+/–); Stärke (+/–); Vergänglichkeit (+/–); Macht (+/–) usw., bis eine hinreichende Definition der Schnittmenge und auch der unterschiedlichen Semantiken gefunden ist.

Neuere Entwürfe einer **Metapherndidaktik** suchen im Sinne der Interaktionstheorie eine enge Anbindung an die Lebenswelt der Schüler/innen: Neben Gedichttexten werden auch Zeitungstexte oder **Alltagswendungen** einbezogen, um Metaphernbedeutungen zu klären (Katthage 2006). So ist zum Beispiel die Metapher des Heuschreckenschwarms für Finanzinvestoren, die Unternehmen abgrasen und dann weiterziehen, spätestens seit der Bankenkrise in Mode; ›Konjunkturtäler‹ gab es auch schon vorher, und von Schülern und Studierenden initiierte ›Protestwellen‹ sind ein aktuelles Wortbeispiel aus der Alltagssprache. Schließlich gehört es mittlerweile zu den gängigen Unterrichtsverfahren, nach den erkannten Schemata selbst mehr oder weniger kühne Metaphern zu bilden, indem man etwa mit semantischen Baukästen Begriffe zusammenstellt (vgl. Waldmann 2006, S. 161 ff.).

Metonymie: Diese Bildfigur ist der Oberbegriff für eine große Gruppe von Figuren, die im Unterschied zur Metapher ein **räumliches, pragmatisches oder funktionales Verhältnis** von Bezeichnendem und Bezeichnetem aufweisen (nach dem Prinzip der Nachbarschaft bzw. **Kontiguität**). Folgende Untergruppen lassen sich unterscheiden:

- Ort – Personen (»die Südkurve brüllt auf«)
- Ort – Institution (»Berlin ließ verlauten, dass ...«)

- Gefäß – Inhalt (»Trinkst Du noch ein Glas mit?«)
- Erzeuger – Erzeugnis (»Hast Du ein Tempo?«)
- Erfinder – Erfindung (»Ich fahre eine Vespa«)
- Autor – Werk (»Er hat seinen Schiller gelesen«)
- Abstraktes – Sinnbild (»Sein Lorbeer welkte dahin«)
- Ursache – Wirkung (»Er fügte mir Schmerzen zu«)

Auch in dieser Bildergruppe ist die Nähe zur Alltagssprache unverkennbar, und es bietet sich an, Schüler/innen nach eigenen Beispielen suchen zu lassen.

Synekdoche: In enger Verwandtschaft zur Metonymie ersetzt die Synekdoche ein Wort durch ein anderes im Sinne einer Teil-Ganzes-Relation. In die eine Richtung wirkt das *totum pro parte* (»Der Wald stirbt«). Umgekehrt gibt es die *pars-pro-toto*-Figur: »Er hat ein Dach über dem Kopf« statt »Haus«, »die Lunge« statt »der atemwegserkrankte Patient«, »grüne Zähne, Pickel im Gesicht/winkt einer Lidrandentzündung« ersetzen den Träger dieser Merkmale (Gottfried Benn: *Nachtcafé*). Wiederum ist die Frage wichtig, was das Wortbild zu erkennen gibt und was es ersetzt. Aber auch hier gibt es einen simplen Weg zur Vermittlung: Man kann Schüler/innen bitten, ein Blatt Papier zu einem Röhrchen zu rollen und damit auf das Gesicht des Banknachbarn zu ›zoomen‹ – mit einem auffälligen Detail, das man dabei erblickt, kann man ihn dann titulieren und hat damit das Funktionsprinzip erfasst.

Symbol: Das Symbol gehört nicht zu den klassischen Tropen und ist auch eigentlich keine Formkategorie. Es hat seine Bedeutung maßgeblich durch Goethe erlangt, der im Symbol eine spezielle Erscheinung und eine **allgemeine Idee** zum bedeutenden Bild zusammentreten sieht (SW 21b, S. 639). Es ist schwer zu zeigen, wie ein lyrisches Bild konkret auf ein übergeordnetes Prinzip verweist. Doch wäre der Zusammenhang im Unterricht versuchsweise darzulegen, indem man etwa zu Symbolgedichten (Goethes *Mächtiges Überraschen*, Brechts *Buckower Elegien* oder Rilkes *Panther*) freie Erzähltexte verfassen lässt (vgl. Waldmann 2006, S. 196–204).

Allegorie: Die Allegorie (die ›Anders-Rede‹) ist nach Quintilian eine erweiterte Metapher; sie fasst ein Bild als Ausgestaltung einer gedanklich-philosophischen Abstraktion (›Eule‹ für Weisheit und Dummheit). Die Bildmotive werden durch steten Verweis auf ähnliche Bilder erweitert und geändert. Daraus entsteht ein **spielerischer Selbstbezug**, der aber spätestens seit Goethe skeptisch und dann von Walter Benjamin als typisch barocke und auch moderne Bildfigur gesehen wurde, weil der Bezug der wörtlichen Ebene auf das Gemeinte gesucht wird, aber durch Erweiterungsprozesse gebrochen ist. Dies lässt sich wiederum aktiv verdeutlichen, wie Waldmann (ebd., S. 171 ff.) mit Allegoriespielen gezeigt hat: Die Wendung »Ich als « lässt sich von den Teilnehmenden mit unterschiedlichen semantischen Bildbereichen zu neuen Sätzen kombinieren.

Synästhesie: Wendungen, die zwei oder mehr Sinne ansprechen, werden als Synästhesie bezeichnet. Um die **sinnliche Wirkung** wie auch das semantische Potenzial besser ausschöpfen zu können, hat Waldmann (ebd., S. 172 ff.) wiederum ein Baukastenprinzip vorgeschlagen: Dort sollen unterschiedliche Eigenschaften und Dinge aus unterschiedlichen Sinneskategorien in zwei Rubriken aufgelistet werden, die dann beliebig kombinierbar und in ihrer Wirkung überprüfbar sind.

Bildfiguren- und Satzanalysen

Austausch-, Umformungs- oder Reduktionsproben von Versen bzw. Sätzen können Einsichten in Satzkonstruktionen eröffnen, die in der Lyrik und auch in der Alltagssprache vorkommen: Hypo- und Parataxe, Parallelismen, Chiasmen, Inversionen, Ellipsen, Polysyndeton und Asyndeton, Versgestaltung in Enjambements sind Gegenstände auch der Sprachdidaktik. Dies lässt sich nicht nur analytisch, sondern ebenso durch Produktionsaufgaben erschließen (Waldmann 2006, S. 205–236), z. B. durch Zerschneiden von Strophen in Papierstreifen und ihr willkürliches Zusammensetzen (Zeilenpuzzle).

Textnahe Lektüre: Da die Gedichtgattung ohnehin eine verlangsamte, verzögerte Lektüre verlangt, empfehlen sich entsprechende Verfahren (Belgrad/Fingerhut 1998). Einfache, aber wirksame Strategien sind:

Strategien

> **Schreibarbeit im Text**
> - Randmarkierungen mit unterschiedlichen Zeichen (und ggf. Farben),
> - Unterstreichung zentraler Bilder und Motive,
> - Abschreiben von Zeilen oder des ganzen Textes,
> - Assoziationen zu ähnlichen Zeilen von bereits bekannten Gedichten notieren.

Durch das Anbringen eigener Spuren im Gedicht können komplexe Passagen, Differenzmerkmale zur Alltagssprache und auch Leerstellen deutlicher nachvollzogen werden. Damit kann nicht nur die Aufmerksamkeit gelenkt (bzw. das Überlesen verhindert), sondern durch das Anschreiben vergleichbarer Motive aus anderen Gedichten kann z. B. auch ein Intertext sichtbar gemacht werden (Belgrad/Fingerhut 1998). Im Paralleldruck kann ein **Gedichtvergleich** ermöglicht werden: Durch Anstreichen von Form- und Inhaltsaspekten können thematisch verwandte Gedichte unterschiedlicher Autoren erschlossen und in einem nächsten Schritt unterschiedliche epochale Vorstellungen behandelt werden (vgl. Themenheft Praxis Deutsch 105, 1991).

4.5.5 | Handlungs- und Produktionsorientierung

Einem Gedicht kann man sich ferner durch unterschiedliche Text- und Schreibarbeiten sowie durch grafische und szenische Zugangsformen nähern.

- **Typografische Übungen:** Prosa- oder Gebrauchstexte in freie Verse umwandeln; Einrückungen und Zentrierungen probieren; freie Verse schreiben lassen und damit die Ausstellung von Wörtern in der Zeile anschaulich machen;

Produktions-
orientierte
Übungen

- **Zerdehnung von Wörtern zu Bildern,** indem man die Typografie der Wörter verändert und durch optische Verschmelzung wieder andere Wörter zusammenfügt (Bild-Wörter);
- **Gedichte grafisch gestalten** im Kleinformat oder als Plakat;
- **Lautgedichte** in Anlehnung an Vorlagen (Hugo Ball: *Karawane*; Schwitters: *Ursonate*, Ernst Jandl: *ottos mops* etc.) oder durch Zufallsmechanismen (Würfel etc.) konstruieren;
- **(Unsinns-)Gedichte** aus vorab erstellten Reimwörtern konstruieren;
- **Hypertexte erstellen** durch Verlinkung von digital vorliegenden Gedichten (dies ggf. sichtbar machen durch Plakate mit eingeklebten Linktexten);
- **Varianten der Slam-Poetry erproben:** Leitmotiv-Clustering durch Komposita-Bildung und Abwandlung, z.B. mit einem Präfix wie ›eigen‹, ›hoch‹, Arbeit mit Wortstämmen und Kontextveränderung (vgl. Waldmann 2006, S. 136ff.);
- **Elfchen schreiben:** Gedichte aus elf Wörtern, die in der ersten Zeile ein Farbwort, in der zweiten Zeile den Gegenstand dieser Farbe in zwei Wörtern haben, in der dritten Zeile mit drei Wörtern nähere Eigenschaften bestimmen, in der vierten Zeile vier Wörter über den Schreibenden selbst und in der fünften Zeile ein pointiertes Schlusswort geben (diese Vorgaben können auch anders verabredet werden, vgl. Waldmann 2006, S. 12).
- **Haikus schreiben:** Ein Haiku ist ein japanisches Kurzgedicht mit langer Tradition, das 17 Silben hat (erste und dritte Zeile fünf, die zweite Zeile sieben Silben) und meistens Naturvorgänge, Bilder, Impressionen oder plötzliche, auch paradoxe Einsichten darstellt – eine anspruchsvolle Aufgabe, die aber je nach Verabredung auch mit absurden Inhalten bearbeitet werden kann.

Problemorientierte Methodenwahl: Jakob van Hoddis' *Weltende* (1911) Beispiel

Dem Bürger fliegt vom spitzen Kopf der Hut,
In allen Lüften hallt es wie Geschrei.
Dachdecker stürzen ab und gehn entzwei
Und an den Küsten – liest man – steigt die Flut.

> **Der Sturm ist da, die wilden Meere hupfen**
> **An Land, um dicke Dämme zu zerdrücken.**
> **Die meisten Menschen haben einen Schnupfen.**
> **Die Eisenbahnen fallen von den Brücken.**

Das Gedicht gilt als Schlüsseltext des Expressionismus und kann aufgrund seiner äußerlich regelmäßigen Form, aber auch seiner einfachen Lexik im Mittelstufenunterricht problemlos eingesetzt werden. Dem Text kann man sich in unterschiedlichen Schwierigkeitsgraden nähern: In einer ersten **Formbeschreibung** lassen sich 2 vierzeilige Strophen herauszählen, die Betonung ist durch Klopfen aufzufinden, woraus sich der Rhythmus bzw. das Metrum ergibt – jede Verszeile hat einen fünfhebigen Jambus mit männlichen Kadenzen (Betonung der Schlusssilbe) in der ersten, weiblichen Kadenzen (Betonung auf der vorletzten Silbe) in der zweiten Strophe.

- Dass **heterogene Dinge** in direkter Nachbarschaft benannt werden (Dinge und Menschen, Großes und Kleines, Stadt und Meer), lässt sich durch einfaches Fragen nach den vorkommenden Sachen und durch ihre Kategorisierung (›lebend – nicht lebend‹, ›aktiv – nicht aktiv‹ etc.) feststellen.

- Daraus ist der humoristische oder **groteske Effekt** abzuleiten: Der kleinste menschliche Schnupfen steht mit einer kosmischen Katastrophe in Verbindung, ein Eindruck, der wiederum durch das Formmerkmal des **Simultanstils** gestützt wird. Dabei lässt sich auch auf die Personifikation von Dingen (wilde Meere ›hupfen‹) und auf die Versachlichung von Menschen (Dachdecker ›gehn entzwei‹) verweisen.

- Das Nebeneinander der Dinge lässt das Nächste und das Fernste verschmelzen, woraus sich der Eindruck eines **irrealen Raumes** ergibt – dies kann auch durch den gestalterischen Versuch deutlich werden, die Ereignisse des Gedichts zu zeichnen oder sie in einer Collage zusammenzubringen.

- Über das **Internet** lassen sich durch die Recherche nach Hochbahnunglücken rasch Bild- und Zeitungsquellen des Berliner Ereignisses von 1908 ermitteln, das dem Gedicht zugrunde liegt; dasselbe gilt für die damals erwartete Kollision der Erde mit dem Halleyschen Kometen, der man mit fröhlicher Untergangsstimmung entgegen sah.

- Um die **Lautqualität** des Gedichtes zu realisieren, können die Schüler/innen auf Stimmenfang gehen: Alle bekommen den Auftrag, außerhalb der Schule Passanten um eine Spontanlektüre des Textes zu bitten und diese improvisierte Fassung mit dem **Handy zu speichern**. Die Aufnahmen lassen sich simultan abspielen und so auch wiederum zu einem Geräuschbrei verdichten bzw. medial ›sampeln‹. Mit diesem Verfremdungseffekt, dem hallenden Durcheinander anonymer Stimmen (»wie Geschrei«) ließe sich schließlich das **Großstadtleben um 1900** ansatzweise nachvollziehen: Lautstärke, Dynamik, Geschwindigkeit wurden von den Zeitgenossen als durchaus bedrohlich beschrieben.

- Im **theoretischen Nachgang** könnten – nun ausdrücklich auf Oberstufenniveau – ausgewählte Passagen aus Georg Simmels Essay *Die Großstädte und das Geistesleben* (1903) besprochen werden, wo die Versachlichung der menschlichen Verhältnisse und die Globalisierung durch Geldbewegungen thematisiert werden.

In diesem **gestuften Vorgehen** kommen analytische, medienbezogene und handlungsorientierte Methoden zur Geltung, die in ihrer Gesamtwirkung das Verstehen fundieren, die Motivation aktivieren und Gedächtnisprozesse verbessern können.

Verfahren der Handlungsorientierung können Ausdruck in grafischen oder modellierenden Tätigkeiten finden. So kann man

- eine Bildergeschichte zu einem Gedicht zeichnen, um einzelne Aspekte oder Dinge hervorzuheben;
- eine Collage erstellen durch Bilder oder Textfertigteile (auch am PC) mit kurzer Begründung der Auswahlentscheidung;
- ein Gedicht als Szene modellieren (z. B. mit gebasteltem Papiertheater) bzw. eine Mini-Guckkastenbühne herstellen.

Handlungsbezogene Methoden können ferner im Bereich des **szenischen Interpretierens** angewandt werden. Dort kommen **Vortragstechniken** bzw. **Fragen der Intonation**, des Rhythmus, der Prosodie, also der Lautgestaltung und Stimmführung ins Spiel (zu speziellen Übungsaspekten s. Kap. 3.2), die vom Sprechen ausgehend auch ins Gestische oder Gestalterische reichen können (vgl. allgemein Ritter 2009).

Szenisches Handeln mit Gedichten **Zur Methodik**

- **Sprecherwechsel:** Einzelsprecher und Chor im Wechsel (bei der Ballade), ansonsten Aufteilen von Sprecherrollen;
- Begleitung des Gedichtvortrags durch mechanische oder körperliche Rhythmusgeräusche (›human beatbox‹);
- **kinästhetischer Zugang:** die Gedichte im Rhythmus erlaufen, Buchstaben auf einem Buchstabenteppich erhüpfen, einen aufgemalten Wörterparcours absolvieren (z. B. bei Rilkes *Panther*);
- **Standbild** und **Pantomime**;
- Basteln von Figuren, Hand- und Tierpuppen aus Pappmaschee;
- **ein kombiniertes (Hybrid-)Verfahren** von szenischem Interpretieren und **Medieneinsatz** kann durch Ton- und/oder Video-Aufzeichnung ermöglicht werden. Ein handlungsbetontes Gedicht (bes. Ballade) etwa kann die Grundlage für einen Stop-Motion-Film

bieten – ggf. lässt sich dieser auch mit Stationen-Papiertheater und Knetfiguren realisieren, zu deren Fotografien in unterschiedlichen Aufstellungen das Gedicht gelesen wird, um mit Sprache und stehenden Bildern einen Bewegungsablauf anzudeuten.

4.5.6 | Absichten der Lyrikbehandlung im Unterricht

Die Vielfalt der Umgangsformen mit Lyrik nötigt im Einzelfall zu einer Begründung der Vorgehensweise, die bereichsspezifisch zu wählen ist: Gedichte eignen sich zur Hör- und Sprecherziehung ebenso wie zur formalen Analyse oder zur Erarbeitung von Epochenproblemen.

Möglichkeiten des Lyrikunterrichts

- **Kreativität im Sprachumgang gewinnen:** Die Bildertauschprozesse, aber auch die Laut- und Strukturqualitäten von Gedichten bewirken eine andere Wahrnehmung von Sprache: Das Angebot der Bildfiguren ist ein Sehen im Als-ob-Modus, das es ermöglicht, einen imaginativen Prozess bewusst zu machen und Einblick in die Gemachtheit von Sprache zu geben.
- **Sprachbewusstheit/Sprachaufmerksamkeit erhöhen:** Durch das Analysieren von Spracheigenheiten (Metaphern etc.) lässt sich allgemein die Zeichenbewusstheit und damit die Wahrnehmungsfähigkeit verbessern (Katthage 2008, S. 4); die ausgelösten Bilder können wiederum Anreize für das Lesen von weiteren Gedichten geben.
- **Phonologische Bewusstheit fördern:** Gedichte fördern allgemein die Sprachaufmerksamkeit und können auch das Bewusstsein dafür wecken, dass Wörter distinkte Einheiten aus klar identifizierbaren Lauten sind, die bestimmten Buchstaben entsprechen. Diese phonologische Bewusstheit hat ferner günstige Effekte auf die Rechtschreibfähigkeit (s. Kap. 2 in diesem Band).
- **Ästhetische Bildung verbessern:** Die Gedichtbehandlung erschöpft sich nicht in der Analyse von Bildern und Gedichtstrukturen, vielmehr sollte sie auch als Sinnesschulung für die Hör- und Sprecherziehung sowie für die Bildung einer allgemeinen ästhetischen Kompetenz genutzt werden (Spinner 2001).
- **Vieldeutigkeits- bzw. Polyvalenztoleranz entwickeln:** Aus der Akzeptanz der grundlegenden Vieldeutigkeit von lyrischen Bildern muss keine resignative Haltung des ›anything goes‹ folgen. In der Diskussion der Deutungen, die mit plausiblen Anhaltspunkten zu belegen sind, kann vielmehr die Bereitschaft zum Verstehenlernen von komprimierten Ausdrucksformen und zum Kennenlernen fremder Perspektiven gefördert werden. Allerdings ist vieldeutige oder gar hermetische Lyrik in Zeiten von PISA geradezu eine Provokation, insofern sie sich gegen die allzu rasche und einfache Sinnentnahme wehrt.
- **Unterrichtspraxis erleichtern:** Gedichte sind auch in Form kurzer Einschübe (sogar in Vertretungsstunden) für viele Zwecke einsetzbar; zu-

dem lässt sich damit ein breites Spektrum an lyrischen Untergattungen abdecken.

- **Intermediale Anschlusspotenziale nutzen:** Gedichte lassen sich mit gemalten Bildern ebenso wie auf der digitalen Ebene mit Texten, Bildern oder Tönen zum Hypertext verlinken.
- **Kulturen kennenlernen:** Die Prägnanz von lyrischen Bildern und Formen bzw. Rhythmen gibt die Möglichkeit, Sichtweisen der eigenen sowie fremden Kulturen auf pointierte und einprägsame Weise wahrzunehmen, was nicht nur für zeitgenössische Lyrik, sondern ebenso für die Geschichte vergangener Epochen gilt.

4.6 | Ausblick

Auch wenn sich im Laufe der Standard- und Kompetenzdebatten bei Bildungspolitikern und Allgemeindidaktikern im Bemühen um einfache Sprachfertigkeiten ein gewisser Überdruss an Lyrik, rhetorischen Figuren und Bildern sowie generell an poetisch-fiktionalen Ausdrucksformen entwickelt hat, so ist doch der spezifische **Gewinn literarischer Kommunikation** nicht wegzudiskutieren. Denn grundsätzlich ist das Bedürfnis nach ästhetischen Formen, sprachlichen Wendungen und Bildlichkeiten unabweisbar – auf ihnen baut die menschliche Wahrnehmungstätigkeit auf, und zwar jenseits einer reinen Verständigungssprache (die gleichfalls nicht nur der Mitteilung dient, sondern mit verfestigten Bildern bzw. Floskeln arbeitet, die ihrerseits zu analysieren wären). Es ist weiterhin längst erwiesen, dass sich ohne die ästhetische Seite von Sprache oder Bildern schwerlich Erkenntnis gewinnen lässt: Der Aufbau von **Wissenskonfigurationen** vollzieht sich durch Bildlichkeit, was im weiteren Sinne auch für Formeln und naturwissenschaftliche Hypothesen gilt. Denn noch nicht einmal in den Naturwissenschaften sind semantische Ordnungen von reiner Sachlichkeit bestimmt – der *iconic turn* hat hinreichend gezeigt, mit welchen bildgebenden oder sonstigen Verfahren Erkenntnisse produziert werden.

Wenn Ernst Cassirer in seiner *Philosophie der symbolischen Formen* (1923–29/1994) Sprache als Erkenntnisweg untersucht hat, mit dem neue Erfahrungen, Ereignisse oder Erkenntnisse formuliert werden, dann dient sie auch dazu, Dinge und Sichtweisen zu konturieren und Weltsichten zu entwerfen. Diese Auffassung steht der **sprachlichen Relativitätstheorie** im Sinne Humboldts oder Wittgensteins nahe – demnach bildet Sprache nicht die Welt ab, sondern prägt in der jeweiligen Formulierung und im Ausdruck unsere Wahrnehmungswelt entscheidend mit. Benutzt man Sprache oder spezieller noch Metaphern bzw. andere rhetorische Figuren, dann kleidet man in dieser Sicht nicht einfach einen Sachverhalt (oder einen Befund) ein – vielmehr ist in Betracht zu ziehen, dass der Ausdruck selbst rückwirkend den Erkenntnishorizont oder gar die Weltsicht formt. Nach dem *linguistic turn* in den Wissenschaften seit den 1960er Jahren ist dies durchaus keine exotische, sondern eine plausible Sicht: Der

Sprachbenutzer konstruiert seinen Wahrnehmungshorizont und seine Lebenspraxis mit **Sprachspielen**, aus denen er seine Kommunikationen bildet, Regeln findet und Lebensformen bestreitet (Wittgenstein I, S. 250). Dies können jenseits der Alltagsverständigung selbst verfasste oder gelesene Texte, Tagebuchaufzeichnungen, Blogs, Aufsätze oder literarische Werke sein. Sie prägen die Einstellung zu sich selbst und zur Umgebung mit ästhetischen, aber auch ethisch-moralischen Maßstäben – all dies nicht frei schwebend über den gesellschaftlichen Wirklichkeiten, sondern im Zusammenhang mit ihnen.

Grundlegende Literatur

Abraham, Ulf/Kepser, Matthis: *Literaturdidaktik Deutsch. Eine Einführung.* Berlin 2006.
Bertschi-Kaufmann, Andrea (Hg.): *Lesekompetenz – Leseleistung – Leseförderung. Grundlagen, Modelle und Materialien.* Seelze-Velber/Zug 2007.
Lange, Günter/Weinhold, Swantje: *Grundlagen der Deutschdidaktik. Sprachdidaktik – Mediendidaktik – Literaturdidaktik.* Baltmannsweiler ³2007.
Müller-Michaels, Harro: *Grundkurs Lehramt Deutsch.* Stuttgart 2009.
Paefgen, Elisabeth: *Einführung in die Literaturdidaktik.* Stuttgart/Weimar 1999.
Rösch, Heidi (Hg.): *Kompetenzen im Deutschunterricht. Beiträge zur Literatur-, Sprach- und Mediendidaktik.* Frankfurt a. M. ²2008.
Rosebrock, Cornelia/Nix, Daniel: *Grundlagen der Lesedidaktik und der systematischen schulischen Leseförderung.* Baltmannsweiler 2008.
Spinner, Kaspar: »Literarisches Lernen«. In: *Praxis Deutsch* 200 (2006), S. 6–16.
Waldmann, Günter: »Grundzüge von Theorie und Praxis eines produktionsorientierten Literaturunterrichts«. In: Norbert Hopster (Hg.): *Handbuch ›Deutsch‹, Sekundarstufe I.* Paderborn u.a. 1984, S. 98–141.

Ralph Köhnen

5. Mediendidaktik

5.1 | Einleitung

›Medium‹ gilt heute als der übergeordnete Begriff für die traditionellen Printmedien, die audiovisuellen und die sogenannten Neuen Medien zusammengenommen.

Mediendidaktik bezieht sich auf mediengestützte Vermittlungsprozesse, hier im engeren Sinn auf den schulischen Deutschunterricht. Damit ist sie ein Teil der den Mediengebrauch über den Unterricht hinaus allgemein behandelnden Medienpädagogik, aber auch ein Teilgebiet der Deutschdidaktik, die die Auswahl und Begründung von Unterrichtsgegenständen und Vermittlungsverfahren leistet. Mediendidaktik umfasst die Theorien des Einsatzes technischer Medien sowie die Auswahl, den Einsatz und die Bewertung von medialen Vermittlungsverfahren. ›Medial‹ heißt bezogen auf den Deutschunterricht, dass Medien Träger von sprachlichen und literarischen Lerngegenständen (z. B. Jugendsprache im Radio) oder selber Gegenstand des sprachlich-literarischen Lernens (unterschiedliche Präsentation eines literarischen Stoffes als Erzählung und als Hörspiel) sein können.

Doppelte Funktion von Medien: Diese mindestens doppelte Funktion von Medien lässt sich am Beispiel des Films illustrieren. Wir können im Deutschunterricht bestimmte Literaturverfilmungen besprechen, wir können aber auch erörtern, wie der Film im Unterschied zum Buch (oder zur Fotografie) eine Geschichte ›erzählt‹. Schließlich ist es in historischer Perspektive lohnenswert zu untersuchen, wie sich die **Medienkonkurrenz** historisch zu Ende des 19. Jahrhunderts zwischen Literatur, Fotografie und Film darstellt: wie also filmische Darstellungstechniken durch die Literatur (z. B. bei Flaubert) vorweggenommen worden sind und wie sich filmische Darstellungstechniken später (z. B. als filmisches Schreiben) in der Literatur finden (vgl. Paech 1997).

Die Mediendidaktik Deutsch im modernen Sinn ist in den 1970er Jahren unter dem Signum der **Erweiterung des Textbegriffs** in den Blick gerückt. Während im Deutschunterricht der Nachkriegszeit hauptsächlich hochwertige literarische Texte im Mittelpunkt standen, wurden nun Sachtexte, aber auch Medienprodukte aller Art einbezogen, die als ›Texte‹ der kommunikationswissenschaftlich-semiotischen Analyse unterzogen wurden. Im Bereich literarischer Texte wurden unterhaltende, massenhaft verbreitete Filme und Fernsehsendungen im Unterricht behandelt. Zusätzlich analysierte man Werbesendungen, aber auch auditive Produkte wie Hörfunknachrichten und Hörspiele.

Diese Entwicklung hat zu einer **integrierten Literatur- und Mediendidaktik** geführt, was umgekehrt den Blick dafür geöffnet hat, dass die vorher dominante printorientierte Literaturdidaktik sich einer historisch bedingten Verengung zu verdanken hatte. Im Lichte der Mediendidaktik wird deutlich, dass auch das Buch nur ein Medium unter anderen ist und dass in einem kulturwissenschaftlich fundierten Deutschunterricht alle Medien mit ihren Inhalten und als Träger in einer integrierten Perspektive vermittelt werden sollten.

Grundlegend neue Ausrichtung des Deutschunterrichts: Zentral ist nunmehr die kritische Reflexion und produktive Nutzung des soziokulturellen bzw. technisch-medialen Wandels. Dieser ist wie kein anderer über die Generationen kodiert, d. h. die jeweils neueste Medienentwicklungsstufe wird von der jeweils jüngsten Generation aufgegriffen und genutzt. Auf diese Sachlage gerade bei der Mediennutzung ist ein moderner Deutschunterricht angewiesen.

5.2 | Mediendefinitionen und -klassifizierungen

> → **Medium:** »Ein institutionalisiertes System um einen organisierten Kommunikationskanal von spezifischem Leistungsvermögen mit gesellschaftlicher Dominanz« (Faulstich 2002, S. 26).

Fundierend für diese Definition ist die technisch orientierte schematische Vorstellung des Kommunikationssystems als »Kanal« nach Shannon/ Weaver (1949, S. 34):

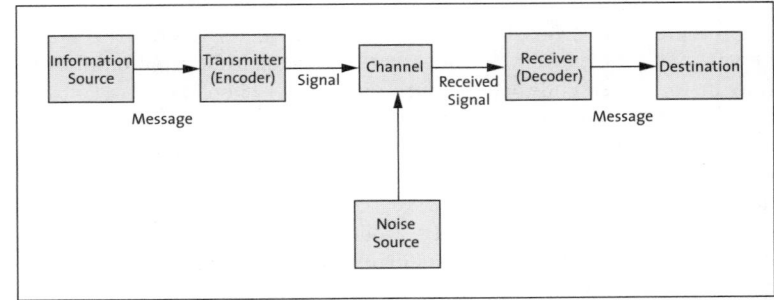

Schematische
Darstellung eines
Kommunikations-
systems (nach
Frederking u. a.
2008, S. 13)

Dieses Schema vermittelt die grundlegende Vorstellung des Mediums als technischem Übermittlungskanal, die dringend erweitert bzw. ausgebaut werden muss. So werden unter »Signal« Sprache, Schrift oder Bilder verstanden (vgl. Schmidt 2003, S. 355), auf die die »Kanäle« angewiesen sind. Bei diesen »Kanälen« fehlen die institutionellen Zusammenhänge (Agenturen, Sendeanstalten etc.) sowie spezifischen Angebote (Bücher, Filme, Sendungen etc.).

In der aktuellen Medientheorie werden »Medien in der Geschichte ihrer Funktionen und Diskurse bzw. ihrer Operationen (Speichern, Übertragen, Verarbeiten und Generieren) dargestellt« (Köhnen 2009, S. 17). Auch hierauf wird in Kapitel 5.3 nach der hier skizzierten Systematik auf die Geschichte zurückgegriffen.

Die folgende **systematische Klassifizierung von Medien** geschieht in didaktischer Perspektive. Dabei werden die Medien im Hinblick auf die individuelle Weltverarbeitung nach Dale (1954) und Vester (2007) sowie im Hinblick auf Medienfunktionen eingeteilt.

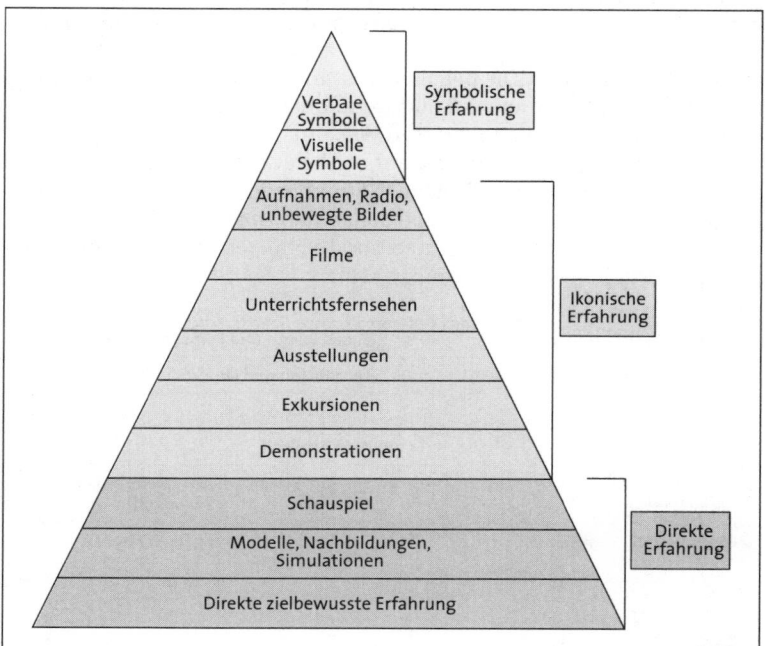

Systematische Klassifizierung von Medien nach der Sinneserfahrung, sog. ›Erfahrungskegel‹ (nach Dale 1954)

In diesem **Erfahrungskegel** von Dale (1954) werden die Medien nach der Art der **Sinneserfahrung** geordnet. Von unten nach oben nehmen die Sinneserfahrungen ab, deswegen sind sie in diesem Kegel angeordnet:

- direkte Erfahrungen,
- bildhafte bzw. ikonische Erfahrungen und
- symbolische Erfahrungen.

Auch innerhalb dieser drei Gruppen werden die Erfahrungsmöglichkeiten bzw. Medien nach dem Grad der Sinneserfahrung klassifiziert. So ist beispielsweise – bezogen auf ikonische bzw. bildhafte Erfahrungen – das (Unterrichts-)Fernsehen vor dem Radio eingeordnet. Diese Klassifikation erlaubt die Verbindung mit verschiedenen Lernformen:

- die direkte Erfahrung mit Lernen durch eigenes Tun (*learning by doing*),
- die ikonische Erfahrung mit Lernen durch Beobachtung (**Beobachtungslernen**) und
- die symbolische Erfahrung mit Lernen durch gedankliche Prozesse (**imaginatives Lernen**).

Behaltensleistungen: Ganz allgemein lässt sich eine positive Korrelation des investierten mentalen und handelnden Aufwandes mit der Memorierbarkeit der Lerninhalte beobachten, so dass sich in aufsteigender Linie von eher rezeptiven Tätigkeiten wie Lesen, Hören und Sehen über aktive Tätigkeiten wie Nacherzählen und Tun/Handeln die Behaltensleistungen verbessern (s. Kap. 1 in diesem Band). **Medienverbundnutzung** kann dies stützen, garantiert es allerdings nicht per se – entscheidend ist, dass der Nutzer das medienmultiple Angebot auch mental aktiv und bewusst codiert. Anders gesagt: Die Behaltensleistung steigt linear mit der Zunahme von Medien(-verbünden) dann, wenn hinreichend **Eigenaktivität** zusätzlich mit Medien kombiniert werden kann.

Dies ist ein wichtiger Hinweis auf die Relevanz von Medien und ihre Funktionen, die man je nach Art der Funktionen in den Unterricht integrieren kann: Medien können und sollen den Unterricht nicht ersetzen, sondern ihn begleiten, unterstützen und ergänzen. **Medienfunktionen im Unterricht** können die folgenden sein:

präsentative Funktionen	Filme, Radio- und Fernsehsendungen	
informative Funktionen	Lehrbücher und Unterrichtsmedien	
evaluative Funktionen	Testformate	
inzitative Funktionen	Arbeitsmittel	
Kontakt-Funktionen	Telefon, E-Mail, Chat, Blog	Spiele, Projektmaterialien
experimentelle Funktionen	kreativer Medienumgang: Erstellen von Videokurzfilmen	

5.3 | Medienepochen und -zäsuren

Einzelne Medien lassen sich zusätzlich zu den systematischen oder nutzungsbezogenen funktionalen Klassifikationen historisch nach ihrer jeweiligen Genese bzw. Reaktivierung einordnen. Die historische Abfolge wird durch einzelne technische Erfindungen wie z. B. den Buchdruck oder die Fotografie untergliedert. Im Gesamtüberblick lässt sich die **me-**

dienhistorische Entwicklung aufgrund von drei Einschnitten zusammenfassen:

- **Print-Revolution:** Erfindung des Buchdrucks durch Gutenberg, damit Ablösung der Mündlichkeit durch die Schriftlichkeit.
- **Audio-Visualitäts-Revolution:** Erfindung technischer Einzelmedien wie Fotografie, Film und Funk im 19. Jahrhundert.
- **Digitale Revolution**: Erfindung von Computer (1941) und Internet seit den 1960er Jahren (vgl. dazu Bartsch u. a. 1999; Bleicher 1996; Hiebel/ Elm 1991).

1. **Mit der Erfindung des Buchdrucks** haben sich um 1500 die Schrift und damit die Schriftlichkeit endgültig durchgesetzt. Durch die Bücher werden die Texte der Tradition fixiert, gesichert und überliefert; die Bücher garantieren, dass diejenigen, die lesen können, im Großen und Ganzen ›dasselbe‹ lesen und dass dadurch sich Inhalte und Wertorientierungen von einer Generation zur nächsten fortsetzen. Zunächst war dies durch die Bibel als einzigem und wichtigstem ›Buch der Bücher‹ garantiert. Selbst durch die Auffächerung des Programmangebots und durch die extensive Lektüre im 18. Jahrhundert blieb dieses noch immer quasi-identisch.

2. **Mit der Audio-Visualitäts-Revolution** änderte sich auf der nächsten Stufe nichts Wesentliches. Selbst angesichts zahlreicher Filme und Fernsehprogramme kann man von einem im Großen und Ganzen identischen Programmangebot sprechen. Bestimmte Traditionen, bestimmte Stoffe und bestimmte Werke bleiben im 19. und frühen 20. Jahrhundert verbindlich und werden gerade durch die neuen Medien, insbesondere durch den Film und auch durch das frühe Fernsehen weitertransportiert. Das ist der Sinn des Wortes Massenkommunikation: gleichlautende Kommunikationsinhalte für ein Massenpublikum. Diese **identische Programmstruktur** basiert auf der Schriftlichkeit. Sie änderte sich auch und gerade im 20. Jahrhundert nicht, als Rundfunk und Fernsehen hinzukamen. Erst durch Computer und besonders Internet setzt eine Individualisierung ein: Die einzelnen Nutzer/innen wählen aus einer Programmvielfalt **spezielle Angebote** aus. Der Computer ist zwar ein Massenmedium, aber mit ihm endet in einschneidender Weise Massenkommunikation in dem Sinne, dass allen das Gleiche vermittelt würde – vielmehr tritt an die Stelle von Massenkommunikation eine differenzierte Form virtueller Interaktion, die noch näher zu charakterisieren ist.

3. **Die Medienrevolution durch Computer und Internet** bringt einen Statuswechsel mit sich, der sich mit der Terminologie von Elena Esposito (1995) nochmals belegen und verdeutlichen lässt:

Medienepochen
und -zäsuren

Fern- vs.
telematische
Kommunikation
(nach Esposito
1995)

Fernkommunikation		Telematische Kommunikation
anonym, einseitig, generalisiert, unpersönlich		interaktiv, zweiseitig
schriftliche Kommunikation, für alle gleich		Mensch-Maschine-Dialog
personalisierte literarische Buchkommunikation	einseitige generalisierte Massenkommunikation	Repersonalisierung, Individualisierung, Spezialisierung
Leser	Zuschauer	Teilnehmer, Benutzer
Lektüre erlaubt imaginären Eingriff	Massenkommunikation erlaubt durch die Determinierung der Rezeptionszeit keinen Eingriff	Interaktion mit Maschine bzw. mit abwesendem Partner
Fiktionalität		Virtualität

Für Esposito wechselt Fernkommunikation (als Oberbegriff für die medienhistorisch ›ältere‹ printmediengestützte und die Massenkommunikation) mit **telematischer Kommunikation** per Computer/Internet ab. Nachrichtentechnik, die auf Funktechniken zurückgeht, und Informationstechnik, die alle computergestützten Techniken zur Aufnahme, Übertragung und Abgabe von Zeichen, Sprache, Bildern oder Filmen bezeichnet, sind vorher noch getrennte Gebiete, die um 1990 zu dem gemeinsamen Gebiet ›Multimedia‹ übergehen (nach Bartsch u. a. 1999, S. 72). Espositos Begrifflichkeit fokussiert hierbei den Rollenwechsel vom Leser/Zuschauer zum **Teilnehmer/Benutzer** und die hieraus sich bildenden Formen der Kommunikation bzw. Interaktion. Während Formen der Kommunikation bzw. Interaktion im Rahmen von Fernkommunikation imaginär bzw. fiktiv verbleiben, sind sie im Bereich der telematischen Kommunikation virtuell: Die Kommunikation geschieht zeitlich mehr oder weniger versetzt mit einem medial vermittelten, körperlich abwesenden Partner.

Kommunikationsprobleme: Rückbezogen auf die Förderung bzw. Verhinderung von Kommunikation und Kommunikationslernen ist der Befund zwiespältig.

Probleme
moderner
Kommunikation

- Die Individualisierung und die Ausdifferenzierung der Lebenswelten in unserer Gesellschaft führen zu einer zunehmenden **Verhinderung** von Kommunikation und Kommunikationslernen, weil sich dieses auf bestimmte Milieus und Szenen beschränkt.
- Innerhalb dieser Milieus und Szenen werden Kommunikation und Kommunikationslernen **gefördert** und intensiviert.

Andererseits verliert man durch die Konzentration auf diese Milieus und Szenen den gesamtgesellschaftlichen Zusammenhang aus den Augen. Dies bedeutet auch, dass zu Computer und Internet als kulturdefinierenden Technologien nicht alle Mitglieder unserer Gesellschaft Zugang haben. Zum Zugang gehört systemnotwendig Ausschluss und damit Mitgliedschafts- und natürlich Kommunikationsverwehrung. Auf der Individualebene eröffnet der Verlust des gesamtgesellschaftlichen Kommunikationszusammenhangs im Umkehrschluss die Möglichkeit des **Rückzugs aus der Kommunikation**. Man kann also von einer erhöhten Individualisierung und vielleicht von einer erhöhten Mentalisierung der Kommunikation sprechen. Während im Bereich der Massenkommunikation die Formen des Eingriffs zwar auch fiktiv bzw. imaginär blieben, mithin nicht ›real‹, so wurden sie doch möglicherweise durch realfaktische Kommunikation eingeholt. Wenn man computer- und internetvermittelte Kommunikation als eine Totalisierung von telefongestützter Kommunikation ansieht, so wird gerade die realfaktische zwischenmenschliche Kommunikation zwar nicht ›ersetzt‹, aber tendenziell medial simuliert. Vor diesem medienhistorischen Hintergrund klärt sich nochmals deutlicher die Eigenart des Computers als Interaktionsmedium.

Die bisherigen Befunde lassen sich nochmals bezogen auf die drei medienlogischen Paradigmen wie folgt visualisieren:

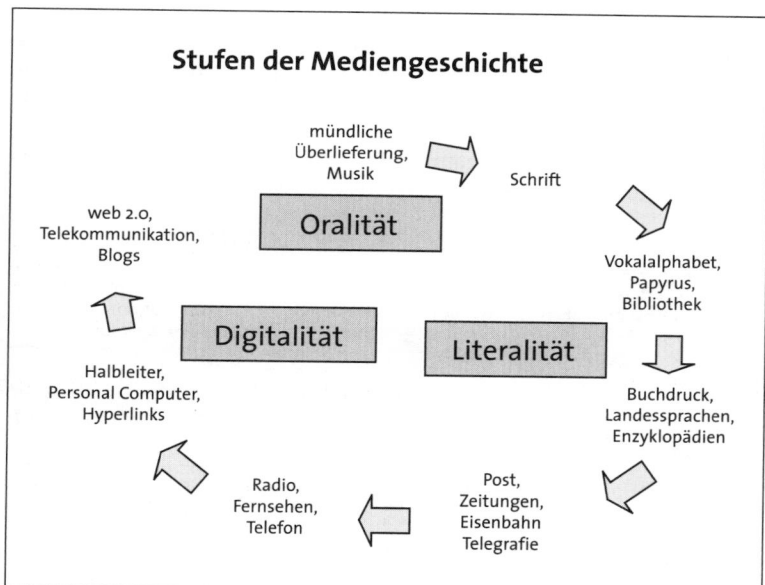

Stufen der Mediengeschichte

mündliche Überlieferung, Musik

Schrift

Oralität

web 2.0, Telekommunikation, Blogs

Vokalalphabet, Papyrus, Bibliothek

Digitalität

Literalität

Halbleiter, Personal Computer, Hyperlinks

Buchdruck, Landessprachen, Enzyklopädien

Radio, Fernsehen, Telefon

Post, Zeitungen, Eisenbahn Telegrafie

Stufen der Mediengeschichte (eigene Darstellung in Anlehnung an Voigt 2010)

Oralität/Literalität: Die Folge der Medienwechsel beginnt um 1450 mit dem durch den Buchdruck (Erfindung der Handspindelpresse durch Gutenberg 1442) eingeleiteten Wechsel von der **Oralität**, der (vorrangig) mündlichen Kultur von Antike und Mittelalter, zur schriftlich dominierten Kultur bzw. der **Literalität**.

Audiovisualität: Daran schließt die hier nicht eigens aufgeführte Epoche der Audiovisualität an, in die technische Erneuerungen wie Fotografie, Film und Fernsehen fallen. Medienlogisch gehören diese technischen Neuerungen noch allesamt der Literalität an.

Digitalität: Erst im Zeitraum um 1940 wird mit der Erfindung des **Computers** eine Entwicklung zur **Digitalität** eingeleitet, die zum einen um ca. 1980 zur Durchsetzung des Home- bzw. Personal Computers führt, zum anderen um 1990 zur Etablierung des **Internet**, das auf militärische Vorläufer in den 1960er Jahren zurückgeht.

Mit dieser Medienlogik operiert man auf der obersten Ebene der Leit-Modalitäten Oralität, Literalität und Digitalität (vgl. dazu die untenstehende Tabelle). Gegenwärtig vollzieht sich seit einem guten Jahrzehnt der Wechsel von der Literalität zur Digitalität. Während die Literalität als schriftliche oder audiovisuelle Einbahnkommunikation gilt, herrscht im virtuellen Raum der Online-Kommunikation mehr und mehr Interaktivität vor.

Im Einzelnen umfasst die Literaralität Mediensemiotiken wie die Schrift selbst, aber auch das Bild, die Auditivität und die Audiovision. Weiterhin gehören dazu Medientechniken wie z. B. Druck, Fotografie und elektronische Übertragung. Als Medien-Institutionen fallen hierunter der Printbereich, Film, Radio und Fernsehen.

In die Literalität gehören also **Buch und Fernsehen** gleichermaßen (vgl. Rupp/Heyer/Bonholt 2004). Der entscheidende Medienwechsel mit Schaffung einer neuen Leit-Modalität geschieht dadurch, dass sich beim Computer und Internet die mediale Basierung (binäre Zeichen, Digitalisierung) wie auch der Kommunikationsmodus (Interaktivität statt Einbahnkommunikation) ändert.

Die drei
Leitmodalitäten

Oralität	Literalität	Digitalität
mündliche Erzählung, face-to-face Kommunikation, mündliche Rede	schriftliche oder audiovisuelle Kommunikation, Buch und Fernsehen	virtuelle, datenbasierte Kommunikation, Computer und Internet

Auf der Nutzerseite stehen sich zwei intellektuelle Profile gegenüber, die den jeweiligen Stadien der Literalität und der Digitalität zuordenbar sind:

Intellektuelles
Profil: Buch- vs.
Computer-
basierung

	Profil Buchbasierung	Profil Computer-/Internetbasierung
Basis	Buch, Bibliothek, Archiv	Tastatur, Monitor, Rechner
Kommunikations-dimension	zeitversetzt bzw. Einbahn-kommunikation	zeitversetzt bzw. zeitgleich (Chat), aber virtuell (d. h. räumliche und physische Trennung)
Operation	Schreiben und Lesen buchbasiert	internetbasiert, d. h. interaktiv und ›gemeinschaftsgebildet‹
Stil	kontemplativ, primär, inhaltsorientiert	oberflächenorientiert, flüchtig, nur mehr neutralisierter ›Content‹

Wirklichkeitskonstruktion: Neben dem unterschiedlichen Kommunikationsmodus wird durch den Medienwechsel von der Literalität zur Digitalität eine neue Form der Wirklichkeitskonstruktion realisiert. Diese basiert in der Literalität auf einem mehr oder minder ›analogen‹ Abbild der Wirklichkeit (Sprache, Bild oder sonstige Zeichen) in den verschiedenen Medien. In der Schriftlichkeit wird eine wirklichkeitsanaloge symbolische Konstruktion (**Simulation**) der Realität angestrebt. Dabei ist die Verbindung zwischen bildgebender Realität und Abbild mehr oder weniger eng gegeben. Genau diese Verbindung wird durch die Digitalität aufgetrennt, indem zwischen die bildgebende Realität und die Computerdaten das **Interface** tritt – eine Schnittstelle, die zwischen eigentlich inkompatiblen Systemen vermittelt und diese elektronisch aneinander anpasst. Die vom Computer simulierte Wirklichkeit ist eine **virtuelle**, künstliche oder synthetische Realität, die logisch und technisch nicht mehr auf eine ›tatsächlich gegebene‹ Wirklichkeit verweist.

5.4 | Medienpädagogik, Medienkompetenz und Mediendidaktik

5.4 1 | Medienpädagogik

Medienpädagogische Positionen stehen in einem engen Austausch mit fachdidaktisch ausgerichteten spezifischen mediendidaktischen Orientierungen. Medienpädagogik und Mediendidaktik sind verwiesen auf kindliche Lebenswelten, die »Medienwelten« sind (Baacke u. a. 1990, Bd. 1).

Im Bereich der Medienpädagogik stehen sich **bewahrpädagogische kulturkritische Positionen** wie die Postmans (2006) und **handlungsorientierte Positionen** wie die Baackes (1997) gegenüber, nach denen Kinder Medienkompetenz durch Handlungsorientierung gewinnen können. Die bewahrpädagogischen kulturkritischen Positionen laufen auf die Ausgrenzung des Medienthemas aus dem Deutschunterricht hinaus, was allerdings weder durch die neuen Kernlehrpläne noch durch fachlich einschlägige Grundannahmen gedeckt wäre. Deswegen ist »der Aufbau von Medienkompetenz erforderlich, und zwar durch Medienkritik, Medienkunde, Mediennutzung und Mediengestaltung« (Baacke 1997, S. 98 f.).

5.4 2 | Medienkompetenz

›Medium‹ gilt wie oben erläutert als der übergeordnete Begriff für die Gesamtheit von traditionellen Printmedien, den audiovisuellen und den sogenannten Neuen Medien. Folglich bezieht sich auch der Terminus ›Medienkompetenz‹ auf die Aufnahme und auf die Verarbeitung schrift- und AV-gebundener bzw. digitaler Informationen (vgl. zum Folgenden Rupp 1999).

Kompetenz: Der Begriff ist aus der Sprachwissenschaft abgeleitet und bezeichnet dort »das, was man weiß und wofür man sprachlich kompetent ist, wie grammatisches Wissen, Diskurswissen, Wörter und Register; Performanz beschreibt die Durchführung der Kompetenz, d. h. die tatsächliche Verwendung der Sprache in konkreten Situationen« (Riehl 1999, S. 564). Bei der Übertragung des Kompetenzbegriffs in den Medienbereich meint ›**Medienkompetenz**‹ Kompetenz und Performanz zusammen, also die Wissensverfügung und die Gebrauchsfertigkeiten in allen Bereichen von Mediennutzung. Außerdem umfasst Medienkompetenz, ähnlich wie bei der Sprachverwendung, die Verarbeitung sowie die Reproduktion und auch die kreative Neu-Produktion.

Zum Begriff

> Unter → Medienkompetenz wird zusammengefasst die Fähigkeit verstanden, Print-, AV-mediengebundene und Computer-Programmangebote zu nutzen und analytisch und produktiv zu verarbeiten, d. h. die medialen und die Computer-Programmangebote in die eigene Identitätsstruktur einzugliedern und zum Selbstausdruck zu benutzen. Man kann Medienkompetenz demnach aufschlüsseln nach
> - **instrumenteller Medienkompetenz** (Auswählen und Nutzen von Medienangeboten),
> - **interaktiver Medienkompetenz** (Aufsuchen, Auswählen und Nutzen von Programmangeboten und von digital vermittelten Kommunikationsstrukturen),
> - **analytischer Verarbeitungskompetenz** (Erkennen und Aufarbeiten von Medieneinflüssen, Verstehen und Bewerten von Mediengestaltungen) sowie nach
> - **produktiver Verarbeitungskompetenz** (Gestalten und Verbreiten eigener Medienbeiträge; vgl. Tulodziecki 1997, S. 142).

Literale Kompetenz: Trotz des faktischen Rückgangs der Printmediennutzung belegen einschlägige empirische Untersuchungen (Bonfadelli/Saxer 1986), dass in pragmatischer Hinsicht die **literale Kompetenz** im Verhältnis zur **medialen Kompetenz** die grundlegende ist:

»Wer viel liest, wendet sich in der Regel auch anderen Medien häufig zu; wer Fernsehen und Computer häufig nutzt, liest dagegen nicht auch notwendig viel. Die zentrale Differenzierung läuft also nicht zwischen der Nutzung von Printmedien auf der einen und der Nutzung audiovisueller und elektronischer Medien auf der anderen Seite, sondern vielmehr zwischen einer aktiven, sowohl auf Unterhaltung als auch auf Information gerichteten Interessenstruktur (kennzeichnend vor allem für die Nutzer vieler Medien, darunter auch des Buches) auf der einen Seite, sowie auf der anderen Seite einem dominanten Unterhaltungsinteresse« (Groeben u. a. 1999, S. 9).

Insofern der Begriff der Medienkompetenz sich auf den adäquaten Umgang mit alten Medien wie Fotografie, Film und Fernsehen sowie Neuen Medien wie Video, Computer und Internet bezieht, ist er mit der historischen und **zeitgeschichtlichen Technikentwicklung** verknüpft und erfordert von daher eine reflexive Einschätzung dieser Entwicklungslinie, die sich in der Gegenwart immer schneller und immer differenzierter fortschreibt. Diese Einschätzung fällt je nach Blickwinkel verschieden aus. Medien werden je nach Generation, Schicht und Geschlecht unterschiedlich benutzt, und es kommt auch darauf an, ob sie in der Freizeit und/oder im Beruf gebraucht werden und welche jeweils unterschiedlichen Funktionen damit verbunden sind (zur geschlechtsrollenspezifischen Differenzierung vgl. Gilges 1992).

Medienkompetenz kann als übergeordneter Begriff für alle Folgebegriffe der **Textrezeption und -verarbeitung** gelten. Beide Begriffe, Rezeption und Verarbeitung, sollen dabei nicht nur als Formen rekonstruktiver Aneignung, sondern auch als Formen produktiv-kreativer Neukonstruktion verstanden werden. Einen besonderen Status nehmen die elektronischen Medien Computer und Internet ein, die alle bisherigen Medien vereinigen und zusätzlich zu den hierfür geforderten Kompetenzen eine Interaktionskompetenz mit Computerprogrammen erfordern:

»Jeder Mensch ist ein prinzipiell mündiger Rezipient, er ist aber zugleich als kommunikativ-kompetentes Lebewesen auch ein aktiver Mediennutzer, muss also in der Lage sein (und die technischen Voraussetzungen müssen ihm dafür zur Verfügung gestellt werden!), sich über die Medien auszudrücken« (Baacke 1996, S. 7).

Die vier Formen von Medienkompetenz lassen sich wie folgt visualisieren:

instrumentelle Medienkompetenz	interaktive Medienkompetenz	analytische Verarbeitungs-kompetenz	produktive Verarbeitungs-kompetenz
Apparate bedienen, mit Software umgehen etc.	Informationen nutzen, mittels Medien kooperieren und kommunizieren	analysieren, verstehen, kritisch bewerten	selber Medien-Programme und -Produkte kreativ herstellen

Vier Formen von Medienkompetenz

Instrumentelle Medienkompetenz: Instrumentelle Medienkompetenz impliziert allgemeine kognitions- und lernpsychologische Voraussetzungen (vgl. Klimsa 1998). Außerdem setzt sie die mental-affektive Bereitschaft voraus, eine entsprechende Nutzungssituation aufzugreifen, das Programm optimal zu empfangen und die Aufmerksamkeitsspanne für das jeweilige Angebot aufzubringen. Das kann im Einzelnen die Ausrichtung des Tageslaufs auf bestimmte Zeitleisten bzw. die Disziplin bedeuten, das jeweilige Aufnahmegerät zu programmieren etc. Es bedeutet auch, das Programmangebot optimal auszunutzen, d.h. Programmzeitschriften zu studieren und zu verstehen, also mit den eigenen Interessensstrukturen optimal zu verbinden. Zur instrumentellen Medienkompetenz gehört eine **Hard- und Software-Kompetenz**, d.h. eine **Apparatekompetenz** (nicht nur beim Computer, sondern auch z.B. beim Video- oder DVD-Recorder).

Interaktive Medienkompetenz: Bezüglich der elektronischen Medien Computer und Internet wird eine interaktive Medienkompetenz vorausgesetzt. Computer und Internet sind Supermedien, die über Datensätze Wirklichkeit virtuell herstellen und dem Menschen Informations-, Denk- und Steuerfunktionen abnehmen. Im Computer werden Texte, unbewegte und bewegte Bilder, Grafiken, Sprache und Musik verarbeitet und bearbeitet. Der Computer ist Instrument der Wirklichkeitsverarbeitung (also Lese- und Schreibwerkzeug) und Kommunikationsmedium (und zwar sowohl Massenmedium als auch Zwei-Wege-Medium) zugleich. Computer und Internet dienen – bei effektiver Handhabung, im Bereich Internet vor allem der Suchmaschinen – zur Informationsbeschaffung. Medienkompetenz im Bereich Computer ist daher hier auch »Informationskompetenz, die sich als Kulturtechnik der Informationsgesellschaft bezeichnen läßt« (Borrmann/Gerzden 1996, S. 2). Diese doppelte Gewichtung des Computers als instrumentales Medium kann man sich anhand eines Schemas von Schelhove (1996) verdeutlichen (zit. nach Berndt 1997, S. 12).

	Instrument		**Medium**	
	Maschine	Werkzeug	Massen-medium	Zwei-Wege-Medium
Kontext	industrielle Produktion	Handwerk	Sender/ Empfänger	Teilnehmer
	herstellendes Handeln		kommunikatives Handeln	
Funktion	Verarbeiten	Bearbeiten	Informieren	Kommuni-zieren
	Material verändern		speichern, vermitteln	
Handhabung	wird bedient	wird geführt	wirkt, ist da, ist durchlässig	

Als Kommunikationsmedium ermöglicht der Computer neue Formen von Interaktivität, mit denen man direkt in eine Datenmenge eingreifen kann (vgl. Rötzer 1996, S. 74). Die durch Computer und Internet geschaffenen neuen Kommunikationsverhältnisse muss man sich klarmachen, um sie dann auch angemessen nutzen zu können:

Medium Kommunikation	**Fernsehen, Massenmedien**	**Telefon**	**Computer, Internet**
Programm	Einzelsendung, Programmstruktur	Kommunikations-strukturen, Interaktionsvorgaben	Kommunikations-strukturen, Interaktionsvorgaben, Spielregeln: Mails, Chats, Games
Interaktivität	uni-direktional	bi-direktional	multi-direktional
Präsenzform	körperliche Präsenz	Teil-Präsenz	körperliche Absenz

Der Computer ermöglicht, wie gezeigt, komplexe und differenzierte, z.T. völlig neuartige Formen von Interaktivität. Die Entwicklung geht rasant weiter, wenn man an den sogenannten Cyberspace und die dort möglichen Formen von Immersion denkt. Immersion bedeutet »Eintauchen« – also nicht nur den Austausch mit der virtuellen Welt, sondern das Überwechseln in dieselbe. Insofern bleibt die Aufgabe, die sich ständig weiterentwickelnden **Kommunikationsstrukturen zu erkennen**, sie zu beherrschen und sinnvoll anzuwenden. Dies sind alles Teilbereiche von Interaktionskompetenz. In Betracht zu ziehen ist aber auch, dass die eröffneten Kommunikationsräume durch vordefinierte Software- und Hardware-Strukturen auch wieder eingeschränkt sind. Diese Einschränkung betrifft natürlich auch die Schnittstelle, die Formen von Teil-Präsenz bzw. virtueller Realität, in denen ›im Netz‹ kommuniziert wird etc. Deswegen sind sowohl **kritische Einsichten** in die Computerkommunikation als ›kulturdefinierender Technologie‹ vonnöten als auch interaktive Medienkompetenz, um sich in bestehende Programme und Netze einzuschreiben, sich zu **präsentieren** bzw. bestehende Programm- und Kommunikationsstrukturen für sich sinnvoll zu nutzen. Dies betrifft natürlich auch Formen des Umdefinierens und Neu-Erschließens.

Analytische Verarbeitungskompetenz: Die analytische Verarbeitungskompetenz bedeutet, das durch den Bild- und den Tonkanal Aufgenommene zu registrieren, sich bewusst zu machen, zu deuten und zu bewerten. Je nach institutionellem Kontext, in dem Medienkompetenz definiert wird, geht es z. B. um die **Auflistung von Film-Sequenzen** und zugehörigen Kamerapositionen und Einstellungsgrößen, von Schnitten und Montagen. Dies macht die mediale Erzählweise deutlich und erschließt den semantischen und den symbolischen Gehalt der Bilder. Zugleich werden über den Tonkanal **Sprache, Geräusche und Musik** analysiert. In einer weiteren Dimension von Entschlüsselungskompetenz können subjektive Bewertungen des Aufgenommenen erfasst werden, um die geforderte reflexive Distanz zum Mediengeschehen zu erreichen.

Die analytische Verarbeitungskompetenz lässt sich im Sinne von Baacke (1997, S. 98 ff.) in den Teilbereichen von **Medienkritik** und **Medienkunde** verorten. Sie steht im Zusammenhang der notwendigen Aufklärung über und Kritik an Manipulation und Persuasion, die von Medienprodukten ausgehen können, besonders wenn sie sich im Bereich der Werbung mit ökonomischen Interessen verbinden. Baacke hat darauf aufmerksam gemacht, dass es nötig ist, diese Aufklärung und Kritik auf den Kompetenzbegriff selbst anzuwenden. Mit Blick auf die »*Körperlichkeit* des Menschen oder seine *Emotionalität*« (ebd., S. 100) führt er die **Unterhaltungskompetenz** ein, um das Kompetenz-Kriterium nicht rationalistisch zu verengen. Damit wird auch deutlich, dass **Funktionen der Entlastung**, der Entspannung und der Psychohygiene heute in effizienter und intensiver Weise von den Medien übernommen werden.

Der nach wie vor bestehende Zusammenhang mit **manipulativen Kontexten** kann nicht aufgelöst, sondern muss als unauflösbares Spannungsverhältnis angenommen werden. Ausgehalten wird dies z. B. durch die gerade bei Jugendlichen beobachtbare intelligente Mediennutzung, die sich in der Kenntnis der Sendungsformate, besonders von Serien und Programmfolgen mit den entsprechenden Wiederholungsstrukturen zeigt. Vor allem durch diese Wiederholungen baut die Massenkommunikation eine vollgültige parallele und berechenbare Alltagswirklichkeit auf. Die hier weiterentwickelten Formen der Medienkompetenz bestehen darin, sich dem Medienangebot ganz wenig oder gar nicht zuzuwenden und doch über bestimmte Zeitspannen, Sendeformate und Programmteile ›alles‹ mitzubekommen (Nebenbei-, Mehrfachnutzung etc.).

Zur analytischen Verarbeitungskompetenz gehört auch die Ausbildung einer eigenen **Bewertungs- und Beurteilungskompetenz** gegenüber rezipierten Sendungen und Programmangeboten. Bedeutsam ist diese Bewertungskompetenz angesichts der Zahl und der stark unterschiedlichen Qualität sowie angesichts der jeweils verfolgten medialen Wirkstrategien, die erkannt und durchschaut werden sollten. Im Einzelnen geht es darum, den in der Analyse aufgewiesenen Strukturen und Elementen Funktionen zuzuordnen. Bei den Kriterien der Beurteilung geht es um ähnliche Probleme wie bei der Bestimmung von Produktkreativität (vgl. dazu Wermke 1993).

Produktive Verarbeitungskompetenz: Produktive Verarbeitungskompetenz bedeutet allgemein, das audiovisuell Aufgenommene mit der eigenen Person verbinden zu können, d.h. sich das Rezipierte bewusst zu machen und kritisch zu reflektieren. Zum einen impliziert dies, das Programmangebot im zuletzt angesprochenen Sinn der Mehrfachnutzung individuell-differenziert wahrzunehmen, d.h. durch Switchen, Zappen etc. **eigene Programmsynthesen** zu erstellen (vgl. Winkler 1991). Zum andern realisiert sich produktive Verarbeitungskompetenz im **aktiven Mediengebrauch**. Dahinter steht die Vorstellung, dass der volle Umfang von Medienkompetenz erst durch das Selbermachen und durch die Erfahrung der damit verbundenen Machtposition erreicht wird. In einigen ideologiekritischen Medientheorien (Brecht, Enzensberger) ist die tatsächliche Bewältigung von Medienangeboten auf diese Erfahrung hin konzipiert worden. Produktive Verarbeitung mündet daher zum Beispiel in die Produktion von Videokurzfilmen oder in die Montage von Soap-Opera-Serienfolgen, in die Konzeption von Folgeserien etc. Der Grad von Medienkompetenz im Bereich von Mediengestaltung wird unterschieden anhand der Kriterien ›innovativ‹ (»Veränderungen, Weiterentwicklungen des Mediensystems innerhalb der angelegten Logik«) und ›kreativ‹ (»Betonung ästhetischer Varianten, das Über-die-Grenzen-der-Kommunikations-Routinen-Gehen«, Baacke 1997, S. 98).

Mit den Worten von Susanne Barth (1999, S. 15) lassen sich die skizzierten Ebenen von Medienkompetenz wie folgt zusammenfassen:

»Der Begriff ›Medienkompetenz‹ bedeutet – neben dem Verfügen über technisches Wissen –, sich der verschiedenen Medien bei der Bewältigung von alltäglichen Aufgaben bedienen zu können (Nutzungskompetenz). Er bezeichnet weiterhin die Fähigkeit, sich kritisch mit den Medien auseinanderzusetzen (Kritikkompetenz), und er zielt auf einen innovativ-kreativen Umgang (Gestaltungskompetenz). Hinzu kommt in den neueren medienpädagogischen Ansätzen die Forderung nach der Entfaltung von ›Genußfähigkeit‹, der Entfaltung eines ästhetischen Genusses, den die Mediennutzer im Umgang mit den Angeboten der elektronischen Medien empfinden (ästhetische Kompetenz).«

Die hier skizzierte Systematik ist in der Folge wesentlich erweitert worden. Groeben (2002, 2004) geht von sieben integrativen Dimensionen aus:

Integrierte
Literatur- und
Mediendidaktik

Sieben integrative
Dimensionen der
Medienkompetenz

- Medienwissen/Medialitätsbewusstsein,
- medienspezifische Rezeptionsmuster,
- medienbezogene Genussfähigkeit,
- medienbezogene Kritikfähigkeit,
- Selektion/Kombination von Mediennutzung,
- (produktive) Partizipationsmuster und
- Anschlusskommunikation.

Die **Anschlusskommunikation** steht im Prozess der Verarbeitung von Medienangeboten am Schluss, ist aber strukturell zugleich eine Voraussetzung für die Entwicklung der Teildimensionen der Medienkompetenz insgesamt:

»Diese Multifunktionalität der medialen Kommunikation/Anschlusskommunikation innerhalb und zwischen Medien macht nicht nur die mediale Vernetztheit der Mediengesellschaft deutlich, sondern ist auch ein Indikator für die grundlegende Funktion der Anschlusskommunikation in Richtung auf Entwicklung des Individuums zum gesellschaftlich handlungsfähigen Subjekt: indem nämlich die persönliche Identität ganz grundsätzlich in der sozialen Kommunikation konstruiert wird als partielle Übereinstimmung mit bzw. Abweichung von sozial (und das heißt auch medial) durch die Gesellschaft angebotenen bzw. vorgegebenen Identitätsmustern« (Groeben 2002, S. 179).

5.4.3 | Mediendidaktik:
Integrierte Literatur- und Mediendidaktik

Ist vorab auf die kindlichen Medienwelten verwiesen worden, soll nunmehr ein Beispiel **jugendlicher Medienwelten** gegeben werden.

Jugendliche Medienwelten

Beispiel

Im Rahmen eines Forschungsprojekts zur Lese- und Mediensozialisation von Schüler/innen der Sekundarstufe II (vgl. Rupp/Heyer/Bonholt 2004) wurde dem Düsseldorfer Gymnasiasten Gary (Name anonymisiert) die Frage gestellt, was er auf einen dreiwöchigen Weltraumflug mitnehmen würde. Gary fragt zurück, ob es da auch Strom gibt, und dann kommt seine Antwort:

»Ich würde meine Fotokamera schon mal mitnehmen auf jeden Fall/Computer wär, glaub ich interessant, falls es mal langweilig werden sollte oder wenn man spontan kreative Einflüsse hat, die könnte man direkt verwirklichen [...] ich würde wahrscheinlich auch 'en Fernseher mitnehmen, [...] man müsste irgendwie den Kontakt zur restlichen Zivilisation offen halten, sonst würd man da eingehen, [...] man nimmt vielleicht ein Telefon mit/über Computer kann man sich auch über Internet halt unterhalten und am besten direkt 'en Bildtelefon, da hat man gleich diesen Gesichtskontakt auch noch dabei. Ja, ansonsten würd ich alle Freunde mitnehmen.«

Bei Garys Überlebenspaket fällt auf, dass es hauptsächlich mediale Elemente enthält, und zwar vorwiegend technische Medien, und mit Foto, Computer, Fernsehen und Bild-Telefon sind es die neuen und die

Beispiel neuesten Medien. Garys **Nutzungsinteressen** sind Kreativität, Information und die Kommunikation mit seiner Peer Group. Bücher sind bei
Gary nicht mehr an Bord. Trotzdem reagiert Gary wach, selbstbewusst
und intelligent auf seine Umwelt.

Garys Antwort auf die ›Weltraumfrage‹ wirft ein Schlaglicht auf die
Situation der Literatur- und Mediendidaktik, die vor einer einzigarti-
gen Herausforderung steht. Mit den ›Neuen Medien‹ Computer und Internet haben wir nach den alten Medien Film, Radio und Fernsehen die
neue Stufe der Digitalität erreicht.

Bereits 1998, also fünf Jahre nach Einführung des World Wide Webs, nutz-
ten schon 71 % der Schüler/innen das Internet regelmäßig. Zu dieser Zeit
war die Nutzungsfrequenz aber stark schulformselektiv: Während 78 %
der Gymnasiast/innen Zugriff auf das Netz hatten, wurde das WWW von
nur 58 % der Hauptschüler/innen genutzt. Zehn Jahre später hat sich dieses Missverhältnis ausnivelliert: 97 % aller Schüler/innen verfügen über
einen Internetzugang und auch der Zugriff auf andere digitale Medien hat
sich verändert: Mehrere PCs, mehrere Handys und der Internetzugang gehören praktisch zur häuslichen Grundausstattung (vgl. KIM-Studie 2008).

Das Konzept des Integrierten Literatur- und Medienunterrichts ant-
wortet auf diese Sachlage. Die durch die Medienwechsel der Moderne er-
zeugte Erweiterung des Literaturunterrichts um die audiovisuellen Kom-
munikationsmedien reicht in ihrer Fundierung historisch bis in die Mitte
des 19. Jahrhunderts zurück: Einen Roman wie Flauberts *Madame Bovary*
kann man nicht mehr adäquat innerliterarisch ohne Bezug auf die hier
vorweggenommenen filmischen Erzähltechniken verstehen. In gesteiger-
tem Maß gilt dies für manche expressionistischen Gedichte oder für neu-
sachliche Romane wie Döblins *Berlin Alexanderplatz*. Und generell ist der
Bezug zu Medien für literarische Texte herzustellen, die durch ihre Form
und/oder ihren Stoff ihre Beeinflussung durch den Medienwechsel direkt
erkennen lassen wie etwa in der Gegenwart Norman Ohlers Roman *Die
Quotenmaschine* (1998), der in einer postmodernen Computerwelt spielt.

Erweiterung des Gegenstandsbereichs des Deutschunterrichts: Literatur und Sprache werden in allen Trägermedien, vornehmlich in den Print-,
in den AV- und in den Digitalmedien thematisiert, und zwar sowohl analytisch wie produktiv-kreativ. Systematisch wird bei dieser Erweiterung
von demselben Kulturprozess einer fortschreitenden Technisierung und
Medialisierung ausgegangen, der in wechselseitiger Durchdringung eine
Mediatisierung von Literatur und Sprache und zumindest eine Literarisierung der Medien zur Folge hat.

Mediatisierung von Literatur und Sprache: Wie dominant diese Tendenz ist, lässt sich generell an der Erschließungskraft des Motivs der
Technik und dem der Medien in der Literatur leicht nachweisen, und zwar
bereits in der deutschen Romantik bei Jean Paul und bei E.T.A. Hoffmann
(vgl. dazu Rupp 1996). Die Mediatisierung ist im Sprachsystem ebenso

wirksam, wenn man an die Einflüsse von E-Mail, Chat, SMS und Ähnliches denkt.

Literarisierung der Medien: Diese umgekehrte Wirkrichtung besteht darin, dass z. B. die Form des Geschichtenerzählens, aber auch eine Präsentationsform wie die (personal geprägte) Theatralisierung sich in Fernsehformaten und/oder in sogenannten *guided tours* durch Computerprogramme oder auch durch multimediale Lernumgebungen wieder finden lässt. Zahlreiche **Adventure Games** haben eine **narrative Struktur**, sie enthalten Figurenkonstellationen und Handlungsverläufe, sogar Erzählperspektiven. Dies u. a. gibt die sachliche Begründung für die durch Jutta Wermke (1997) konzipierte, integrativ im Fachunterricht vollzogene Mediendidaktik. In der Konsequenz bedeutet dies:»Es gibt für Medienerziehung kein eigenes Schulfach (etwa ›Medienkunde‹), sie bleibt aber auch kein allgemeines fächerübergreifendes Anliegen (um das sich dann letztlich niemand kümmert). Vielmehr soll jedes Fach seine Gegenstände, Methoden und Ziele medienbezogen reflektieren und konzipieren« (Frederking u. a. 2008 S. 73). Medien werden also mit den Fachgegenständen integriert und tragen nicht additiv zur Überfrachtung des Faches bei. Vielmehr sollen gemeinsame Konzepte von Literatur und Medien wie Narrativität, Perspektive und/oder Symbolik jeweils in den wechselnden Feldern Literatur und Medien vermittelt werden.

Im Überblick lässt sich **die Konzeption des Integrierten Literatur- und Medienunterrichts** wie folgt darstellen (vgl. dazu auch Rupp 1997):

Literaturunterricht			
Literaturunterricht im engen Sinn: Umgang mit printmediengebundenen Texten		Medienunterricht: Umgang mit audiovisuellen Texten	
dominante Operation		dominante Operation	
›passiv‹- rekonstruktiver Umgang	›aktiv‹- neukonstruierender Umgang	›passiv‹- rekonstruktiver Umgang	›aktiv‹- neukonstruierender Umgang
Lesen	Schreiben	Sehen	Filmproduzieren

Die ständig fortschreitende medial-kulturelle Weiterentwicklung, bei der verschiedene technische Trägermedien enger aufeinander bezogen und auch faktisch in Medienverbünden integriert werden, sind als Gegenstände und Lernanlässe für eine integrierte Literatur- und Mediendidaktik im Deutschunterricht wichtig. Die kritisch reflektierte, aber grundsätzlich offene Einstellung zu Medienwechseln bei den nachwachsenden Generationen legt die Thematisierung neuer Medien nachdrücklich nahe – dies gerade angesichts der beiden Hauptaufgaben des Deutschunterrichts im Medienzeitalter, und zwar in zweierlei Hinsicht:

- Ausbildung **kultureller Reaktionsfähigkeit** (nach Walter Benjamin), d. h. die Befähigung aller Schüler/innen, Medienwechsel zu verarbeiten und sie für die eigene Lebensbewältigung optimal zu nutzen;

- Ausbildung eines **gesellschaftlich handlungsfähigen Subjekts** zu ermöglichen (vgl. Groeben/Hurrelmann 2002).

5.4.4 | Beispiel

Als Beispiel für den Erwerb analytischer Verarbeitungskompetenz kann hier eine literarische Reihe stehen, die die Genese von optisch-visuellen Medien in der Literatur thematisiert.

Beispiel **Technik und Medien in der Literatur**
Die Beispiele könnten beginnen bei der Reflexion der Rolle der Malerei im 1. Akt von Lessings *Emilia Galotti* in der Szene des Gesprächs zwischen dem Prinzen und dem Maler Conti. Eine weitere Stelle, an der es mit dem Blindheits-Motiv ebenfalls um die Optik geht, ist Fausts Monolog nach seiner Erblindung, die seinem Eroberungsdrang Grenzen setzt:

Beispiel 1: Goethe: *Faust II* (1809–1824)

> Faust, erblindet.
> Die Nacht scheint tiefer tief hereinzudringen,
> Allein im Innern leuchtet helles Licht;
> Was ich gedacht, ich eil' es zu vollbringen;
> Des Herren Wort, es gibt allein Gewicht.
> Vom Lager auf, ihr Knechte! Mann für Mann!
> Laßt glücklich schauen, was ich kühn ersann.
> Ergreift das Werkzeug, Schaufel rührt und Spaten!
> Das Abgesteckte muß sogleich geraten.
> Auf strenges Ordnen, raschen Fleiß
> Erfolgt der allerschönste Preis;
> Daß sich das größte Werk vollende,
> Genügt ein Geist für tausend Hände.

Beispiel 2: E.T.A. Hoffmann: *Der Sandmann* (1814)

> »nu – nu – Brill'– Brill' auf der Nas' su setze, das sein meine Oke – sköne Oke!« Und damit holte er immer mehr und mehr Brillen heraus, so, daß es auf dem ganzen Tisch seltsam zu flimmern und zu funkeln begann. Tausend Augen blickten und zuckten krampfhaft und starrten auf zum Nathanael; aber er konnte nicht wegschauen von dem Tisch, und immer mehr Brillen legte Coppola hin, und immer wilder und wilder sprangen flammende Blicke durcheinander und schossen ihre blutroten Strahlen in Nathanaels Brust. Übermannt von tollem Entsetzen, schrie er auf: Halt ein! halt ein, fürchterlicher Mensch!«

> [...] Er ergriff ein kleines, sehr sauber gearbeitetes Taschenperspektiv und sah, um es zu prüfen, durch das Fenster. Noch im Leben war ihm kein Glas vorgekommen, das die Gegenstände so rein, scharf und deutlich dicht vor die Augen rückte. Unwillkürlich sah er hinein in Spalanzanis Zimmer; Olimpia saß, wie gewöhnlich, vor einem kleinen Tisch, die Armen darauf gelegt, die Hände gefaltet. – Nun erschaute Nathanael erst Olimpias wunderschön geformtes Gesicht. Nur die Augen schienen ihm gar seltsam starr und tot. Doch wie er immer schärfer und schärfer durch das Glas hinschaute, war es, als gingen in Olimpias Augen feuchte Mondesstrahlen auf. Es schien, als wenn nun erst die Sehkraft entzündet würde; immer lebendiger und lebendiger flammten die Blicke. Nathanael lag wie festgezaubert im Fenster, immer fort und fort die himmlischschöne Olimpia betrachtend.

Schüler/innen können an dieser und anderen Stellen die Relevanz der technischen **Medienentwicklung** für die **Literaturproduktion** ermessen, die die Medienerfahrungen formuliert, bisweilen aber auch vorwegnimmt. Im 19. Jahrhundert lässt sich das fortsetzen am Beispiel von Fotografie und Film bei Flaubert, Proust und Fontane. Bei den Schriftstellern lässt sich die Vorwegnahme bzw. die Adaption technisch-medialer Entwicklungen oder auch ihre kritische Reflexion zeigen.

Im Textausschnitt aus dem *Sandmann* wird deutlich, dass die übernatürliche Wirklichkeit durch die Brille als technisches Hilfsmittel und durch die auf Nathanael fokussierte Erzählperspektive künstlich geschaffen wird. Hier kündigt sich die künstliche – digitale – Erschaffung von Wirklichkeiten, d. h. die Simulation von Wirklichkeiten durch den Computer im 20. Jahrhundert an.

5.5 | Akustisch-auditive Medien: Hörbücher und auditive Download-Formate

Die Vielzahl an Produkten, die inzwischen unter der Bezeichnung **Hörbuch** gefasst wird, macht eine begriffliche Unterscheidung schwierig. Leider kann kaum von einer einheitlichen Definition die Rede sein. Oftmals tauchen auch in der Fachliteratur die gleichen Fachausdrücke mit verschiedenen semantischen Bedeutungen auf. Um den Oberbegriff der Hörbücher zu präzisieren, definiert sie Stefan Haupt zwecks juristischer Unterscheidung als »Sprachaufnahmen aller Art, die allein oder in Kombination mit Musik und Geräuschen auf Tonträgern (wie z. B. MC, CD oder DVD) angeboten werden« (Haupt 2002, S. 323). Er kategorisiert weiterhin zehn Arten von Hörbüchern (dazu auch Wermke 2002). Die für den literaturdidaktischen Unterricht hauptsächlich relevanten sind insbesondere die **Lesung,** das **Hörspiel** und das **Original-Hörbuch**.

Lesung: Ein bereits erschienener Text wird vom Autor selbst oder aber von einem professionellen Sprecher gelesen und aufgenommen. Man kann hier noch weitere Unterscheidungen vornehmen, je nachdem, ob es sich z. B. um eine Live-Lesung handelt oder der Text im Studio eingelesen wurde.

Hörspiel: Im Gegensatz zum ›Original-Hörbuch‹ basiert das Hörspiel auf einer vorher gegebenen Text-Vorlage. Es wird rollenverteilt von mehreren Sprechern gelesen und im Studio aufgenommen. Oftmals wird die Textgrundlage überarbeitet und mit Geräuschen bzw. Musik unterlegt.

Original-Hörbuch: Als Grundlage fungiert hier ein Text, der vorher nicht als Buch erschienen ist, sondern lediglich in Form des Tonträgers veröffentlicht wird, also nur auditiv rezipiert werden kann.

5.5.1 | Historischer Kontext von Hörbüchern bzw. Kindertonträgern

Der 1923 gegründete öffentliche Rundfunk beschränkte sich anfangs auf reine Reproduktionen bereits vorhandener Literatur. Fleschs *Zauberei auf dem Sender* und Gunolds *Spuk* von 1924 und 1925 gelten als die ersten Hörspiele, die nur für die auditive Rezeption, also für die Ausstrahlung im Radio hergestellt wurden. *Spuk* wurde zum Vorbild für weitere Produktionen und begründete somit die Gattung der sogenannten **Literarischen Hörspiele**. Während der NS-Zeit wurden viele Hörspiele zu ideologischen Zwecken funktionalisiert. Hörspiele aus dem Exil wurden bisher kaum erforscht.

Die **Blütezeit** des Literarischen Hörspiels sieht Dringenberg in den 1950er Jahren. Aufgrund der »restaurativen Tendenzen« wurde das fiktionale Literarische Hörspiel, das im Gegensatz zum dokumentarischen Feature auf »Imagination, Einfühlung und Identifikation des Hörers« abzielte, bevorzugt (Dringenberg 2003, S. 670ff.).

Das Neue Hörspiel, eine weitere Form, resultierte aus viel Kritik am Literarischen Hörspiel. Es zeichnete sich durch experimentelles, verfremdetes und transparentes Spiel aus und bezog die Hörer/innen als aktive, kreative Mitspieler mit ein. Seine Vertreter richteten sich insbesondere gegen die möglichen suggestiven Wirkungsmechanismen des Literarischen Hörspiels.

Die Original-Ton-Hörspiele entstanden unter Berufung auf Brechts Radiotheorie in den 1970er Jahren. Hier sollte das Radio zum Aussageinstrument des Hörers werden. Der Autor wurde somit zum Interviewer, der Hörer zum Co-Produzenten.

Mittlerweile wurden die ideologischen Verpflichtungen der Hörkunst aufgegeben, im Übrigen ermöglicht der weit gefasste Gattungsbegriff des Hörbuchs die wechselseitige Beeinflussung und Bereicherung der einzelnen Hörbuch-Typen. Es kommt somit laut Dringenberg (2003, S. 673) zu einer **Weiterentwicklung** der Hörbücher.

Kindertonträger: Aufgrund der Popularität von Kinderprogrammen im Hörfunk kamen in den 1920er Jahren erste **Kinderschallplatten** mit überspielten Hörspielen (hauptsächlich Märchenadaptionen) und Kinderliedern auf den Markt (vgl. Stenzel 2008, S. 443 f.). Diese waren jedoch lediglich der besser verdienenden Gesellschaftsschicht zugänglich: Schallplatten und Plattenspieler waren sehr teuer und kompliziert in der Handhabung. Besaß eine Familie einen Plattenspieler, stand dieser meist im Wohnzimmer. Somit blieben die Kinderschallplatten bis in die 70er Jahre hinein ein Privileg überdurchschnittlich gut verdienender Familien (ebd., S. 444).

Mit der Erfindung des **Cassettenrecorders** 1963 ändert sich das schlagartig: Geräte und Kassetten wurden nun erschwinglich, so dass immer mehr Kinder einen eigenen Recorder besitzen und ihn auch alleine bedienen konnten. Die Entwicklung dieses Reproduktionsmediums hatte zur Folge, dass der Markt sich jetzt nach den Interessen der Kinder ausrichtete.

Lag der Umsatz von Kinder-Tonträgern 1970 noch bei einer Million Schallplatten, stieg er 1977 bereits auf 17 Millionen Tonträger in Form von Kassetten, 1986 werden 25 Millionen verkauft mit noch steigender Tendenz (Stenzel 2008, S. 444 f.).

Aktuelle Daten und Fakten: In den 1990er Jahren kann man von einem regelrechten **Boom** auf dem Hörbuch-Markt sprechen (Wermke 2002, S. 52 f.): Neue Verlagsgründungen und eine wesentlich breitere Produktpalette bestätigen diese Marktexpansion. Der vom Börsenverein des Deutschen Buchhandels gegründete **Arbeitskreis Hörbuchverlage** setzt es sich zum Ziel, Hörbücher der Öffentlichkeit besser zugänglich zu machen. Seinen ersten großen Auftritt hat er auf der Leipziger Buchmesse 2000, die inzwischen als ein Forum für das Hörbuch gilt (Fey 2004, S. 8 f.). Der Verkauf von Hörbüchern macht im Jahr 2008 zum zweiten Mal in Folge 4,8 Prozent Umsatzanteil am Buchverkauf aus. Ungefähr 20.000 Hörbücher sind bis 2010 lieferbar gewesen, pro Jahr kommen circa 2000 Neuerscheinungen hinzu.

5.5.2 | Hörbücher im gesellschaftlichen Kontext

Hörbücher sind in der heutigen Gesellschaft präsenter denn je: In jeder Buchhandlung gibt es eine eigene Abteilung für Hörbücher, zu jedem Erfolg versprechenden Buchtitel oder Kinofilm wird zeitgleich oder wenig später ein Hörspiel herausgegeben; manchmal vom Autor selbst, oft auch von hochkarätigen Schauspielern gesprochen. Lesungen werden als regelrechtes **Event** inszeniert, auch und gerade für ein jüngeres Publikum (beispielsweise in Köln, wo Autor/innen im Rahmen der Radiosendungen »1live – Plan B« bzw. »1live – Klubbing« regelmäßig vor Publikum aus ihren Neuerscheinungen lesen). In vielen Bars und Kneipen, aber auch in Konzerthallen mit Fernsehübertragung kommt es zu sogenannten **Poetry Slams**, einem beliebten Dicht- und Performance-Sport unter Jugendlichen und jungen Erwachsenen.

Auch ältere **Hörspiel-Klassiker** (z.B. die Kriminalfälle von *Paul Temple*, basierend auf den Büchern von Francis Durbridge) werden in Form von ›Kult-Kisten‹ neu vermarktet. Die *Süddeutsche Zeitung* hat, wie viele große Zeitungen, mit der ›Bibliothek der Erzähler‹ eine eigene Hörbuch-Edition herausgegeben. Nahezu jeder Buchhandel hat ein eigenes Magazin speziell für Hörbücher.

Insbesondere im **Internet** sind innerhalb der letzten Jahre viele Plattformen entstanden, auf denen man Hörbücher im mp3-Format gegen einen entsprechenden Geldbetrag herunterladen kann (um nur einige zu nennen: www.audible.de, www.vorleser.net, www.hoerbuecher-welt.de, unter www.wdr.de bietet der WDR zuvor gesendete Hörspiele zum Download an, www.hoerspiel.com, www.hoerspiel.de etc.). Im Jahr 2007 sind laut Datenerhebungen des Börsenvereins des Deutschen Buchhandels auf diesem Weg etwa 7,3 Millionen Euro umgesetzt worden.

Neueste Handy-Technologien und mp3-Player, kaum größer als eine Krawattennadel, ermöglichen sowohl den Online-Kauf als auch die Rezeption der Hörbücher in jeder Situation des Alltags.

5.5.3 | Hörbücher im Deutschunterricht

Allein die bereits genannte **Aktualität von Hörbüchern** ist jedoch kein ausreichender Anlass, um sie in den Literaturunterricht an Schulen einzubeziehen. Im Gegenteil, Kritiker befürchten vielmehr, dass ohnehin lesefaule Schüler/innen in ihrer Haltung nur unterstützt werden, indem sie lieber zur CD als zum Buch greifen. So würden die schlechten Ergebnisse im Bereich der Lesekompetenz begünstigt. Karla Müller vertritt an dieser Stelle die These vom Lesen und Hören als einer »**fruchtbaren Symbiose**« (Müller 2004, S. 6), welche die aktive Auseinandersetzung der Schüler/innen mit dem Verhältnis von Hören und Literatur meint. Der Hörer agiert hier einerseits als Zuhörer, andererseits als eigener Produzent. In ihrem Artikel, erschienen 2004 unter dem Titel »Literatur hören und hörbar machen«, stellt sie ihr Konzept für den Einbezug von Hörbüchern in den Literaturunterricht vor.

Zu den didaktischen Besonderheiten der Rezeption und Produktion des Hörbuchs zählt demzufolge vor allem das aktive Zuhören. Dieses setzt sowohl die kognitive als auch die motivationale Aktivität des Rezipienten voraus. Er muss Relevantes von Irrelevantem unterscheiden und aus dem Gehörten Strukturen und Sinnzusammenhänge konstruieren (Müller 2004, S. 7), was im Deutschunterricht mit gezielten Höraufgaben, die die Aufmerksamkeit auf akustische, intonatorische oder semantische Dinge lenken sollen, zu lernen ist.

Das Hören kann gegenüber dem Lesen einige **Schwierigkeiten** bergen. So ist das Tempo hier vorgegeben, ein Zurückblättern oder sofortiges Klären von Verständnisschwierigkeiten ist nicht möglich. Oft wird die Rezeptionsfähigkeit von Schüler/innen durch die Lehrkraft überschätzt. Die Dosierung der Zuhördauer sollte unter Berücksichtigung des »akustischen Weltwissens« der jeweiligen Lerngruppe gewählt werden (Müller 2004, S. 7). Das Hören kann den Rezeptionsprozess aber auch erleichtern.

Es bietet Verständnishilfen wie die Verteilung der Rollen auf verschiedene Sprecher und die den Inhalt unterlegenden Geräusche.

Die Schüler/innen sollen einen **Text als Partitur** begreifen. Das Vorlesen oder Vortragen ist demzufolge immer schon eine Form der Interpretation (beispielsweise beeinflussbar über Prosodie), entweder bewusst nach einer intensiven Auseinandersetzung mit der Textvorlage oder unbewusst, auf intuitiven Deutungen beruhend. Das Vorlesen provoziert auch beim Zuhörer Hypothesen über die Textdeutung. Dass man nicht von *der* richtigen Interpretation, sondern vielmehr von »verschiedenen miteinander konkurrierenden Deutungen« (Müller 2004, S. 8) sprechen kann, eröffnet hier Raum für Vergleiche von Deutungsversuchen und der aktiven, produktiven Auseinandersetzung mit Literatur.

Insgesamt kann man sagen, dass beim Einbezug von Hörbüchern in den Deutschunterricht eine **Verbindung von Handlungsorientierung und Textanalyse** stattfindet, die viele zentrale Ziele des Literaturunterrichts abdeckt (z.B. die Charakterisierung von Figuren, die Herausarbeitung von Textstrukturen oder die produktive Aneignung des Gelesenen). Ähnlich schlagen Gailberger/Dammann-Thedens (2008) vor, schwache Schüler/innen durch das simultane Lesen und Hören von Buch und Hörbuch multidimensional zu fördern. Dadurch werden Leseflüssigkeit und Textverständnis aufeinander bezogen und zeigen wechselseitige Steigerungseffekte in Bezug auf:

- die vor allem kognitiv zu erfüllenden Teilanforderungen des Textes während des zu leistenden Leseaktes,
- die den Leseakt beeinflussenden Aspekte der spezifischen Situation,
- die dem Rezeptionsprozess zumeist emotional und motivational vorgelagerten individuellen Dimensionen des Lesens.

Hörbücher und Lesefähigkeiten

5.6 | Audio-visuelle Medien

5.6.1 | Film, Kurzfilm, Video

Filmanalyse und -rezeption

Durch den Einsatz des Films als (Video-)Kurzfilm wird der Literaturunterricht programmatisch zum **Medienunterricht** erweitert (hierzu im Folgenden vgl. Rupp 1997). Es geht zunächst, analog zum Lesen, um den analytischen und den produktiven Umgang mit dem Medium ›Video‹. Die Schüler/innen beobachten ein **Beispielvideo** medienanalytisch, stellen im Anschluss daran ihr eigenes aktives und/oder passives Medienverhalten medial und/oder literarisch dar und reflektieren dieses. Die Schrittfolge umfasst folgende Teile:

- Mitschrift und Analyse des Beispielvideos (Feinanalyse von Ausschnitten),
- Skript/Konzept für eigene kreative Produktion,

- Durchführung/Produktion eigener Videokurzfilme,
- Mitschrift und Analyse des eigenen Videos (Feinanalyse von Ausschnitten),
- Reflexion im Unterricht und Stellungnahme.

In der im Kontext eines Forschungsvorhabens bereits durchgeführten Pilotuntersuchung (vgl. Rupp/Heyer/Bonholt 2004) ist der Videoclip »Jeanny« (ca. 5 Minuten) von Falco (1986) für diesen Zweck erprobt worden. Die eigene kreative Produktion erfolgte als Herstellung eines Videoclips zu dem Song »Sommerschlussverkauf der Eitelkeit« der Gruppe *Element of Crime.*

Erster Schritt zur Produktion eines eigenen Videokurzfilms ist die **Analyse** und der Einsatz filmanalytischer Verfahren. Diese umfassen die Aneignung und Benutzung eines Notationssystems zur Filmanalyse:

<table>
<tr><td>Notationssystem
zur Filmanalyse</td><td>

Nr. der Einstellung	Dauer der Einstellung	Handlung	Bild, Kamera, Schnitt	Ton, Musik, Sprache, O-Ton	Bemerkung

</td></tr>
</table>

Für die Erfassung der Filmsprache besonders relevant ist die Spalte ›Bild, Kamera, Schnitt‹, welche die technisch-formale Ebene ausmacht. In der Spalte ›Bemerkung(en)‹ sollten Beobachtungen notiert werden, die die Keimzelle zur Interpretation bilden. Alle Beobachtungen auf dem Notationsformular dienen als Stoffsammlung für einen eigenen Fließtext, der die Analyse zusammenfasst.

Die filmsprachlichen Mittel werden jeweils unter ihrer dominanten Funktion subsumiert, wie sie exemplarisch an den einfachen Techniken von TV-Vorabend-Soaps wie »Marienhof« oder »Verbotene Liebe« studiert werden können. Grundeinheit der Analyse ist die Einstellung, mit der die Bilder zwischen zwei Schnitten gemeint sind.

Basis-Funktionen
filmsprachlicher
Mittel (nach
Hickethier 2007)

Kamera	Filmsprachliche Mittel	Funktion(en)
Einstellungsgrößen		
	Weit, Totale, Halbtotale: Figuren und Umgebung sind in Gänze zu sehen. In der Einstellung ›Weit‹ dominiert die Szenerie; die ›Totale‹ fokussiert die Figur in der Umgebung; die ›Halbtotale‹ sowohl Ausdruck als auch Handlungen.	Distanz, Übersicht, Vergleichsmöglichkeiten, symbolische Funktion
	Nah, Halbnah: ›Halbnah‹ zeigt deutlich Gestik und Interaktion der Figur mit der Umgebung, ›Nah‹ verdeutlicht Mimik und Gestik gleichermaßen.	Ständige Ausgangsposition, Beziehung zwischen Figuren/Figuren und ihrer Umwelt

Kamera	Filmsprachliche Mittel	Funktion(en)
	Groß, Detail: Großaufnahmen rücken die Mimik der Figur in den Vordergrund; im ›Detail‹ ist ein kleiner Ausschnitt fokussiert.	stärkere Identifikation, Involvement, Dramatik – Spannung – Emotion
Perspektiven		
	Normal: Sicht ungefähr auf Augenhöhe des Zuschauers, entspricht der alltäglichen Wahrnehmung	ständige Ausgangs-position
	Vogelperspektive (Aufsicht): Ansicht aus erhöhter Perspektive	Objekt wirkt von ›oben‹ bedroht, wird distanziert betrachtet, untergeordnete Positi-on des Abgebildeten
	Froschperspektive (Untersicht): Ansicht aus einer niedrigen Kamera-position	Objekt wirkt be-drohlich, unheimlich mächtig, Zuschauer wirkt unter-geordnet
Positionen		
	T-Kreuz: Handlungsachse im rechten Winkel zur Kamera-Achse	Beobachterposition, Zuschauer ist außer-halb der Handlung.
	Frontal-Direkt: Kamera zeigt die Darsteller von vorn, möglicherweise in einer Bewegung auf die Kamera zu.	stärkere Identifikation, Involvement, Dramatik – Spannung

Kamera	Filmsprachliche Mittel	Funktion(en)
	Im Rücken: Darstellung der Darsteller von hinten, möglicherweise in einer Fortbewegung von der Kamera	Distanz, Ablehnung
	Schuss-Gegenschuss-Verfahren (SGS): Wechsel zwischen zwei Einstellungen, beispielsweise jeweils abwechselnde Fokussierung des Sprechenden in einem Dialog	stärkere Identifikation, Involvement, Dramatik – Spannung
Bewegungen		
	Stand: Ruhende, unbewegliche Kamera	ständige Ausgangs-position
	Schwenk: Kameradrehung von einem festen Standpunkt aus	Mitgehen mit der Bewegung, Überblicks-darstellung
	Fahrt, Zoom: Kamerabewegung in Richtung eines Objekts/von einem Objekt weg	Mitgehen mit der Bewegung, stärkste Identifikation mit dem bewegten Objekt
›Special effects‹ (SE)	Fade, Schnitt, Nachbearbeitung, Schärfung	Brechung, Verfrem-dung, ›Bewusstma-chung‹ des Bildes

Beobachtungsgeleitete Analyse: Im Anschluss an die Transkription eines Videokurzfilms sollten die gemachten Beobachtungen in einem Analyse-protokoll festgehalten werden, damit die flüchtigen und rasch notierten Skizzen nochmals durchgearbeitet, systematisiert und gedeutet werden können.

Beispiel eines Analyseprotokolls
Arbeit aus dem E-Learning-Kurs ›Literaturverfilmung‹ einer Bochumer
Studierenden (Victoria Bläser):

Beispiel

Szenenbild aus
*Der Tod in
Venedig* (1974)

Auf dem vorliegenden Schlüsselbild aus dem Film *Tod in Venedig* sehen wir eine
Szene am Strand.

Aschenbach, den wir nur von hinten sehen können, wird durch vertikal verlau-
fende, blass graublaue Stäbe von Tadzio getrennt.

Tadzio wiederum steht, anders als Aschenbach, rechts von den Stäben und hält
sich an einem davon fest. Er neigt seinen Körper dabei leicht nach rechts, so dass es
so aussieht, als würde er sich um die Stange schwingen wollen.

Während Aschenbach einen beigen Leinenanzug mit passendem Hut trägt,
sehen wir Tadzio in einem rot-grau gestreiften Badeanzug, zu welchem er einen
Strohhut trägt. Auffällig ist dabei eine große weiße Feder, die optisch an diesem
Hut befestigt zu sein scheint. Bei genauerem Hinsehen fällt jedoch auf, dass die
mutmaßliche Feder wohl doch eher zu einer Person im hinteren Teil des Bildes
gehörig zu sein scheint.

Im hinteren Bereich des Bildes erkennen wir sehr unscharf mehrere unbe-
kannte Personen, die alle im Wechsel entweder dunkelblaue oder rote Badeanzüge
tragen. Nur eine Frau direkt hinter Tadzio trägt ein weißes Kleid, so dass man vermuten kann, dass die Feder zu ihr gehört. Bei genauerem Betrachten fällt auf, dass
es sich bei der mutmaßlichen Feder vielmehr um einen Sonnenschirm handelt.

Wir sehen Aschenbach und Tadzio in der Nahaufnahme, die anderen Personen
in der Totale. Dadurch wird der Blick von vornherein auf Aschenbach und Tadzio
fokussiert.

Dies wird zudem durch die Schärfenverlagerung erreicht. Während die Personen im hinteren Teil des Bildes nur unscharf zu erkennen sind, sehen wir Tadzio
und Aschenbach scharf.

Dadurch, dass wir das Bild in der Normalperspektive sehen, fühlen wir uns fast
wie ein direkter Beobachter der Szene.

Auffällig ist, dass das Bild in drei horizontale Ebenen gegliedert ist. Die des
Strandes ist abgegrenzt von der des Meeres und diese wiederum von der Ebene des
Himmels. Interessant ist hierbei, dass die Ebene des Meeres von der des Himmels
optisch kaum zu unterscheiden ist. Das Meer wirkt nur leicht dunkler blau als der
Himmel. Durch diese undeutliche Abgrenzung bildet beides optisch einen einzigen
großen Horizont, der zudem keine sichtbaren Grenzen zu haben scheint. Diese
Komposition drückt so grenzenlose Freiheit aus.

Es ist interessant, dass nicht deutlich erkennbar ist, ob Aschenbachs Blick in
Richtung Horizont oder Tadzio geht. Mag er sich also der Freiheit des Horizonts
bewusst sein, so ist er doch in einer Art Käfig gefangen. Die Personen im hinteren

Bereich des Bildes bilden vertikale Linien, die die drei horizontalen durchbrechen. Dadurch und durch die sich abwechselnde Farbe der Badeanzüge (von blau nach rot) entsteht optisch eine Art Gitternetz, so dass Aschenbach der Weg zum Meer, trotz einiger größerer Lücken, fast gänzlich versperrt wird.

Dieses Gitter bildet zusammen mit den blau-grauen Stäben, rechts von Aschenbach, eine Art Käfig, in welchem Aschenbach gefangen zu sein scheint. Wir wissen, dass er tatsächlich innerlich eingesperrt ist. So ist Aschenbach zu diesem Zeitpunkt noch immer der apollinische Leistungsfanatiker, der seine wahren Gefühle zu Tadzio noch nicht völlig auslebt. Dadurch, dass Menschen eine Wand des Käfigs bilden, wird zudem deutlich, dass die Leidenschaft des Mannes zu einem Jungen auch gesellschaftlich nicht akzeptiert wird. Aschenbach ist also sowohl innerlich als auch gesellschaftlich nicht dazu befähigt, seine Leidenschaft auszuleben.

Es ist jedoch deutlich zu erkennen, dass Aschenbach seine rechte Faust leicht geöffnet hat. Das Öffnen der Faust steht in der Novelle stets für die Hinwendung zum Dionysischen, zur Leidenschaft.

Das vorliegende Bild ist also u. a. deshalb bedeutsam, weil es zum einen Aschenbachs inneren Käfig zeigt, jedoch zudem seine bereits leichte Hinwendung zum Dionysischen deutlich macht.

Dennoch ist Aschenbach zu diesem Zeitpunkt noch von Tadzio getrennt. Die blau-grauen Stäbe schlagen eine deutliche Barriere zwischen die beiden. Es handelt sich hierbei jedoch keinesfalls um eine geschlossene Wand. Aschenbach könnte durchaus durch die Zwischenräume zu Tadzio gelangen. Dies verdeutlicht, dass die Möglichkeit besteht, sich dem Angebeteten zu nähern. Aschenbach jedoch verharrt hinter den Stäben. Er ist noch nicht so weit, den ›letzten Schritt‹ zu wagen.

Es sollte deutlich geworden sein, warum ich mich für dieses Schlüsselbild entschieden habe.

So zeigt es nicht nur Aschenbachs inneres Gefängnis, sondern auch, angedeutet durch die offene Faust, seine Wandlung vom Apollinischen zum Dionysischen.

Das Bild verdeutlicht zudem die Beziehung der beiden Figuren. Durch den ›inneren Käfig‹ und gesellschaftliche Konventionen getrennt, können sie nicht zueinander kommen. Während Aschenbach seine Leidenschaft jedoch verbirgt, wirkt Tadzio vielmehr wie ein lasziver Verführer und zeigt durch seinen Strohhut zudem seine Funktion als Todesbote.

Das vorliegende Schlüsselbild vermittelt durch seine komplexe Bildkomposition und die verwendeten filmsprachlichen Mittel also sowohl Eigenschaften der beiden Hauptfiguren wie auch ihre Beziehung zueinander.

Filmproduktion

Als zweiter Schritt kann **die Produktion eines eigenen Videokurzfilms** durch die Schüler/innen folgen. Grundsätzlich stehen hierfür viele Alternativen zur Auswahl, die von der Verfilmung eines literarischen Textes oder eines Schülertextes über die ›Verarbeitung‹ von Fernsehsendungen, der Anti-Werbung bis hin zu eigenen freien Gestaltungen reichen. Im erwähnten Forschungskontext fiel die Entscheidung zugunsten der Erstellung eines Videokurzfilms zum Song »Sommerschlussverkauf der Eitelkeit« der Gruppe *Element of Crime*, zu dem noch kein Videoclip vorlag. Am Anfang stand die Analyse des Songtexts, also traditioneller Literaturunterricht. Die eigentliche Videoerstellung war dann die Kollektiv-Arbeit des Kurses:

- die Konzeption einer Inszenierungsidee,
- die Erstellung eines Skripts,
- die Rollenverteilung: Schauspieler, Statisten, Regisseur, Kameramann,
- die Nachbearbeitung am Schneidetisch, Mischung, Musik etc.

Für die Produktion muss mindestens ein Drehtag mit vorgängiger Schulung vorgesehen werden, des Weiteren ein Nachbearbeitungstag im Studio (ebenfalls mit Schulung).

5.6.2 | Literaturverfilmung/Literaturadaption

Die verfilmte Literatur ist eine besondere Form der Verschränkung verschiedener Medien. Dieses Film-Genre hatte lange Zeit **Legitimationsprobleme**; die Filme wurden unter literaturwissenschaftlichen Gesichtspunkten analysiert, filmspezifische Qualitäten fanden keine Beachtung. Neben der Kritik, dass die literarischen Stoffe im Film banalisiert und stark gekürzt würden und es nur zu einer oberflächlichen Behandlung von Protagonisten und der verschiedenen Handlungsverläufe käme, wurde die vom Lesen differente Rezeptionsweise angeprangert. Im Unterschied zum als aktiv gewerteten Lesevorgang wurde Zusehen als eine Konsumhaltung wahrgenommen, die einer kritischen Auseinandersetzung mit dem Medium, aber auch mit der literarischen Vorlage im Wege steht.

Diese Probleme wurden in der Literatur- und Medienwissenschaft auf Seiten des **Mediums** und durch die Fachdidaktik auf Seiten der **Lernerorientierung** bearbeitet.

Ziel der Medienpädagogik im schulischen Kontext ist es, durch den Aufbau von Medienkompetenz eine Veränderung der **Medienwahrnehmung** herbeizuführen (s. Kap. 5.4.1). Die in Literaturverfilmungen realisierte Verbindung von Literatur und Medien erleichtert einen Wechsel der Rezeptionshaltung: Schüler/innen gelingt es leichter, ihre freizeitorientierte Konsumhaltung für eine lernorientierte Rezeptionshaltung aufzugeben, wenn das **(Freizeit-)Medium** ›Film‹ Elemente des **(Unterrichts-)Mediums** ›Buch‹ enthält. Somit lässt sich das Ziel der Medienpädagogik, statt einer konsumierenden eine rezipierende Haltung auch gegenüber AV- und digitalen Medien zu erlernen, realisieren (vgl. Gast 1999).

Diese Sichtweise hat sich im Laufe des 20. Jahrhunderts gewandelt. Mit der **Weitung des Literaturbegriffs** und der Akzeptanz des Films als eigenständiges, eigene ästhetische Qualitäten realisierendes Medium konnte die Wahrnehmung von Literaturverfilmungen als Literaturadaptionen und somit eigenständigen Kunstwerken gefestigt werden. Filmadaptionen sind somit nicht der Versuch, ein Buch ›richtig‹ in einen Film zu verwandeln, sondern als eigenständige Kunstwerke zu sehen, mit denen die Filmemacher eigene ästhetische Vorgaben verwirklichen und Aussagen treffen wollen. Dieser Zugriff ermöglichte es der Literatur-, aber auch der Medienwissenschaft, verschiedene Typologien der Literaturadaption herauszuarbeiten.

Nach diesen Typologien (vgl. Kreuzer 1999) erhalten Literaturadaptionen je nach Typus einen autonomen Status neben dem literarischen Werk, von dem sie ausgehen. Literaturadaptionen können als Literatur-Interpretationen des Filmemachers gesehen werden und als solche Eingang in den Deutschunterricht finden. Die Einordnung einer Literaturadaption in ein **Typologien-Raster** dient den Schüler/innen als erste kognitive Orientierung. Nach Kreuzer (1999) lassen sich Adaptionen in die folgenden Kategorien einteilen:

Vier Arten von Literaturadaptionen

1. **Aneignung des literarischen Rohstoffs:** In den Film werden nur einzelne Handlungselemente oder Figuren der literarischen Vorlage übernommen. Eine Auseinandersetzung mit der literarischen Vorlage als Kunstwerk findet nicht statt. Der Film ist als ein vom Buch losgelöstes Kunstwerk zu betrachten und kann nur bedingt mit der Vorlage in Dialog gesetzt werden. Beispielhaft kann hierfür die in der Jetztzeit spielende Komödie *666* von Rainer Matsutani (2002) genannt werden. Die *Faust*-Adaption greift die Figuren und einzelne Elemente (Teufelspakt, Fausts Werben um Gretchen) des Goethe-Dramas auf, hat aber inhaltlich keinen expliziten Bezug zur literarischen Vorlage.

2. **Illustration:** Die Adaptionsart ›Illustration‹ bietet die größte Nähe zur literarischen Vorlage. Der Begriff ›Werknähe‹ ist in diesem Fall aber nicht auf die Aussage der literarischen Vorlage, sondern auf die filmische Darstellung bezogen: Figuren, Handlung, Sprache etc. werden wortgetreu übernommen, und es wird im oben skizzierten Sinne versucht, das Werk zu verfilmen. Durch diese Nähe bei der Übertragung des Stoffes von einem Medium in ein anderes wird zumeist die Aussage der Vorlage verfälscht, da sich Filmsprache und literarische Sprache nicht analog entsprechen. Diese Adaptionsart ist in professionellen Produktionen äußerst selten zu finden, Schülerprodukte bedienen sich aber häufig dieser Form der Umsetzung (s. Kap. 5.6.1). Die Fassbinderadaption von *Effi Briest* aus dem Jahr 1974 kann, oberflächlich betrachtet, als Beispiel einer Illustration dienen, einer tieferen Analyse hält diese These aber nicht stand, da Fassbinder seinem Film über die Bildsprache weitere Deutungsebenen hinzufügt und eine stärker gesellschaftskritische Haltung als Fontane vertritt.

3. **Transformation:** Die Transformation eines Buches in einen Film stellt die werkgetreueste Übertragungsart dar. Neben der Inhaltsebene werden auch Zeichen- und Textsysteme sowie deren Wirkung übernommen und auf die Filmsprache übertragen. Ein Beispiel für eine Transformation findet sich in Tom Tykwers *Das Parfum – Die Geschichte eines Mörders* (2006), in dem alle Elemente übernommen und nur wenige Ergänzungen oder Auslassungen vorgenommen wurden. Ziel der Transformation ist es, ein analoges Werk zum Ursprungsmedium zu schaffen. Spielarten sind die **interpretierende Transformation** und die **transformierende Bearbeitung**.

   - Die **interpretierende Transformation** betrachtet nicht den Wortlaut des Werkes, sondern seine Aussageabsichten und verarbeitet diese in interpretierender Weise. Merkmal der interpretierenden Transformation ist die vermeintlich große Distanz vom Film zu seiner Vorlage. Dies bildet aber die Grundlage für eine vertiefte Auseinandersetzung mit dem literarischen Stoff und dessen Deutungshorizonten. Beispielhaft kann hierzu die Verarbeitung des Films *Der Tod in Venedig* von Luchino Visconti (1974) stehen. Visconti kürzt die Novelle Thomas Manns stark, fügt aber Figuren und Inhalte anderer Werke Manns ein, die den Fokus auf die Künstlerproblematik und die Schaffenskrise des Künstlers Aschenbach und somit auch auf die Manns legen.

- Die **transformierende Bearbeitung** verändert Teile des Ursprungswerkes oder lässt Elemente aus, um eine Aktualität des Stoffes zu erreichen. Diese Abweichungen können durchaus als Kritik an der Vorlage verstanden werden. Die *Effi Briest*-Adaption von Hermine Huntgeburth (2009) ist ein Beispiel für den Versuch, durch die Veränderung gewisser Elemente (z. B. Effis Triumph über die restriktive Gesellschaft) die Aktualität des Stoffes herauszuarbeiten und die Aussagen Fontanes positiv gewendet in die Jetztzeit zu übertragen.

4. **Dokumentation:** Diese Adaptionsart greift bestehende oder hierfür geschaffene Inszenierungen auf und dokumentiert diese. Theatermitschnitte für Film oder Fernsehen sind populäre Ausprägungen dieser Adaptionsform. Die Gorski/Gründgens-Adaption (1960) des *Faust I* von Goethe stellt nur eine Film-Version der am Hamburger Schauspielhaus aufgeführten Inszenierung dar. Die von Gründgens im Vorfeld der Inszenierung getroffenen Interpretationsentscheidungen werden in den Film übernommen, entsprechen aber nicht den filmischen Mitteln.

Eine entsprechende **Sensibilisierung für die eigene Sprache des Films** und die Möglichkeit, über die Filmsprache Meta-Botschaften zu übertragen, ist ein vordringliches Ziel der Filmdidaktik (vgl. Abraham 2002).

Filmische Umsetzung von Meta-Botschaften aus der literarischen Vorlage   *Beispiel*

Beispielhaft lässt sich dies an der Stellung zweier Figuren zueinander verdeutlichen: Während Literatur die Technik des inneren Monologs nutzen kann, um die emotionale Distanz zweier Protagonisten darzustellen, muss der Film, wenn er nicht auf die Stimme aus dem Off zurückgreifen will, paratextuelle Informationen verwenden.

In seinem Film *Fontane – Effi Briest* bleibt Fassbinder auf der Handlungsebene sehr nah an der literarischen Vorlage von Theodor Fontane, über die Intonationsmuster der Darsteller und über die Bildsprache arbeitet er darüber hinaus eine Metaebene in den Film ein, deren Interpretation eine Umdeutung des Stoffes nach sich zieht.

Konkret bedeutet dies für die Kommunikationssituation von Effi und ihrer Mutter: Im Filmausschnitt erscheinen Mutter und Tochter nur im Rahmen des Spiegels gemeinsam, der Blickkontakt ist nicht gegeben. Dieser Umstand kann als stilistische Umsetzung einer Kom-

Szenenbild aus
*Fontane – Effi
Briest* (1974)

munikationsstörung verstanden werden, da stets etwas zwischen den Kommunizierenden steht – oftmals sind es bei Fassbinder Spiegel, durch die sich die Sprechenden anzusehen scheinen (dieser Eindruck entsteht nur durch die Inszenierung, da der Zuschauer stets einen der beiden Sprechenden im Spiegel sieht). Dies lässt sich dahingehend deuten, dass in einer Gesellschaft, in der Kommunikation häufig nur mit dem Bild des Gegenübers stattfindet, viel Wert auf Äußerlichkeiten gelegt wird, die ›echte‹ Person dahinter jedoch kaum in Erscheinung tritt und nicht wahrgenommen wird.

5.6.3 | Fernsehserien

Die **Analyse von Fernsehserien** wie »Marienhof«, »Gute Zeiten - schlechte Zeiten« oder »Verbotene Liebe« eignet sich gut aufgrund der einfachen Struktur und Aussage als Einstieg in die Behandlung von Film und Fernsehen und in die Vermittlung elementarer filmsprachlicher Mittel.

Als **allgemeine Auswertungsgesichtspunkte** der Serien-Analyse können die folgenden berücksichtigt werden:

1. **Form:** Es handelt sich um ein Baukastenprinzip aus meist drei ineinander gewobenen Handlungssträngen. Weiterhin präsentieren die Serien wieder erkennbare Intérieurs und ›Gesichter‹, die einen sofortigen Einstieg an jedem Punkt ermöglichen.
2. **Aufbau:** Das Auf und Ab der Handlung aus Krise und Lösung (»to get into trouble - cliff - and out of it again«) verläuft in einer Kreisstruktur,

die sich endlos wiederholt, wodurch aber kein Lern- oder Entwicklungseffekt realisiert wird.

3. **Auswertungsgesichtspunkte** berühren stärker die filmisch-medialen Aspekte:

- Im Bereich der semantischen Konstruktion handelt es sich um einfache Oppositionen: Gefühl vs. Geschäft, Wahrheit vs. Lüge, Gut vs. Böse, gute vs. schlechte Laune.
- Im Bereich der Intentions- und Sinn-Ebene realisiert sich die Bestätigung von Erwartungen; evtl. Normenverstöße verbleiben im Rahmen.

Zur schriftlichen Fernsehserien-Analyse
Die Essentials schriftlicher Serien-Analyse im Unterricht können aus folgenden Elementen bestehen:

Zur Methodik

1. Kurzzusammenfassung der Serienfolge: Handlungsstränge, Nennung der Sequenzfolge eines Strangs, Konflikte, der »cliff«;
2. Nennung der dominanten Kameraperspektiven und -größen mit Beispielen;
3. Beispiele für Musik, Sprache und Ton mit Funktionsbestimmung;
4. Kurze Deutung, z.B. mit Blick auf die Forumfunktion (das Konzept ›Forum‹ bezeichnet den Umstand, dass Serien gesellschaftlich relevante Thematiken aufgreifen und diskutierfähig machen).

Als **mediendidaktische Behandlungsmethoden** für die Realisierung von Bewusstmachung bzw. kritische Verarbeitung von Fernsehserienfolgen besonders im Bereich der Handlungs- und Produktions-Orientierung sind folgende Beispiele zu nennen:

- Serienfolge nacherzählen, über sie sprechen;
- Serienfolge besprechen, analysieren;
- mitgeschnittene Serienfolge anhalten, weiterfabulieren lassen;
- Bild ohne Ton laufen lassen zur Versprachlichung;
- Spielen, Nachspielen (z.B. satirisch) oder Erraten der Serienfigur;
- Eigenproduktion einer Serienfolge (Videokurzfilm).

5.7 | Neue Medien

5.7.1 | Computer und Internet

Anhand von Standardsituationen aus Alltag, Wissenschaft und Unterricht lässt sich deutlich machen, wie der Computer unsere **alltäglichen Kommunikationsprozesse** bestimmt. Je nach Kommunikationsziel (oder spezieller: Unterrichtsziel) kann das Medium gewählt werden: Schreibt man einen Brief (mit der Hand/mit dem PC), eine Mail, telefoniert man oder wählt man sich (mit einem fiktiven Partner zusammen) in das Lieblingscomputerspiel ein? Beginnt man eine wissenschaftliche Arbeit direkt am PC oder mit dem Bleistift vor einem leeren Stück Papier? Recherchiert man in der Bibliothek, im Internet oder durch persönliche Gespräche mit Fachleuten? Und was lässt sich aus der eigenen Umgangspraxis mit dem Computer für andere fruchtbar machen und im Unterricht umsetzen?

Es ist deutlich, wie stark Computer und Internet unsere alltägliche private und berufliche Lebenswelt durchdringen und verändern, und dadurch natürlich auch alle Kommunikationsprozesse und das darauf bezogene Lernen. Allein schon die zahlreichen Wahlmöglichkeiten vor dem Eintritt in Kommunikationsprozesse belegen dies. Computer und Internet sind **kulturdefinierende Technologien**, was nicht zuletzt auch alltägliche Leitmetaphern wie ›Datenautobahn‹, ›surfen‹, ›beamen‹, ›konvertieren‹ oder ›updaten‹ offenbaren.

›Computer‹ selbst wird **zur technomorphen Metapher** für den Geist oder das Gehirn des Menschen: Psychologen sprechen von ›input‹ und ›output‹, ja sogar von ›hardware‹ und ›software‹ des Gehirns, Linguisten behandeln die Sprache wie einen Programmierungscode, und umgekehrt ist vom ›denkenden‹ Computer die Rede: »Die bestimmende Technik [...] sammelt [...] selbst die widersprüchlichsten Ideen einer Kultur und fokussiert sie zu einem einzigen hellen, oft durchdringenden Strahl« (Bolter 1990, S. 20).

Diese kulturdefinierende Stellung des Computers erklärt sich auch durch seine medientechnische Kapazität. Der Computer ist nicht nur als Rechen- bzw. Textverarbeitungsmaschine ein komplexes Medium, sondern darüber hinaus können weitere Medien, Tätigkeiten und Funktionen von Weltverarbeitung in ihn eingebaut werden:

- diejenigen herkömmlichen Medien, die durch Digitalisierung in ihn integriert werden, nämlich Bildmedien wie Film und Video und Tonmedien wie CD-Player;
- zahlreiche ›menschliche‹ Tätigkeiten (logische Prozesse, Schreiben, Rechnen etc.);
- zahlreiche Funktionen von Weltverarbeitung (Darstellung, Kommunikation, Interaktion etc.).

Leitmedium: Damit hat der Computer im System aller Medien und Kommunikationsprozesse und ihrer hierarchischen Anordnung eine herausgehobene Stellung inne, die sich ökonomisch und sozial niederschlägt. Schon was die bloßen Nutzungszeiten angeht, ist er zweifellos zum Leitmedium unserer Kultur avanciert.

Entwicklungen von **Einsatzmöglichkeiten für Computer und Internet** von der Primarstufe bis zur Sekundarstufe II liegen derzeit in reichhaltiger Form vor. Während Borrmann/Gerdzen (2000) systematisch die Möglichkeiten des **Schreibens**, sich selbst **Präsentierens** sowie des sich **Orientierens** im World Wide Web darlegen, entwickelt Breilmann (2003) ein computer- und internetbezogenes Curriculum ab der 5. Klasse und beleuchtet Kuzminykh (2009) die Einsatzmöglichkeiten im Rahmen der muttersprachlichen und der fremdsprachlichen Lese- und Schreibdidaktik. Die didaktisch-methodischen Einsatzmöglichkeiten von Computer und Internet lassen sich systematisch wie folgt zusammenfassen:

Operationen Kompetenzen	Texte schreiben	Texte lesen	Reflexion über Sprache
instrumentell	Tastatur, Maus, Computerfunktionen gebrauchen	Suchhilfen nutzen, Informationsquellen kennen	
produktionsorientiert-analytisch	Hypertexte schreiben	vernetzte Texte lesen, Hyperfiction analysieren	
	Texte, Bilder, Graphiken, Animationen zu Hypermedia-Site vernetzen	in hypermedialen Lernumgebungen lernen	sprachliche und nicht-sprachliche Zeichen beschreiben und analysieren
			grammatische Formen beschreiben
interaktiv-analytisch	an Computerspielen teilnehmen	über Computerspiele reflektieren	
	E-Mails schreiben, an Mailing Lists und News Groups teilnehmen		über Mündlichkeit und Schriftlichkeit reflektieren
	an Chatrunden teilnehmen		Erfahrungen mit fremden Sprachen und Kulturen machen

Didaktisch-methodische Einsatzmöglichkeiten von Computer und Internet

5.7.2 | Hypertext – Webfiction

Dass unser Schreibwerkzeug mitarbeitet an unseren Gedanken, das wusste schon Nietzsche, der dies im Selbstexperiment an der Schreibmaschine bemerkte. Hypertexte und Internet gehören heute zu unserer intellektuellen Umgebung – ob wir im Hypertext schreiben oder nicht, das Internet benutzen oder nicht, als stets wählbare Verarbeitungs- und Darstellungsform beeinflussen die neuen Medien unsere Gedanken und prägen zumindest in bestimmten Hinsichten unser (ästhetisches) Empfinden.

Bei Hyperfiction handelt es sich um **programmierte Texte**, die den sichtbaren Bildschirmtext und den unsichtbaren Programmtext umfassen. Der Programmtext bestimmt die sogenannten Links, durch die auf ein anderes Wort im selben Text, auf eine andere Stelle im selben Text oder auf eine andere Datei oder auch auf eine andere Adresse verwiesen wird. Diese Verweisung wird durch Anklicken des verlinkten Wortes oder auch durch automatische Veränderungen mittels des Programms gesteuert. Dieser einzigartige Vorgang ist nur am Bildschirm selbst online zu erleben, weswegen man bei Hyperfiction besser von **Webfiction** sprechen sollte (vgl. Schröder 1999).

Texte der Webfiction weisen ›über‹ dem ›eigentlichen‹ linearen Text eine Verweisungs- bzw. Superstruktur mit Steuerungsfunktion auf, die diese Textebene programmieren. Dies ist auf der dritten Stufe von Webfiction als multimedialer Text bzw. als Gesamtdatenwerk im Sinn von Roy Ascott (1989) erreicht. Die hierhin führenden Stufen sind die folgenden:

<table>
<tr><td rowspan="3">Spielarten von Netzliteratur</td><td>1. Literatur im Netz</td><td>Gutenberg-Bibliothek: herkömmliche Texte, digitalisiert</td></tr>
<tr><td>2. Hypertexte mit sprachlichen Links</td><td>Deutschsprachiges Beispiel: Susanne Berkenheger: *Zeit für die Bombe*</td></tr>
<tr><td>3. Hypertexte mit sprachlichen und visuellen Links (eigenständig, nicht illustrativ)</td><td>Amerikanische Beispiele u. a.: Michael Joyce: *Afternoon, a story* oder deutschsprachiges Beispiel: Susanne Wolf: *Meine Stimme ist weiß*</td></tr>
</table>

Stärker als im deutschsprachigen Bereich realisiert sind die Möglichkeiten von Webfiction vor allem bei Michael Joyce, d. h. in der einschlägigen amerikanischen Szene. Seine Webtexte enthalten zunächst einmal Links und visuelle Netzstrukturen (3. Stufe). Diese visuellen Netzstrukturen treten nicht zu dem Text wie eine Illustration hinzu, sondern stellen eigenständige Elemente von Webfiction dar.

Bei dieser Argumentation setzt man voraus, dass das **Literarische** heutzutage gleichermaßen durch **sprachliche wie durch (audio-)visuelle Texte** realisiert wird. Formale wie semantisch-symbolische Strukturen und Gehalte werden heute sicherlich sogar noch mehr als durch Sprache durch (audio-)visuelle Texte in den elektronischen und in den Computermedien realisiert. Damit bestimmt man Webfiction als Gesamtdatenwerk i. S. von Ascott (1989), auch im Rückgriff auf die Avantgarde und deren favorisierten Typus des additiven Gesamtkunstwerks, der sich vom integrativen Gesamtkunstwerk sensu Wagner dadurch abhebt, dass die einzelnen Teile bei allem Zusammenwirken in ihm erkennbar erhalten bleiben.

Kollaborative Schreibprojekte, die für Unterrichtszusammenhänge hohe Relevanz besitzen, stehen damit in Zusammenhang (vgl. Winkler 2000). Diese Projekte realisieren vor allem die für die Hypertexte kennzeichnende **Interaktivität**, die bei einem Großteil selbst der Webfiction allerdings auf die leserseitige Auswahltätigkeit beschränkt ist bzw. unter der Entscheidungsgewalt des Autors steht, der Lesertexte in seinen Text aufnimmt oder nicht, wie das schon beim Projekt *Null* und dessen Vorlauf der Fall gewesen ist (vgl. Hettche/Hensel 2000). In den kollaborativen Projekten hat das Literarische auch nach der Einschätzung von Idensen (1996, S. 145) nur eine heuristische, katalysatorische Funktion und muss im Zusammenhang mit der kollektiven Produktivität gesehen werden. Für Unterrichtszwecke geht es darum, in praktischen Schreibübungen am Hypertext diese Funktionen der Vernetzung zu nutzen und dadurch ihre Reichweite zu erfahren.

Die Präsentation der Bestandteile geschieht in Webfiction durch **Vernetzung**, die das Spezifische und historisch Neue darstellt – die Kon-

zeptualisierung der Links sind der Dreh- und Angelpunkt jeder Theoriebildung. Mit ihnen wird zugleich auch die Frage der Determination der
Lektüre mit entschieden. **Links** sind markierte Anschlüsse, denen man
folgt oder nicht. Sie stellen die Verbindung zwischen Teilen des Hypertex-
tes her, den sog. **Nodes** (Kernen).

In der **buchgebundenen Literatur** zeigen die **Leerstellen** ähnliche
Phänomene: Hier finden sich unmarkierte Elemente, »deren Reiz darin
besteht, daß [...] der Leser die unausformulierten Anschlüsse selbst herzustellen beginnt« (Iser 1984, S. 29). Aber auch die Leerstellen in der buchgebundenen Literatur sind vorgegeben.

In der Webfiction gibt es aufgrund der Doppelung von Text und Programmtext beides: Leerstellen und Links. Es gibt sogar **zwei Sorten von
Leerstellen**: die Leerstelle, die den Link mit dem Linkwort im Ausgangstext motiviert (Poetik des Transports nach Idensen 1996), und die Leerstelle, die den verlinkten Text mit dem Ausgangstext verbindet. Beide Formen
von Leerstellen sind im Webtext nicht mehr bloße mentale Operationen,
sondern ausformuliert und programmiert. Dadurch wird die ästhetische
Freiheit der Leser/innen beschnitten. Andererseits haben die Leser/innen
durchaus die Freiheit, zwischen verschiedenen Links zu wählen, der *guided tour* zu folgen oder nicht.

Für den Deutschunterricht bietet das Schreiben von **literarischen
Hypertexten** die Möglichkeit des **Selbstausdrucks** in einer gesteigerten
Textkomplexität.

Literarischer Hypertext
Als Beispiel steht hier der Starttext zum Thema »Labyrinth«, den eine
Seminargruppe zur Netzliteratur geschrieben hat:

Beispiel

Schreibtext Gruppe 1: Node 1:
Das Labyrinth der Meister lebt. Ein neuer Goethe wurde letzten Montag auf einem
weit entfernten Stern im Universum der Galaxis 23 Gk entdeckt. Er kennzeichnet
sich durch seine ausgefallene Lautkomposition und die ständige Aussage: »Sah ein
Knab ein Röslein stehen«. Die ersten Worte, die aus seinem kleinen Mäulchen ent-
stoben, waren: »es werde mehr Licht«, der arme Kerl, bis dahin hatte er noch nicht
registriert, dass die Galaxis im dunklen Sternenfeld der Memba liegt. Hätte er doch
die kostenfreie Beratung mal angerufen. Aber natürlich hatte Christiane von Stein
in ihren geistigen Wirrungen tagelang das Telefon blockiert. Dass er diesen Service
einmal benutzt habe, war also eine glatte Lüge. Das war ja wiedermal typisch von
seinem Freund-Feind Theodor Schillhofen, der sich wiedermal mit seiner Wurst-
Metzgerei über die hohen Künste der Literatur erheben wollte.

In diesem freien Schreibtext verarbeiten die Studierenden Wissensbestände ihres Germanistik-Studiums in ironisch-satirischer Weise und
verbinden virtuos Literatur und Medien. Das Labyrinth-Thema, das
andere Gruppen in der Form eines Enzyklopädie-Artikels thematisch
aufgreifen, realisiert diese Gruppe in der Link-Dimension, denn die
Links verweisen labyrinthartig und ohne leicht erkennbaren Grund
auf zwei weitere Texte und auch auf den ersten wieder zurück.

Zu den Erfahrungen mit produktiver Nutzung der Komplexität der Textverarbeitung im Netz zählt, dass das **Selberschreiben von Hypertexten** den analytischen Blick der Studierenden und der Schüler/innen schärft. Die so gewonnenen Perspektiven können fruchtbar gemacht werden für die Analyse professioneller Hypertexte. Von hier aus kann eine Verbindung gezogen werden zur Analyse literarischer Texte, die zwar keine Hypertexte sind, aber hypertextuelle Strukturen aufweisen und auf Montage- und Collage-Prinzipien beruhen können.

Beispiel ### Hypertext-Interpretation

Gezeigt werden kann dies an einer Hypertext-Interpretation des vernetzten Romans *Simple Storys* von Ingo Schulze (1999). Am Beispiel von Bewohnern der ostthüringischen Kleinstadt Altenburg werden auf eindrucksvolle Weise die Veränderungen, denen diese Menschen im deutsch-deutschen Vereinigungsprozess unterworfen waren, geschildert. In 29 kurzen Kapiteln berichten Personen über Ereignisse und über einander. Der Roman beginnt wie folgt:

> **Renate Meurer erzählt von einer Busreise im Februar 90. Am zwanzigsten Hochzeitstag ist das Ehepaar Meurer zum ersten Mal im Westen, zum ersten Mal in Italien. Den mitreisenden Dieter Schubert treibt eine Buspanne vor Assisi zu einer verzweifelten Tat. Austausch von Erinnerungen und Proviant.**
> **Es war einfach nicht die Zeit dafür. Fünf Tage mit dem Bus: Venedig, Florenz, Assisi. Für mich klang das alles wie Honolulu. Ich fragte Martin und Pit, wie sie denn darauf gekommen seien und woher überhaupt das Geld stamme und wie sie sich das vorstellten, eine illegale Reise zum zwanzigsten Hochzeitstag. [...]**
> **Warum ich das erzähle? Weil man so schnell vergißt. Dabei ist es gar nicht lange her, daß Ernst und ich noch an dasselbe gedacht und in einer schwarzrot karierten Tasche Konserven mit uns herumgeschleppt haben. (Schulze 1999, S. 15 und 23)**

Das kurze Textstück enthält erste Einblicke in die Figurenkonstellation und in die Handlungsverläufe, die rekonstruiert werden müssen. Außerdem wird als Intentionsbestimmung die Erinnerung genannt. Im nächsten Kapitel, das die Tochter des Dieter Schubert, Conni, erzählt, wird auf die Italienreise und auf die verzweifelte Tat Dieter Schuberts angespielt. Netzartig ergibt sich so ein Gesamtbild der Verflechtungen der Figuren.

Was bedeutet es, die Analyse dieses Romans als Hypertext-Interpretation anzufertigen? Folgende Bedeutungsdimensionen lassen sich unterscheiden:

1. Der Roman wird als Beispiel für die **Auflösung linearen Erzählens** gelesen: In die durch die Netzstruktur freigelassenen Leerstellen werden Leserkommentare eingeführt.
2. Die Figurenkonstellation wird als Netzwerk analysiert und dargestellt.
3. Die Ergebnisse der gesamten Analyse werden in einem Hypertext niedergelegt und im Internet veröffentlicht.

Besonders typisch ist die **Netzwerkanalyse**, deren Ergebnis wie folgt dargestellt werden kann (vgl. *Simple Storys*, 1999):

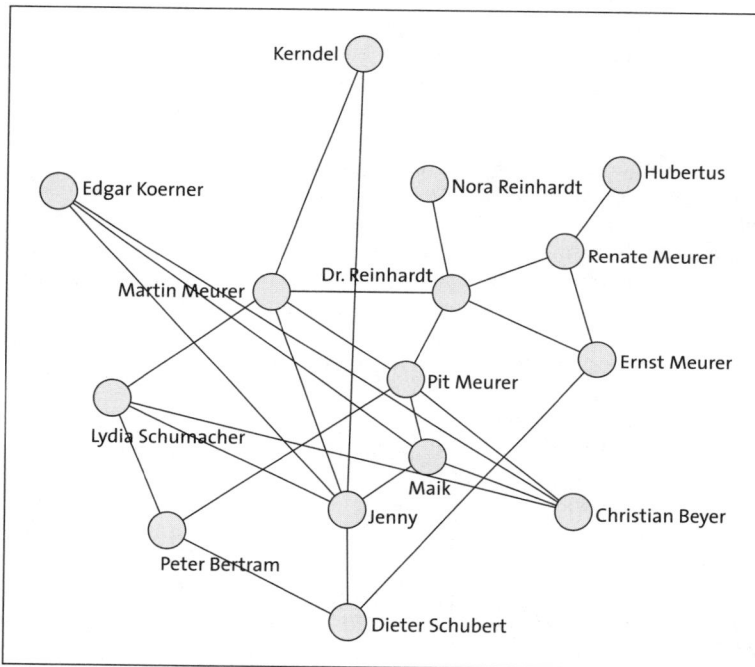

Netzwerkgrafik
der Figuren-
konstellation zu
Simple Storys
(1999)

Zur Methodik

Hypertext-Interpretation
Bei der Hypertext-Interpretation können u. a. folgende Textsorten angelegt werden:
- Inhaltsangaben zu den einzelnen Storys;
- Analysen der Figurenkonstellationen als grafisch vernetzte Darstellung;
- Textanalyse;
- Interview mit dem Autor;
- Lexikonartikel zu literarischen Vorbildern;
- Referat zum kulturellen und geschichtlichen Kontext der DDR-Zeit;
- Essay: Verlust der Utopie und Auflösung linearen Erzählens;
- kreative, selbst geschriebene ›Simple Storys‹.

Computer und Internet verändern durch ihre Speicherfähigkeiten und durch ihren interaktiven Übertragungsmodus die Formen und die Funktionen der literarischen Fiktionalität nachhaltig. Dies bedeutet im Umkehrschluss, dass der Stoffkanon, die Gattungslehre und die Vermittlungsformen des Literaturunterrichts verändert werden müssen (vgl. Rupp 2004, S. 189).

5.7.3 | Computerspiele

Geschichte der Computerspiele: Die ersten Computerspiele wurden in den 1960er Jahren an amerikanischen Hochschulen entwickelt und sollten helfen, auch einem breiten Publikum von nicht Technik-Experten den technischen Fortschritt zu veranschaulichen. Von Computerspielen im engeren Sinne lässt sich seit den 1980er Jahren sprechen: Die Entwicklung von Personal Computern sowie die Markteinführung von Spielkonsolen mit austauschbaren Datenmedien machten eine Heimnutzung von digitalen Bildschirmspielen möglich. Musste bei der Entwicklung eines Spielautomaten sowohl die Spielsoftware als auch die Automatenhardware gemeinsam produziert werden, kamen auf Konsolen und PCs erstmals einheitliche Betriebssysteme zum Einsatz, so dass sich Firmen auf die Programmierung von Spielsoftware spezialisieren konnten.

Der technische Fortschritt (in den 1990er Jahren: Pentium Prozessoren, 3D-Grafik, CD-ROM, Festspeicher im Gigabyte-Bereich, in den 2000er Jahren: Hochgeschwindigkeitsinternet, DVD, Blu-Ray) ermöglicht es den Produzenten von Computerspielen, immer umfangreichere Produkte zu entwickeln und immer neue Technologien in die Spiele zu implementieren. Hierbei ist zu beachten, dass in der Entwicklung der Spiele das Interesse an den neuen Möglichkeiten der Technik dominant bleibt und sich erst in der Folge (beim Nachlassen der Motivation durch die neue Technik) weitere Elemente wie Narration oder Gameplay etc. stärker ausprägen.

Nicht zuletzt durch die geringen Speicher- und Verarbeitungskapazitäten der frühen Computer waren die Anforderungen an den Spieler sehr begrenzt. Einfache **Reaktionsaufgaben** (Arcade-Spiele) oder die Begrenzung auf verschiedene digitale Räume, in denen immer **wiederkehrende Handlungsschemata** gefordert waren (Jump-and-Run-Spiele), bestimmten den Computerspielemarkt. Zunehmend weitete sich das Spiel-Spektrum aus und führte zu verschiedenen, unterschiedlich stark narrativ ausgeprägten Genres. Zu den Genres mit einer stark ausgeprägten narrativen Grundstruktur können Adventure-, Rollen-, Strategiespiele und vereinzelte Egoshooter gezählt werden.

Computerspiele teilen **Narrationsstrukturelemente** mit anderen Medien. Ebenso wie in der Literatur wird die Handlung des Computerspiels nur durch die aktive Handlung der Leser/innen und Spieler/innen vorangetrieben. Durch die Investition von Zeit erkaufen sich die Spieler/innen ein Bleiberecht im Spiel und treiben somit die im Spiel erzählte Geschichte voran. Gleichzeitig ist die Visualisierung wie in filmischen Medien bereits vorgegeben und wirkt auf die Rezeption ein.

Es lassen sich drei Bereiche unterscheiden, in denen Computerspiele genutzt werden:

1. **Teachtainment** beschreibt eine Form von Trainingsspielen, deren einzige Aufgabe es ist, auf spielerisch-motivierende Art Wissen zu vermitteln. Beispielhaft können Vokabeltrainer mit sprachlicher Korrektur (»Das hast Du richtig gemacht!«, »Das war leider nicht richtig, versuche es noch mal!«) genannt werden.

2. **Edutainment** wird möglich durch Lernsoftware, die beiläufig Wissen vermittelt. Für die meist kindlichen Spieler/innen steht bei der Nutzung die Unterhaltung im Vordergrund, gleichzeitig muss das vom Spiel vermittelte Wissen genutzt werden, um die Problemanforderungen des Spiels zu lösen.

3. **Entertainment** ist die Hauptfunktion der vor allem in der Lebenswelt der jugendlichen Nutzer/innen am häufigsten genutzten Spiele-Form. Dennoch enthalten auch diese Spiele Lernpotenziale, die im Unterricht genutzt werden können. Entertainment-Spiele sind digitale, interaktive Bildschirmspiele, die auf einem Computer oder einem ähnlichen technischen Gerät ausgeführt werden und in denen Spieler/innen mittels einer Schnittstelle einen virtuellen Stellvertreter steuern.

Die **Relevanz der Nutzung** von Entertainment-Spielen zeigt sich im Befund aktueller Mediennutzungsstudien. Fernseher und Computer werden in etwa gleich häufig genutzt, die Bindung an den Computer ist aber deutlich höher einzuschätzen. Die Beschäftigung mit dem Computer spaltet sich **geschlechterdifferenziert** auf: Während Mädchen den Computer vordringlich zu Kommunikations- und Informationszwecken nutzen, steht bei Jungen die Unterhaltungsfunktion (Computerspiele, Multimedia-Anwendungen) im Vordergrund. Es zeigt sich allerdings, dass sich das Nutzungsverhalten angleicht und Mädchen häufiger zur Gruppe der Nutzer mit Unterhaltungsfokus gehören (vgl. JIM-Studie 2009; http://www.mpfs. de).

Computerspiele gelten als interaktiv, da die Spieler/innen die Handlungen des Protagonisten steuern. Die **Interaktivität** ist allerdings in sofern begrenzt, da sich Computerspiele durch einen starren Regelrahmen auszeichnen, den die Spieler/innen nicht verändern können und zur erfolgreichen Bewältigung der Anforderungen des Spiels akzeptieren und nutzen müssen.

Problemfelder: In der Vergangenheit rückten Computerspiele mehrfach in den medialen Fokus. Vor allem die Möglichkeit der **Gewaltübertragung** durch Spiele mit gewalttätigen Inhalten (sog. ›Killerspiele‹) wurde von einer breiten Öffentlichkeit mit zum Teil wenig wissenschaftlicher Fundierung geführt. Kunczik/Zipfel (2006) stellen heraus, dass derzeit keine der gängigen Medienwirkungshypothesen von Gewaltnachahmung bis -hemmung zweifelsfrei die Auswirkung der Spielenutzung auf die Lebensführung der Spieler beweisen oder widerlegen kann. Als Hypothesen der Medienwirkungsforschung werden seit einigen Jahren diskutiert:

- die **Stimulationstheorie**, nach der Gewaltdarstellungen zur Gewaltausübung führt;
- die **Habitualisierungstheorie**, nach der Gewaltdarstellungen an Gewalt ›gewöhnt‹ und daher nicht zur Gewaltausübung führt;
- **die konstruktivistische Autonomietheorie**, nach der Jugendliche aus dem vorfindlichen Angebot sogenannte eigenkulturelle Synthesen konstruieren und sich nur sehr bedingt durch Gewaltdarstellungen direkt beeinflussen lassen. Demnach wäre kein Kurzschluss von Mediennutzung zu eigenem Verhalten möglich.

Kritisch wird auch das Problem der sog. **Online-Sucht** bzw. Internetabhängigkeit gesehen. Unstreitig gibt es Personen, die ihr reales Leben einer virtuellen Existenz unterordnen und einen Großteil ihrer Zeit in Online Communities oder Online Spielen (sog. MMORPGs: Massively Multiplayer Online Role-Playing Games) verbringen. Dass es sich bei diesen Verhaltensweisen um eine eigenständige Suchtform handeln kann, ist in Bezug auf bestimmte Spiele (z. B. »World of Warcraft«) längst experimentell erhärtet, und insgesamt wird das Phänomen von medienpsychologischer Seite aus beobachtet (vgl. *Zeitschrift für Medienpsychologie* bzw. *Journal of Media Psychology*). Eine Klassifikation im Rahmen international klassifizierter Krankheiten hat – vielleicht auch aus kommerziellen Beweggründen – noch nicht stattgefunden.

Mediendidaktische Anknüpfungspunkte der Computerspielnutzung im Unterricht sind noch Mangelware. Allerdings finden sich vor allem im medienwissenschaftlichen Feld der *narrative game studies* zahlreiche Anknüpfungsfelder: die Ludologie, die Narratologie, das Cyberdrama, die Filmanalyse, die Architektonik sowie die lernbezogene Analyse (vgl. Kringiel 2009).

Die Kompetenzpotenziale von Computerspielen im Unterricht hat die Forschergruppe um Christa Gebel (2005) ausgelotet. Es zeigt sich darüber hinaus, dass sich Computerspiele in alle Bereichen des Deutschunterrichts integrieren lassen. Für den Lernbereich ›Schreiben‹ haben Mechthild Dehn u. a. (2004) die Potenziale von Neuen Medien als Schreib- und Gestaltungsanlass untersucht. Hierbei liegt ihr Fokus auf den Zwischenräumen zwischen realer und virtueller Welt, die durch Schülerprodukte gefüllt werden. Im Lernbereich Sprechen bieten Computerspiele im Rahmen der Anschlusskommunikation zahlreiche Anknüpfungsmöglichkeiten für vielfältige Gesprächsformate (vgl. Groeben 2004). Im Lernbereich ›Reflexion über Sprache‹ bietet die Begleitkommunikation von Computerspielnutzung (vom Chat bis zum ›Teamspeak‹ in Computerspielen) die Möglichkeit, über diese Sonderformen der Alltagskommunikation zu reflektieren (vgl. Wieler 2008). Für den Lernbereich ›Lesen – Umgang mit Texten und Medien‹ liegen Vorarbeiten zur Erschließung von zentralen Konzepten wie Narration und Rezeption (vgl. Bünger 2005) sowie für den didaktischen Einsatz im Bereich des literarischen Lernens (vgl. Boelmann 2010) vor. Aufgrund der strukturellen Homologie in diesen Bereichen sind jedoch noch erhebliche Lernpotenziale zu erwarten.

5.7.4 | E-Learning

> → **Electronic Learning** umfasst sämtliche Arten computergesteuerten Lernens. Hierunter fallen als mit E-Learning verknüpfte Methoden sowohl die Nutzung von Lernsoftware, internetbasierter Lernplattformen und kleineren Lerneinheiten wie Computer-Based-Trainings bzw. Web-Based-Trainings als auch die Verwendung einzelner unterstützender Verfahren wie Podcasts, Wikis und computergesteuerte Tests.

Zum Begriff

Dabei wird meist zwischen sogenanntem ›reinem E-Learning‹ und ›Blended Learning‹ unterschieden.
- **Reines E-Learning** steht für den ausschließlichen Gebrauch computergesteuerter Lernmethoden, wie es etwa beim Lernen mit spezieller Lernsoftware oder in speziellen Online-Seminaren der Fall ist.
- **Blended Learning** hingegen bezeichnet eine Mischung aus elektronischen und herkömmlichen Lehrmethoden, beispielsweise bei einem durch eine Lernplattform wie BlackBoard oder Moodle unterstützten Präsenzseminar an einer Hochschule.

Diese heute gängige Definition des Begriffes E-Learning war noch zu Beginn des Jahrzehnts keineswegs gesichert (vgl. Dichanz/Ernst 2001): E-Learning konnte somit beispielsweise auch als *Entertaining Learning* oder *Elaborated Learning* übersetzt werden, was den Ursprüngen der mit diesem Ausdruck verknüpften Methoden und Programmen allerdings nicht gerecht wird.

Das heutige E-Learning kann als Beispiel einer **maschinell gesteuerten Lern- bzw. Lehrmethode** in Zusammenhang mit sämtlichen Versuchen automatisierten Lernens des 20. Jahrhunderts gesehen werden. Erst mit dem Aufkommen des Internet und den Bemühungen, die sogenannten Neuen Medien in den Unterricht zu integrieren, kam es zur Bildung des nun auch inhaltlich gefüllten Begriffes ›E-Learning‹ (Arnolf/Lermen 2006, S. 5). Wurde E-Learning zunächst als eine Möglichkeit des Ersatzes für herkömmlichen Präsenzunterricht angesehen, so wird mittlerweile der Einsatz von Blended Learning für sinnvoller gehalten (ebd.).

Trotz der anfänglichen Euphorie und des relativ langen Zeitraumes seit seiner Entstehung wird E-Learning noch nicht in vollem Umfang im Lehrbetrieb genutzt. Insbesondere im **schulischen Umfeld** kommen E-Learning-Verfahren noch selten zur Anwendung, während sie sich auf **Hochschulebene** bereits lange Zeit zunehmender Beliebtheit erfreuen. Bernd Schorb (2007) liefert für dieses Ungleichgewicht eine Begründung, indem er das Vorhandensein medienpädagogischer Kompetenz als Voraussetzung zur erfolgreichen Vermittlung von Medienkompetenz anführt. Die **medienpädagogische Kompetenz** umfasst dabei neben umfangreichem Medienwissen und eigener Medienkompetenz auch die Fähigkeit, »Lernende anzuregen und ihnen den notwendigen Freiraum zu gewähren,

Medien selbst als Vermittler eigener, kollektiver Interessen zu nutzen« (Schorb 2007a, S. 31). Ihre Grundlagen würden jedoch im Zuge der momentanen Lehrerausbildung nicht zur Genüge vermittelt – sie fehlen also im Schulbetrieb, weshalb E-Learning bisher zum Großteil auf die Hochschule beschränkt ist (vgl. ebd.).

Eine **Tendenz zum vermehrten Einsatz** von E-Learning auch im schulischen Rahmen ist jedoch erkennbar. So beschreibt beispielsweise Heinz Moser (2006) die Veränderungen des Nutzungsverhaltens von Lehrpersonen hinsichtlich verschiedener Unterrichtsmedien. Die Verwendung digitaler Medien und insbesondere des Internet ist demzufolge der Verwendung analoger Medien an Beliebtheit weit voraus, was eine effektvolle Vermittlung von Medienkompetenz noch wichtiger erscheinen lässt.

Allerdings wird über den richtigen Einsatz von E-Learning noch immer diskutiert. Schwerpunkte sind dabei insbesondere eine einheitliche Vorgehensweise in Bezug auf anzuwendende **Didaktik und Methodik** sowie Nachhaltigkeit und Qualitätssicherung bei E-Learning-Verfahren (Brüggen 2007, S. 89). In puncto didaktischer Vorgehensweise wird von verschiedener Seite aus eine auf konstruktivistischen Überlegungen basierende Fokussierung des Lernenden gefordert (Brüggen 2007; Ehlers 2002). Spezifische **Eigenschaften eines effizienten E-Learning-Lernarrangements** sind:

- Offene Strukturen,
- individuelle Schwerpunktsetzung und Zeiteinteilung,
- angemessene Motivationsleistung,
- Angepasstheit an verschiedene Lerntypen sowie inhaltliche und technische Voraussetzungen.

Lernerorientierung bedeutet aber nicht nur die inhaltliche, methodische und situative Abstimmung des Lernangebotes auf den Anwender und dessen Bedürfnisse, sondern bezieht auch die grundsätzliche Frage nach dem spezifischen Nutzen des Lernangebotes für den Lernenden mit ein. Qualität entsteht so im Zusammenspiel zwischen Anwender und Lernarrangement, kann also nicht ausschließlich von einer Seite hergestellt werden. Der Lernende benötigt darüber hinaus ein gewisses Maß an Lernkompetenz, um innerhalb verschiedener Lernangebote das für ihn in seiner Situation Passende auszuwählen – ohne das ihm auch das differenzierteste Lernangebot nicht von Nutzen sein kann (vgl. Ehlers 2002).

5.7.5 | Blog

Ein Blog ist »ein **Hypertextdokument**, das aus Titel, Text respektive Nachricht, einem interaktiven Kommentarfeld, einem Permalink (also der URL) und dem Datum besteht« (Bruns 2009, S. 319). Durch seine klar definierbare Struktur wird der Blog zu einem Medium, das wie das Buch als Aufzeichnungsmedium für den Deutschunterricht relevant ist.

Weblogs, kurz: **Logs** oder **Blogs**, »zählen als visuelle Artikulations- und Verschriftlichungsmedien explizit persönlicher bzw. personalisierter Form zu den aktuellsten Aufzeichnungssystemen« (ebd., S. 314). Den Angaben der Seite www.blogherald.com zufolge gibt es aktuell etwa 100 Millionen aktive Blogs im Internet. Der Aufstieg dieser beweglichen Dokumentengattung wird auf die Zeit nach dem 11. September 2001 datiert. Etwa sechs Jahre nach Erscheinen der ersten Prototypen begann von den USA ausgehend der Boom des Weblogs, der sich rasant global ausbreitete. Demnach ist das Medium knapp ein Jahrzehnt alt und mehr als eine bloße Modeerscheinung.

Nach Bruns (2009) verbindet der Blog verschiedene Genreformate und Techniken und setzt diese zu einem neuen Format, der Logik des Internet entsprechend, online auf Internetplattformen um:

»Von den Erzähl- und Präsentationsverfahren der Tagebuch-Literatur mit all ihren Übergängen zum Foto-, Freundschaftsalbum, Poesie-Album usw. leihen sie [die Blogs] die inhaltlich konventionalisierten Rubriken (Tagesablauf, Hobbys, Konzentration auf das Private) sowie Narrationselemente, Metaphern (Lebensweg, das Leben als Fluss usw.) und Anordnungsprinzipien (zwei bis drei Fotos nebeneinander, gerade Platzierung auf der Seite etc.)« (Bruns 2009, S. 314).

Bruns hebt hervor, dass Weblogs, je nach Gegenstandsbereich und Spezialdiskurs, an Praktiken, Gattungen und Formate des Dokumentierens und Erzählens anknüpfen, die selbst bereits z.T. **Genrekreuzungen** darstellen. Im Blog entwickeln sich daraus komplexe Hybrid- oder Metaformate, die indessen noch auf dem Schriftprinzip basieren: »trotz ihres hypermedialen Charakters und trotz extremer Format-Beispiele wie MP3-Blogs [...] fungieren Weblogs primär als Schriftmedien – analog zum Text-, Zeitungs- oder gar Buchformat«; unübersehbar sei »die Verwandtschaft mit dem Buch – und hier insbesondere mit dem Narrationstypus des Biographischen« (Bruns 2009, S. 317). Der **User-Leser** stößt im Internet auf Blogs als Sammelformat ganz heterogener Text-, Bild-, Ton- und Video-Websites mit Optionen des Feedbacks. Die Besonderheit des Sammelformats sowie die Möglichkeit des Kommentars werden durch die für Blogs typische Hyperlinkstruktur ermöglicht und gehen weit über die Möglichkeiten eines Buchs hinaus. Bruns weist insgesamt **30 Subkategorien des Blogs** auf, etwa

- den Personal Blog (das Online-Tagebuch),
- den politischen/journalistischen Blog,
- Moblogs,
- Sketchblog,
- Business Blogs,
- Science Blogs,
- Foto- und Video-Blogs usw.

Subkategorien
des Blogs

YouTube und MySpace zählen in der Kategorie Video-Blog und Personal Blog zu den populärsten und bekanntesten Foren. Blogs können auch als mobile Variante auftreten – so beim Speichern bzw. Podcasting von Sprache, Lesungen und/oder Musik dergestalt, »dass Sendungen ›on demand‹ erstellt werden können« (Siever 2006).

Das Potenzial des Weblogs für den Deutschunterricht haben u. a. Möbius/Wieland (2006) in einem Unterrichtsmodell plausibilisiert, in dem sie Webseiten und Weblogs für das Erstellen von Inhaltswiedergaben nutzen. Das Unterrichtsmodell knüpft an authentische Recherche- und Wiedergabesituation von Informationen aus dem Internet an. In der Unterrichtsreihe lernen Schüler/innen nicht nur, Webseiten und Blogs als Informationsquellen zu nutzen, sondern werden sich ihrer kommentierenden, informierenden, unterhaltenden und werbenden Funktion bewusst, indem sie eigene Weblogs zu ausgewählten Filmen im Rahmen eines Klassen-Blog-Projekts erstellen und bereits vorhandene Weblogs zu der Thematik untersuchen.

Das Ziel der Reihe ist nicht nur der rezeptive, sondern auch der produktive Umgang mit dem Internet. Die Autor/innen nutzen dabei das innovative Moment des Weblogs sowie sein individuell-gestalterisches Potenzial, was Themenentwicklung und Stil angeht (Möbius/Wieland 2006, S. 35) – damit werden die Möglichkeiten des Buchs als klassischem Leitmedium des Unterrichts vor allem hinsichtlich der Möglichkeiten bei der Produktionsorientierung überboten.

5.7.6 | Handy

Das Medium ›Handy‹ spielt im Alltag der Schüler/innen eine herausragende Rolle; 99 % der Schüler/innen besitzen ein Handy. Dabei dient es schon lange nicht mehr ausschließlich zum Telefonieren – der Einsatz von **Smart Phones** ist mittlerweile so vielfältig, dass diese selbst schon als kleine Multimediamaschine benutzt werden können.

So multimedial die Funktionen sind (Telefon, Radio, Fernsehen, Videokamera oder Fotokamera, Surfen im Internet, SMS und Mails schreiben, spielen und lernen), so unterschiedlich kann die Verwendung im und für den Unterricht ausfallen. Dabei ist es möglich, sich dem Thema ›Handy‹ auf verschiedenen Ebenen zu nähern. So kann es thematisch mit seinen Funktionen oder den damit verbundenen Gefahren im Mittelpunkt stehen. Außerdem ist es möglich, auf sprachlicher Ebene eine Reflexion über die Merkmale der SMS-Sprache anzustoßen oder das Handy selbst als Medium und Unterstützung für einen kreativen Umgang mit Texten zu verwenden.

Im Bereich der Sprachreflexion können die Besonderheiten der SMS-Sprache mit den Schüler/innen erarbeitet werden, insofern »die medial schriftliche SMS durch ihre konzeptionelle Nähe zur Mündlichkeit geprägt [ist], so dass z. B. einige non-verbale Aspekte der Sprache durch Emoticons kompensiert werden und umgangssprachliche, manchmal auch dialektal gefärbte Ausdrücke auftauchen« (Frederking u.a. 2008, S. 205). Da die Jugendlichen eine der größten Nutzergruppen ausmachen, kann die Lehrkraft davon profitieren, dass die Schüler/innen »bei diesen Kommunikationsformen unmittelbarer als anderorts an der Herausbildung und Veränderung kommunikativer Normen beteiligt« sind (Kurzrock 2007, S. 197). Ausgehend von ihrer alltäglichen Erfahrung kann durch die Thematisierung von Sprachvarietäten und Sprachwandel bei den Schüler/innen ein Sprachbewusstsein entwickelt werden.

Neben diesen thematischen Annäherungen gibt es **weitere vielfältige Möglichkeiten**, das Handy selbst einzusetzen und für den Deutschunterricht fruchtbar zu machen. Da sich SMS vor allem durch ihre Kürze auszeichnen, können die Schüler/innen SMS-Poesie verfassen, indem sie **Haikus** oder **Elfchen** schreiben, die dem Rahmen der 160 zur Verfügung stehenden Zeichen entsprechen müssen oder Texte auf SMS-Größe zusammenfassen. Des Weiteren können Interviews geführt und Hörspiele aufgenommen werden sowie die Schüler/innen als Videojournalisten losgeschickt werden.

Gegenstand von **kritischen Betrachtungen** und Diskussionen sind unterdessen das **Cyber-Mobbing** (der Missbrauch des Handys, um Andere zu demütigen) oder die **Kostenfallen** beim Handygebrauch sowie **Handystrahlung** und entstehender Müll durch weggeworfene Modelle.

Auch wenn derzeit das Handy eher thematisch denn als Medium behandelt wird, wird es wohl in Zukunft einen immer größeren Stellenwert im Unterricht einnehmen, da auch die gesellschaftliche Bedeutung zunimmt und die Funktionen immer weiter ausdifferenziert werden.

5.8 | Resümee

Der soziokulturelle und technisch-mediale Wandel hat zu einer grundlegend neuen Ausrichtung geführt. Unter der kulturoptimistischen Perspektive ist ein moderner Deutschunterricht ähnlich wie seine sich lebendig weiterentwickelnden Gegenstände Sprache und Literatur dazu angehalten, sich an die Spitze der Bewegung zu setzen und die Entwicklung mit den jungen Generationen mitzugehen. Dies bedeutet, dass ein moderner Deutschunterricht die jeweils neuen Medien und Formate thematisieren soll und muss, die bei den Jugendlichen up to date sind, also MP3-Player, Chatrooms usw.

- Die erste Aufgabe für den Deutschunterricht besteht hierin, diese neuen Medien und Formate mit den traditionellen Lerngegenständen integrativ zu verbinden, wie das hier am Beispiel von Literatur skizziert worden ist.
- Eine zweite Aufgabe besteht darin, den technisch-medialen Wandel kritisch zu reflektieren. Dies bedeutet, dass der Deutschunterricht die Medienentwicklungen kompensieren muss, da es eine erwiesene Tatsache der Wissensklufthypothese darstellt, dass die Bildungsschichten aufgrund der Medienentwicklung immer weiter auseinanderdriften.
- Die dritte Aufgabe besteht darin, die psychologische Reflexion des technisch-medialen Wandels und von Medienwirkungen (vgl. dazu zuletzt Jäckel 2007) im Unterricht selbst vorzunehmen.

Aufgrund der erodierten Umgangsformen und der zunehmenden Gewaltbereitschaft in der Gesellschaft ändern sich interessanterweise auch die medienpsychologischen Studien und die Forschungsergebnisse. Die Dynamik dieser und anderer Entwicklungen zeigt, wie sehr ein Gegenstandsfeld wie das der Medien das traditionelle Gefüge des Sprach- und

Resümee

des Literaturunterrichts zusammenführen und zu neuen Verbünden integrieren kann.

Grundlegende
Literatur

Abraham, Ulf: »Kino im Klassenzimmer«. In: *Praxis Deutsch* 175 (2002), S. 6–18.
Arnolf, Rolf/Lermen, Markus: *eLearning-Didaktik.* Baltmannsweiler 2006.
Baacke, Dieter: *Medienpädagogik.* Tübingen 1997.
Barth, Susanne: »Medien im Deutschunterricht«. In: *Praxis Deutsch* 153 (1999), S. 11–19.
Borrmann, Andreas/Gerdzen, Rainer: *Internet im Deutschunterricht.* Stuttgart 2000.
Dehn, Mechthild/Hoffmann, Thomas/Lüth, Oliver/Peters, Maria: *Zwischen Text und Bild. Schreiben und Gestalten mit neuen Medien.* Freiburg i.Br. 2004.
Frederking, Volker/Krommer, Axel/Maiwald, Klaus: *Mediendidaktik Deutsch. Eine Einführung.* Berlin 2008.
Gast, Wolfgang (Hg.): *Literaturverfilmung.* Bamberg 1999.
Groeben, Norbert (Hg.): *Lesesozialisation in der Mediengesellschaft. Ein Schwerpunktprogramm.* Tübingen 1999.
– : »Dimensionen der Medienkompetenz. Deskriptive und normative Aspekte«. In: Groeben/Hurrelmann 2002, S. 160–200.
– : *Lesesozialisation in der Mediengesellschaft. Ein Forschungsüberblick.* Weinheim/München 2004b.
–/**Hurrelmann, Bettina** (Hg.): *Medienkompetenz. Voraussetzungen, Dimensionen, Funktionen.* Weinheim 2002.
Hickethier, Knut: *Film- und Fernsehanalyse.* Stuttgart/Weimar ⁴2007
Marci-Boehncke, Gudrun/Rath, Matthias: *Jugend – Werte – Medien: Die Studie.* Weinheim/Basel 2007.
Rupp, Gerhard/Heyer, Petra/Bonholt, Helge: *Lesen und Medienkonsum. Wie Jugendliche den Deutschunterricht verarbeiten.* Weinheim 2004.
Wermke, Jutta: *Integrierte Medienerziehung im Fachunterricht. Schwerpunkt: Deutsch.* Helmut Kreuzer zum 70. Geburtstag. München 1997.

*Gerhard Rupp**

---

* Unter Mitarbeit von Anica Betz, Jan Boelmann, Max Reinsch, Julika Vorberg und Anna Zygiel.

6. Anhang

6.1 | Zitierte und weiterführende Literatur

Kapitel 1: Perspektiven der Entwicklungspsychologie

Aebli, Hans: *Zwölf Grundformen des Lehrens – eine allgemeine Didaktik auf psychologi-scher Grundlage. Medien und Inhalte didaktischer Kommunikation – der Lernzyklus.* Stuttgart ¹²2003.

Bandura, Albert: *Sozial-kognitive Lerntheorie.* Stuttgart 1979.

–/Ross, Dorothea/Ross, Sheila A.: »Imitation of Film-mediated Aggressive Models«. In: *Journal of Abnormal and Social Psychology* Jg. 66 (1963), S. 3–11.

Baumert, Jürgen/Watermann, Rainer/Schümer, Gundel: »Disparitäten der Bildungsbe-teiligung und des Kompetenzerwerbs«. In: *Zeitschrift für Erziehungswissenschaft* 6,1 (2003), S. 46–72.

Baumrind, Diana: »Rearing competent children«. In: William Damon (Hg.): *Child Devel-opment Today and Tomorrow.* San Francisco 1988, S. 349–378.

- : »The Discipline Controversy Revisited«. In: *Family Relations* 45 (1996), S. 405–414.

Benard, Bonnie: *Fostering Resiliency in Kids: Protective Factors in the Family, School, and Community.* San Francisco 1991.

–: *Fostering Resilience in Children.* San Francisco 1995.

Blos, Peter: »Der zweite Individuierungs-Prozeß der Adoleszenz«. In: Rainer Döbert/ Jürgen Habermas/Gertrud Nunner-Winkler (Hg.): *Entwicklung des Ichs.* Köln 1997, S. 179–195.

Bodenmann, Guy/Perrez, Meinrad/Schär, Marcel: *Klassische Lerntheorien. Grundlagen und Anwendungen in Erziehung und Psychotherapie.* Bern 2004.

Bos, Wilfried/Lankes, Eva-Maria/Prenzel, Manfred/Schwippert, Knut/Walther, Gerd/ Valtin, Renate (Hg.): *Erste Ergebnisse aus IGLU. Schülerleistungen am Ende der vierten Jahrgangsstufe im internationalen Vergleich.* Münster 2003.

Bronfenbrenner, Urie: *Die Ökologie der menschlichen Entwicklung: Natürliche und ge-plante Experimente.* Stuttgart 1981.

Bundesministerium für Arbeit und Sozialordnung (BMAS) (Hg.): *Lebenslagen in Deutsch-land – Der dritte Armuts- und Reichtumsbericht der Bundesregierung.* Köln 2008.

Deci, Edward/Ryan, Richard M.: »Die Selbstbestimmungstheorie der Motivation und ihre Bedeutung für die Pädagogik«. In: *Zeitschrift für Pädagogik* Jg. 39 (1993), S. 223–238.

Edelmann, Walter: *Lernpsychologie.* Weinheim 2000.

Erikson, Erik H.: *Der vollständige Lebenszyklus.* Frankfurt a. M. 1988.

Fan, Xitao/Chen, Michael: »Parental Involvement and Students' Academic Achievement: A Meta-Analysis«. In: *Educational Psychology Review* 13, 1 (2001), S. 1–22.

Fend, Helmut: *Eltern und Freunde. Soziale Entwicklung im Jugendalter.* Bern 1998.

–: *Neue Theorie der Schule – Einführung in das Verstehen von Bildungssystemen.* Wies-baden 2008.

Fries, Stefan: *Wollen und Können. Ein Training zur gleichzeitigen Förderung des Leistungs-motivs und des induktiven Denkens.* Münster 2002.

Fröhlich-Gildhoff, Klaus/Rönnau-Böde, Maike: *Resilienz.* München 2009.

Furman, Wyndol/Simon, Valerie A./Shaffer, Laura/Bouchey, Heather A.: »Adolescents' Representations of Relationships with Parents, Friends, and Romantic Partners«. In: *Child Development* 73 (2002), S. 241–255.

Gilligan, Carol: »Adolescent Development Reconsidered«. In: Charles E. Irwin (Hg.): *Ado-lescent Social Behavior and Health. New Directions for Child Development.* San Fran-cisco/London 1987, S. 63–92.

Zitierte und
weiterführende
Literatur

Grossmann, Karin/Grossmann, Klaus E.: *Bindungen – das Gefüge psychischer Sicherheit.* Stuttgart 2004.

Havighurst, Robert J.: *Developmental Tasks and Education.* New York [2]1952.

Hetherington, E. Mavis: »Parents, Children, and Siblings: Six Years after Divorce«. In: Robert A. Hinde/Joan Stevenson-Hinde (Hg.): *Relationships within Families. Mutual Influences.* Oxford 1988, S. 311–331.

Holodynski, Manfred/Oerter, Rolf: »Tätigkeitsregulation und die Entwicklung von Motivation, Emotion und Volition«. In: Oerter/Montada 2008, S. 535–571.

Hoover-Dempsey, Kathleen/Walker, Joan/Sandler, Howard/Whetsel, Darleen/Green, Christa/Wilkins, Andew/Closson, Kristen: »Why do Parent become Involved? Research Findings and Implications«. In: *The Elementary School Journal* 106 (2005), S. 106–130.

Hurrelmann, Klaus: *Einführung in die Sozialisationstheorie.* Weinheim/Basel 2002.

–/Grundmann, Matthias/Walper, Sabine (Hg.): *Handbuch der Sozialisationsforschung.* Weinheim 2008.

Kindler, Heinz: *Väter und Kinder. Langzeitstudien über väterliche Fürsorge und die sozioemotionale Entwicklung von Kindern.* Weinheim/München 2002.

Kohlberg, Lawrence: *Die Psychologie der Moralentwicklung.* Frankfurt a.M. 1996.

Korntheuer, Petra/Lissmann, Ilka/Lohaus, Arnold: »Bindungssicherheit und die Entwicklung von Sprache und Kognition«. In: *Kindheit und Entwicklung* 16 (2007), S. 180–189.

Leutner, Detlev: »Bildungspsychologie auf der Mikroebene«. In: Christiane Spiel/Barbara Schober/Petra Wagner/Ralph Reimann (Hg.): *Bildungspsychologie.* Göttingen/Bern/Wien 2010, S. 359–376.

Lind, Georg: »Ansätze und Ergebnisse der ›Just Community‹-Schule«. In: *Die deutsche Schule* 79 (1987), S. 4–12 (Neuaufl. 2000: http://www.uni-konstanz.de/ag-moral/pdf/Lind-1987_Just-Community-Schule.pdf).

–: *Moral ist lehrbar. Handbuch zur Theorie und Praxis der moralischen und demokratischen Bildung.* München 2003.

Lukesch, Helmut: »Sozialisation durch Massenmedien«. In: Hurrelmann/Grundmann/Walper 2008, S. 384–397.

Mahler, Margaret S./Pine, Fred/Bergman, Anni: *Die psychische Geburt des Menschen.* Frankfurt a.M. 1980.

Marcia, James E.: »Development and Validation of Ego Identity Status.« In: *Journal of Personality and Social Psychology* 3 (1966), S. 551–558.

Milatz, Anne/Ahnert, Lieselotte: »Secure-base-Scripte bei Lehrerinnen: Auswirkungen auf die Beziehungsgestaltung in Grundschulen« (Posterpräsentation auf der 19. Tagung Entwicklungspsychologie in Hildesheim 2009).

Montada, Leo: »Fragen, Konzepte, Perspektiven«. In: Oerter/Montada 2008a, S. 3–48.

–: »Moralische Entwicklung und Sozialisation«. In: Oerter/Montada 2008b, S. 572–606.

Oerter, Rolf/Dreher, Eva: Jugendalter. In: Oerter/Montada 2008, S. 271–332.

Oerter, Rolf/Montada, Leo (Hg.): *Entwicklungspsychologie.* Weinheim/Basel/Berlin 2008.

Opp, Günther/Fingerle, Michael (Hg.): *Was Kinder stärkt. Erziehung zwischen Risiko und Resilienz.* München [3]2008.

Oswald, Hans: »Sozialisation in Netzwerken Gleichaltriger«. In: Hurrelmann/Grundmann/Walper 2008, S. 321–332.

Peuckert, Rüdiger: *Familienformen im sozialen Wandel.* Wiesbaden 2008.

Piaget, Jean: *Psychologie der Intelligenz.* Stuttgart 1967.

Roos, Jeannette/Greve, Werner: »Eine empirische Überprüfung des Ödipus-Komplexes«. In: *Zeitschrift für Entwicklungspsychologie und Pädagogische Psychologie* 28 (1996), S. 295–315.

Schneewind, Klaus A.: »Freiheit in Grenzen – Wege zu einer wachstumsorientierten Erziehung«. In: Hans-Georg Krüsselberg/Heinz Reichmann (Hg.): *Zukunftsperspektive Familie und Wirtschaft. Vom Wert von Familie für Wirtschaft, Staat und Gesellschaft.* Grafschaft 2002, S. 213–262.

–: *Familienpsychologie.* Stuttgart 2010.

–/Ruppert, Stefan: *Familien gestern und heute: ein Generationenvergleich über 16 Jahre.* München 1995.

Seiffge-Krenke, Inge: »Beziehungserfahrungen in der Adoleszenz: Welchen Stellenwert haben sie zur Vorhersage von romantischen Beziehungen im jungen Erwachsenenalter?« In: *Zeitschrift für Entwicklungspsychologie und Pädagogische Psychologie* 33 (2001), S. 112–123.

Selman, Robert L.: *The Growth of Interpersonal Understanding.* New York 1980.

Sodian, Beate: »Die Entwicklungspsychologie des Denkens – das Beispiel der Theory of Mind«. In: Beate Herpertz-Dahlmann/Franz Resch/Michael Schulte-Markwort/Andreas Warnke (Hg.): *Entwicklungspsychiatrie. Biologische Grundlagen und die Entwicklung psychischer Störungen.* Stuttgart 2003, S. 85–97.

–: »Entwicklung des Denkens«. In: Oerter/Montada 2008, S. 436–479.

Spinath, Birgit: »Bildungspsychologie des Primarbereichs«. In: Christiane Spiel/Barbara Schober/Petra Wagner/Ralph Reimann (Hg.): *Bildungspsychologie.* Göttingen/Bern/Wien 2010, S. 81–100.

Steinberg, Lawrence: »We Know some Things: Parent-adolecent Relationships in Retrospect and Prospect«. In: *Journal of Research on Adolescence* 11, 1 (2001), S. 1–19.

Tschöpe-Scheffler, Sigrid: *Konzepte der Elternbildung – eine kritische Übersicht.* Opladen 2005.

Walper, Sabine: »Eltern-Kind-Beziehungen im Jugendalter«. In: Rainer K. Silbereisen/Markus Hasselhorn (Hg.): *Enzyklopädie Psychologie.* Serie V (Entwicklung), Bd. 5: *Psychologie des Jugend- und frühen Erwachsenenalters.* Göttingen 2008a.

–: »Sozialisation in Armut«. In: Hurrelmann/Grundmann/Walper 2008, S. 204–214 [2008b].

–/Roos, Jeanette: »Die Einschulung als Herausforderung und Chance für die Familie«. In: Angelika Speck-Hamdan/Gabriele Faust-Siel (Hg.): *Schulanfang.* Frankfurt a. M. 2001, S. 30–52.

Werner, Emily E./Smith, Ruth S.: *Vulnerable but Invincible. A Longitudinal Study of Resilient Children and Youth.* New York 1982.

Werner, Emily E./Smith, Ruth S.: *Overcoming the Odds: High-Risk Children from Birth to Adulthood.* New York 1992.

Wild, Elke/Lorenz, Fiona: *Elternhaus und Schule.* Paderborn 2010.

Wissenschaftlicher Beirat für Familienfragen: *Familiale Erziehungskompetenzen. Beziehungsklima und Erziehungsleistungen in der Familie als Problem und Aufgabe.* Weinheim 2005.

Zimmermann, Peter/Gliwitzki, Judith/Becker-Stoll, Fabrienne: »Bindung und Freundschaftsbeziehungen im Jugendalter«. In: *Psychologie in Erziehung und Unterricht* 43 (1996), S. 141–154.

Kapitel 2: Deutschdidaktik in der Grundschule

Abraham, Ulf: »Vorstellungs-Bildung und Deutschunterricht«. In: *Praxis Deutsch* 154 (1999), S. 14–22.

Andresen, Helga: *Vom Sprechen zum Schreiben. Sprachentwicklung zwischen dem vierten und siebten Lebensjahr.* Stuttgart 2005.

–/Funke, Reinhold: »Entwicklung sprachlichen Wissens und sprachlicher Bewusstheit«. In: Ursula Bredel (Hg): *Didaktik der deutschen Sprache Band 1.* Paderborn 2003, S. 438–451.

Augst, Gerhard u. a.: *Text – Sorten – Kompetenz: eine echte Longitudinalstudie zur Entwicklung der Textkompetenz im Grundschulalter.* Frankfurt a. M. 2007.

–/Dehn, Mechthild: *Rechtschreibung und Rechtschreibunterricht.* Stuttgart 2007.

Bartnitzky, Horst (Hg.): *Beiträge zum pädagogischen Leistungsbegriff.* Frankfurt a. M. 2005.

–: *Grammatikunterricht auf der Primarstufe.* Berlin 2006.

– (Hg.): *Grundschrift – damit Kinder besser schreiben lernen. Grundschule aktuell* 110 (2010).

–/Speck-Hamdan, Angelika (Hg.): *Leistungen der Kinder wahrnehmen – würdigen – fördern.* Frankfurt a. M. 2004.

–/Speck-Hamdan, Angelika (Hg.): *Deutsch als Zweitsprache lernen.* Frankfurt a. M. 2005.

Zitierte und
weiterführende
Literatur

Baurmann, Jürgen/Pohl, Thorsten: »Schreiben – Texte verfassen«. In: Albert Bremerich-Vos u. a. (Hg.): *Bildungsstandards für die Grundschule. Deutsch konkret*. Berlin 2009, S. 75–103.

Becker-Motzek, Michael: *Schreibentwicklung und Textproduktion. Der Erwerb der Schreibfertigkeit am Beispiel der Bedienungsanleitung*. Opladen 1997.

–: »Gesprächskompetenz vermitteln und ermitteln. Gute Aufgaben im Bereich Sprechen und Zuhören«. In: Albert Bremerich-Vos u. a. (Hg.): *Lernstandsbestimmung im Fach Deutsch. Gute Aufgaben für den Unterricht*. Weinheim 2008, S. 52–77.

–/Quasthoff, Uta: »Unterrichtsgespräche zwischen Gesprächsforschung, Fachdidaktik und Unterrichtspraxis«. In: *Der Deutschunterricht* 50 (1998), S. 3–13.

Belke, Gerlind: *Poesie und Grammatik. Kreativer Umgang mit Texten im Deutschunterricht mehrsprachiger Lerngruppen*. Baltmannsweiler 2007.

Bertschi-Kaufmann, Andrea: *Lesen und Schreiben in einer Medienumgebung. Die literalen Aktivitäten von Primarschulkindern*. Aarau 2000.

– (Hg.): *Lesekompetenz, Leseleistung, Leseförderung. Grundlagen, Modelle und Materialien*. Seelze-Velber 2007.

Birkel, Peter: »Rechtschreibleistung im Diktat – eine objektiv beurteilbare Leistung?« In: *Didaktik Deutsch* 27 (2009), S. 5–32.

Blatt, Inge/Ramm, Gesa/Voss, Andreas: »Modellierung und Messung der Textkompetenz im Rahmen einer Lernstandserhebung in Klasse 6«. In: *Didaktik Deutsch* 26 (2008), S. 54–81.

Bos, Wilfried u. a. (Hg.): *Erste Ergebnisse aus IGLU*. Hamburg 2003.

Böttcher, Ingrid (Hg.): *Kreatives Schreiben. Grundlagen und Methoden, Beispiele für Fächer und Projekte, Schreibecke und Dokumentation*. Berlin 1999.

Bremerich-Vos, Albert/Böhme, Katrin: »Aspekte der Diagnostik im Bereich ›Sprache und Sprachgebrauch untersuchen‹«. In: Dietlinde Granzer u. a. (Hg.): *Bildungsstandards Deutsch und Mathematik. Leistungsmessung auf der Primarstufe*. Weinheim 2009, S. 376–392.

Brinkmann, Erika: *ABC-Lernlandschaft*. Hamburg 2008.

Brügelmann, Hans: »Lesen- und Schreibenlernen als Denkentwicklung«. In: *Zeitschrift für Pädagogik* 30 (1984), S. 69–91.

–: »Das Prognoserisiko von Risikoprognosen – eine Chance für »Risikokinder«?« In: Bernd Hofmann/Ada Sasse (Hg.): *Übergänge. Kinder und Schrift zwischen Kindergarten und Schule*. Berlin 2005, S. 146–172.

–/Brinkmann, Erika: *IDEEN-Kiste. Schrift – Sprache*. Hamburg 2001.

Dehn, Mechthild: *Texte und Kontexte, Schreiben als kulturelle Tätigkeit auf der Primarstufe*. Berlin 1999 (Neuauflage 2011).

–: »Schreiben als Transformationsprozess. Zur Funktion von Mustern: literarisch – orthografisch – medial«. In: Mechthild Dehn/Petra Hüttis-Graff (Hg.): *Kompetenz und Leistung im Deutschunterricht. Spielraum für Muster des Lernens und Lehrens*. Freiburg 2005, S. 9–32.

–: »Zur Funktion der Aufgabe für den Schülertext«. In: Bernhard Hofmann/Renate Valtin (Hg.): *Projekte, Positionen, Perspektiven. 40 Jahre DGLS*. Berlin 2009a, S. 145–175.

–: »Individuelle Lernangebote in heterogenen Gruppen«. In: *Deutsch differenziert* 3 (2009b), S. 10–12.

–: *Zeit für die Schrift: Lesen und Schreiben lernen. Lernprozesse und Unterricht – Praxishilfen – Für Schulanfang und Jahrgang 1*. Berlin 2010.

–: »Elementare Schriftkultur und Bildungssprache«. In: Sara Fürstenau/Mechtild Gomolla (Hg.): *Migration und schulischer Wandel: Mehrsprachigkeit*. Wiesbaden 2011, S. 129–152.

–/Hüttis-Graff, Petra: *Zeit für die Schrift. Beobachtung, Diagnose, Lernhilfen. Schulanfangsbeobachtung – Lernbeobachtung Schreiben und Lesen – Für Schulanfang und Jahrgang 1*. Berlin 2010.

–/Kuhlwein, Brigitte: »Ich habe Geburtstag – In meinem Bauch kribbelt es. Ein Lesespiel zu Ereignissen und Gefühlen«. In: *Die Grundschulzeitschrift* 215/216 (2008), S. 36–39.

–/Sjölin, Amelie: »Frühes Lesen und Schreiben«. In: Hartmut Günther/Ludwig Otto (Hg.): *Schrift und Schriftlichkeit. Handbücher zur Sprach- und Kommunikationswissenschaft*. Bd. 2. Berlin 1996, S. 1141–1153.

Dirim, Inci/Müller, Astrid: »Sprachliche Heterogenität. Deutsch lernen in mehrsprachigen Kontexten«. In: *Praxis Deutsch* 134 (2007), S. 6–14.

Ehlich, Konrad: »Sprachaneignung und deren Feststellung bei Kindern mit und ohne Migrationshintergrund: Was man weiß, was man braucht, was man erwarten kann«. In: Bundesministerium für Bildung und Forschung (Hg.): *Anforderungen an Verfahren der regelmäßigen Sprachstandsfeststellung als Grundlage für die frühe und individuelle Förderung von Kindern mit und ohne Migrationshintergrund.* Bonn 2005, S. 11–31.

Eichler, Wolfgang/Thomé, Günther: »Bericht aus dem Forschungsprojekt ›Innere Regelbildung im Orthographieerwerb im Schulalter‹«. In: Hans Brügelmann u.a. (Hg.): *Am Rande der Schrift: zwischen Sprachenvielfalt und Analphabetismus.* Lengwil 1995, S. 35–42.

Fay, Johanna: *Die Entwicklung der Rechtschreibkompetenz beim Textschreiben. Eine empirische Untersuchung in Klasse 1 bis 4.* Frankfurt a.M. 2010.

Feth, Monika/Boratynski, Antoni: *Der Gedankensammler* [1993]. Düsseldorf ⁵2006.

Frederking, Volker/Krommer, Axel/Maiwald, Klaus: *Mediendidaktik Deutsch.* Berlin 2008.

Frith, Uta: »Psychologische Aspekte des orthographischen Wissens«. In: Gerhard Augst (Hg.): *New Trends in Graphemics and Orthography.* Berlin 1986, S. 218–233.

Gogolin, Ingrid: »Herausforderung Bildungssprache«. In: Die *Grundschulzeitschrift* 215/216 (2008), S. 26.

Grenz, Dagmar: »Szenisches Interpretieren von Kinderliteratur«. In: *Grundschule* 4 (1999), S. 26–28.

Groeben, Norbert/Hurrelmann, Bettina (Hg.): *Lesesozialisation in der Mediengesellschaft.* München 2004.

Grundschulverband (Hg.): *Beiträge zur Reform der Grundschule.* Band 121, H. 3. Frankfurt a.M. 2006.

Haas, Gerhard/Menzel, Wolfgang/Spinner, Kaspar: »Handlungs- und produktionsorientierter Literaturunterricht«. In: *Praxis Deutsch* 123 (1994), S. 17–25.

Hayes, John R./Flower, Linda S.: »Identifying the Organization of Writing Processes«. In: Lee W Gregg/Erwin R. Steinberg (Hg.): *Cognitive Processes in Writing.* Hillsdale 1980, S. 3–30.

Huneke, Hans-Werner: »Reflexion über Sprache«. In: Eiko Jürgens/Jutta Standop (Hg.): *Taschenbuch Grundschule Band 4. Fachliche und überfachliche Gestaltungsbereiche.* Baltmannsweiler 2008, S. 44–56.

Hurrelmann, Bettina: »Leseleistung – Lesekompetenz. Folgerungen aus PISA mit einem Plädoyer für ein didaktisches Konzept des Lesens als kultureller Praxis«. In: *Praxis Deutsch* 176 (2002), S. 6–19.

Hüttis-Graff, Petra: »Riesen im Ozean: Informationen aus einem Sachtext und aus Erzählungen ermitteln und bewerten«. In: *Praxis Deutsch* 184 (2004), S. 20–26.

–: »Vom Hören zum Lesen – Literarisches Lernen mit Lese-Hör-Kisten«. In: Petra Wieler (Hg.): *Medien als Erzählanlass. Wie lernen Kinder im Umgang mit alten und neuen Medien.* Freiburg i.Br. 2008, S. 105–124.

–: »Texte gemeinsam hören und individuelle Zugänge zu Schrift eröffnen. Soziale Lernsituationen zur Geschichte vom Löwen, der nicht schreiben konnte«. Beitrag und Material in: *Grundschulunterricht Deutsch* 1 (2009), S. 11–16; Material S. 17–24.

–/Merklinger, Daniela: »Ohne Buchstaben Texte schreiben. Ein Hörspiel für Kinder als Zugang zu Schriftlichkeit«. In: Dagmar Grenz (Hg.): *Kinder- und Jugendliteratur – Theorie, Geschichte, Didaktik.* Baltmannsweiler 2010, S. 179–198.

Jantzen, Christoph: »Eigene Texte in der Schule überarbeiten: beobachten – verstehen – lernen«. In: Erika Brinkmann/Norbert Kruse/Claudia Osburg (Hg.): *Kinder schreiben und lesen. Beobachten – Verstehen – Lehren.* Freiburg i.Br. 2003, S. 111–126.

Klieme, Eckhard u.a.: *Zur Entwicklung nationaler Bildungsstandards. Eine Expertise.* Bonn 2003.

Kolbe, Sabine/Wardetzky, Kristin: *ErzählZeit. Erzählen, zuhören, weitererzählen.* 2009 (www.erzaehlzeit.de).

Köster, Juliane/Rosebrock, Cornelia: »Lesen – mit Texten und Medien umgehen«. In: Albert Bremerich-Vos u.a. (Hg): *Bildungsstandards für die Grundschule: Deutsch konkret.* Berlin 2009, S. 104–138.

Kruse, Iris: »Offene Produktionsorientierung und weiterführende Anschlussaufgaben beim Umgang mit einem Kinderbuch«. In: *Grundschulunterricht* 1 (2007), S. 18–24.

Kultusministerkonferenz (KMK): *Bildungsstandards im Fach Deutsch für den Primarbereich. (Jahrgangsstufe 4)*. Beschluss vom 15.10.2004. München 2005.

Leßmann, Beate: *Individuelle Lernwege im Schreiben und Rechtschreiben: Ein Handbuch für den Deutschunterricht. Teil I: Klassen 1 und 2.* Hamburg 2007.

Löffler, Ilona/Meyer-Schepers, Ursula: »Probleme beim Erwerb von Rechtschreibkompetenz: Ergebnisse qualitativer Fehleranalysen aus IGLU-E«. In: Swantje Weinhold (Hg.): *Schriftspracherwerb empirisch. Konzepte – Diagnostik – Entwicklung.* Baltmannsweiler 2006, S. 199–217.

Mattenklott, Gundel: Grundschule des Theaters. In: *Die Grundschulzeitschrift* 228/229 (2009), S. 28–31.

Menzel, Wolfgang: *Grammatik-Werkstatt. Theorie und Praxis eines prozessorientierten Grammatikunterrichts für die Primar- und Sekundarstufe.* Seelze 1999.

Merklinger, Daniela: »Schreiben ohne Stift: Zur Bedeutung von Medium und Skriptor für die Anfänge des Schreibens«. In: Bernhard Hofmann/Renate Valtin (Hg.): *Projekte. Positionen. Perspektiven. 40 Jahre DGLS.* Berlin 2009, S. 177–204.

Neisser, Ulric: *Kognitive Psychologie.* Stuttgart 1974.

Neuweg, Georg Hans: *Könnerschaft und implizites Wissen. Zur lehr- und lerntheoretischen Bedeutung der Erkenntnis- und Wissenstheorie Michael Polanyis.* Münster u. a. 1999.

Nix, Daniel: »Das Lesetagebuch als Methode des Lese- und Literaturunterrichts. Ein Forschungsbericht«. In: *Didaktik Deutsch* 23 (2007), S. 67–94.

Ong, Walter J.: *Oralität und Literalität. Die Technologisierung des Wortes.* Opladen 1987.

Oomen-Welke, Ingelore: »Entwicklung sprachlichen Wissens und Bewusstseins im mehrsprachigen Kontext«. In: Ursula Bredel (Hg): *Didaktik der deutschen Sprache Band 1.* Paderborn 2003, S. 452–463.

Piske, Thorsten: *Informationen, Ergebnisse und Erfahrungen zu bilingualem Unterricht ab der 1. Grundschulklasse.* In: http://www.eu.bilikita.org/docs/26_Piske_2009_Bilingualer_Unterricht_Klasse1.pdf (16.11.2009).

Pohl, Thorsten/Steinhoff, Torsten (Hg.): *Textformen als Lernformen.* Duisburg 2010.

Quasthoff, Uta: »Mündliche Kommunikation«. In: Eiko Jürgens/Jutta Standop (Hg.): *Taschenbuch Grundschule Band 4: Fachliche und überfachliche Gestaltungsbereiche.* Baltmannsweiler 2008, S. 57–69.

Reichen, Jürgen: *Lesen durch Schreiben* [1972]. Hefte 1–8. Hamburg [5]1991.

Richter, Karin/Plath, Monika: *Lesemotivation in der Grundschule. Empirische Befunde und Modelle für den Unterricht.* Weinheim/München 2005.

Ritter, Michael: *Wege ins Schreiben. Eine Studie zur Schreibdidaktik in der Grundschule.* Baltmannsweiler 2008.

Rosebrock, Cornelia/Nix, Daniel: »Forschungsüberblick: Leseflüssigkeit (Fluency) in der amerikanischen Leseforschung und -didaktik«. In: *Didaktik Deutsch* 20 (2006), S. 90–112.

Rosebrock, Cornelia/Rieckmann, Carola/Nix, Daniel/Gold, Andreas: »Förderung der Leseflüssigkeit bei leseschwachen Zwölfjährigen«. In: *Didaktik Deutsch* 29 (2010) S. 33–58.

Scheller, Ingo: »Szenische Interpretation«. In: *Praxis Deutsch* 136 (1996), S. 22–32.

Schiffer, Kathrin/Ennemoser, Marco/Schneider, Wolfgang: »Mediennutzung von Kindern und Zusammenhänge mit der Entwicklung von Sprach- und Lesekompetenzen«. In: Norbert Groeben/Bettina Hurrelmann (Hg): *Medienkompetenz.* Weinheim 2002, S. 282–297.

Speck-Hamdan, Angelika: »Individuelle Zugänge zur Schrift«. In: Ludowika Huber u. a. (Hg.): *Einblicke in den Schriftspracherwerb.* Braunschweig 1998, S. 101–110.

Spinner, Kaspar H.: »Gesprächseinlagen beim Vorlesen«. In: Gerhard Härle/Marcus Steinbrenner (Hg.): *Kein endgültiges Wort. Die Wiederentdeckung des Gesprächs im Literaturunterricht.* Baltmannsweiler 2004, S. 291–308.

–: »Literarisches Lernen«. In: *Praxis Deutsch* 200 (2006), S. 6–17.

Spitta, Gudrun: *Kinder schreiben eigene Texte: Klasse 1 und 2.* Bielefeld [6]1994.

Thomé, Günther: *Orthographieerwerb. Qualitative Fehleranalysen zum Aufbau der orthographischen Kompetenz.* Fankfurt a. M. 1999.

Ulich, Michaela: »Sprachliche Bildung und Literacy im Elementarbereich«. In: *Kindergarten heute* 3 (2003), S. 6–18.

Valtin, Renate: »Methoden des basalen Lese- und Schreibunterrichts«. In: Ursula Bredel/Hartmut Günther/Peter Klotz u. a. (Hg.): *Didaktik der deutschen Sprache. Ein Handbuch*. 2. Teilband. Paderborn 2003, S. 760–771.

Wagner, Monika: »Tipps am Rand. Wie Kinder Texte überarbeiten und sie dabei beurteilen«. *Praxis Deutsch* 184 (2004), S. 16–19.

Wedel-Wolff, Annegret von/Crämer, Claudia: »Förderung im Lesen nach dem Erwerb der alphabetischen Phase.« In: Bernd Hofmann/Renate Valtin (Hg.): *Förderdiagnostik beim Schriftspracherwerb*. Berlin 2007, S. 128–161.

Weinert, Franz E.: »Guter Unterricht ist ein Unterricht, in dem mehr gelernt als gelehrt wird«. In: Josef Freund/Heinz Gruber/Walter Weidinger (Hg.): *Guter Unterricht – Was ist das? Aspekte von Unterrichtsqualität*. Wien 1998, S. 7–18.

Weinhold, Swantje: »Texte schreiben (Schriftliche Kommunikation)«. In: Eiko Jürgens/Jutta Standop (Hg.): *Taschenbuch Grundschule Band 4, Fachliche und überfachliche Gestaltungsbereiche*. Baltmannsweiler 2008, S. 16–31.

–: »Effekte fachdidaktischer Ansätze auf den Schriftspracherwerb auf der Primarstufe«. In: *Didaktik Deutsch* 27 (2009), S. 52–75.

Wermke, Jutta (Hg.): *Ästhetische Erziehung im Deutschunterricht der Grundschule*. Bochum 1981.

Widmann, Bernd-Axel (Hg.): *Elementare Schriftkultur als Prävention von Lese-Rechtschreibschwierigkeiten und Analphabetismus bei Grundschulkindern. Abschlussbericht des BLK-Modellversuchs*. Hamburg 1996.

Wieler, Petra: *Vorlesen in der Familie. Fallstudien zur literarisch-kulturellen Sozialisation von Vierjährigen*. München 1997.

Wygotski, Lew S.: *Denken und Sprechen*. Frankfurt a. M. 1974.

Zabka, Thomas: »Typische Operationen literarischen Verstehens. Zu Martin Luther ›Vom Raben und Fuchs‹ (5./6. Schuljahr)«. In: Clemens Kammler (Hg.): *Literarische Kompetenzen – Standards im Literaturunterricht*. Seelze 2006, S. 80–101.

Kapitel 3: Sprachdidaktik

Abraham, Ulf: *Sprechen als reflexive Praxis. Mündlicher Sprachgebrauch in einem kompetenzorientierten Deutschunterricht*. Freiburg i.Br. 2008.

–/Baurmann, Jürgen/Feilke, Helmut/Kammler, Clemens/Müller, Astrid: »Kompetenzorientiert unterrichten. Überlegungen zum Schreiben und Lesen«. In: *Praxis Deutsch* 203 (2007), S. 6–14.

Abraham, Ulf/Beisbart, Ortwin/Koß, Gerhard/Marenbach, Dieter: *Praxis des Deutschunterrichts, Arbeitsfelder, Tätigkeiten, Methoden, Mit Beiträgen zum Schriftspracherwerb von Andreas Hartinger und zur Unterrichtsplanung von Kristina Popp*. Donauwörth ⁶2009.

Ahrenholz, Bernt: »Erstsprache – Zweitsprache – Fremdsprache«. In: Ders./Ingelore Oomen-Welke (Hg.): *Deutsch als Zweitsprache. Deutschunterricht in Theorie und Praxis 9*. Baltmannsweiler 2008, S. 3–16.

Andresen, Helga/Funke, Reinold: »Entwicklung sprachlichen Wissens und sprachlicher Bewusstheit«. In: Bredel u. a. 2003, Bd. 1, S. 438–451.

Artelt, Cordula u. a.: *Förderung von Lesekompetenz. Expertise*. Berlin/Bonn 2007.

–/Schlagmüller, Matthias: »Der Umgang mit literarischen Texten als Teilkompetenz im Lesen? Dimensionsanalysen und Ländervergleiche«. In: Ulrich Schiefele u. a. (Hg.): *Struktur, Entwicklung und Förderung von Lesekompetenz. Vertiefende Analysen im Rahmen von PISA 2000*. Wiesbaden 2004, S. 167–196.

Bartnitzky, Horst: *Grammatikunterricht in der Grundschule*. Berlin 2005.

Baurmann, Jürgen/Pohl, Thorsten: »Schreiben – Texte verfassen«. In: Bremerich-Vos u. a. 2009, S. 75–103.

Beck, Bärbel/Klieme, Eckhard (Hg.): *Sprachliche Kompetenzen, Konzepte und Messung. DESI-Studie*. Weinheim/Basel 2007.

Becker-Mrotzek, Michael: »Zum Verhältnis von Sprachwissenschaft und Sprachdidaktik«. In: *Didaktik Deutsch* 3 (1997), S. 16–32.
–: »Mündlichkeit – Schriftlichkeit – Neue Medien«. In: Bredel u. a. 2003, Bd. 1, S. 69–89.
–: »Gesprächskompetenz vermitteln und ermitteln. Gute Aufgaben im Bereich ›Sprechen und Zuhören‹«. In: Bremerich-Vos u. a. 2008, S. 52–77.
–: »Mündliche Kommunikationskompetenz«. In: Ders. (Hg.): *Mündliche Kommunikation und Gesprächsdidaktik*. Baltmannsweiler 2009, S. 66–83.
–/Böttcher, Ingrid: *Schreibkompetenz entwickeln und beurteilen. Praxishandbuch für die Sekundarstufe I und II*. Berlin 2006.
–/Kepser, Matthis: »Sprach-, kultur- und medienwissenschaftliche Themen im Zentralabitur«. In: *Der Deutschunterricht* 1 (2010), S. 14–18.
Behrens, Ulrike/Eriksson, Brigit: »Sprechen und Zuhören«. In: Bremerich-Vos u. a. 2009, S. 43–74.
Beisbart, Ortwin: »Bezugswissenschaften«. In: Kliewer/Pohl 2006, Bd. 1, S. 47–54.
Belgrad, Jürgen: »Szenisches Spiel«. In: Michael Becker-Mrotzek (Hg.): *Mündliche Kommunikation und Gesprächsdidaktik*. Baltmannsweiler 2009, S. 278–296.
Beschlüsse der Kultusministerkonferenz: *Bildungsstandards im Fach Deutsch für den mittleren Schulabschluss*. Neuwied 2003.
–: *Bildungsstandards im Fach Deutsch für den Hauptschulabschluss*. Neuwied 2004.
–: *Bildungsstandards im Fach Deutsch für die Grundschule*. Neuwied 2004.
Boettcher, Wolfgang: *Grammatik verstehen*. 3 Bde. Tübingen 2009.
–/Sitta, Horst: *Der andere Grammatikunterricht*. München 1978.
Bos, Wilfried/Valtin, Renate/Voss, Andreas/Hornberg, Sabine/Lankes, Eva-Maria: »Konzepte der Lesekompetenz in IGLU 2006«. In: Wilfried Bos/Sabine Hornberg/Karl-Heinz Arnold/Gabriele Faust/Lilian Friede/Eva-Maria Lankes/Knut Schwippert/Renate Valtin (Hg.): *IGLU 2006. Lesekompetenzen von Grundschulkindern in Deutschland im internationalen Vergleich*. Münster u. a. 2007, S. 81–108.
Bräuer, Gerd: *Schreiben als reflexive Praxis. Tagebuch, Arbeitsjournal, Portfolio*. Freiburg i.Br. 2000.
Bredel, Ursula: *Sprachbetrachtung und Grammatikunterricht*. Paderborn u. a. 2007.
–/Günther, Hartmut/Klotz, Peter/Ossner, Jakob/Siebert-Ott, Gesa (Hg.): *Didaktik der deutschen Sprache*. 2 Bde. Paderborn 2003.
Bremerich-Vos, Albert/Granzer, Dietlinde/Köller, Olaf (Hg.): *Lernstandsbestimmung im Fach Deutsch. Gute Aufgaben für den Unterricht*. Weinheim/Basel 2008.
Bremerich-Vos, Albert/Granzer, Dietlinde/Behrens, Ulrike/Köller, Olaf (Hg.): *Bildungsstandards für die Grundschule: Deutsch konkret*. Berlin 2009.
Christmann, Ursula/Groeben, Norbert: »Psychologie des Lesens«. In: Bodo Franzmann u. a. (Hg.): *Handbuch Lesen*. München 1999, S. 150–173.
Deppermann, Arnulf: »›Gesprächskompetenz‹ – Probleme und Herausforderungen eines möglichen Begriffs«. In: Michael Becker-Mrotzek/Gisela Brünner (Hg.): *Analyse und Vermittlung von Gesprächskompetenz*. Frankfurt a.M./Bern 2004, S. 15–27.
Duden. Die Grammatik. 7., völlig neu erarbeitete und erweiterte Aufl. Hg. von der Dudenredaktion. Mannheim 2005.
Ehlich, Konrad: »Spracheignung und deren Feststellung bei Kindern mit und ohne Migrationshintergrund«. In: Ders. (Hg.): *Anforderungen an Verfahren der regelmäßigen Sprachstandsfeststellung als Grundlage für die frühe und individuelle Förderung von Kindern mit und ohne Migrationshintergrund*. Berlin 2005, S. 3–75.
Eichler, Wolfgang/Henze, Walter: »Sprachwissenschaft und Sprachdidaktik«. In: Günter Lange/Karl Neumann/Wernder Ziesenis (Hg.): *Taschenbuch des Deutschunterrichts. Grundlagen, Sprachdidaktik, Mediendidaktik*. Bd. 1. Baltmannsweiler [6]1998, S. 101–123.
Eichler, Wolfgang/Nold, Günter: »Sprachbewusstheit«. In: Beck/Klieme 2007, S. 63–82.
Einecke, Günther: »Auf die sprachliche Ebene lenken, Gesprächssteuerung, Erkenntniswege und Übungen im integrierten Grammatikunterricht«. In: Albert Bremerich-Vos (Hg.): *Zur Praxis des Grammatikunterrichts*. Freiburg i.Br. 1999, S. 125–191.
Eisenberg, Peter: *Grundriss der deutschen Grammatik*. 2 Bde. Stuttgart/Weimar [3]2006.
Feilke, Helmuth: »Entwicklung schriftlich-konzeptualer Fähigkeiten«. In: Bredel u. a. 2003, Bd. 1, S. 178–192.

–: »Entwicklungsaspekte beim Schreiben«. In: Ulf Abraham/Claudia Kupfer-Schreiner/ Klaus Maiwald (Hg.): *Schreibförderung und Schreiberziehung. Eine Einführung für Schule und Hochschule.* Donauwörth 2005, S. 38–48.

Felder, Ekkehard: »Sprache als Medium und Gegenstand des Unterrichts«. In: Bredel u. a. 2003, Bd. 1, S. 42–51.

Fix, Martin: *Texte schreiben, Schreibprozesse im Deutschunterricht.* Stuttgart 2006.

Frederking, Volker/Huneke, Hans-Werner/Krommer, Axel/Meier, Christel (Hg.): *Taschenbuch des Deutschunterrichts.* 2 Bde. Baltmannsweiler 2010.

Frederking, Volker/Krommer, Axel/Maiwald, Klaus: *Mediendidaktik Deutsch. Eine Einführung.* Berlin 2008.

Gnutzmann, C.: »Language Awareness, Geschichte, Grundlagen, Anwendungen«. In: *Praxis des neusprachlichen Unterrichts,* 41 (1997), S. 228–236.

Gornik, Hildegard: »Methoden des Grammatikunterrichts«. In: Bredel u. a. 2003, Bd. 2, S. 814–829.

Gornik, Hildegard: »Über Sprache reflektieren: Sprachthematisierung und Sprachbewusstheit«. In: Frederking u. a. 2010, Bd. 1, S. 232–249.

Graf, Werner: »Literarische Sozialisation«. In: Klaus-Michael Bogdal/Hermann Korte (Hg.): *Grundzüge der Literaturdidaktik.* München 2002, S. 49–60.

Kammler, Clemens: »Symbolverstehen als literarische Rezeptionskompetenz. Zu Uwe Timm ›Am Beispiel meines Bruders‹«. In: Ders. (Hg.): *Literarische Kompetenzen – Standards im Literaturunterricht. Modelle für die Primar- und Sekundarstufe.* Seelze 2006, S. 196–212.

–/Knapp, Werner: »Empirische Unterrichtsforschung als Aufgabe der Deutschdidaktik«. In: Dies. (Hg.): *Empirische Unterrichtsforschung und Deutschdidaktik.* Baltmannsweiler 2002, S. 2–14.

–/Switalla, Bernd: »Qualität des Deutschunterrichts auf der gymnasialen Oberstufe – Kernkompetenzen«. In: Elmar Tenorth (Hg.): *Kerncurriculum Oberstufe, Mathematik – Deutsch – Englisch, Expertisen – Auftrag der Ständigen Konferenz der Kultusminister.* Weinheim/Basel 2001, S. 103–123.

Kämper-van den Boogaart, Michael (Hg.): *Deutsch-Didaktik. Leitfaden für die Sekundarstufe I und II.* Berlin 2008 (völlige Neubearb.).

Klieme, Eckhard u. a.: *Zur Entwicklung nationaler Bildungsstandards. Eine Expertise.* Frankfurt a. M. 2003.

Kliewer, Hans-Jürgen/Pohl, Inge (Hg.): *Lexikon Deutschdidaktik.* 2 Bde. Baltmannsweiler 2006.

Klotz, Peter: *Grammatische Wege zur Textgestaltungskompetenz. Theorie und Empirie.* Tübingen 1996.

–: »Grammatikdidaktik – auf dem Prüfstand«. In: Klaus-Michael Köpcke/Arne Ziegler (Hg.): *Grammatik in der Universität und für die Schule. Theorie, Empirie und Modellbildung.* Tübingen 2007, S. 7–31.

–: »Integrativer Deutschunterricht«. In: Kämper-van den Boogaart 2008, S. 58–71.

Koch, Peter/Österreicher, Wulf: »Sprache der Nähe – Sprache der Distanz. Mündlichkeit und Schriftlichkeit im Spannungsfeld von Sprachtheorie und Sprachgeschichte«. In: *Romanisches Jahrbuch* 36 (1985), S. 15–43.

Köller, Wilhelm: *Funktionaler Grammatikunterricht.* München 1983.

Köster, Juliane: »Lesekompetenz im Licht von Bildungsstandards und Kompetenzmodellen«. In: Bremerich-Vos u. a. 2008, S. 162–183.

–/Rosebrock, Cornelia: »Lesen – mit Texten und Medien umgehen«. In: Bremerich-Vos u. a. 2009, S. 104–138.

Lepenies, Wolf: *Die drei Kulturen, Soziologie zwischen Literatur und Wissenschaft.* Reinbek bei Hamburg 1985.

Leubner, Martin/Saupe, Anja: *Textverstehen im Literaturunterricht und Aufgaben.* Baltmannsweiler 2008.

Lischeid, Thomas: *Mediensymbolik als Text-Bild-Diagramm-Montage. Studien zur Struktur und Funktion diskontinuierlicher Darstellungsformen am Beispiel der Infografik* (i. Vorb. 2011).

Löffler, Ilona/Meyer-Schepers, Ursula: »Beschreibung von Rechtschreibschwächen mit einem theoretisch fundierten Kompetenzmodell«. In: Bernhard Hofmann/Renate Valtin (Hg.): *Förderdiagnostik beim Schriftspracherwerb.* Berlin 2007, S. 179–196.

Lösener, Annegret: *Gedichte sprechen. Ein didaktisches Konzept für alle Schulstufen.* Balt-mannsweiler 2007.

Menzel, Wolfgang: *Grammatik-Werkstatt. Theorie und Praxis eines prozessorientierten Grammatikunterrichts für die Primar- und Sekundarstufe.* Seelze ³2008.

Merz-Grötsch, Jasmin: *Texte schreiben lernen. Grundlagen, Methoden, Unterrichtsvor-schläge.* Seelze 2010.

Müller-Michaels, Harro: *Grundkurs Lehramt Deutsch.* Stuttgart 2009.

Naumann, Carl Ludwig: »Rechtschreibkompetenz«. In: Bremerich-Vos u. a. 2008, S. 134–159.

Neuland, Eva: »Sprachvarietäten – Fachsprachen – Sprachnormen«. In: Bredel u. a. 2003, Bd. 1, S. 52–68.

Nold, Günter: »Auf dem Weg zu Kompetenzmodellen im Bereich ›Sprechen und Zuhö-ren‹ im Fach Deutsch«. In: Bremerich-Vos u. a. 2008, S. 78–86.

Oomen-Welke, Ingelore/Kühn, Peter: »Sprache und Sprachgebrauch untersuchen«. In: Bremerich-Vos u. a. 2009, S. 139–184.

Ortner, Hanspeter: *Schreiben und Denken.* Tübingen 2000.

Ossner, Jakob: »Kompetenzen und Kompetenzmodelle«. In: *Didaktik Deutsch* 21 (2006a), S. 5–19.

–: *Sprachdidaktik Deutsch.* Paderborn 2006b.

Ritter, Hans Martin: *Sprechen auf der Bühne* [1999]. Berlin 2009.

Rothstein, Björn: *Sprachintegrativer Grammatikunterricht. Zum Zusammenspiel von Sprachwissenschaft und Sprachdidaktik im Mutter- und Fremdsprachenunterricht.* Tübingen 2010.

Schaffner, Ellen/Schiefele, Ulrich/Schneider, Wolfgang: »Ein erweitertes Verständnis der Lesekompetenz. Die Ergebnisse des nationalen Ergänzungstests«. In: Ulrich Schiefele u. a. (Hg.): *Struktur, Entwicklung und Förderung von Lesekompetenz. Vertie-fende Analysen im Rahmen von PISA 2000.* Wiesbaden 2004, S. 197–242.

Siebert-Ott, Gesa: »Muttersprachendidaktik – Zweitsprachendidaktik – Fremdspra-chendidaktik – Multilingualität«. In: Bredel u. a. 2003, Bd. 1, S. 30–41.

Spinner, Kaspar H.: »Kognitive Wende«. In: Kliewer/Pohl 2006, Bd. 1, S. 313–315 [2006a].

–: »Konzeptionen und Forschungsprofile«. In: Kliewer/Pohl 2006, Bd. 1, S. 336–341 [2006b].

–: »Literarisches Lernen«. In: *Praxis Deutsch* 200 (2006c), S. 6–16.

Steets, Angelika: »Lernbereich Sprache in der Sekundarstufe I«. In: Kämper-van den Boogaart 2008, S. 216–237 [2008a].

–: »Lernbereich Sprache in der Sekundarstufe II«. In: Kämper-van den Boogaart 2008, S. 238–251 [2008b].

Steinig, Wolfgang/Huneke, Hans-Werner: *Sprachdidaktik Deutsch. Eine Einführung.* Ber-lin ³2007.

Ulrich, Winfried: »Fachdidaktik zwischen Pädagogik und Fachwissenschaft«. In: Ders.: *Didaktik der deutschen Sprache. Ein Arbeits- und Studienbuch in drei Bänden. Texte – Materialien – Reflexionen.* Stuttgart 2001, Bd. 1, S. 9–60.

– (Hg.): *Deutschunterricht in Theorie und Praxis (DTP). Handbuch zur Didaktik der deut-schen Sprache und Literatur in elf Bänden.* Baltmannsweiler 2009ff.

Vogt, Rüdiger: »Mündliche Argumentationskompetenz beurteilen. Dimensionen, Pro-bleme, Perspektiven«. In: *Didaktik Deutsch* 23 (2007), S. 33–54.

Wittschier, Karola/Wittschier, Michael: *Grammatik mit Bewegung. 30 Grammatik-Spiele zum besseren Lernen.* Mülheim a.d. Ruhr 2003.

Wolf, Dagmar: *Modellbildung im Forschungsbereich sprachliche Sozialisation. Zur Systema-tik des Erwerbs narrativer, begrifflicher und literaler Fähigkeiten.* Frankfurt a. M. 2000.

Kapitel 4: Literaturdidaktik

Abraham, Ulf: *StilGestalten. Geschichte und Systematik der Rede vom Stil in der Deutsch-didaktik.* Tübingen 1996.

–/Bremerich-Vos, Albert/Frederking, Volker/Wieler, Petra (Hg.): *Deutschdidaktik und Deutschunterricht nach PISA.* Freiburg i.Br. 2003.

–/Kepser, Matthis: *Literaturdidaktik Deutsch. Eine Einführung.* Berlin 2006.

Asmuth, Bernhard: *Einführung in die Dramenanalyse*. Stuttgart/Weimar [7]2009.

Barthes, Roland: *S/Z*. Frankfurt a.M. 1987 (frz. 1970).

–: *Das semiologische Abenteuer*. Frankfurt a.M. 1988 (frz. 1985).

Baumert, Jürgen/Klieme, Eckhard/Neubrand, Michael/Prenzel, Manfred/Schiefele, Ulrich/Schneider, Wolfgang/Stanat, Petra/Tillmann, Klaus-Jürgen/Weiß, Manfred: *PISA 2000. Basiskompetenzen von Schülerinnen und Schülern im internationalen Vergleich*. Opladen 2001.

Beimdick, Walter: *Theater und Schule. Grundzüge einer Theaterpädagogik*. München [2]1980.

Belgrad, Jürgen/Fingerhut, Karlheinz (Hg.): *Textnahes Lesen. Annäherungen an Literatur im Unterricht*. Baltmannsweiler 1998.

Benjamin, Walter: *Gesammelte Schriften*. Unter Mitwirkung von Th. W. Adorno und G. Sholem hg. von R. Tiedemann und H. Schweppenhäuser. Frankfurt a.M. 1972.

Bertschi-Kaufmann, Andrea (Hg.): *Lesekompetenz – Leseleistung – Leseförderung. Grundlagen, Modelle und Materialien*. Seelze-Velber/Zug 2007.

–: »Leseverhalten beobachten – Lesen und Schreiben in der Verbindung«. In: Dies. 2007, S. 96–108.

–: »Offene Formen der Leseförderung«. In: Dies. 2007, S. 165–175.

Bogdal, Klaus-Michael/Kammler, Clemens: »Dramendidaktik«. In: Bogdal/Korte 2002, S. 177–189.

Bogdal, Klaus-Michael/Korte, Hermann (Hg.): *Grundzüge der Literaturdidaktik*. München 2002 ([4]2006).

Bolz, Norbert: *Das ABC der Medien*. München 2007.

Bönnighausen, Marion: *Intermediale Kompetenz*. In: Rösch 2008, S. 51–69.

Brecht, Bertolt: *Gesammelte Werke* (20 Bde.). Frankfurt a.M. 1977.

Burdorf, Dieter: *Einführung in die Gedichtanalyse*. Stuttgart/Weimar [2]1997.

Cassirer, Ernst: *Philosophie der symbolischen Formen* [1923–1929]. Darmstadt [10]1994.

Denk, Rudolf/Möbius, Thomas: *Dramen- und Theaterdidaktik*. Berlin 2008.

Domkowsky, Romi: »Theaterspielen öffnet die Persönlichkeit. Eine Studie über die Wirkung des Theaterspielens auf junge Menschen«. In: Volker Jurké/Dieter Linck/Joachim Reiss (Hg.): *Zukunft Schultheater*. Hamburg 2008, S. 51–60.

Eco, Umberto: *Das offene Kunstwerk* [1962]. Frankfurt a.M. 1973.

–: *Lector in fabula. Die Mitarbeit der Interpretation in erzählenden Texten*. München 1987.

Eggert, Hartmut/Berg, Hans Christoph/Rutschky, Katharina: *Schüler im Literaturunterricht. Ein Erfahrungsbericht*. Köln 1975.

Eggert, Hartmut/Garbe, Christine: *Literarische Sozialisation*. Stuttgart [2]2003.

Ewers, Hans-Heino: *Was ist Kinder- und Jugendliteratur? Ein Beitrag zu ihrer Definition und zur Terminologie ihrer wissenschaftlichen Beschreibung*. Baltmannsweiler 2000.

Fingerhut, Karlheinz/Hopster, Norbert: *Arbeitsbuch politische Lyrik*. Frankfurt a.M. 1972.

Förster, Jürgen: »Literatur als Sprache lesen. Sarah Kirsch: ›Meine Worte gehorchen mir nicht‹«. In: Belgrad/Fingerhut 1998, S. 54–69.

Frank, Horst J.: *Wie interpretiere ich ein Gedicht. Eine methodische Anleitung*. Tübingen [5]2000.

Franzmann, Bodo/Hasemann, Klaus/Löffler, Dietrich/Schön, Erich (Hg.): *Handbuch Lesen*. München 1999.

Frederking, Volker/Huneke, Hans/Krommer, Axel/Meier, Christel: *Taschenbuch Deutschunterricht*. 2 Bde. Baltmannsweiler [9]2010.

Frederking, Volker/Krommer, Axel/Maiwald, Klaus: *Mediendidaktik Deutsch: Eine Einführung*. Berlin 2008.

Frommer, Harald: »Verzögertes Lesen«. In: *Der Deutschunterricht* 2 (1981), S. 10–27.

–: *Lesen und Inszenieren. Produktiver Umgang mit dem Drama auf der Sekundarstufe*. Stuttgart 1995.

Gadamer, Hans Georg: *Wahrheit und Methode. Grundzüge einer philosophischen Hermeneutik*. Tübingen [4]1960.

Gailberger, Steffen/Krelle, Michael: *Wissen und Kompetenz. Entwicklungslinien und Kontinuitäten in Deutschdidaktik und Deutschunterricht*. Baltmannsweiler 2007.

Gansel, Carsten: *Moderne Kinder- und Jugendliteratur: Ein Praxishandbuch für den Unterricht*. Berlin 1999.

Garbe, Christine: »›Echte Kerle lesen doch?!‹ Konzepte einer geschlechterdifferenzierenden Leseförderung«. In: Thielking/Buchmann 2008, S. 69–82.

–/Holle, Karl/Jesch, Tatjana: *Texte lesen. Textverstehen, Lesedidaktik, Lesesozialisation.* Paderborn 2009.

–/Philipp, Maik/Ohlsen, Nele: *Lesesozialisation.* Ein Arbeitsbuch für Lehramtsstudierende. Paderborn 2009.

Genette, Gérard: *Die Erzählung.* Aus dem Frz. von Andreas Knop. München 1994.

Gleich, Uli: »Medien und Gewalt«. In: Robert Mangold/Peter Vorderer/Gary Bente (Hg.): *Lehrbuch der Medienpsychologie.* Göttingen 2004, S. 589–611.

Goethe, Johann Wolfgang: *Sämtliche Werke. Briefe, Tagebücher, Gespräche.* 40 Bde. Frankfurt a. M. 1985 ff. (=SW).

Gold, Andreas: *Lesen kann man lernen. Lesestrategien für das 5. und 6. Schuljahr.* Göttingen 2007.

Graf, Werner: *Lesegenese in Kindheit und Jugend. Einführung in die literarische Sozialisation.* Baltmannsweiler 2007.

Groeben, Norbert: *Literaturpsychologie. Rezeptionsforschung als empirische Literaturwissenschaft. Paradigma – durch Methodendiskussion an Untersuchungsbeispielen.* Kronberg, Ts. 1977.

–: »Empirisch-konstruktivistische Literaturwissenschaft«. In: *Literaturwissenschaft. Ein Grundkurs.* Hg. von Helmut Brackert und Jörn Stückrath. Reinbek bei Hamburg 1992, S. 619–629.

–/Hurrelmann, Bettina (Hg.): *Lesekompetenz. Bedingungen, Dimensionen, Funktionen.* Weinheim 2002.

–/Hurrelmann, Bettina (Hg.): *Lesesozialisation in der Mediengesellschaft.* Weinheim 2004.

Grzesik, Jürgen: *Textverstehen lernen und lehren.* Stuttgart 1990.

–: *Operative Lerntheorie. Neurobiologie und Psychologie der Entwicklung des Menschen durch Selbstveränderung.* Bad Heilbrunn 2002.

Haas, Gerhard: »Märchen heute«. In: *Praxis Deutsch* 103 (1990), S. 11–17.

–/Menzel, Wolfgang/Spinner, Kaspar H.: »Handlungs- und produktionsorientierter Literaturunterricht«. In: *Praxis Deutsch* 123 (1994), S. 17–25.

Hegel, Georg Wilhelm Friedrich: *Vorlesungen über die Ästhetik* [1830]. Frankfurt a. M. 1986.

Helmers, Hermann: *Didaktik der deutschen Sprache. Einführung in die Theorie der muttersprachlichen und literarischen Bildung.* Stuttgart 1966.

Hentig, Hartmut von: *Bildung. Ein Essay.* München/Wien 1996.

Hickethier, Knut: *Film- und Fernsehanalyse.* Stuttgart/Weimar [4]2007.

Huber, Florian: *Durch Lernen sich selbst verstehen. Zum Verhältnis von Literatur und Identitätsbildung.* Bielefeld 2008.

Humboldt, Wilhelm von: *Werke in 5 Bänden.* Hg. von Andreas Flitner/Klaus Giel. Darmstadt 1960.

Hurrelmann, Bettina: »Bildungsnormen als Sozialisationsinstanz«. In: Groeben/Hurrelmann 2004, S. 280–305.

–: »Modelle und Merkmale der Lesekompetenz«. In: Bertschi-Kaufmann 2007, S. 18–28.

–/Hammer, Michael/Nieß, Ferdinand: *Leseklima in der Familie.* Eine Studie der Bertelsmann-Stiftung. Lesesozialisation Bd. 1. Gütersloh 1993.

Hurrelmann, Klaus: *Einführung in die Sozialisationstheorie.* Weinheim [9]2006.

Iser, Wolfgang: *Der Akt des Lesens.* München 1976.

Ivo, Hubert: *Kritische Deutschdidaktik.* Frankfurt a. M. 1969.

Jakobson, Roman: *Hölderlin – Klee – Brecht. Zur Wortkunst dreier Gedichte.* Eingeleitet und hg. von Elmar Holenstein. Frankfurt a. M. 1976.

–: *Poetik. Ausgewählte Aufsätze 1919–1982.* Hg. von Elmar Holenstein und Tarcisius Schelbert. Frankfurt a. M. 1993.

Jesch, Tatjana: *Märchen in der Geschichte und Gegenwart des Deutschunterrichts. Didaktische Annäherungen an eine Gattung.* Frankfurt a. M. 2003.

Jeßing, Benedikt/Köhnen, Ralph: *Einführung in die Neuere deutsche Literaturwissenschaft.* Stuttgart/Weimar [2]2007.

Josting, Petra: »Medienkompetenz im Literaturunterricht«. In: Rösch 2008, S. 71–90.

Kämper-van-den-Boogaart, Michael: »Das Spiel mit dem Autor. Textbeobachtungen zweiter Ordnung am Beispiel von Günter Grass' ›Ein weites Feld‹«. In: Belgrad/Fingerhut 1998, S. 134–147

– (Hg.): *Deutschdidaktik. Leitfaden für die Sekundarstufe I und II.* Berlin 2003.

Kammler, Clemens (Hg.): *Neue Literaturtheorien und Unterrichtspraxis* [1993]. *Positionen und Modelle.* Baltmannsweiler 2000.

–: *Literarische Kompetenzen – Standards im Literaturunterricht. Modelle für die Primar- und Sekundarstufe.* Seelze 2006.

–: »Lyrik verstehen – Lyrik unterrichten«. In: *Praxis Deutsch* 213 (2009), S. 4–11.

Karg, Ina: »Eulenspiegeleien. Eine Unterrichtseinheit für die Sekundarstufe I«. In: *Deutschunterricht* 2 (1999), S. 119–124.

Katthage, Gerd: *Mit Metaphern lernen. Gedichte lesen – Sprache reflektieren – Vorstellungen bilden.* Baltmannsweiler 2006.

Kayser, Wolfgang: *Das sprachliche Kunstwerk.* Bern 1948.

Klafki, Wolfgang: *Neue Studien zur Bildungstheorie und Didaktik. Zeitgemäße Allgemeinbildung und kritisch-konstruktive Didaktik* [1963]. Weinheim ⁶2007.

Kliewer, Heinz-Jürgen/Pohl, Inge (Hg.): *Lexikon Deutschdidaktik.* 2 Bde. Baltmannsweiler 2006.

Köhnen, Ralph: »Definitely maybe. Selbstbeschreibungen jugendkultureller Lebensästhetik: Benjamin Leberts *Crazy* und Benjamin v. Stuckrad-Barres *Soloalbum*«. In: *Deutschunterricht* 7 (1999), S. 337–347.

Korte, Hermann: »Lyrik im Unterricht«. In: Bogdal/Korte 2002, S. 203–216.

Köster, Juliane: »Probleme der Balladendidaktik«. In: »*Entfaltung innerer Kräfte*«. *Blickpunkte der Deutschdidaktik.* Hg. von Christine Köpper/Klaus Metzger. Seelze 2001, S. 175–185.

–: »Lesekompetenz im Licht von Bildungsstandards und Kompetenzmodellen«. In: Albert Bremerich-Vos/Dietlinde Granzer/Olaf Köller (Hg.): *Lernstandsbestimmung im Fach Deutsch. Gute Aufgaben für den Unterricht.* Weinheim/Basel 2008, S. 162–183.

Lahn, Silke/Meister, Jan Christoph: *Einführung in die Erzähltextanalyse.* Stuttgart/Weimar 2008.

Lange, Günter/Neumann, Karl/Ziesenis, Werner (Hg.): *Taschenbuch des Deutschunterrichts. Bd. 2: Literaturdidaktik.* Baltmannsweiler ⁷2001.

Lange, Günter/Weinhold, Swantje: *Grundlagen der Deutschdidaktik. Sprachdidaktik – Mediendidaktik – Literaturdidaktik.* Baltmannsweiler ³2007.

Lanier, Jaron: *Gadget. Warum die Zukunft uns noch braucht.* Berlin 2010.

Lecke, Bodo (Hg.): *Mediengeschichte, Intermedialität und Literaturdidaktik.* Frankfurt a. M. 2008.

Lessing, Gotthold Ephraim: *Werke in 7 Bänden.* Hg. von Herbert G. Göpfert. Darmstadt 1996.

Lösener, Hans: »Konzepte der Dramendidaktik«. In: Lange/Weinhold 2007, S. 297–318.

Luhmann, Niklas: *Die Gesellschaft der Gesellschaft.* Frankfurt a. M. 1997.

Mandl, Heinz/Friedrich, Helmut (Hg.): *Handbuch Lernstrategien.* Göttingen 2006.

Mandl, Heinz/Friedrich, Helmut Felix/Hron, Aemilian: »Psychologie des Wissenserwerbs«. In: *Pädagogische Psychologie: Ein Lehrbuch.* Weinheim 1994, S. 143–218.

Marci-Boehncke, Gudrun/Rath, Matthias: *Jugend – Werte – Medien: Die Studie.* Weinheim/Basel 2007.

Martínez, Matías/Scheffel, Michael: *Einführung in die Erzähltheorie.* München ⁶2005.

Maturana, Humberto: *Erkennen. Die Organisation und Verkörperung von Wirklichkeit. Ausgewählte Arbeiten zur biologischen Epistemologie.* Übers. von W. Köck. Braunschweig/Wiesbaden 1982.

Menzel, Wolfgang: »Ballade in Text, Musik und szenischem Spiel«. In: *Praxis Deutsch* 169 (2001), S. 6–13.

Mieth, Annemarie: *Literatur und Sprache im Deutschunterricht der Reformpädagogik. Eine problemgeschichtliche Untersuchung.* Frankfurt a. M. 1994.

Müller-Michaels, Harro: *Dramatische Werke im Deutschunterricht* [1971]. Stuttgart ²1975.

–: *Literatur im Alltag und Unterricht. Ansätze zu einer Rezeptionspragmatik.* Kronberg/Ts. 1978 (mit einem Beitrag von Barbara Rupp: »Rezeptionshandlungen im Fremdsprachenunterricht«).

Zitierte und
weiterführende
Literatur

–: *Deutschkurse. Modell und Erprobung angewandter Germanistik in der gymnasialen Oberstufe.* Frankfurt a. M. 1987 (Weinheim ²1994).

–: »Kanon der Irritationen. Varianten literarischer Identitätsbildung«. In: *Deutschunterricht* 10 (1994), S. 462–471.

–: Denkbilder. »Zu Geschichte und didaktischem Nutzen einer literarischen Kategorie«. *Deutschunterricht* 49 (1996), S. 114–122.

–: *Grundkurs Lehramt Deutsch.* Stuttgart 2009.

Neugebauer, Claudia: »Leseförderung in einem mehrsprachigen Umfeld«. In: Bertschi-Kaufmann 2008, S. 229–241.

Nietzsche, Friedrich: »Brief an Heinrich Köselitz, Ende Feb. 1882« (Typoskript). In: Ders.: *Briefwechsel.* Kritische Gesamtausgabe, III. Abt., Bd. 1. Hg. von Giorgio Colli/Mazzino Montinari. Berlin/New York 1981.

Oerter, Rolf: »Kindheit«. In: Ders./Leo Montada (Hg.): *Entwicklungspsychologie.* Weinheim/Basel/Berlin ⁵2002, S. 209–257.

Paefgen, Elisabeth: »Textnahes Lesen. 6 Thesen aus didaktischer Perspektive«. In: Belgrad/Fingerhut 1998, S. 14–23.

–: *Einführung in die Literaturdidaktik.* Stuttgart/Weimar 1999.

–: »Film-Sehen und Literatur-Lesen oder: Wer zieht die Rollos hoch?«. In: Bertschi-Kaufmann 2007, S. 154–164.

Payrhuber, Franz-Josef: *Das Drama im Unterricht. Aspekte einer Didaktik des Dramas. Analysen und empirische Befunde – Begründungen – Unterrichtsmodelle.* Rheinbreitbach 1991.

Petersen, Jürgen H.: *Erzählsysteme. Eine Poetik epischer Texte.* Stuttgart/Weimar 1993.

Petzold, Hilarion G./Orth, Ilse (Hg.): *Poesie und Therapie. Über die Heilkraft der Sprache: Poesietherapie, Bibliotherapie, Literarische Werkstätten.* Paderborn 2005.

Postman, Neil: *Das Technopol.* Frankfurt a. M. 1992.

Ritter, Hans Martin: *Sprechen auf der Bühne* [1999]. Berlin 2009.

Roberg, Thomas (Hg.): »Mythen und Sagen. Von Odysseus bis Obama«. In: *Deutschunterricht* 6 (2009), S. 4–10.

Rösch, Heidi (Hg.): *Kompetenzen im Deutschunterricht. Beiträge zur Literatur-, Sprach- und Mediendidaktik.* Frankfurt a. M. ²2008.

–: »Interkulturelle Kompetenz im Deutschunterricht«. In: Dies. 2008, S. 91–110.

Rosebrock, Cornelia: »Informelle Sozialisationsinstanz peer group«. In: Groeben/Hurrelmann 2004, S. 250–279.

–: »Neue kurze Prosa«. In: *Praxis Deutsch* 206 (2007), S. 6–16.

–/Nix, Daniel: *Grundlagen der Lesedidaktik und der systematischen schulischen Leseförderung.* Baltmannsweiler 2008.

Rupp, Gerhard: *Kulturelles Handeln mit Texten. Fallstudien aus dem Schulalltag.* Paderborn 1987.

Scheller, Ingo: »Szenische Interpretation«. In: *Praxis Deutsch* 136 (1996), S. 22–32.

–: *Szenische Interpretation. Theorie und Praxis eines handlungsbezogenen und erfahrungsbezogenen Literaturunterrichts in der Sekundarstufe I und II.* Seelze 2004.

Schilcher, Anita: »Was machen die Jungs? Geschlechterdifferenzierender Deutschunterricht nach PISA«. In: Abraham u. a. 2003, S. 361–380.

Schiller, Friedrich: *Sämtliche Werke in 5 Bänden.* Hg. von Peter-André Alt/Herbert G. Göpfert/Albert Meier/Wolfgang Riedel. München 2004.

Schleiermacher, Friedrich: *Hermeneutik* [1799]. Hg. und eingeleitet von Heinz Kimmerle. Heidelberg 1974.

Schmidt, Siegfried J.: »Der Radikale Konstruktivismus: Ein neues Paradigma im interdisziplinären Diskurs«. In: Ders. (Hg.): *Der Diskurs des Radikalen Konstruktivismus.* Frankfurt a. M. 1989, S. 11–88.

Schneider, Wolfgang: *Theater und Schule. Ein Handbuch zur kulturellen Bildung.* Bielefeld 2009.

Schön, Erich: *Der Verlust der Sinnlichkeit oder Die Verwandlung des Lesers. Mentalitätswandel um 1800.* Stuttgart 1993.

Schuster, Karl: *Das Spiel und die dramatischen Formen im Deutschunterricht.* Baltmannsweiler ²1996.

Spinner, Kaspar H: »Thesen zur ästhetischen Bildung im Literaturunterricht heute«. In: *Der Deutschunterricht* 6 (1998), S. 46–54.
–: *Kreativer Deutschunterricht. Identität – Imagination – Kognition*. Seelze 2001.
–: »Literarisches Lernen«. In: *Praxis Deutsch* 200 (2006), S. 6–16.
Staiger, Emil: *Die Zeit als Einbildungskraft des Dichters*. Zürich 1939.
Stanzel, Franz K.: *Typische Formen des Romans*. Göttingen 1976.
Thielking, Sigrid/Buchmann, Ulrike (Hg.): *Lesevermögen – in allen Lebenslagen*. Frankfurt a.M. 2008.
Waldmann, Günter: »Grundzüge von Theorie und Praxis eines produktionsorientierten Literaturunterrichts«. In: Norbert Hopster (Hg.): *Handbuch ›Deutsch‹, Sekundarstufe I*. Paderborn u.a. 1984, S. 98–141.
–: *Produktiver Umgang mit dem Drama. Eine systematische Einführung in das produktive Verstehen traditioneller und moderner Dramenformen*. Baltmannsweiler ³2001.
–: *Produktiver Umgang mit Lyrik. Eine systematische Einführung in die Lyrik, ihre produktive Erfahrung und ihr Schreiben*. Baltmannsweiler 2006.
Wangerin, Wolfgang: »Romane im Unterricht«. In: Lange/Neumann/Ziesenis 2001, S. 600–620.
WasWannWo 3 (2001): Theaterpädagogik und Gewaltprävention.
Weidemann, Arne/Straub, Jürgen/Nothnagel, Steffi (Hg.): *Wie lehrt man interkulturelle Kompetenz? Theorien, Methoden und Praxis in der Hochschulausbildung*. Bielefeld 2010.
Weißenburger, Christian: *Helden lesen! Die Chancen des Heldenmotivs bei der Leseförderung von Jungen*. Baltmannsweiler 2009.
Wermke, Jutta: *Integrierte Medienerziehung im Fachunterricht. Schwerpunkt Deutsch*. München 1997.
Wieler, Petra: *Vorlesen in der Familie. Fallstudien zur literarisch-kulturellen Sozialisation von Vierjährigen*. München 1997.
Willenberg, Heiner: *Lesen und Lernen: eine Einführung in die Neuropsychologie des Textverstehens*. Heidelberg 1999.
–: »Lesestrategien. Vermittlung zwischen Eigenständigkeit und Wissen«. In: *Praxis Deutsch* 187 (2004), S. 6–15.
–: »Lesestufen – die Leseprozesstheorie«. In: Ders. (Hg.): *Kompetenzhandbuch für den Deutschunterricht. Auf der empirischen Basis des DESI-Projekts*. Baltmannsweiler 2007, S. 11–23.
Wintersteiner, Werner: *Poetik der Verschiedenheit. Literarisch-kulturelle Bildung und Globalisierung. Umrisse einer interkulturellen Literaturdidaktik*. Tübingen 2006.
Wittgenstein, Ludwig: *Philosophische Untersuchungen*. Werkausgabe Bd. 1. Hg. von Gertrude E.M. Anscombe/Georg H. of Wright/Rush Rees. Frankfurt a.M. 1988.
Ziesenis, Werner: »Märchen und Sage im Unterricht«. In: Lange/Neumann/Ziesenis 2001, S. 532–553.

Kapitel 5: Mediendidaktik

Abraham, Ulf: »Kino im Klassenzimmer«. In: *Praxis Deutsch* 175 (2002), S. 6–18.
Arnolf, Rolf/Lermen, Markus: *eLearning-Didaktik*. Baltmannsweiler 2006.
Ascott, Roy: »Gesamtdatenwerk, Konnektivität, Transformation und Transzendenz«. In: *Kunstforum International* 103 (1989), S. 100–109.
Baacke, Dieter: *Lebenswelten Jugendlicher*. Opladen 1990.
–: »Medienkompetenz als Netzwerk. Reichweite und Fokussierung eines Begriffs, der Konjunktur hat«. In: *medien praktisch* 78 (1996), S. 4–10.
–: *Medienpädagogik*. Tübingen 1997.
–/Sander, Uwe/Vollbrecht, Ralf: *Lebenswelten sind Medienwelten. Lebenswelten Jugendlicher*. Bd. 1. Opladen 1990.
Barth, Susanne: »Medien im Deutschunterricht«. In: *Praxis Deutsch* 153 (1999), S. 11–19.
Bartsch, Elmar/Marquart, Tobias/Geisen, Richard: *Grundwissen Kommunikation. Ausgangsfragen, Schlüsselthemen, Praxisfelder*. Stuttgart 1999.

Behne, Klaus Ernst/Müller, Renate: »Rezeption von Videoclips – Musikrezeption. Eine vergleichende Pilotstudie zur musikalischen Sozialisation«. In: *Rundfunk und Fernsehen* 3 (1996), S. 365–380.

Berkenheger, Susanne: »Zeit für die Bombe«. In: http://www.wargla.de/zeit.htm (8.2.2010).

Berndt, Elin-Birgit: »Der Deutschunterricht als Ort der informationstechnischen Grundbildung und der Medienerziehung«. In: *Osnabrücker Beiträge zur Sprachtheorie* Nr. 55 (1997), S. 7–19.

Bleicher, Joan Kristin: »Das Fernsehen am Wendepunkt der medienhistorischen Entwicklung«. In: *Zeitschrift für Literaturwissenschaft und Linguistik* 103 (1996), S. 86–115.

Boelmann, Jan: »Literarisches Lernen mit narrativen Computerspielen«. In: *MERZ – zeitschrift für medienpädagogik* 4 (2010), S. 49–54.

Bolter, J. David: *Der digitale Faust.* Stuttgart 1990.

Bonfadelli, Heinz/Saxer, Ulrich: *Lesen, Fernsehen und Lernen. Wie Jugendliche die Medien nutzen und die Folgen für die Medienpädagogik.* Zug 1986.

Borrmann, Andreas/Gerdzen, Rainer: »Kulturtechniken im Informationszeitalter« [1996]. In: http://www.gerdzen.de/thesen/medkom4.htm (1.2.2010).

–/–: *Internet im Deutschunterricht.* Stuttgart 2000.

Breilmann, Sybille/Grunow, Cordula/Schopen, Michael: *Computer, Internet & Co. im Deutschunterricht ab Klasse 5.* Berlin 2003.

Brüggen, Niels: »Lernendenorientierung in der didaktischen Gestaltung von online-vermittelten Bildungsangeboten«. In: Schorb 2007, S. 89–107.

Bruns, Karin: »Archive erzählen. Weblogs, V-Blogs und Online-Tagebücher als dokumentar-fiktionale Formate«. In: Harro Segeberg (Hg.): *Referenzen. Zur Theorie und Geschichte des Realen in den Medien.* Marburg 2009, S. 314–333.

Bünger, Traudl: *Narrative Computerspiele. Struktur & Rezeption.* München 2005.

Dale, Edgar: *Audio-visual Methods in Teaching.* New York 1954.

Dehn, Mechthild/Hoffmann, Thomas/Lüth, Oliver/Peters, Maria: *Zwischen Text und Bild. Schreiben und Gestalten mit neuen Medien.* Freiburg i.Br. 2004.

Dichanz, Horst/Ernst, Annette: »Begriffliche, psychologische und didaktische Überlegungen zum Thema ›electronic learning‹« [2001]. In: http://www.medienpaed.com/00-2/dichanz_ernst1.pdf (1.2.2010).

Dringenberg, Brunhilde: »Das Hörspiel im Unterricht«. In: Günter Lange u.a. (Hg.): *Taschenbuch des Deutschunterrichts.* Baltmannsweiler 2003, S. 669–694.

Ehlers, Ulf: »Qualität beim eLearning: Der Lernende als Grundkategorie bei der Qualitätssicherung«. In: http://www.medienpaed.com/02-1/ehlers1.pdf (1.2.2010).

Esposito, Elena: »Interaktion, Interaktivität und die Personalisierung der Massenmedien«. In: *Soziale Systeme. Zeitschrift für Soziologische Theorie* 2 (1995), S. 225–260.

Faulstich, Werner: *Einführung in die Medienwissenschaft. Probleme Methoden Domänen.* München 2002.

Fey, Antje: »Geschichte des Hörbuchs in Deutschland«. In: *Der Deutschunterricht* 4 (2004), S. 7–16.

Frederking, Volker/Krommer, Axel/Maiwald, Klaus: *Mediendidaktik Deutsch. Eine Einführung.* Berlin 2008.

Gailberger, Steffen/Dammann-Thedens, Katrin: »Förderung schwacher und schwächster Leser durch Hörbücher im Deutschunterricht. Theoretische und praktische Anregungen zur Förderung der Leseflüssigkeit«. In: *Beiträge Jugendliteratur und Medien* (2008), S. 35–48.

Gast, Wolfgang (Hg.): *Literaturverfilmung.* Bamberg 1999.

Gebel, Christa/Gurt, Michael/Wagner, Ulrike: »Kompetenzförderliche Potenziale populärer Computerspiele«. In: Reiner Matiaske (Hg.): *E-Lernen: Hybride Lernformen, Online-Communities.* Berlin 2005, S. 241–376.

Gilges, Martina: *Lesewelten. Geschlechtsspezifische Nutzung von Büchern bei Kindern und Erwachsenen.* Bochum 1992.

Groeben, Norbert (Hg.): *Lesesozialisation in der Mediengesellschaft. Ein Schwerpunktprogramm.* Tübingen 1999.

–: »Dimensionen der Medienkompetenz. Deskriptive und normative Aspekte«. In: Groeben/Hurrelmann 2002, S. 160–200.

–: »Medienkompetenz«. In: Roland Mangold/Peter Vorderer/Gary Bente (Hg.): *Lehrbuch der Medienpsychologie*. Göttingen/Bern 2004a, S. 27–49.

–: *Lesesozialisation in der Mediengesellschaft. Ein Forschungsüberblick*. Weinheim/München 2004b.

–/Hurrelmann, Bettina: »Das Schwerpunktprogramm ›Lesesozialisation in der Mediengesellschaft‹«. In: Groeben 1999, S. 1–26.

–/Hurrelmann, Bettina (Hg.): *Medienkompetenz. Voraussetzungen, Dimensionen, Funktionen*. Weinheim 2002.

Haupt, Stefan: »Urheber- und verlagsrechtliche Aspekte bei der Hörbuchproduktion«. In: *UFITA (Archiv für Urheber- und Medienrecht)* 2 (2002).

Hettche, Thomas/Hensel, Jana: »Null« [2000]. In: http://www.hettche.de/buecher/null.htm (9.2.2010).

Hickethier, Knut: *Film- und Fernsehanalyse*. Stuttgart/Weimar ⁴2007

Hiebel, Hans H./Elm, Theo (Hg.): *Medien und Maschinen. Literatur im technischen Zeitalter*. Freiburg i.Br. 1991.

Idensen, Heiko: »Die Poesie soll von allen gemacht werden«. In: Dirk Matejovski/Friedrich Kittler (Hg.): *Literatur im Informationszeitalter*. Frankfurt a.M. 1996, S. 143–184.

Iser, Wolfgang: *Der Akt des Lesens. Theorie ästhetischer Wirkung*. München 1984.

Jäckel, Michael: *Medienwirkungen. Ein Studienbuch zur Einführung*. Wiesbaden 2007.

JIM Studie 2009: Jugend, Information, (Multi-)Media. Basisuntersuchung zum Medienumgang 12- bis 19-Jähriger (http://www.mpfs.de/fileadmin/JIM-pdf09/JIM-Studie2009.pdf), S. 36.

KIM Studie 2008: Kinder + Medien, Computer + Internet. Basisuntersuchung zum Medienumgang 6- bis 13-Jähriger (http://www.mpfs.de/fileadmin/KIM-pdf08/KIM2008.pdf), S. 13.

Klimsa, Paul: »Kognitions- und lernpsychologische Voraussetzungen der Nutzung von Medien«. In: Horst Dichanz (Hg.): *Handbuch Medien: Medienforschung*. Bonn 1998, S. 73–100.

Köhnen, Ralph: *Das optische Wissen. Mediologische Studien zu einer Geschichte des Sehens*. München 2009.

Kreuzer, Helmut: »Arten der Literaturadaption«. In: Wolfgang Gast (Hg.): *Literaturverfilmung*. Bamberg 1999, S. 27–31.

Kringiel, Danny: *Computerspielanalyse konkret. Methoden und Instrumente – erprobt an Max Payne 2*. München 2009.

Kunczik, Michael/Zipfel, Astrid: *Gewalt und Medien. Ein Studienhandbuch*. Köln 2006.

Kurzrock, Tanja: »Neue Medien im Deutschunterricht«. In: Günter Lange/Swantje Weinhold (Hg.): *Grundlagen der Deutschdidaktik*. Baltmannsweiler 2007, S. 178–202.

Kuzminykh, Ksenia: *Das Internet im Deutschunterricht. Ein Konzept der muttersprachlichen und der fremdsprachlichen Lese- und Schreibdidaktik*. Frankfurt a.M. 2009.

Marci-Boehncke, Gudrun/Rath, Matthias: *Jugend – Werte – Medien: Die Studie*. Weinheim/Basel 2007.

Möbius, Thomas/Wieland, Regina: »Was ist das für ein Film? Webseiten und Weblogs für Inhaltswiedergaben nutzen und erstellen«. In: *Praxis Deutsch* 197 (2006), S. 34–39.

Moser, Heinz: »Die Schule auf dem Weg zum eTeaching: Analoge und digitale Medien aus der Sicht von Lehrpersonen« [2006]. In: http://www.medienpaed.com/05-2/moser05-2.pdf (1.2.2010).

Müller, Karla: »Literatur hören und hörbar machen«. In: *Praxis Deutsch* 185 (2004), S. 6–13.

Ohler, Norman: *Die Quotenmaschine. Roman*. Reinbek bei Hamburg 1998.

Paech, Joachim: *Literatur und Film*. Stuttgart 1997.

Postman, Neil: *Das Verschwinden der Kindheit*. Frankfurt a.M. 2006.

Riehl, Claudia: »Performanz und Kompetenz«. In: Ansgar Nünning (Hg.): *Metzler Lexikon Literatur- und Kulturtheorie*. Stuttgart/Weimar ⁴2008, S. 564–565.

Rötzer, Florian: »Interaktion – das Ende herkömmlicher Massenmedien«. In: Stefan Bollmann (Hg.): *Kursbuch neue Medien*. Reinbek bei Hamburg 1996, S. 57–78.

Rupp, Gerhard: »Das Oli/ympia-Projekt – Lesen und Medienkonsum in der Informationsgesellschaft«. In: *Deutschunterricht* 4 (1996), S. 170–178.

–: »Lesen/Schreiben, Sehen/Produzieren. Deutschunterricht zwischen Literatur und Medien«. In: *Deutschunterricht* 10 (1997), S. 461–478.

Zitierte und
weiterführende
Literatur

–: »Medienkompetenz, Lesekompetenz«.. In: *Psychologischen Studien* 1 (1999), S. 27–46.
–: »Literarisches Lesen und Kognitiver Wandel durch Computer und Internet. Perspek-
tiven für den Deutschunterricht im Medienzeitalter«. In: Hartmut Jonas/Petra Jos-
ting/Jutta Wermke (Hg.): *Medien – Deutschunterricht – Ästhetik*. München 2004,
S. 189–198.
–/Heyer, Petra/Bornholt, Helge: *Lesen und Medienkonsum. Wie Jugendliche den Deutsch-
unterricht verarbeiten*. Weinheim 2004.
Schelhowe, Heidi: *Das Medium aus der Maschine. Ein Beitrag zur Auffassung vom Compu-
ter in der Informatik*. Diss. Uni Bremen 1996.
Schmidt, Siegfried J.: »Medienkulturwissenschaft«. In: Ansgar Nünning/Vera Nünning
(Hg.): *Einführung in die Kulturwissenschaften*. Stuttgart 2008, S. 351–369.
Schorb, Bernd (Hg.): *Mit eLearning zu Medienkompetenz. Modelle für Curriculumgestal-
tung Didaktik und Kooperation*. München 2007.
–: »Zur Bedeutung und Realisierung von Medienkompetenz«. In: Ders. 2007, S. 15–34
[2007a].
Schröder, Dirk: »Der Link als Herme und Seitensprung. Überlegungen zur Komposition
von Webfiction«. In: Beat Suter/Michael Böhler/Christian Bachmann (Hg.): *Hyperfic-
tion*. Frankfurt a. M. 1999, S. 43–60.
Schulze, Ingo: *Simple Storys. Ein Roman aus der ostdeutschen Provinz*. München 1999.
Shannon, Claude E./Weaver, Warren: *The Mathematical Theory of Communication*. Ur-
bana 1949.
Siever, Torsten: »Arten von Weblogs« [2006]. In: http://www.mediensprache.net/de/
websprache/weblog/form (29.1.2010).
Simple Storys – ein Projekt des Deutsch-LK 12 (Borrmann) der Herderschule Rendsburg.
In: http://www.hh.schule.de/projekte/simple-storys/ (2.2.2010).
Stenzel, Gudrun: »Von der Kinderschallplatte zum MP3-Player«. In: Reiner Wild/Otto
Brunken (Hg.): *Geschichte der deutschen Kinder- und Jugendliteratur*. Stuttgart 2008,
S. 443–449.
Tulodziecki, Gerhard: *Medien in Erziehung und Bildung. Grundlagen und Beispiele einer
handlungs- und entwicklungsorientierten Medienpädagogik*. Bad Heilbrunn 1997.
Vester, Frederic: *Denken, Lernen, Vergessen. Was geht in unserem Kopf vor, wie lernt das
Gehirn, und wann lässt es uns im Stich?* München 2007.
Voigt, Hans Christian: »Stufe der Mediengeschichte«. In: http://www.kellerabteil.org/
tag/hochschulpolitik/ (9.2.2010).
Vollbrecht, Ralf: »Rock und Pop – Versuche der Wiederverzauberung von Welt. Individu-
alisierungstendenzen im Medienkonsum und ihre Konsequenz für Sinnstiftung und
Identitätsbildung im Jugendalter«. In: Martin Radde/Uwe Sander/Ralf Vollbrecht
(Hg.): *Jugendzeit – Medienzeit*. Weinheim 1988, S. 72–93.
Wermke, Jutta: »›Die Kunst zu finden, ohne zu suchen‹. Ein Beitrag zur Entwicklung von
Beurteilungskriterien für einen kreativitätsfördernden Unterricht«. In: *Der Deutsch-
unterricht* 129 (1993), S. 88–105.
–: *Integrierte Medienerziehung im Fachunterricht. Schwerpunkt: Deutsch*. Helmut Kreu-
zer zum 70. Geburtstag. München 1997.
–: »Das Hörbuch im Rahmen einer Hördidaktik«. In: *Der Deutschunterricht* 4 (2002),
S. 50–62.
Wieler, Petra (Hg.): *Medien als Erzählanlass. Wie lernen Kinder im Umgang mit alten und
neuen Medien?* Freiburg i.Br. 2008.
Winkler, Hartmut: *Switching, zapping. Ein Text zum Thema und ein parallellaufendes Un-
terhaltungsprogramm*. Darmstadt 1991.
–: »Kollaborative Schreibprojekte im Netz. (Über Komplexität und einige medienge-
schichtliche Versuche sie wieder in den Griff zu bekommen)« [2000]. In: http://
homepages.uni-paderborn.de/winkler/kollschr.html (9.2.2010).
Wolf, Susanne: »Meine Stimme ist weiß«. In: http://dopa.de/stimme/index.html
(8.2.2010).

6.2 | Die Autorinnen und Autoren

Sabine Walper (geb. 1956) ist Professorin für allgemeine Pädagogik und Bildungsforschung am Department Pädagogik der Ludwig-Maximilians-Universität München (Schwerpunkt Jugend- und Familienforschung).

Petra Hüttis-Graff (geb. 1957) ist Professorin für Erziehungswissenschaft an der Universität Hamburg (Didaktik der deutschen Sprach und Literatur, Schwerpunkt Primarstufe).

Thomas Lischeid (geb. 1964) ist Professor für ›Sprachliches Lernen‹ im Fach Deutsch an der Pädagogischen Hochschule Weingarten (Schwerpunkt Sprach- und Mediendidaktik).

Ralph Köhnen (geb. 1961) ist Priv.-Doz. und Oberstudienrat im Hochschuldienst am Germanistischen Institut der Ruhr-Universität Bochum (Schwerpunkt Literaturdidaktik, Kulturwissenschaften).

Gerhard Rupp (geb. 1947) ist Professor für Literaturwissenschaft/Didaktik der Germanistik am Germanistischen Institut der Ruhr-Universität Bochum (Schwerpunkt Literatur- und Mediendidaktik).

6.3 | Sachregister